추천사

■■■

"타데우스가 제기하는 12가지의 질문들은 오늘날 어수선한 세상을 살아가는 우리들이 질문해야할 내용들이다. 마음을 열고 이 책을 읽어보라. 생각의 변화를 두려워하지 말라. 더 큰 불의만 낳게 될 잘못된 답변들에 현혹되지 말라."

존 퍼킨스(John Perkins)
존과 베라 메이 퍼킨스 재단(John and Vera Mae Perkins Foundation) 총재;
*One Blood*의 저자

"아프리카 이민자들로 구성된 교회의 아프리카계 미국인 목사로서, 나는 사회 정의에 관한 여러 가지 논란들에 대해 답해줄 책을 추천해 달라는 요청을 종종 받는다. 이때 내가 가장 추천하는 책이 바로 이 책이다. 이 책은 철저히 성경적이고 논리적인 동시에 균형 잡힌 시각을 제공해 준다. 말씀의 진리로 무장하여 불의에 맞서고자 하는 모든 신자들에게 복음의 빛을 비춰주는 등대가 된다. 이 책에서 다루고 있는 주제들은 현대 그리스도인들이 바르게 정립해야 할 중요한 내용들이다. 그런 의미에서 용기와 역량을 발휘하여 이처럼 훌륭한 책을 발간하신 윌리엄스 박사께 깊은 감사의 뜻을 전한다."

앤서니 키드(Anthony D. Kidd)
캘리포니아 사우스게이트(South Gate, California)의 Community of Faith Bible Church 설교 목사

"이 책은 지난 이십여 년 간 내가 추천했던 책들 중에 가장 중요한 책이다. 나는 대학원 시절부터 지금까지 윌리엄스 교수와 오랫동안 친구이자 동료 교수로 지내왔다. 그는 말과 행동이 일치하는 분으로 잘 알려져 있

다. 그렇기에 이 책에서 다루고 있는 여러 주제들에는 그의 성경적인 엄밀함과 신실함 그리고 문화에 대한 세밀함과 우려들이 고스란히 담겨 있다. 따라서 이 책은 사회 정의에 관한 성경적인 사고를 하기 위해서 꼭 필요한 자료다. 내가 아는 한, 어느 복음적인 책들보다 더 엄밀하고 통찰력 있으며, 성경적으로 신실하고 윤리적으로 성숙하며, 폭 넓은 주제들을 다루고 있는 책은 없다. 그야말로 여러분에게 꼭 필요한 할 책이다."

제임스 모어랜드(James. P. Moreland)
탈봇 신학교(Talbot School of Theology) 철학과 석좌 교수, *Finding Quiet*의 저자

"만약 여러분이 우리의 문화를 병들게 하고 있는 학대나 불의 혹은 인종차별이나 도덕적 해악에 대한 우려를 갖고 있는 그리스도인이라면, 올해 이 책보다 더 중요한 책을 읽어 보기 어려울 것이다. 인간들의 문제들에 대해서 세속적인 이념을 가지고 할 수 있는 일이란 그저 일시적인 미봉책을 제시하는 것밖에 없다. 오직 기독교적 세계관을 통해서만 생명력 있고 만족할 만한 실제적인 방안들을 제시할 수 있다. 본서는 성경적 진리를 전혀 희생시키지 않으면서도, 미가서 6장 8절의 말씀처럼 그리스도인들이 '정의를 행하며 인자를 사랑하며 겸손하게 네 하나님과 함께 행하는' 삶을 살 수 있도록 도와주는 최고의 안내서다."

알리사 칠더스(Alisa Childers)
www.alisachilder.com의 블로거이자 팟캐스트의 진행자, *Another Gospel*의 저자

"내가 지금까지 기다려온 책이다! 이 책은 사회 정의 운동을 설명하고 분석할 뿐만 아니라 그것을 공정하게 다루며 비판적으로 평가한다. 이 책에서는 참된 정의 근간에 있어야 할 최고의 가치로 복음을 제시한다. 이 책은 그리스도인들이 왜 사회 정의를 강조해야만 하는지, 단순한 사회 정의가 아닌 올바른 사회 정의를 강조해야만 하는 이유를 이해하는 데 도움을 준다. 나는 진심으로 이 책을 추천한다."

팀 챌리스(Tim Challies)
www.challies.com의 블로거, *Do More Better*의 저자

"저자는 그리스도인이 인종이나 정치 그리고 불평등의 문제를 언급할 때 현세의 분류 방식이나 이해관계에 지배당하지 않고, 오히려 기독교 신앙을 통해 사고하는 방법을 우리에게 보여준다. 우리 시대의 현안에 대해 관심을 갖고 있는 사려 깊은 그리스도인이라면 흥미로운 이 책을 세밀하게 들여다볼 필요가 있다. 특히 이 책에서는 이런 현안과 관련하여 우리가 갖고 있는 몇 가지 핵심 전제에 대해 성경의 말씀을 통해 의문을 제기할 뿐만 아니라 동시에 천국 백성으로서 그런 현안들을 어떻게 생각해야 하고, 또 거기에 어떤 식으로 관여해야 하는지 등에 대한 대안을 제시하고 있다."

우치 애니조어(Uche Anizor)
바이올라 대학교(Biola University) 신학과 부교수, *How to Read Theology*의 저자

"그저 놀라울 따름이다. 윌리엄스는 그리스도인으로서 해야 할 말은 아끼지 않으면서도 정치적 스펙트럼의 양 극단에 대해 공정함을 유지하고 있다. 현대 문화 속에서 그리스도인들에게 가장 큰 혼란을 안겨 주고 있는 쟁점을 명확하게 밝히고 있다는 점에서, 이 책은 참으로 필수불가결한 안내서이다. 그 혼란이라 함은 기독교적 세계관에 뿌리를 내리고 있는 정의관과 세속주의에 뿌리를 둔 정의관 사이의 차이점을 분별하는 것이다. 그 둘 사이에는 엄청난 차이가 있으며, 교회 안에 있는 수많은 사람들이 속고 있는 위험성이 있기에, 우리는 실수하지 않도록 조심해야 한다."

나타샤 크레인(Natasha Crain)
www.christianmomthoughts.com의 블로거, *Talking with Your Kids about Jesus*의 저자

"수많은 소셜 미디어로 사분오열된 우리 시대는 사람들에게 큰 관심을 끌수록 큰 목소리를 낼 수 있다. 오늘날 우리가 직면해 있는 논란거리들에 대해 지혜롭게 대응하고 있는 신중한 목소리들이 있다는 점에서, 나는 감사를 표하고 싶다. 저자는 인종 차별, 성 정체성, 사회주의, 낙태, 비판 이론, 정체성의 정치학 등의 주제를 다루며, 그리스도인들에게 사

회 정의는 비록 복음은 아닐지라도 단순히 선택 사항이 될 수 없음을 주장한다. 의롭다 함을 입은 사람은 정의로운 사람이 되고자 한다. 하지만 오늘날 갈수록 피상적이고 판에 박힌 행동주의가 증가하고 있는데, 저자는 아무리 '사회 정의'라는 이름이 붙었다고 해도 그 모든 것이 성경적인 것은 아니라는 사실을 되새겨준다. 여러분이 어디서부터 시작을 하든, 이 책은 여러 가지 측면에서 교회를 섬기는 일에 도움을 준다."

이반 메사(Ivan Mesa)
복음 연합(the Gospel Coalition)의 편집자

"사회 정의와 교회에 대해 관심이 있는가? 만약 그렇다면 이 책은 반드시 읽어야 할 필독서 중에 하나다. 정의에 관한 문제를 연구하고 있는 학자로서, 나는 저자의 접근방법에 감사를 표한다. 그의 논지는 명확하나 동시에 관대하며, 그가 해당 주제를 조심스럽게 꺼내들 때는 그의 선견지명과 분별력이 드러난다. 또한 어떤 주제에 대해 충분히 깊이 있게 다루면서도 많은 이들이 쉽게 할 수 있도록 조화를 이루어 내는 모습을 볼 수 있다. 윌리엄스와 다양한 기고자들의 글을 통해 현대 교회가 직면하고 있는 중요한 현안들에 십분 잠겨 보기를 바란다."

팻 소여(Pat Sawyer)
그린즈보로우(Greensboro)에 있는 노스캐롤라이나 대학교(University of North Carolina)의
교육 및 문화 학부(Education and Cultural Studies) 교수

"사회 정의에 관한 논쟁이 어떻게 복음의 진리와 대립하는가 하는 질문에 대해 어느 정도 꼭 필요한 대답을 제시했다는 점은 의심의 여지가 없다. 3부 '죄인인가 아니면 제도인가'는 나처럼 비판적 사고를 하는 사람에게 새로운 바람을 일으키기에 충분했다. 오늘날의 문화적 풍토 가운데 어떻게 하나님의 말씀을 적용할 것인가에 대해 단순한 인간적 사색보다는 진리의 편에 서고자 하는 분들께 이 책을 추천한다."

자말 밴디(Jamal Bandy)
팟캐스트 Prescribed Truth의 진행자

"그리스도인과 사회 정의라는 주제를 놓고 논쟁을 경험해본 적이 있는 분이라면, 저자와 그의 동료들이 써낸 이 책이 이 문제들에 대해 얼마나 중요한 길잡이가 될지를 실감하게 될 것이다. 앞으로 사회 정의에 관한 토론에 참여하고자 하는 분이라면, 이 책은 필독서가 될 것이다."

데이비드 닥커리(David S. Dockery)
기독교 교육 국제 연대(International Alliance for Christian Education)의 의장;
사우스웨스턴 침례신학대학원(Southwestern Baptist Theological Seminary) 재직 신학자

"부모와 교사 그리고 그리스도의 제자로서, 나는 그동안 많은 그리스도 인들이 사회 정의에 대한 잘못된 개념에 이끌리는 모습을 보며 마음이 편치 않았다. 윌리엄스의 책은 대범하고 분명하게 진리를 말함으로써 아픔을 당하고 있는 사람들과 파편화된 교회는 물론 적대적인 세상에 대해서도 참된 분별력과 복음 중심적인 사랑과 정의를 제시한다. 이 책은 '우리'와 '그들'을 갈라놓는 이분법적 사고를 지양하고 하나님께 영광을 돌리며 진정으로 다른 사람을 사랑함으로써 정의를 실현하고자 하는 분들에게 좋은 지침을 제공해준다."

로라 로젠크란츠(Laura Rosenkranz)
어머니이자 교사

"'사회 정의', 이 한 마디 말 때문에 사람들 사이에 순식간에 파당이 나뉘고, 서로 무례히 행하다가 결국 관계가 깨어지는 일이 흔히 일어난다. 이 책은 그런 비극의 종지부를 찍게 될 것이다. 저자의 용기 넘치는 이 글은 하나님과 이웃 모두를 사랑하는 일에 헌신하는 모습을 보여준다. 저자는 사이비적 이원론과 경건주의적 성경 구절 대기, 그리고 해악 가득한 당파주의를 초월하여 깊은 통찰력과 동시에 너그러운 인내심을 갖고 오늘날의 복잡한 현안 문제들을 들여다보게 한다."

제프리 벤트렐라(Jeffery J. Ventrella)
자유수호연맹(Alliance Defending Freedom)의 선임 고문 및 교육 훈련 분과 수석 부회장

"저자는 감정이 격해질 수 있는 사회 정의에 관한 주제를 모든 사람이 공감할 수 있도록 매력적인 방식으로, 또한 성경적으로 신실하게 다룬다. 저자는 문맥에서 벗어난 성경 구절 몇 개를 가지고 세속적인 사회 정의 이념을 '기독교화' 하려 들지 않는다. 오히려 성경의 자료를 신실하게 제시하려고 노력한다. 정의에 관한 문제를 연구하고 있는 신학자로서, 나는 이런 주제를 다루고 있는 이 책에 감사할 따름이다."

크리스타 본트래거(Krista Bontrager)
Theology Mom의 신학자, All the Things 팟캐스트의 공동 진행자

"인류를 위한 성경의 계획을 완성하기 위해 우리는 이 시대의 외침에 귀를 기울여야만 한다. 이 책에서 우리는 정의가 무엇인지 알려주는 진리에 우리의 생각을 합치시켜야 한다는 목소리를 듣게 된다. 하나님에게서 흘러나오는 정의는 인간의 마음을 통하여 우리가 살아가는 세상 속에서 실현되어야 하는 것이다. 이 책은 정의가 물 같이 흐를 수 있도록 그 길을 열고자 하는 시도다."

제이콥 다니엘(Jacob Daniel)
The Heritage Counsel의 창립자

"저자는 오늘날의 현대적인 사회 정의 운동에서 발견되는 과잉 현상들을 바로 잡고자 하지만, 그렇다고 해서 수많은 문제들이 실제로 존재하고 있음을 부정하지도 않는다. 개인적으로 여러분의 서재에 이 책을 소장해 두면 사회 정의와 관련된 문제들을 좀 더 전체적으로 바라보는데 큰 도움이 될 것이다."

조지 얀시(George Yancey)
베일러 대학교(Baylor University) 사회학과 교수, *Beyond Racial Gridlock*의 저자

"저자는 정의와 관련하여 성경이 그것을 어떻게 정의하고 있는지, 어떻게 하면 그것을 증진할 수 있는지, 그리고 그것을 저해하는 철학이나 이념에는 어떤 것이 있는지 등의 의미있는 질문을 던진다. 이 책에는 여러

분의 추측이나 가정에 의문을 제기하는 내용이 많이 담겨 있는데, 그 모든 것은 우리를 성경으로 신실하게 인도한다."

트레빈 왁스(Trevin Wax)
LifeWay Christian Resources의 신학과 커뮤니케이션 학과 부학장, *Rethink Your Self*의 저자

사회 정의에 대한 기독교인의 12가지 질문

비진리와 타협하지 말고 불의에 맞서라

사회 정의에 대한 기독교인의 12가지 질문

: 비진리와 타협하지 말고 불의에 맞서라

지은이   타데우스 윌리엄스
옮긴이   이제롬
펴낸이   김종진
초판 발행   2022년 11월 11일
등록번호   제2018-000357호
등록된 곳   서울특별시 강남구 선릉로107길 15, 202호
발행처   개혁된실천사
전화번호   02)6052-9696
이메일   mail@dailylearning.co.kr
웹사이트   www.dailylearning.co.kr

책값은 뒤표지에 있습니다.
ISBN 979-11-89697-39-6 (03230)

기독교세계관
시리즈

사회 정의에 대한 기독교인의
12가지 질문

타데우스 윌리엄스 지음

이제롬 옮김

개혁된실천사

그레이시, 더치, 저룰라,
그리고 헨리에게

"정의를 행하며 인자를 사랑하며
겸손하게 네 하나님과 함께 행하는 일"(미가 6:8)에서
모두 성장해 가기를!

목차

■ ■ ■

서문

■ ■ ■

　나는 1930년에 미시시피의 한 목화 농장에서 태어났다. 어머니는 내가 고작 7개월 되었을 때 영양실조로 돌아가셨고, 2차 세계대전 참전용사였던 형은 내 나이 열일곱 살 때 지역 경찰의 총에 숨졌다. 인권 운동가였던 나는 감옥에 수감되어 경찰로부터 죽기 직전까지 폭행을 당했다. 경찰들은 나를 무자비하게 고문했고, 그 과정에서 바닥에 흐른 피를 내 손으로 닦게도 했다. 부당한 권리 침해가 무엇인지를 경험한 것이다.

　아마 증오에 대해 증오로 답하는 것은 내가 세상에서 할 수 있는 가장 쉬운 일이었을 것이다. 하지만 하나님은 내 인생에 다른 계획을 갖고 계셨다. 그것은 예수님을 통해 나를 구원하시는 것이었다. 그분은 나를 죄로부터 구원하셨고, 놀라우신 그분의 은혜로 증오와 분노에 물들 수 밖에 없었던 삶으로부터 나를 건져내 주셨다. 지난 60년간, 나는 그 은혜로 나의 아내 베라와 함께 불의에 항거하며 살 수 있었다. 시민 사회 인권, 다문화 간의 화해, 지역 공동체 개발, 도시 공동체와 경찰 공권력 간의 원만한 관계 구축과 교육, 그리고 복음을 가르치는 등 전방위적인 사역을 감당했다. 나의 수고는 내 힘을 따라 한 것이 아니며, 바울의 말처럼 오직 "내 속에서 능력으로 역사하시는 이의 역사를 따라" 한 것이었다.

하나님은 늘 신실하셨다. 사회정의(social justice)를 위해 살아온 지난 60년간의 경험을 통해, 나는 사회정의를 추구하는 다음 세대에게 몇 가지 권면의 말을 하려고 한다.

첫째, 하나님과 함께 사역하라. 하나님은 우리가 상상하는 것보다 훨씬 크시다. 따라서 우리는 이 땅에 그분의 뜻과 정의가 흐르게 하고, 용서와 사랑을 가져다주시고자 하는 그분의 사명에 우리 자신을 맞춰야 한다. 불의의 문제는 실로 큰 문제이다. 그분과 함께 하지 않는다면, 우리가 추구하는 모든 것은 결코 정의로울 수 없다.

둘째, 그리스도 안에서 하나가 되라. 그리스도인 형제, 자매들이여, 피부색이 검든 희든 갈색이든, 부유하든 가난하든, 우리 모두는 가족이며 한 혈육이다. 우리는 한 아버지께 입양되었고, 한 아들을 통해 구원받았으며, 한 영으로 채움을 입었다. 예수님은 요한복음 17장에서 언어와 민족과 나라를 불문하고 그를 믿는 사람들이 모두 하나가 되게 해달라고 기도하셨다. 하나 됨을 통하여 세상은 비로소 예수님이 누구신지를 알게 되는 것이다. 우리가 어떤 식으로든 이 하나 됨을 허물어뜨리는 빌미를 제공한다면, 그것은 결코 하나님의 정의를 실현하는 것이 아니다.

셋째, 복음을 전파하라. 예수님의 성육신, 그분의 완전하신 생애, 우리를 대신하여 죽으신 십자가, 그리고 죄와 사망을 이기신 부활 사건은 온 세상 모든 사람을 위한 기쁜 소식이다. 그것은 참으로 문화를 초월하는 기쁜 소식이기에, 그것을 통해 우리는 예수님 안에서 참으로 한 민족과 한 혈육이 되었음을 볼 수 있다. 따라서 우리는 인종 놀이를 멈춰야 한다. 오직 그리스도만이 우리 모두의 고통이 되고 있는 편견과 증오의 장벽을 무너뜨리실 수 있다. 예수님 안에서 드러내신 하나님의 사랑보다 더 큰 능력이 없기 때문이다. 바로 거기서 우리는 인간의 참된 존엄성을 되찾을 수 있다. 만약 복음의 자리를 사람이 만든 어떤 정치적 구호로 대체한다면, 우리는 결코 성경의 정의에 이를 수 없게 된다.

마지막으로 넷째, 진리를 가르치라. 진리가 없이는 정의도 없다. 진리의 궁극적인 표준은 무엇인가? 그것은 어떤 느낌이 아니다. 대중적인 여론도 아니며, 정치인들의 구호도 아니다. 오직 하나님의 말씀만이 진리의 표준이다. 만약 우리가 성경보다 현 시대의 각광을 받고 있는 어떤 이념들을 더 열렬히 따르고자 한다면, 그것은 참된 정의를 실현하는 길이 아니다.

지난 60년간의 사역을 통해 발견한 위의 네 가지 지표들이 바로 이 책에서 다루고 있는 핵심 내용이다. 그렇기에 나는 온 마음을 다해 이 책에 대한 지지를 보낸다. 타데우스 윌리엄스와 열두 명의 공동 저자들은 우리가 하나님과 함께 시작하고, 그리스도 안에서 하나 됨을 이루며, 복음을 선포하고 그리고 진리에 대한 타협없이 정의를 추구함에 있어 중요한 목소리를 내고 있다.

우리는 격변의 시대를 살아가고 있다. 헤아릴 수 없는 혼란과 분노, 그리고 불의가 만연해 있다. 그런데 안타깝게도 많은 그리스도인 형제와 자매들은 인간이 만들어낸 해법으로 이 싸움을 하려고 한다. 인간적인 방법들은 정의를 가져다줄 것처럼 보이지만, 오히려 분열과 우상 숭배만을 초래할 뿐이다. 그런 것들은 모두 거짓된 복음에 불과하다. 감사하게도 이런 힘든 시기에 새로운 논의들이 일어나고, 올바른 문제를 제기하는 이들이 생겨나기 시작했다. 나는 타데우스가 이 책에서 제기하고 있는 열두 가지 질문이야말로 어수선한 시대를 살아가는 우리가 해야 할 질문들이라고 믿는다.

나는 여러분이 마음을 열고 이 책을 꼭 읽어 보기를 권한다. 생각의 변화를 두려워하지 말라. 담대히 우리 시대의 분열과 편견을 가로질러 나아가 보라. 분노와 상처를 뛰어 넘어 은혜와 용서를 찾아 전진하라. 더 큰 불의를 낳을 뿐인 잘못된 주장들에 현혹되지 말라. 서로 사랑하라. 치유와 하나 됨의 진리, 성경적 진리를 굳게 붙들고 불의에 맞서라. 부디 이 책이 하나님께 영광이 되고 모든 방언과 족속과 나라에 유익이 되는 길잡이가 되기를 바란다.

존 퍼킨스(John M. Perkins)
미시시피 주 잭슨 소재의 존과 베라 메이 퍼킨스(John and Vera Mae Perkins) 재단 명예 총재
One Blood, Let Justice Roll Down, 그리고 *With Justice for All* 의 저자

이 글을 쓰는 이유는 무엇인가?

■ ■ ■

　나와 아내는 인터넷이 없던 삶에 대해 알고 있는 마지막 세대라는 사실을 함께 생각해보곤 한다. 나는 열네 살이 될 때까지도 전화선 모뎀의 접속 소리를 들어보지 못했다. 내 나이를 가늠할 수 있을 만한 커다란 문화적 변천은 그뿐만이 아니다. 나는 1990년대에 성인이 되었는데, 그 당시는 브리트니 스피어스(미국 가수이자 배우)와 그런지 록(시애틀에서 유래한 시끄러운 록 음악의 일종), 사인펠드(Seinfeld, 미국 텔레비전 시트콤)가 한창일 때였다. 미국에서 도덕적 상대주의의 전성기였다. "네 모습 그대로"(come as you are, 1991년 미국의 록 그룹 너바나가 발표한 앨범 Nevermind에 수록된 세 번째 노래의 제목—역자주)와 "그게 잘못된 건 아니야"(not that there's anything wrong with that, 미국의 시트콤 사인펠드 시리즈 중에서 1993년 2월에 방영된 시즌4의 17화에서 동성애를 다루며 극중의 배우가 한 대사—역자주)가 만연해 있던 "그렇게 무죄하지 않은"(not that innocent, 2000년 미국의 팝 가수 브리트니 스피어스가 발표한 노래 "Oop!…I did it again"의 가사 중 일부—역자주) 시대였다. 그때는 '죄'라는 말을 하는 것 자체가 죄였고, '판단하지 마!'라는 말이 시대적 강령이었다.
　그 이후로, 우리는 판단하지 않는 것을 최고의 가치로 내세우던 사회가 역사상 가장 비판적인 사회로 변해가는 모습을 보게 되었다. 오늘 아침만 해도 내 소셜 미디어에는 24시간도 채 되지 않은 헤드라인 기사에 대해 공개적으로 분노를 표명하지 않은 그리스 도인들을 향해 날 선 비판을 쏟아내는 뉴스 기사들이 터져 나왔다. 당신이 하이킹 중이었거나 혹은 할머니 댁을 방문 중이어서 인터넷에 접속할 기회가 없었다면, 안된 일이다.

"당신의 침묵은 귀청을 찢을 듯하다"(Your silence is deafening, 영국의 헤비메탈 밴드인 "네이팜 데스"가 2005년에 발매한 "The Code Is Red…Long Live the Code"라는 앨범에 수록된 노래 제목인 "Silence is deafening"에서 가져온 말-역자주). 이제 당신은 수백만 명의 디지털 배심원들 앞에서 인간 혐오자로 낙인 찍혀 버렸기 때문이다. "누군지 잘 알지도 못하는 사람들의 도덕적 비난으로 휩쓸어버리다"는 말이 "판단하지 마"를 대체하며, 우리 시대의 송가가 되어버린 것이다. 어떤 이들은 우리 시대를 감정의 시대 혹은 찐의 시대라고 명명하기도 하는데, 또 다른 이들은 의사봉의 시대라고 부르기도 한다.

물론 지나간 역사 속에 판단을 일삼는 무리들은 항상 있어 왔다. 하지만 과거에는 그런 일을 하기 위해 많은 노력이 들었다. 어떻게 하면 비판적인 대중의 무리를 한 날 한 시 한 자리에 모을 수 있겠는가? 어떻게 하면 대중을 선동할 수 있는 카리스마를 가진 사람이 모든 사람을 흥분하게 할 수 있겠는가? 곡괭이는 누가 들고 나올 것이고, 플래카드는 누가 쓸 것이며, 횃불은 누가 제공할 것인가?

하지만 요즘에는 누구든 마음만 먹으면 에어컨이 빵빵하게 나오는 카페에 앉아 라떼 한 잔 마시며 컴퓨터 키보드에 손가락 몇 개 까딱하는 것만으로도 비판적인 대중을 끌어 모을 수 있다.

솔직하게 생각해 보자. 우리 시대에 때와 장소를 가리지 않는 비판주의는 지속적 상생을 위해 결코 바람직한 것이 아니다. 그것은 지극히 소모적이다. 휴대폰, 인터넷, 그리고 소셜 미디어 삼총사 덕분에 전 세계의 끔찍한 사건들이 매일 같이 우리의 인식 속으로 밀려 들어온다. 차라리 아미쉬파 사람들이 부러울 지경이다. 제데디아(Jedediah)의 부서진 수레나 지크(Zeke)의 말 때문에 마음 고생할 일만 아니면 말이다(제데디아와 지크는 아미쉬파 출신으로 소셜 미디어를 통해 대중에 잘 알려진 인물들임-역자주). 우리는 역사상 그 어떤 세대보다도 더 빠르게 전 세계 인류의 가장 추악한 모습을 끊임없이 접하며 살아간다. 기술의 발달로 세상이 좁아짐에 따라 주머니 안의 작은 직사각형 속에 세상을 담을 수 있게 되면서, 우리는 세상이 얼마나 타락해 있는지를 훨씬 더 극명하게 알 수 있게 되었다. 도덕적 분노를 자아내는 일들이 너무도 많고, 수많은 사람들이 그들의 분노를 표출하고 있다. 다른 이들에게 그 도덕적 분노를 표출하고자 하는 이들도 수없이 많은데, 다른 이들의 분노가 충분치 않다고 생각하거나 혹은 그들의 분노가 무언가 잘못되었다고 생각하기 때문이기도 하다. 참으로 터무니없는 일이 아닐 수 없다.

그렇다면 나는 왜 매일같이 인터넷 세상에 쏟아져 나오는 일촉즉발의 주제들에 대한 책을 쓰려고 하는 것인가? 무엇 때문에 "사회 정의"(social justice)라는 두 단어 안에 감춰진 후폭풍을 알면서도 그에 대한 글을 쓰려고 하는 것인가?

최근에 팟캐스트에서 비슷한 맥락의 질문을 받은 적이 있다. 내게는 지나치게 빈정거리는 성격적 결함이 있는 나머지 그 질문에 대해 "주로 명성과 인기를 얻기 위해서죠."라고 답했다. 물론 나는 좌파와 우파의 신성한 정통적 관행에 의문을 제기하는 것으로는 인기를 얻을 수 없다는 사실을 잘 알고 있다. 오히려 누리꾼들의 화만 돋울 뿐이다. 그렇다면 나는 왜 이 책을 썼을까?

단도직입적으로 말하자면, 나는 모든 해답을 가지고 있다. 우리들의 소셜 미디어가 애초에 의도했던 본래의 용도대로 되돌아갈 수 있도록 사회가 직면하고 있는 복잡한 문제들을 말끔하게 해결하려고 노력했다. 하루 종일 정치에 대해 서로에게 소리지르는 일 대신 (다시 한 번 빈정거려서 미안합니다.) 고양이 영상이나 화려하게 꾸민 셀카를 공유하는 장소가 되는 것이다. 나는 그저 답을 갖고 있는 척을 하는 것이 아니다. 만약 그렇다면 독자들과 비평가들은 나의 빈틈을 수없이 보게 될 것이다. 자, 그러면 다시 한 번 물어보자.

이 책을 그저 재미로 쓴 것인가? 수 년에 걸쳐 매일 사회의 부당한 일들을 연구하는 것보다 더 짜릿한 느낌을 주는 것이 없기 때문인가? 그것도 아니다. 이 책은 그 동안 내가 썼던 어떤 책들보다도 단연코 가장 큰 대가를 치러야 했던 책이다. 몇 차례 간절한 마음으로 이 일을 그만두게 해달라는 기도를 올렸음에도 불구하고, 이것을 멈출 수 없었다.

마지막으로 그럼 무엇인가? 내가 이 책을 쓴 이유는 인터넷 상에서 활동하는 심문관들의 승인을 얻기 위해서가 아니고(왜냐하면 그렇게는 안 될 테니까), 내가 모든 것을 깨달았기 때문도 아니며(왜냐하면 그건 사실이 아니니까), 이 일이 그냥 재미있어서도 아니다(왜냐하면 그건 재미가 없으니까). 내가 이 책을 쓴 이유는 나는 하나님과 그분의 교회와 복음, 그리고 참된 정의(justice)에 대해 진심으로 깊은 관심을 갖고 있기 때문이다(비록 이 네 가지 일에 대한 나의 합당한 의무에 비하면 빵점짜리지만 말이다). 요 근래 "사회 정의"(social justice)라는 이름으로 불리는 것들 중에 전부는 아닐지라도 상당히 많은 것들이 내가 소중히 여기는 가치에 대해 위협이 되고 있기 때문이다.

내가 비록 대중적인 형태의 사회 정의에 의문을 제기하기는 하지만, 그렇다고 인종 차별주의나 그 밖의 사악한 "주의"(ism)를 정당화하는 일에는 조금도 관심이 없다. 나는 나의 권력과 특권을 지켜내는 일에도 전혀 관심이 없다. 나는 억압 받는 자들의 목소리에 귀를 틀어 막는 개인주의적이고 뜬구름 잡는 기독교에도 전혀 관심이 없다. 내가 관심을 갖는 것은 그리스도인들이 보다 올바른 예배와 보다 하나 된 교회, 보다 분명한 복음, 그리고 세상 속에서 더 많은 정의를 추구하는 일에 한 마음이 되도록 하는 것이다. 만약 당신 역시 참된 사회 정의가 가장 먼저는 하나님께 영광이 되고, 사람들을 그리스도 중심적인 공동체로 이끌며, 실제적인 억압에 맞서 싸우면서 구원의 은혜라는 기쁜 소식을 드높이는 일이라고 믿고 있다면, 이 책은 바로 당신을 위한 책이다. 그러나 그런 일에 관심이 없다면, 당신이 더 나은 세상을 바라는 것은 크리드(Creed, 1994년에 결성된 미국의 록밴드—역자주)와 로큰롤의 관계와 다를 바 없는 일이다.

타데우스 윌리엄스

캘리포니아 주 라 미라다(La Mirada, California)
바이올라 대학교(Biola University)

사회 정의란 무엇인가?

■■■

교회 역사상 모든 시대마다 논란은 언제나 있었다. 만약 당신이 타임머신을 타고 1세기의 50년대로 간다면, 당시의 가장 큰 질문이었던 "하나님과 올바른 관계를 맺기 위해서는 모든 사람은 필수적으로 할례를 받아야 하는가? 또는 유대교로 개종하는 사람들을 어떻게 대해야 하는가?"라는 문제를 만날 것이다. 그리고 다시 시계를 돌려 4세기 초로 가게 된다면, "예수님의 신성을 어떻게 보아야 하는가?"라는 논쟁거리를 만날 것이다. 또한 빠른 속도로 1500년대 초반으로 날아간다면, "구원은 오직 하나님의 은혜로만 가능한 것인지, 아니면 우리가 천국에 들어가기 위해 신성한 유물을 만지거나 면죄부를 구입할 수도 있는 것인지" 등의 문제를 만나게 될 것이다.

나는 21세기 교회가 직면해 있는 가장 거대하고 뚜렷한 시대상을 보여주는 논란거리들 중에 하나는 바로 '사회 정의'(social justice)라고 확신한다. 20세기에는 사회학 수업을 청강하거나 지역 사회의 활동 단체에서 주관하는 집회에 참석해야 사회 정의라는 표현을 들어볼 수 있었다. 그러나 지금은 커피숍에서는 물론, 음료수나 신발, 혹은 면도 크림 광고에서, 패스트푸드 상점이나 축구 경기장에서, 인터넷 검색창과 블록버스터 영화에서, 유치원 교육 과정이나 트위터 글귀에서, 전국 단위의 방송매체 뿐만 아니라 교회의 강대상까지 모든 곳에서 이 말을 들을 수 있다.

이런 현상을 진보로 보아야 할 지, 아니면 해로운 일로 보아야 할지는 사회 정의에 관한 논쟁과는 아무런 상관도 없는 것처럼 보이는 다음의 질문들에 달려 있다.

"하나님은 누구신가?", "인간이 된다는 말은 무슨 뜻인가?", "교회가 존재하는 이유는 무엇인가?", "언제 세상은 잘못되었고, 어떻게 해야 그것을 바로잡을 수 있는가?"

그리스도인으로서 21세기의 사회 정의에 대해 진지하게 생각한다면, 그것은 곧 현시대의 문제만이 아니라 지난 2천 년의 교회 역사에서 우리들이 마주해온 모든 커다란 질문들을 함께 직면하는 것이다. 정말로 중요한 사안을 보다 깊이 들여다볼 수 있는 사람은 많지 않다.

참으로 정의를 실행하라

그리스도인에게 사회 정의는 선택 사항이 아니다. (이 문제를 잘 생각해보면, 사회적이지 않은 정의가 어디에 있겠는가? 하나님께서는 우리를 공동체를 위해 살아가는 사회적 피조물로 지으셨지, 홀로 무인도에서 살아가거나 하루 종일 혼자서 화면만 바라보며 살도록 짓지 않으셨다. 정의를 거스르는 일은 무엇이든 다른 이들에게 영향을 미친다. 따라서 사회적이지 않은 정의에 대해 논하는 것은 마치 젖지 않는 물이나 직각이 없는 정사각형에 대해 말하는 것과 마찬가지다.) 성경은 이에 대해 분명하게 말하고 있다.

• 하나님께서는 권유하시지 않는다. 그분께서는 우리에게 정의를 행하라고 명령하신다.

너희가 정의와 공의를 행하여
탈취 당한 자를 압박하는 자의 손에서 건지고[1]

여호와께서 네게 구하시는 것은
오직 정의를 행하며 인자를 사랑하며
겸손하게 네 하나님과 함께 행하는 것이 아니냐[2]

내가 기뻐하는 금식은
흉악의 결박을 풀어 주며
멍에의 줄을 끌러 주며
압제 당하는 자를 자유하게 하며
모든 멍에를 꺾는 것이 아니겠느냐[3]

• 정의를 행하면, 우리의 삶 가운데 밝은 빛이 비취고 축복이 임하게 된다.

그리하면 네 빛이 새벽 같이 비칠 것이며
네 치유가 급속할 것이며 …
주린 자에게 네 심정이 동하며
괴로워하는 자의 심정을 만족하게 하면
네 빛이 흑암 중에서 떠올라

네 어둠이 낮과 같이 될 것이며[4)]

• 가난하고 궁핍한 자들을 지켜주는 일은 곧 하나님을 아는 것을 의미한다.

그는 가난한 자와 궁핍한 자를 변호하고

형통하였나니

이것이 나를 앎이 아니냐

여호와의 말씀이니라[5)]

• 억압당하는 이들에게 무관심하면 우리의 기도가 막히고 하나님과의 관계가 끊어진다.

너희가 손을 펼 때에

내가 내 눈을 너희에게서 가리고

너희가 많이 기도할지라도

내가 듣지 아니하리니

이는 너희의 손에 피가 가득함이라…

행악을 그치고

선행을 배우며

정의를 구하며

학대 받는 자를 도와 주며

고아를 위하여 신원하며

과부를 위하여 변호하라 하셨느니라[6)]

"정의를 구하라"[7]는 말씀은 성경의 명확한 가르침이기 때문에 이런 외침에 대해 귀를 막는 자들의 삶은 성경에 따라 살지 않는 것 그 이상도 이하도 아니다. 그러나 정의를 구하라는 성경의 이런 외침은 피상적이고 판에 박힌 행동주의를 불러일으키는 외침이 아니다. 우리에게 주시는 명령은 그저 정의를 행하라는 것이 아니라 "참으로 정의를 실행하라"[8]는 것이다. 그 말 안에 전제되어 있는 것은 정의를 행하는데 있어 참되지 않은 방법도 있다는 말이다. 즉 현실과는 전혀 맞지 않는 방법으로 애를 쓰다가 결국 세상에 더 큰 혼란만을 야기하는 것이다. 우리에게 정의를 구하라고 명하신 하나님은 우리에게 "범사에 헤아려" "선에 속하라"[9]고도 명하셨다.

예수님은 회당에서 공생애의 사역을 시작하시며 그분의 사명이 "가난한 자에게 복음을 전하게 하시려고…

> 박해 받는 자들을 그저 좋은 의도를 갖고 대하는 것만으로는 부족하다. 우리는 단지 마음과 손으로만 그들을 사랑할 것이 아니요 우리의 머리로도 그렇게 해야 한다.
>
> ■ ■ ■

포로 된 자에게 자유를, 눈 먼 자에게 다시 보게 함을 전파하며 눌린 자를 자유롭게"[10] 하는 일이라고 선언하셨다. 하지만 예수님은 그저 소문이나 풍문에 따라서 정의를 구하지 않으셨다. 메시아에 대한 특징 중에 하나 "그의 눈에 보이는 대로 심판하지 아니하며 그의 귀에 들리는 대로 판단하지 아니하며 공의로 가난한 자를 심판하며 정직으로 세상의 겸손한 자를 판단할 것이며"[11]라는 점이다. 예수님은 안식일 규정을 어기는 것은 정의를 크게 훼손하는 일이라며 그분께 항의하는 사람들에게 안식일의 진정한 의미를 이해하지 못하고 잘못된 도덕적 분노에 휩싸여 있음을 지적하시며 "외모로 판단하지 말고 공의롭게 판단하라"[12]라고 말씀하셨다.

바울은 빌립보 교회 사람들의 사랑이 "지식과 모든 총명으로 점점 더 풍성하게"[13] 되기를 기도했다. 또한 로마 교회 사람들에게는 이 세대를 본받지 말고 마음을 새롭게 함으로 변화를 받아 "하나님의 선하시고 기뻐하시고 온전하신 뜻이 무엇인지 분별하도록 하라"[14]고 말했다. 바울은 우리에게도 "모든 생각을 사로잡아 그리스도에게 복종하게"[15] 하라는 명령을 주고 있는데, 사회 정의를 바라보는 우리의 시각이나 태도도 포함되는 것이다. 정의를 행하라는 성경의 명령은 분별하라는 명령과 분리해서 생각할 수 없다. 박해받는 자들을 그저 좋은 의도를 갖고 대하는 것만으로는 부족하다. 우리는 단지 마음과 손으로만 그들을 사랑할 것이 아니요 우리의 지성으로도 그렇게 해야 한다. 이를 위해 우리는 참된 사회 정의가 무엇이며, 정의를 가장한 모조품은 무엇인지 신중하게 구별할 수도 있어야 한다.

'사회 정의 A'와 '사회 정의 B'

"사회 정의(social justice)라는 말은 무엇을 의미하는가?" 일촉즉발의 위험천만한 네 글자의 조합을 어떻게 이해해야 할까?

이에 대해 한 언론인은 다음과 같이 말했다. "사회 정의에 대해 의견일치를 본 정의가 있을까 하여 백방으로 자료를 찾아보았다. 그러나 내가 찾은 것은 빛 좋은 개살구들뿐이었다. 노동조합이나 수많은 대학들, 동성애자 인권 단체들이나 심지어 미국 나치당에 이르기까지 자기들이 사회 정의에 관한 최고 권위자라고 주장할 뿐이었다."[16]

아마도 사회 정의라는 말은 로마의 도시 바깥에 있던 쓰레기 더미 속에 처참히 버려진 어린 아이들을 구해내서 입양했던 고대 로마시대 그리스도인들의 이야기를 설명하기 위해 사용될 수도 있겠다. 혹은 영국의 노예제도를 무너뜨리고자 애썼던 윌리엄 윌버포스(William Wilberforce)나 클래펌 공동체(Clapham Sect)의 노력과 마찬가지로 미국에서는 프레데릭 더글라스(Frederick Douglass)나 해리엇 터브먼(Harriet Tubman) 같은 이들의 노력을 사회 정의라는 글자로 표현해볼 수도 있을 것이다. 또한 사회 정의라는 용어는 히틀러의 제3제국을 전복시키고자 했던 조피 숄(Sophie Scholl)이나 디트리히 본회퍼, 그리고 독일 고백 교회의 노력들을 가리킬 수도 있다. 그뿐 아니라 아브라함 카이퍼(Abraham Kuyper)가 꿈꿨던, 개인적 경건주의가 아닌 우리의 삶과 사회 속에 예수님의 주권이 미치지 않는 곳은 "단 1평방 센티미터"도 없다고 했던 확고부동한 그의 기독교 정신을 사회 정의라는 말로 묘사할 수도 있을 것이다.

오늘날에는 인신매매를 뿌리 뽑기 위한 기독교계의 노력이나 도시 내 빈곤층을 위한 사업, 개발도상국의 극빈자들을 돕기 위한 소액융자에 투자하는 일, 병원과 고아원을 건립하는 일, 인종 차별을 철폐하는 일, 그리고 낙태 방지 등을 위한 노력들을 사회 정의라는 글자로 묘사할 수도 있다. 이와 같이 성경에서 말씀하고 있는 정의를 구하는 일과 서로 상통하는 넓은 범위의 일들을 '사회 정의 A'라고 부르자.

우리들이 '사회'라는 단어와 '정의'라는 단어가 함께 쓰이는 것을 듣게 될 때 이와 같은 것들을 생각하게 되는데, 그런 인식이 틀린 것은 아니다. 반면에 어떤 이들은 똑같은 두 단어의 조합을 통해 전혀 다른 비(non)기독교적인, 때로는 명백히 반(anti)기독교적인 어떤 의미를 떠올리기도 하는데, 이 또한 틀린 것이 아니다.

과거 몇 년 간 사회 정의(social justice)란 말에는 극도로 격앙된 정치적 의미가 더해졌다. 그러다 보니 그것이 마치 안티파[Antifa, '안티 파시스트 액션(Anti-Fascist Action)'의 줄임말로 파시즘, 백인우월주의, 신나치주의 등의 극우세력에 대항하는 급좌파 집단을 지칭한다.] 운동의 선봉에 내걸린 깃발과 같이 되어버렸는데, 그들은 나와 생각이 다른 사람들에게 물리적인 폭력을 행사하는 것을 "윤리적으로 정당할 뿐만 아니라 전략적으로도 효과적인" 것으로 생각하며 자신들의 "의로운 체벌"이 상대적으로 많이 알려지지 않는 것을 기뻐하는 사람들이다. 사회 정의라는 이름의 깃발이 펄럭이는 곳은 수많은 대학교들 중에서도 안토니오 그람시(Antoio Gramsci)와 프랑크푸르트 학파의 "억압하는 자 대 억압받는 자"에 관한 담화나 미셸 푸코(Michel Foucault)와 자크 데리다(Jacques Derrida)의 해체주의, 그리고 주디스 버틀러(Judith Butler)의 성(性)과 퀴어 이론이 주입된 교수들의 수가 과도하게 많은 곳이다. 그동안 많은 이들이 이처럼 '사회 정의'라는 말을 이념적으로 정의(定義)하는 것을, 정의(justice, 正義)를 바라보는 하나의 방법이 아닌 마치 유일한 방법인 것처럼 생각해 왔다.

또한 사회 정의는 "서양의 영향을 받은 핵가족 구조를 파괴하는 것"[17]을 사명으로 내걸고 활동하는 운동과 반대의 목소리를 잠재우기 위해 폭력에 의존해온 대학 캠퍼스 내에서의 운동 그리고 빈민 구호 수녀회의 문과 정통주의에 고개 숙이지 않는 기독교 대학들의 문을 닫으려고 하는 운동들이 내세우는 깃발이기도 하다. 다른 말로 하자면, 사회 정의라는 말을 성경적으로 분별하는 것이 필요하다고 외치는 그리스도인을 문화적인 민감함이 현저히 부족한 심술궂은 영감처럼 그린다면, 바로 우리야말로 현 시대의 이 문화에 둔감한 사람들이 되는 것이다. 우리는 '사회'라는 단어와 '정의'라는 단어의 조합에 대해 많은 사람들이 받아들여 온 의미를 너무 순진하게 생각하고 있다는 말이다. 이와 같이 정의를 구하는 일과 관련된 두 번째 방법을 '사회 정의 B'라고 부르자. 이런 종류의 사회 정의는 현실에 대한 성경적 관점과 충돌하는 것인데, 그 이유에 대해서는 앞으로 계속해서 살펴보도록 할 것이다.[18]

부디 정치적 스펙트럼을 불문하고 모든 그리스도인들이 사회 정의라는 이름이 붙었다고 해서 다 사회 정의가 되는 것은 아니라는 사실에 있어 하나가 되었으면 한다. 안티파는 물론 미국 나치당도 자신들이 사회 정의의 수호자라고 생각하지만, 대부분의 사람들은 그들이 말하는 "사회 정의"가 지나치게 멀리 나가 있다는 점에 동의할 수 있을 것이다.

이처럼 우리가 추구해야 할 정의를 '사회 정의 A'라고 부르고, 반대로 추구하지 말아야 할 형태를 '사회 정의 B'라고 부르자. 그렇다면 그 둘 사이의 경계는 어디에 있을까? 우리가 다 함께 서로 팔짱을 걸어 매고 성경에 신실한 마음으로 행진해 나아갈 수 있는 지점은 어디일까? 그리고 그와는 반대로 정의에 대한 그릇된 시각이 선을 넘어서서 우리를 "성도에게 단번에 주신 믿음의 도"[19]에서 멀어지도록 유인하는 지점은 어디에 있을까? 교회가 산산이 부서지고 화염에 휩싸이지 않으면서도 우리 시대가 직면하고 있는 정치적 상황을 꿰뚫기 위해서는, 우리는 이와 같은 질문들을 피해서는 안 된다.

분노의 기계

특히 우리가 살아가고 있는 이 시대에는, 심지어 교회 안에서조차, 우리는 정의를 옹호하지만 저들은 정의를 거스른다고 생각하기가 쉽다. 이렇게 하면 확실히 우리 자신에 대해서는 더 편안함을 느낄 수 있지만 그것이 그렇게 단순한 일은 아니다. 이 점을 굉장히 잘 다룬 HBO 채널의 코미디 프로가 있는데, 바로 플라이트 오브 더 콘코즈(Flight of the Conchords) 시리즈이다. 미국에 와서 고생을 하고 있는 뉴질랜드 출신의 2인조 패러디 포크 밴드의 매니저인 머레이 휴잇(Murray Hewitt)은 밴드가 정치적인 성향을 띠지 않게 하려고 애를 쓴다. 그는 분열을 일으키는 주제인 반려견의 뇌전증에 관한 노래를 더 이상 쓰지 말라고 경고한다. 머레이가 주장하는 논리는 "너희들이 예컨대 에이즈를 반대하는 노래를 녹음하게 되면 결국에는 에이즈를 찬성하는 사람들에게서 멀어지게 되고 말 것이다."[20]라는 것이다. 하지만 뉴질랜드 영사관 주변에서 10초짜리 비공식적 설문조사를 해보니 그 결과는 너무도 자명했다. 그 누구도 에이즈를 찬성하지 않는다는 사실이었다.

근본적으로 그 누구도 사회적 불의를 찬성하는 사람은 없다는 사실을 말하기 위해 굳이 갤럽(Gallup) 여론 조사까지 할 필요는 없을 것이다. 그런데 미국인 절반에게 나머지 절반의 사람들이 어떤 사람들인지에 대해 물어보면, 대부분은 그 나머지 절반은 불의를 옹호하는 사람들이라고 생각한다는 것을 알 수 있다. 이게 도대체 어떻게 된 일일까?

이 모든 것은 겉으로 드러난 현안의 이면에 또 다른 현안이 있기 때문이다. 트렌스젠더 논쟁은 단순히 대명사의 사용(he or she)에 관한 것이 아니며, 동성 결혼에 관한 논쟁도 케이크에 관한 것이 아니다. 또한 낙태에 관한 논쟁은 세포 덩어리나 철제 옷걸이에 관한 것이 아니며, 빈곤에 관한 논쟁 역시 탐욕스러운 자본주의자와 공산주의자의 대결 구도에 관한 것이 아니다. 이런 논쟁거리의 양쪽 사람들 모두 자기들이 정의를 위해 싸우고 있다고 믿는다. 하지만 모든 논쟁거리들의 껍데기를 양파 벗기듯 벗겨내어 그 핵심으로 들어가 보면, 당신은 인생의 가장 심오한 질문들에 대해 전혀 다른 답을 찾게 될 것이다.

각종 단추들과 깜빡이는 불빛으로 가득한 크롬 금속박스를 한 번 떠올려보자. 한쪽 끝에서 다음과 같은 질문이 들어간다. 경제적 정의는 무엇인가? 인종적 정의는 무엇인가? 사회적 정의는 무엇인가? 그 외에도 여러 가지 질문이 있다. 자판기는 돈을 넣어야 작동하듯이, 이 기계는 당신의 질문을 넣으면 작동한다. 윙~윙 하는 소리를 내면서 반대쪽에서 종이 조각들이 나온다. 포춘 쿠키 안에 있는 자그마한 직사각형의 흰색 종이 같은 곳에 붉은 색 잉크로 다음과 같은 점괘가 쓰여 있다. "사회주의는 정의다. 자본주의에 대해 분노하라." 혹은 그 반대로 "사회주의는 정의가 아니다. 사회주의에 대해 분노하라." 등의 답변이 쓰여 있다.

우리는 저마다 의식 속 깊은 곳에 이런 기계를 다 하나씩 가지고 있는데, 이것은 정의가 무엇이며 따라서 어떤 일에 분노해야 하는지를 알려주는 근본적인 신념에 관한 장치 같은 것이다. 철학자들은 그것을 보통 세계관이라고 부른다. 세계관이라 함은 길거리에서 행하는 설문조사나 온라인 퀴즈 같은 곳에서 우리가 믿는 바에 대해 할 수 있는 몇 마디 말 정도가 아니다. 그것은 오히려 우리는 누구이고, 어디서 왔으며, 또 인류는 어디로 향하여 가고 있는지 등에 대한 핵심 가운데서 우리의 참된 믿음과 행동의 원천이 되는 것이다.

철학자들이 "세계관"이라고 부르는 것을 나는 "분노의 기계"라고 부르고자 한다. 여기에 이런 질문이 들어간다. "저 제빵사는 동성 결혼을 한 사람들에게 케이크를 구워 주지 않겠다고 거절했다. 이에 나는 분노해야 하는가?" "저 사람은 다른 사람보다 훨씬 더 많은 돈을 번다. 이에 나는 분노해야 하는가?" "저 과학자들은 우월한 인종의 유전자를 변형하고자 한다. 이에 나는 분노해야 하는가?"

이런 질문에 대한 답변은 진공 상태에서 한 순간에 생겨나지 않는다. 그것은 신념과 확신의 복잡한 연결고리 안에서 생겨나는데, 많은 경우에 그런 연결고리들은 잠재의식 속에 존재한다. 그런 답변은 우리가 늘 접하는 뉴스 기사들 중에 어떤 것에 대해 격분해야 하는지를 결정하는 분노의 기계에서 만들어지는 것이다.

다시 한번 분명히 해야 할 것은 질문의 핵심은 누가 불의에 찬성하느냐가 아니라는 점이다. 그런 관점은 문제를 지나치게 자기 편의적이고 단순화시켜서 바라보는 것이다. 이 세상에 "정의는 물러가라!"는 식의 팻말을 들고 사거리에 서서 시위하고 있을 사람은 없다. 우리는 우리 안에 내재되어 있는 세계관을 통해 제기되는 질문에 답변한다. 서로 다른 분노의 기계에서 서로 다른 정치적 결론이 만들어진다. 물론 그렇다고 해서 정의가 상대적이라는 뜻은 아니다. 인류의 번영을 향해 초점이 더욱 잘 맞춰진 특정한 세계관이 있다는 말이다. 1960년대 인권 운동을 통해 인종적 정의가 보다 크게 대두되기 이전에도 이미 인간의 심오한 본질에 대한 올바른 시각들이 있었다. 예를 들어 마르틴 루터 킹 주니어(Martin Luther King Jr.)의 "버밍햄 감옥에서 쓴 편지"에 보면, 그는 "인격의 존엄성과 가치"를 잘 이해하고 있었다. 인간의 권리는 "하나님께서 주신 것"이며 "모든 사람은 동등하게 창조되었다"는 점, 그럼에도 "비극적인 죄악"에 빠지게 된 점과 그러나 예수 그리스도와 같이 "사랑과 진리 그리고 선함을 향한 극단주의자"[21]가 되어야 함이 잘 담겨 있다. 반면에 보다 일그러진 세계관들도 있다. 그런 세계관을 가진 이들이 내뱉는 답변을 보면, 정의를 위한다고 주장은 하지만, 무엇이 사람을 사람 답게 하는지 올바로 알지 못함으로써 오히려 자기도 모르게 사람에게 상처를 입히기도 한다. 예컨대 공산주의는 20세기에 경제적 정의와 관련하여 행해진 실험이 실패로 돌아가기 이전에도 이미 인간의 본성에 대해 잘못된 생각을 갖고 있었다. 그 세계관 안에서는 인간의 마음속에 존재하는 죄의 실재를 부인하고, 사람을 그저 경제인(호모이코노미쿠스, homo economicus)으로만 봄으로써 제도적 악에 대해서만 비난의 화살을 돌렸다.[22]

만일 하나의 문화와 교회 안에서 살아가고 있는 우리가, "인간의 존재 목적은 무엇인가, 우주 안에서 우리의 위치는 어디인가, 우리는 타락한 존재인가, 우리는 어떻게 번성하게 되는가" 등의 끊이지 않는 질문들과 관련하여 힘겨운 대화를 이어 나가지 않는다면, 우리가 빠져 있는 정치적 진영 논리의 자기 의를 뛰어 넘을 수 있을 가능성은 별로 없다. 일체의 세계관으로부터 완전히 중립적인 방식으로 정의에 대해 생각하거나 행동할 수 있는 길은 없기 때문이다.

12가지 질문에 대한 개관

문제는 사회 정의에 대한 탐구 자체에 있지 않다. 오히려 진정한 문제는 성경에 입각해 있지 않은 틀을 가지고 그런 탐구를 행하면 어떻게 되는가 하는 점이다. 오늘날 많은 그리스도인들이 성경에서 말씀하고 있는 현실 인식과는 사뭇 다른 전제에 기반을 두고 있는 분노의 기계와 거기에서 만들어진 결론을 받아들이고 있다. 우리가 부지불식간에 성경적이지 않은 세계관과 그에 따른 가정을 받아들여 그것을 가지고 정의에 대한 시각을 형성해가면, 우리는 하나님의 명령을 태만히 여기게 되고 그분의 형상을 지닌 사람들에게 상처를 입히게 된다. 지금 이 때야 말로 우리를 지켜보고 있는 세상을 향해 문화적인 유행이 아닌 창조주와 그분의 말씀을 따라 갈 때 비로소 참되고 선하며 아름다운 정의가 세워짐을 보여줘야 할 때다.

이 책은 그리스도인들이 '사회 정의 A'와 '사회 정의 B'를 잘 구분할 수 있도록 돕고자 하는데 목적이 있다. 제1부 "여호와인가 아니면 이세벨인가"에서는 예배에 관한 세 가지 질문을 하고 있는데, 그것을 통해 하나님의 하나님 되심에 대한 올바른 시각을 잃어버리지 않으면서도 온전한 방법으로 정의를 구할 수 있도록 도움을 줄 것이다. 제2부 "연합인가 아니면 소란인가"에서는 공동체에 관한 세 가지 질문을 통해 우리가 적대감과 분열에 휘말리지 않으면서 더욱 온전히 정의를 구할 수 있도록 도움을 주고자 한다. 제3부 "죄인인가 아니면 제도인가"에서는 구원에 대한 세 가지 질문을 통해 우리가 복음을 잃어버리지 않으면서 더욱 온전히 정의를 구할 수 있도록 도움을 줄 것이다. 제4부 "진리인가 아니면 집단적 사고인가"에서는 지식에 대한 세 가지 질문을 통해 우리가 넋 놓고 이념의 제단 위에 진리를 희생하는 일 없이 정의를 구할 수 있도록 도움을 주고자 한다.

각 장에서 제기되는 12가지의 질문들은 나와 함께 이 책을 집필한 저자들의 개인적인 이야기로 마무리된다. 이들은 모두 예수님을 통하여 백인 우월주의나 정체성 정치, 그리고 인종과 분열의 이념 등 잘못된 생각에서 해방을 맛본 나의 사랑하는 형제와 자매들이다. 매 장마다 개인적인 적용이나 소그룹 토론을 위한 질문들을 덧붙여 두었다. 이 12개의 장 뒤에는 관심 있는 독자들을 위해 낙태나 인종 차별, 사회주의, 성 정체성, 기타 여러 가지 사회 정의에 관한 논쟁거리들에 빛을 비추어주는 몇 가지 부록을 첨가했다.

"뉴먼(Newman) 효과"

양극화 된 우리 시대에 사회 정의에 관한 대화는 소위 "뉴먼 효과"라고 부를 수 있는 현상으로 인해 빛을 비추기보다는 오히려 뜨겁게 달아오르는 경향이 더욱 크다. 2018년에 캐나다의 심리학 교수인 조던 피터슨(Jordan Peterson)은 채널4의 진행자인 캐시 뉴먼(Cathy Newman)과 성 불평등에 관한 토론을 벌였는데, 이것은 후에

21세기에 가장 많이 회자된 인터뷰가 되었다. 활발한 토론 가운데 "그러니까 지금 하신 말씀은"이라 불리는 짤방이 생겨나게 되었는데, 그것은 피터슨의 진술에 대해 뉴먼이 말끝마다 지극히 비호감적이고 선동적인 태도로 그와 같은 표현을 계속해서 사용한데서 기인한 것이다.

"그러니까 지금 하신 말씀은 평등의 가치를 믿는 사람이라면 … 기본적으로 포기해야 한다. 왜냐하면 … 같은 일은 일어나지 않을 것이니까 …"

"그러니까 지금 하신 말씀은 그것이 괜찮다는 것이군요. 가부장적 제도가 아무 문제 없다고 …"

"그러니까 지금 하신 말씀은 여성들은 이와 같은 상위 기업들을 운영할 수 있을 만큼 똑똑하지 않다는 것이군요 …"

"그러니까 지금 하신 말씀은 트렌스젠더 옹호자들 때문에 수백만 명의 사람들이 목숨을 잃을 수도 있다는 것이군요 …"

"그러니까 지금 하신 말씀은 우리 사회를 바닷가재를 줄 세우듯 그렇게 조직해야 한다고 말씀하시는 것이군요 …"[23]

피터슨 교수는 위와 같은 말들을 전혀 하지 않았다. 하지만 그의 관점은 우리 시대의 흑백논리 안에 깔끔하게 맞아 떨어지지 않았기 때문에 뉴먼은 자신의 시각과 일치하지 않는 것은 전부 위와 같이 최대한 극단적이고 만화 같은 방식의 비판적인 태도로 받아들였던 것이다.

사실 지금 우리는 모두 캐시 뉴먼과 다를 바 없고, 그로 인해 교회의 연합에 실질적으로 심각한 위해가 되어 온 것이 현실이다. 누군가 "인종 차별은 여전히 문제다."라고 말하면, "그러니까 지금 당신은 복음을 포기하고 신마르크스주의를 받아들여야 한다는 말이군."이라고 비난한다. 또 "흑인의 생명도 중요하다."라고 하면, "그러니까 지금 당신은 모든 생명이 중요하지 않다는 말이군."이라고 한다. 그뿐만이 아니다. "흑인 아이들의 70퍼센트가 결혼하지 않은 부모들의 가정에서 태어난다는 사실은 우리에게 중요한 문제다."라고 하면, "그러니까 지금 당신은 희생자들을 비난하고 흑인 사회의 문제는 철저히 그들 자신의 문제라고 말하는 인종 차별주의자라는 말이군."이라고 하고, "혼인은 남성과 여성의 상호보완적인 연합의 관계이다."라고 하면, "그러니까 지금 당신은 동성 간에 결혼을 한 사람들을 증오한다는 말이군."이라고 한다. "코로나 바이러스의 대유행 기간 동안 우리는 연약한 사람들을 보호하기 위해 집에 머물러 있어야 한다."라고 하면, "그러니까 지금 당신은 자유를 반대하고 우리 모두가 독재 정권 앞에 무릎 꿇기를 바란다는 말이군."이라고 하다가, "격리로 인해 생계와 정신 건강이 피폐해진 사람들을 돕기 위해 우리는 경제생활을 재개해야 한다."라고 하면, 오히려 "그러니까 지금 당신은 바이러스가 확산되어 더 많은 사람들이 죽기를 원한다는 말이군."이라고도 한다. 이와 같은 예들은 얼마든지 더 있다.

우리가 살아가고 있는 이 시대에는 중요한 의제와 관련된 대화는 결국 이와 같은 모습으로 귀결되고 만다. 누군가가 내 생각에 동의하지 않으면 그는 악당이 되거나 정의를 거스르는 불구대천의 원수가 되는 수밖에는 없다. 따라서 우리는 내 귀에 거슬리는 생각에는 상상을 초월하는 가장 끔찍한 이념의 탈을 씌워버린다. 그로 인한 결과는 자기 의가 만연하게 되고, 겸손히 자신을 비판하는 일이 사라지며, 확증편향이 확산되고, 미묘한 진리에 다다르기 위해 꼭 필요한 참된 경청을 잃어버리며, 곳곳에 당파심이 배어들고, 서로 자선을 베풀며 신뢰 위에 서야 할 진정한 공동체를 상실하게 된다. 뉴먼 효과가 진정한 짤방이 될 수 있었던 것은 소셜 미디어에서 공유되는 재치 있는 사진이라는 대중적인 의미에서 뿐만 아니라 보다 전문적인 의미로 "사상의 전염", 곧 특정한 문화권에서 사람 대 사람으로 전파되는 어떤 생각이나 현상이 되었기 때문이다.[24]

이런 뉴먼 효과를 염두에 두어 이 책의 제1부에서 제4부까지 각 부의 끝에는 "그러니까 지금 당신이 하는 말은"이라는 짧은 단락을 첨가할 것인데, 거기서 나는 내 자신과 이 책의 공동 저자들의 견해에 대해 가장 흔히 제기될 수 있는 예상 가능한 오해를 정리해서 제시할 것이다.

네 가지 필수적인 주의 사항

보다 중요한 주의 사항 네 가지를 제시하고자 한다. 첫째, 어떤 이들은 내가 '사회 정의 A'라고 이름 붙인 것이 그저 우파 성향의 정치적 견해를 교묘히 들이미는 것이라고 생각할 수도 있다. 이에 대해 명확한 입장을 밝히고자 한다. '사회 정의 A'는 성경에서 흘러나오는 정의로서 공화당이나 그들의 정치적 견해와 동의어가 아니다. 이 책은 사회 정의에 관한 것인데, 그것은 주로 정치적으로 좌파 성향의 사람들이 내세우는 깃발이다. 따라서 내가 마치 우파의 입장에 세례를 베푸는 것처럼 받아들여서는 안 된다. 우파 쪽에도 문제가 많이 있고 복음에 반하는 경향이 다분하기 때문에 이 책에서는 그런 것들도 밝혀낼 것이다. 또한 설교나 강의를 통해 그런 것들에 반하는 입장을 표명할 때도 많다. 하지만 모든 것을 다 담을 수 있는 책은 없다. 이 책은 사회 정의에 관한 것이고 그것은 주로 좌파 쪽 사람들이 받아들이는 용어이므로 우리는 거기에 초점을 맞출 것이다.

나의 친구이자 동료인 릭 랭거(Rick Langer)는 자신이 "소라게 신학"(hermit crab theology)이라고 이름 붙인 것에 대한 이야기를 자주 한다. 소라게는 자기 껍데기가 없다. 그래서 집으로 삼을 만한 다른 껍데기를 찾아서 그 안으로 비집고 들어간다. 소라게 신학이란 기존에 성경 밖에 존재하고 있는 이념적 껍데기 안으로 예수님을 밀어 넣는 것이다. 이 책에서 나는 절대로 좌파 이념에 예수님을 쑤셔 넣는 일을 해서는 안 되는 이유를 제시하고자 하며, 또한 그것은 우파에 관해서도 마찬가지라고 말하고자 한다. 왜 그런가? 왜냐하면 예수님은 너무도 크셔서 사람이 만든 정당이라는 이름의 울퉁불퉁하고 금이 간 껍데기에는 끼워 맞출 수 없는 분이시기 때문이다.

둘째, 어떤 이들은 내가 '사회 정의 B'라는 이름의 허수아비를 세워놓고 급진주의자들의 껄끄러운 주장들을 입맛대로 골라 와서 유익한 운동임에도 그에 대한 부정적인 인식을 교회 안에 심어주려고 한다고 생각할 수 있다. 물론 그리스도인들은 당신이 제시하는 안 좋은 생각들을 그대로 받아들이지는 않는다! 하지만 단언컨대, 내가 이곳에서 제시하는 '사회 정의 B'의 신조들은 스스로 그리스도인이라 자청하는 사람들의 글을 통해 접한 것이거나 그들과 직접 만나서 들은 것들이며, 거기에는 다수의 지도자들이나 영향력이 점점 더 커져가고 있는 많은 이들이 포함된다. 만약 여기서 제시되는 '사회 정의 B' 가운데 당신이 이의를 제기하거나 혹은 당신이 바라보는 사회 정의를 올바로 대변하는 것이 아니라고 생각하는 것이 있다면, 나는 "정말 좋습니다!"라고 답할 것이다. 그 이유는 우리가 정의를 향해 함께 발맞추어 나아갈 수 있는 영역을 또하나 발견했기 때문이다. 다시 한 번 말하지만, 이 책을 쓰게 된 동력 가운데 하나는 사회 정의와 관련하여 의견을 달리 할 수 있는 질문들을 제기함으로써 교회 안의 하나 됨을 더욱 더 촉진하기 위함이다. 그리고 거기에는 "사회 정의"라는 이름으로 세상에 나와 있는 생각들이 기독교의 진리에서 벗어나 사람들에게 상처를 주는 나쁜 생각의 위험한 영역으로 넘어가는 선이 어디인지를 보여주고자 하는 것도 포함된다.

셋째, 이 책은 우리와 견해를 달리 하는 형제, 자매를 내려치기 위한 곤봉으로 사용해서는 안 된다. 우리는 오늘날 인터넷 공간에서 너무도 쉽게 형성되는 나쁜 습관에 적극적으로 저항해야만 한다. 그리스도인 형제나 자매가 인종 차별이 자행되고 있는 현실에 관한 글을 게시했을 때, 이에 대해 게으르고 뻔한, 그리고 전혀 영양가 없는 답글은 즉각적으로 가장 최악의 경우로 몰고 가서 그들을 극좌 세력의 정체성 정치에 세뇌되어 사회 정의를 위해 싸우는 세력이 틀림없다고 말하는 것이다. 반대로 어떤 형제나 자매가 이러저러한 행사는 사실 미디어에서 보여주는 것만큼 그렇게 인종 차별적이거나 성 차별적이지도 않고, 또는 동성애 혐오적이지도 않다는 의견을 제시하면, 이번에도 가장 쉬운 답글은 그런 사람들은 억압 받는 자들의 고통에 둔감한 극단적 극우 세력이라고 써버리는 것이다.

이처럼 우리의 관점에 이의를 제기하는 사람들을 글로 공격해 버리는 수월하고 편리한 방법으로 인해 우리 스스로는 게시글 하나하나마다 반향실에 갇히게 되는데, 거기서는 더 이상 우리 자신의 우쭐함과 자기 의를 들을 수 없게 된다. 왜냐하면 그것이 우리의 일상이 되어 버려 거기에 너무도 익숙해지기 때문이다.

이와 관련하여 네 번째이자 마지막 주의 사항을 프란시스 쉐퍼(Francis Schaeffer)의 글에서 가져와본다. "지금 나는 게임을 하고 있는 것이 아니라는 사실을 스스로에게 끊임없이 되새길 필요가 있다. 만약 내가 그것을 마치 일종의 지적인 운동처럼 즐기기 시작한다면 그것은 잔인한 일이며 진정한 영적 결과를 기대할 수 없게 된다. 내가 그 사람을 거짓된 평안에서 빠져나오게 할 때 그는 내가 자신을 깊이 생각하고 있음을 느낄 수 있을 것이다. 그렇게 하지 않으면 나는 결국 그에게 파멸을 가져다줄 뿐이며, 그 일의 잔인함과 추악함으로 인해 나 역시 파멸에 이르고 말 것이다."[25]

문화를 들여다보며 한 평생을 살았던 쉐퍼는 잘못된 사상에 물든 세대를 보며 종종 눈물을 흘렸던 것으로 잘 알려져 있다. 그렇게 함으로써 쉐퍼는 "여러 사람들이 그리스도의 십자가의 원수로 행하느니라"[26]라고 "눈물을 흘리며" 말했던 사도 바울의 발자취를 따라 갔다. 예수님께서 사람들이 "목자 없는 양과 같이 고생하며 기진함"에 빠진 것을 보시고 또 예루살렘을 위하여 우셨던 것처럼 [27] 쉐퍼와 바울도 그분의 본을 따랐다.

우리가 이야기하고자 하는 것은 실재하는 사람들에게 실제적인 영향을 미치는 사상들에 관한 것이다. 여기서 분명히 해야 할 것은 이 책은 사상을 목표로 하는 것이지 사람을 목표로 하는 것이 아니라는 점이다. 이 책은 오직 우리가 사랑해야 할 사람에게 상처를 주는 특정한 사상만을 목적으로 삼는 것이다. 부디 이곳에서 언급되는 그 어떠한 내용도 사람인 당신을 향한 공격으로 받아들이지 않기를 바란다. 마찬가지로 이곳에서 언급되는 그 어떠한 내용도 다른 사람을 공격하기 위해 사용하지 않기를 바란다. 만약 우리가 지금 이 시대의 문화적 규범을 따르려고 한다면, 우리의 연구는 그저 우리와 다른 생각을 가진 사람들의 인간성을 말살시키는 자기 의의 발현 그 이상도 이하도 아닐 것이며, 그렇게 되면 결국 한 패거리가 된 "우리"와 악마화 된 "저들" 사이의 간극만 더욱 깊어질 뿐이다. 다른 사람의 이념 속에 있는 이런저런 문제들로 인해서 심기가 불편해지는 일이 흔히 있다. 하나님을 알고 그분에게서 즐거움을 누리도록 만들어진 하나님의 형상들이 잘못된 사상에 빠져 있을 때 그들을 진정으로 염려하기 위해서는 초자연적인 도움이 필요하다.

하나님, 저희가 철저히 문화를 거슬러 행할 수 있도록 도우시옵소서. 우리를 도우사 사랑하게 하옵시고, 필요하다면 눈물을 흘리며 우리와 다른 생각을 가진 사람들을 사랑하게 해주옵소서. 아멘.

제1부

여호와인가 아니면 이세벨인가?

: 사회 정의와 경배에 대한 세 가지 질문

너는 나 외에는 다른 신들을 네게 두지 말라(출애굽기 20:3)

오늘날 거의 모든 것은 불의의 문제로 취급되고 있다. 물론 여기서 모든 것이란 핵심적인 것을 제외한 모든 것을 말한다. 사람들은 경제적 불의에 대해 이야기하고, 그 외에도 생식적 불의, 인종적 불의, 그리고 심지어 어제 뉴스 헤드라인에서는 얼굴의 불의(최근 한 대학에서 "상스러운" 얼굴 표현에 대해 퇴학 조치를 내릴 수 있다고 경고한 학칙에 근거하여)라는 말도 등장했다.[1] 하지만 그 누구도 이야기하지 않는 것, 하지만 모든 불의의 기저에 놓여 있는 주제는 바로 경배다. 유신론적 정의, 곧 엎드려야 할 가치가 있는 것 앞에 엎드리는 것은 단순히 정의와 관련된 하나의 주제가 아니다. 그것은 모든 정의의 뿌리가 되는 유일한 정의다.

지난 수백 년 간, 정의(正義, justice)라는 말은 타인에게 합당한 것을 주는 것이라고 정의(定義)되어 왔다. 이와 같은 정의(定義)에 대해 몇 가지 사안을 가지고 연습 삼아 시험을 해보면 불의를 더욱더 세밀하게 찾아내는데 도움이 될 것이다. 이어지는 짧은 이야기들은 남아메리카 역사 속에서 일어났던 불의(injustice)에 관한 것들인데, 당신이 그런 불의들을 최대한 정확하게 명명할 수 있는지 한번 시험해 보라. 이 이야기에 등장하는 사람들은 어떤 방식으로 그들에게 합당한 것을 받지 못했는가? 주의할 것은 불의의 모습들이 전혀 유쾌하지 않다는 점이다.

1519년이었다. 마르틴 루터가 유럽에서 개신교 종교개혁의 기치를 올리고 있을 무렵, 스페인의 정복자 에르난 코르테스(Hernan Cortes)는 지금의 멕시코시티에 상륙했다. 그 당시의 멕시코시티는 테노치티틀란(Tenochtitlan)이라 불리는 아즈텍 제국의 수도였고, 지구상에서 가장 인구가 많은 5대 도시들 중의 하나였다. 도시 중심에는 템플로 마요르(Templo Mayor)라는 피라미드의 지반이 우뚝 서 있었고 그 위에는 두 개의 신전이 솟아 있었는데, 하나는 태양의 신 우이칠로포치틀리(Huitzilopochtli)를 위한 붉은 색 신전이었고, 다른 하나는 물의 신 틀랄록(Tlaloc)을 위한 푸른 색 신전이었다.

현재 디즈니랜드의 엡콧 센터(Epcot Center)에 축소된 모형으로도 남아 있는 당시 태양신 신전에서는 부싯돌로 만든 칼을 이용해 수만 명에 달하는 사람들의 가슴에서 심장을 도려냈다. 그렇게 도려낸 심장을 불에 올린 뒤 하늘을 향해 들어 올림으로써 우이칠로포치틀리에게 제물로 바쳤다. 또한 사람들의 머리를 잘라 휴이 촘판틀리(Huey Tzompantli)라 불리는 거대한 해골탑에 공공연히 진열해두었는데, 여기에 쌓여 있는 희생자들의 해골이 무려 육만 개에 이른다. 그리고 나서 남은 몸뚱이는 55미터의 피라미드 계단 아래에로 내던져졌다.

고고학자들은 템플로 마요르의 물의 신 신전에서 어린 아이들의 유골을 발견했는데, 이는 아즈텍의 아이들이 그들의 제의적 살인 앞에서 짐승 같은 취급을 받았음을 보여주는 증거다. 이런 일이 일어난 이유는 무엇일까? 왜냐하면 그들은 어린 아이들의 눈물에 틀랄록을 기쁘게 하는 신성한 능력이 있다고 믿었기 때문이다. 앞서 불의의 모습들이 전혀 유쾌하지 않다고 경고했던 바가 바로 이것이다.

1519년 11월, 코르테스와 그의 동료 정복자들이 이 도시에 들어왔을 때 그들은 또 다른 모습의 불의를 가져왔다. 프란치스코 회의 한 사제는 이렇게 진술한다. "두려움이 퍼져 나갔다…. 거기에는 공포가 드리워져 있었다…. 그리고 스페인 사람들의 발이 닿지 않은 곳이 없었다…. 그들은 모든 것을 가져갔다. 자기들이 보기에 좋은 것은 모조리 가져갔다…. 닥치는 대로 다 가져갔다."[2]

피로 물든 2년 동안 코르테스와 그의 군대는 아즈텍의 수도를 완전히 장악했다. 정복자들은 서둘러 엔코미엔다(encomienda)라는 제도를 도입했다. 엔코미엔다란 스페인 통치자들이 토지뿐만 아니라 그보다 더 중요한 것으로 그 토지에 거하는 사람들까지 재산처럼 소유할 수 있도록 하여 그 사람들에 대해 전적인 주권을 행사할 수 있도록 한 것이다.[3]

그 다음에 어떤 일이 일어났을 지는 불을 보듯 뻔하다. 그것은 타락한 인간이 하나님 행세를 하며 서로가 서로에게 주권을 가진 왕처럼 굴려고 할 때 일어나는 일들일 뿐이다. 곧 도적질과 억압, 강간, 수탈, 기만, 살인 등이다. 한 마디로 사회 불의는 뭐니 뭐니 해도 일차적으로 잘못된 대상을 예배함으로써 생겨나는 문제이다.

이처럼 끔찍한 장면들을 통해 사회 정의와 경배에 대해 다음과 같은 세 가지 질문을 제기해 볼 수 있다.

- 사회 정의에 대한 우리의 시각은 하나님의 하나님 되심을 진지하게 받아들이고 있는가?
- 사회 정의에 대한 우리의 시각은 모든 사람이 외모나 피부색, 성별이나 신분에 관계없이 하나님의 형상이라는 사실을 인정하는가?
- 사회 정의에 관한 우리의 시각은 내 자신과 국가, 혹은 사회적으로 인정받는 것으로부터 거짓된 신을 만들어내는가?

1장
하나님에 관한 질문

■ ■ ■

: 사회 정의에 관한 우리의 시각은
하나님의 하나님 되심을 진지하게 받아들이고 있는가?

우리는 2천 년 전 지구 반대편에서 쓰인 한 통의 편지 안에서 테노치티틀란에서 일어났던 일에 대한 해설을 만나보게 된다. 아즈텍인들과 정복자들 모두가 "합당하지 못한 일을" 하였다. 그들은 "모든 불의, 추악, 탐욕, 악의가 가득한 자요 시기, 살인, 분쟁, 사기, 악독이 가득한 자"[1]들이었던 것이다.

이 글은 코르테스가 테노치티틀란에 발을 딛기 약 1,500년 전에, 그리고 유혈이 낭자했던 템플로 마요르의 계단에서 약 11,300킬로미터 떨어진 곳에서 쓰였다. 그것은 잘 알려진 대로, 바로 사도 바울이 주후 57년 경에 로마에 보냈던 편지의 서두 부분에 등장하는 내용이다.

전혀 온화하거나 매력적으로 순화시키지 않음

물론 바울이 테노치티틀란에 대해 묘사하려고 했던 것은 아니다. 그는 시간 여행자가 아니었으니 그렇게 할 수도 없었을 것이다. 그럼에도 바울은 16세기 당시의 테노치티틀란의 모습을 정확히 묘사했다. 그의 묘사는 19세기 미국의 노예 제도에 관한 것이기도 하고, 심지어 엔버 파샤(Enver Pasha)의 터키, 스탈린의 소비에트 연방, 아돌프 히틀러의 독일, 마오쩌둥의 중국, 그리고 20세기 폴 포트의 캄보디아에까지 그대로 적용이 된다. 그의 묘사는 존스 타운의 집단 자살, 수단의 다르푸르 지역과 르완다에서 자행된 집단 학살의 참상, 그 외에도 셀 수 없는 많은 참혹한 일들을 담고 있다. 바울이 묘사했던 것은 인간의 현 상태에 대한 것이었고, 또한 악한 마음으로 서로가 서로를 대하게 되는 부인할 수 없는 우리의 성향에 관한 것이었다. 당신은 바울의 생각에 동의하지 않을 수도 있겠지만, 그는 인간의 마음을 들여다볼 때 장미빛 안경을 쓰고 보지 않았다.

바울이 인간의 본성에 대해 전혀 온화하거나 매력적으로 순화시키지 않으려 했던 모습은 우리가 보기에는 진부하고 비관적일 수 있다. 하지만 20세기 당시의 현실을 정직하게 들여다본다면, 바울을 그저 성깔 고약한 영감이라고 비난하기만은 어려울 것이다. 유엔 세계인권선언의 입안자였던 자크 마리탱(Jacque Maritain)은 제2차 세계 대전 이후 다음과 같은 말을 했다. "우리에게는 사람에 대한 믿음이 있어야만 한다. 그러나 우리는 그렇게 할 수가 없다…. 우리가 바라보는 인간 세상의 현실은 악의 봇물이 터져 나온 곳에 불과했다. 그로 인해 우리의 확신은 산산조각 나고 말았다…. 인간에 대한 우리의 관점은 강제 수용소 안을 떠돌아다니는 피 묻은 영령들의 잊지 못할 모습으로 뒤덮여 버렸다."[2]

가스실에 치클론(Zyklon) B 가스통을 떨어뜨렸던 나치당원들을
추려내서 그들을 마치 지옥 불에서 올
라온 인간 이하의 별종 같이 취급하는
것은 차라리 쉬운 (그리고 이기적인) 일
일 수 있다. 스탠리 밀그램(Stanley
Milgram)의 감전사 실험에 대해 좀 더
깊이 연구해보거나, 아니면 블랙프라
이데이 할인을 하는 날 자정 즈음에

> 우리들 한 사람 한 사람이 훨씬 더 부패하였을 뿐만 아니라 또 한 얼마든지 그렇게 부패할 수 있으며, 우리가 스스로 인정하 는 것보다 훨씬 더 많은 불의를 자행할 수 있는 사람들이다.
>
> ■ ■ ■

근처 대형 마트 앞에 가보라. 인간의 실상을 있는 그대로 보게 될
것이다. 나치의 SS 장교들만이 부패한 사람들은 아니다. 바울이 말
했던 것처럼 "의인은 없나니 하나도 없다."[3] 우리들 한 사람 한 사
람이 훨씬 더 부패하였을 뿐만 아니라 얼마든지 그렇게 부패할 수
있으며, 우리 스스로 인정하는 것보다 훨씬 더 많은 불의를 자행할
수 있는 사람들이다.

창조주께 합당한 것을 드림

바울의 가르침 속으로 좀 더 깊이 들어가 보자. 바울은 세상의
어떤 일도 하나님과 상관없이 일어날 수 있음을 인정하지 않는다.
우리의 지각에서 하나님을 배제시키는 일은 태양을 가린 채 어둠
속에서 좌충우돌하는 것과 같다. 우리는 오직 하나님의 존재라는
빛 안에서만 만물의 참된 빛을 볼 수 있는데, 바로 그런 빛 안에서
우리는 인류가 자행해온 불의의 암울한 역사를 돌아볼 수 있으며,
우리 안에 얼마나 큰 악이 도사리고 있는지도 올바로 볼 수 있게

된다. 바울은 "창세로부터 그의 보이지 아니하는 것들 곧 그의 영원하신 능력과 신성이 그가 만드신 만물에 분명히 보여 알려졌나니"[4]라며 눈에 보이지 않는 하나님의 속성을 부각시키고 있다.

우리는 마치 우리가 하나님인 것처럼 가장하지만, 사실 온 우주를 운영하시는 것은 초월적인 능력이며, 깊이 들어가 보면 우리가 하나님이 아니라는 사실을 알고 있다.[5] 하나님만이 하나님이시지 우리는 아니다. 우리는 창조주가 아니라 피조물인 것이다. 그런데도 우리는 이와 같이 기본적인 존재론적 체계에 관한 지극히 근본적인 진실조차도 은폐하려 한다. 이 때문에 우리는 다른 모든 것들을 올바로 볼 수 없게 된다. 마치 에드가 알렌 포우의 소설 《고자질하는 심장》(The Tell-Tale Heart)에서 노인을 바닥의 널빤지 아래 숨기고 죄책감에 고통 받는 주인공과 같다. 그러나 노인의 심장은 계속해서 뛰고 있다. 우리는 귀를 막고 자신을 방어하기 위해 그렇고 그런 이야기들을 만들어 낸다. 우리 자신에 대해 편안함을 느끼기 위해 연대감을 표현한다. 또한 우리 스스로 즐거움을 취함으로써 머릿속을 뿌옇고 멍하게 만든다. 그러나 노인의 심장은 여전히 뛰고 있다.

바울은 계속해서 우리의 모습을 가감없이 묘사한다. "하나님을 알되 하나님을 영화롭게도 아니하며 감사하지도 아니하고 오히려 그 생각이 허망하여지며 미련한 마음이 어두워졌나니"[6]

우리는 창조주께 합당한 영예와 감사를 돌리기를 거부하며 오히려 우주를 향해 허리를 굽힌다. 그리고는 피조물에게 합당치 않은 궁극적 가치를 거기에 돌린다. 이는 갑절의 불의를 행하는 일이다. 창조주께 드려야 합당한 것이 있고 피조물에게 합당한 것이 있는데, 우리는 두 가지 모두를 실패한 것이다. 바울의 표현대로, 우리는 "하나님의 진리를 거짓 것으로 바꾸어 피조물을 조물주보다 더 경배하고 섬겼다."[7]

테노치티틀란에서 일어났던 일이 바로 이것이다. 아즈텍의 통치자들은 약자들을 짐승 취급하며 살해했다. 그리고 정복자들은 이웃의 황금을 탐했다. 원주민들에게 거짓말을 했고, 그들의 아내와 딸을 겁탈했으며, 그들을 노예로 삼았다. 수많은 계명들을 어겼는데, 그렇게 함으로써 제1계명도 어긴 것이다. 즉 하나님 외에 다른 신들을 두었던 것이다. 그들은 창조주가 아닌 피조물을 예배했다. 아즈텍인들은 해와 비의 신들 앞에 엎드렸고, 정복자들은 황금과 권력을 숭배했다. 그와 같이 창조주께 등을 돌리고 피조물을 경배한 것이 바로 아즈텍인들과 정복자들이 저지른 최초의 불의인데, 그렇게 하나님의 명령을 어기는 일이야말로 그들이 저지른 모든 불의를 쏟아내는 근간이 되었고 오염된 물의 근원이 되었던 것이다.

이와 같은 끔찍한 비극이 구약 성경에 구체적으로 등장하고 있다. 사람이 하나님 대신 우상을 숭배할 때 노예 제도, 살인, 강간, 어린이 학대와 도적질 등의 일들이 일어난다. 하나님 외에 다른 신을 두지 말라는 제1계명은 그리스도인의 올바른 정의관이 비로소 시작되는 지점이기 때문이다. 본체의 자리에 다른 것을 가져다 둠으로써 그 가치를 깎아내리게 되면, 그 본체의 형상을 쓰레기 취급하는 일은 더욱 쉬워진다.

그 점에서 우리는 로마서 1장에 나타나는 불의에 대해 바울이 취한 태도가 얼마나 심오한 것인지를 알 수 있다. 그는 인간은 "시기, 살인, 분쟁, 사기, 악독이 가득한 자"[8]라고 지적하며 사회의 모든 불의를 비난한 뒤 칼 막스와 프리드리히 엥겔스가 했던 대로, 유토피아적인 정치적 해법을 생각해내지 않았다. 바울은 인간이라는 나무에서 열리는 안 좋은 열매를 보고 그 나무를 새로운 정치적 이념이라는 또 다른 토양에 이식하자고 제안하는 것이 아니다. 그는 인간이라는 이 나무는 절망적으로 병들어 있기 때문에 이 나무를 어떤 토양에 가져다 심더라도 거기서는 오염된 열매가 열릴 수밖에 없음을 알고 있었다. 아무리 많은 정치적 혁명과 사회 공학, 혹은 정책적 개선을 시도한다 하더라도 우리의 병들어 있는 마음에서 시기, 분쟁, 사기, 악독 같은 것들이 싹트는 것을 막을 수 있는 길은 없다.

근대 시대의 모든 유토피아가 다 실패할 수밖에 없었던 이유는 무엇일까? 그것은 악의 뿌리가 정치나 사회, 혹은 경제에 있는 것이 아니기 때문이다. 물론 그런 것들 안에서 발현되기는 하지만, 악의 근원은 "썩어지지 아니하는 하나님의 영광을 썩어질 사람과 새와 짐승과 기어다니는 동물 모양의 우상으로 바꾸었"[9]던 인간의 마음속에 있는 것이다. 그 마음에서부터 태양과 물과 황금과 성과 권력에 대한 탐욕이 싹터 그것이 사람들의 우상이 되는 것이다.

백인 우월주의를 한 번 생각해 보자. 피부색이 하얀 사람들이 다른 사람들보다 우월하다는 믿음으로 인해 수많은 유색인들이 합당한 대우를 받지 못하는 일이 일어났다. 우리는 이런 백인 우월주의를 과거의 죽은 유물로 묻어버려야만 한다. 하지만 백인 우월주의라는 불의에는 그 이면에 더 깊은 측면이 자리하고 있음에도 그에 대해 이야기를 꺼내는 사람은 거의 없다. 그래서 인종 차별이라는 썩은 뿌리를 잘라내려 하기보다는 오히려 거기서 열리는 나쁜 열매들을 쳐내는 일에만 집중하게 만든다. 이 썩은 뿌리 때문에 하나님보다 인종을 더 앞세우게 되고, 창조주보다 피조물을 경배하고 섬기게 된다. 결국 인종 차별은 단순히 다른 피조물로부터 그에게 합당한 것을 빼앗는 수평적인 불의가 아니다. 그것은 동시에 수직적인 불의인데, 왜냐하면 인종 차별은 모든 인종을 궁극적인 헌신의 대상으로 삼음으로써 창조주께 합당한 것을 돌려드려야 하는 일을 그르치기 때문이다. 인종 차별이 악한 이유는 무엇인가? 이 질문에 대해 답변하는 과정에서 우리가 하나님을 제외하게 되면, 인종 차별이 갖고 있는 뿌리 깊은 사악함을 바로 보지 못하게 될 것이다. 결국 문제의 본질을 제대로 파악하지 못하고 헛손질만 하게 될 것이다.

따라서 바울은 불의를 바라보는 우리의 시각에 다음과 같은 깊은 통찰을 더해주고 있다. **인간 대 인간 사이의 불의는 어떤 것이든 그 저변을 더욱 깊이 파고 들어가 보면 거기에는 언제나 인간 대 하나님 사이의 불의가 있음을 보게 될 것이다. 그것은 오직 창조주께만 합당한 예배를 창조주께 드리는 것을 거부하는 일이다. 모든 불의는 제1계명을 어기는 것이다.**

우리의 허세를 폭로함

회의론자들은 이렇게 반문할 수 있을 것이다. "만약 사람들 사이에서 행해지는 불의가 정말로 하나님께 합당한 것을 드리지 못해서 일어나는 일이라면, 성경의 하나님을 경배하는 사람들은 왜 그렇게 수많은 불의를 저지르는 것입니까?" 과연 왜 그런 것일까? 아즈텍의 정복자들 역시 로마 가톨릭 신자들이었으니 말이다. 만약 당신이 시간 여행을 하여 5백 년 전으로 돌아가 그들에게 물어본다면, 그들은 아마도 기독교의 하나님을 믿는다고 말할 것이다. 여기서 우리는 불의에 대한 바울의 관점이 얼마나 놀라운 것인지 알 수 있다. 그는 우리의 허세를 폭로한다. 우리가 무엇을 믿는다고 말하든 그것과 상관 없이 우리가 실제로 믿는 것을 낱낱이 드러내기 때문이다. 그렇다. 정복자들은 성경의 하나님을 예배한다고 주장했다. 하지만 그들의 불의한 행동 자체가 그 주장이 거짓이었음을 보여주는 증거이다. 그들의 "시기와 분쟁, 사기와 악독"이 그들의 실체, 곧 창조주를 예배하는 자들이 아닌 피조물을 예배하는 자들이며 권력과 이익이라는 거짓 신에게 비굴하게 무릎 꿇는 자들임을 드러낸 것이다. 만일 우리가 다른 사람에게 불의를 행하면 그것으로써 우리 역시 창조주가 아닌 피조물에게 무릎을 꿇는 것이 된다.

십계명의 첫 번째 계명, 즉 하나님 외에 다른 신을 두지 말라는 계명이 십계명에서 첫 번째인 이유가 있다. 우주도, 육체적 감각도, 어떤 반짝이는 물체도, 정부도, 우리 자신의 욕망도 아닌 오직 하나님만이 하나님이시라는 사실을 인정하는 것이 정의의 출발점이기 때문이다. 만약 합당한 어떤 것을 그에게 돌리는 것이 정의의 의미라고 한다면, 이제 우리는 "궁극적 타자이신 하나님에게 합당한 것은 무엇인가?"라는 질문을 던져야만 한다. 그것이 바로 성경적인 정의로 나아가기 위해 물어야 할 첫 번째 질문이다. 신성한 타자이신 하나님께 돌려야 할 것은 모든 것이다. 온 우주에 존재하는 참되고, 선하고, 아름다운 모든 것들에 대해 우리는 그분께 감사를 드려야 한다. 그분께 우리의 순종과 생명과 우리 자신을 온전히 드리는 것은 마땅한 일이다. 우리가 이 사실을 멀리 한다면 우리도 마르크스주의자들이나 백인 우월주의자들, 그리고 게슈타포(나치 독일의 비밀 경찰—역자주)나 KKK단과 같이 실제로는 이 땅을 황폐케 하고 있으면서도 스스로 정의를 행한다고 생각하게 될 것이다. 사회 정의를 바라보는 우리의 시각이 하나님의 하나님 되심을 진지하게 받아들이는 데서부터 시작하지 않는다면, 그것은 진정한 사회 정의가 아니다.

에디의 이야기

나는 한국에서 목회하던 당시 목양과 강의, 제자훈련과 전도 등 모든 부분이 좋았다. 그런데 2010년 가을 분주한 서울의 거리를 걷고 있던 중에, 내가 이전에는 전혀 생각지도 못했던 사람들에 대해 하나님은 나의 눈을 열어 주셨다. 상점들이 북적거리고 밤 문화가 활성화된 강남의 뒷골목에서 수많은 젊은 여성들이 강제로 성노예화 되는 모습을 보게 된 것이다. 그런데 더욱 충격적이었던 것은 누구도 이런 악을 끝내려 하거나 불쌍한 희생양들을 적극적으로 돌보아 주려 하지 않았다는 사실이었다. 목사인 나는 우리 교회가 이 일을 해야 한다는 것을 알았다. 그리하여 우리는 성매매 산업에서 살아남은 여성들을 위한 그리스도 중심의 돌봄 시설을 열었다.

하나님은 내가 마태복음을 읽던 중에 나의 눈을 열어 주셔서 굶주리고 목마른 가난하고 갇힌 자들을 예수님께서 얼마나 중요하게 여기시는지에 대해 알게 하셨다. 나는 성경을 통해 고아와 과부, 아비 없는 자들과 나그네들을 향해 하나님의 심장이 고동치고 계심을 보게 되었다. 이런 사람들의 공통점은 무엇이었을까? 그들은 사회에서 가장 취약한 계층의 사람들이었다. 이에 대해 성경은 분명히 말씀하신다. 가장 취약한 사람들이 하나님께는 가장 가치 있는 사람들이다.

하나님의 성품과 그분의 명령을 본받아, 우리 교회는 취약 계층의 사람들이 있는 지역으로 이전해서 그들을 도울 수 있는 길을 찾고자 했다. 우리는 열다섯 살짜리 여자 아이를 구해내는데 도움을 주었다. 그 아이는 여섯 살 때 가까운 친척으로부터 처음 성폭력을 당했고, 열 살이 될 때까지 성적 학대가 지속되었다. 그 아이는 집보다 길거리가 더 안전하겠다는 생각으로 집에서 도망친 후에 어느 인터넷 성매매업자의 꾀임에 빠져 그의 집으로 들어가게 되었다. 그날부터 거의 5년 동안 그 아이는 매일 밤 성적인 착취를 당해야 했다. 그러던 중, 하나님의 은혜로 그 아이는 그곳을 빠져 나와 우리가 운영하던 돌봄 시설을 찾아오게 되었다. 처음에 그 아이는 자신의 인생이 아무런 가치가 없다고 느꼈다. 하지만 그 아이는 돌봄을 주었던 분들의 삶과 사랑, 그리고 따뜻한 말들을 통해 처음으로 무조건적인 사랑을 경험하게 되었다.

"왜 우리에게 이런 마음을 주시나요?"

이것은 세상으로부터 그저 성적 착취의 대상으로밖에 취급받아보지 못했던 이들이 우리에게 가장 많이 했던 질문이다. 그 질문에 대한 우리의 답은 지극히 명료했다.

"우리는 너를 사랑한단다. 하나님께서 너를 사랑하시기 때문이지. 우리가 너를 사랑하는 이유는 우리가 하나님을 사랑하기 때문이란다. 너를 향한 하나님의 사랑은 우리의 사랑보다 한없이 크시단다."

그들은 우리의 삶이 복음을 통해 어떻게 달라졌는지 볼 수 있었기에 우리가 그들에게 전한 복음도 설득력 있게 전달되었다.

우리가 정의에 대한 성경의 명령에 순종하며 발걸음을 떼자, 하나님께서 우리에게 능력을 주셔서 한국의 인신매매와 입양에 관한 열다섯 개의 법률을 개정할 수 있게 해 주셨다. 하나님은 우리에게 영감을 주셔서 가장 낮은 계층의 사람들을 돌보기 위한 그리스도 중심의 사역을 시작하게 하셨다. 이 땅의 가장 어두운 곳에 빛을 비추게 하신 것이다. 우리는 하나님의 열심을 본받음으로써 정의를 이루는 것이 그분을 사랑하는 길이라는 것을 알게 되었다. 하나님을 깊이 사랑하게 되면 그로써 우리의 욕망이 변하여 다른 이를 사랑하게 된다는 사실을 발견한 것이다. 우리는 하나님이 사랑하시는 것을 사랑하게 된다. 하나님은 "나 여호와는 정의를 사랑하며"라고 단도직입적으로 말씀하신다. 하나님의 심장은 우리 공동체 안의 연약한 자들을 향해 고동치신다. 따라서 우리의 심장도 그러해야 한다.

어떻게 보면 정의라는 말은 우리 시대의 최신 유행처럼 보인다. 하지만 신자인 우리는 정의가 유행이 아님을 기억해야 한다. 그것은 하나님 보좌의 기초이다(시 89:14). 그리고 그 보좌 위에 앉아 계신 분은 우리가 일생동안 영광을 돌리고 사랑하며 따라야 할 분이시다. 이제 우리는 하나님께 합당한 것을 드리는 일을 시작함으로써 "참으로 이웃들 사이에 정의를 행하"(렘 7:5)여야 하겠다.

- 에디 변(Eddie Byun)

에디는 바이올라 대학교 탈봇 신학대학원의 기독교 사역 조교수이자 《정의여 깨어나라: 사회적 약자와 하나님의 정의》(*Justice Awakening: How You and Your Church Can Help End Human Trafficking*, InterVarsity, 2014)를 저술한 저자이다.

개인과 소그룹 스터디를 위한 질문들

1. 당신은 정의를 추구함에 있어서 당신의 창조주이자 구속자이신 하나님께 합당한 것을 드리는 일에 얼마나 많은 노력을 쏟고 있는가? 만약 우리가 하나님을 경외하는 일을 최우선적으로 한다면 정의를 이루기 위한 우리의 노력과 오늘날 대중화된 사회 정의에 대한 시각 사이에는 어떤 차이점들이 있는지 그 예를 세 가지 정도 들어 보자.

2. 하나님께 대한 참된 경외심을 드러내기 위해 이번 주에 당신이 할 수 있는 일은 무엇인가? 하나님께 먼저 영광을 돌리는 삶을 살아가기 위해 당신이 장기적으로 만들어가야 할 습관은 무엇인가?

3. 당신은 하나님께서 우리에게 정의를 행하라고 권유하시기보다는 명령하신 이유가 무엇이라고 생각하는가? 그런 명령들은 하나님의 성품, 그분을 영화롭게 하는 우리의 가장 중요한 삶의 목적과 교회의 선교와 어떤 관계가 있는가?

2장
형상에 관한 질문

■ ■ ■ ■

: 사회 정의에 관한 우리의 시각은 모든 사람이 외모나 피부색,
성별이나 신분에 관계없이 하나님의 형상이라는 사실을 인정하는가?

저명한 철학자 찰스 테일러(Charles Taylor)는 마치 퍼즐과도 같
은 정의관에 대해 우리가 더 큰 그림을 채워 넣을 수 있도록 도움
을 주고자 바닥에 떨어진 퍼즐 조각 하나를 더 집어 든다. 테일러
는 우리 시대의 세속성을 규정하는 하나의 표지를 "내재적 틀"(the
immanent frame)[1]이라고 부른다.

상자 안의 정의

"내재적 틀"이란 그리스도인을 포함한 우리 모두는 마치 닫혀 있
는 상자와 같은 우주 속에서 살아가려는 경향이 있음을 묘사하기
위해 테일러가 만들어낸 간단한 철학 용어이다. 우리가 우주, 곧
그 상자 안에서 일어나는 일을 가장 잘 이해할 수 있는 방법은 그
상자 안에 있는 다른 것을 통해서라고 생각한다. 찰스 다윈과 리
처드 도킨스 같은 사람들이라면 우리에게 생물학이라는 것을 통

해 생명에 관한 모든 것을 이해시키려 할 것이다. 스티븐 호킹과 닐 디그래스 타이슨(Neil deGrasse Tyson, 미국의 천체물리학자) 같은 사람들은 실재하는 모든 것을 물리학 안에 담으려 할 것이다. 지그문트 프로이트와 스티븐 핑커(Steven Pinker, 캐나다의 심리학자)는 심리학을 들먹일 것이고, 칼 막스와 프리드리히 하이에크(Friedrich Hayek)는 경제를, 헤르베르트 마르쿠제(Herbert Marcuse)와 휴 헤프너(Hugh Hefner)는 성(性)을, 스티브 잡스와 일론 머스크는 첨단 기술을, 그리고 디즈니와 TMZ("Thirty Mile Zone"의 머리글자이며 미국 연예계의 가십을 전문적으로 다루는 웹사이트—역자주)는 엔터테인먼트를 거론할 것이다. 현실의 모습을 설명하기 위해 하나님을 부르라. 선하신 그분은 이 상자를 만드신 분이시기 때문에 이 상자 안에 갇혀 계시지 않으신다. 대부분의 사람들에게는 하늘에서 불이 떨어지는 종말의 때에 공원에서 악기를 연주하면서 생면부지의 사람들에게 "도마뱀 신 만세!"라고 소리치는 것과 같다.[2]

만약 우리가 이런 웃음거리가 된다면 어떻겠는가? 만약 우리가 참된 정의에 대해 가장 진지하신 분을 웃음거리로 전락시켰다는 바로 그 이유 때문에 오늘날 정의를 이루기 위한 수많은 시도들이 모두 웃음거리가 되어버린다면 어떻겠는가? 그 상자 안에 있는 것은 그 어떤 것도 평등이나 존엄, 혹은 가치의 기초가 되지 못한다. 만일 우리 모두가 그저 하나의 상자 안에 들어 있는 육체들에 불과하다면, 나의 몸은 100미터를 9.58초에 달리는 우사인 볼트의 몸과 평등하지 않을 것이며, 혹은 딱 달라붙는 청바지를 입어도 결코 볼품없어 보이지 않는 브래드 피트의 몸과도 평등하지 않을 것이다. 오직 선하신 어떤 분이 존재한다고 해야만, 그 상자를 만드신 분이시기에 그 상자 바깥에 계시고, 또 우리 모두가 신체적, 경제적, 성적, 혹은 정치적 신분과 상관없이 그분의 형상을 담고 있는 그런 어떤 분이 존재한다고 해야만, 비로소 평등과 존엄과 가치 같은 것들이 그저 자동차 범퍼에 붙이고 다니는 표어에 그치지 않을 수 있는 것이다. 우리 자신을 그저 "내재적 틀" 안에 가두어 버리는 것은 장기적인 관점에서 정의나 진보를 위한 올바른 해법이 되기는 어렵다. 마르틴 루터 킹의 "버밍햄 감옥에서 쓴 편지"를 보면 99.9퍼센트가 이와 같은 내재적 틀 너머에 있는 평등과 존엄, 그리고 가치에 호소하고 있는 이유도 바로 그 때문이다.

우리가 정의에 대한 탐구를 시작하면서 "하나님께 합당한 것은 무엇인가?"라는 질문을 했던 이유는 한 가지 사실을 분명히 하고자 함이었다. 그것은 우리가 21세기의 시각에서 보면 이단적인 행위를 하고 있다는 점이다. 왜냐하면 우리의 출발점은 내재적 틀 너머에 있기 때문이다. 하지만 정의에 대한 참된 기독교적 접근법은 상자 바깥의 시각이 되어야만 한다. 우리가 "참으로 정의를 행하라"는 성경의 명령을 따르려면, 현 시대의 문화적 관점에서는 이단이 되어야만 하고 온갖 종류의 기분 나쁜 비난을 감수할 의지가 있어야만 한다.

"하나님께 합당한 것은 무엇인가?"라는 질문으로 시작함으로써 우리는 북아프리카의 위대한 신학자 어거스틴이 천 년 전에 깨달았던 바로 그 통찰을 떠올려보고자 했다. 사랑에 관한 설교에서 그는 기독교 윤리 전체를 다음의 유명한 한 문장으로 정리하려고 했다. "하나님을 사랑하라. 그리고 나서 당신이 원하는 것을 하라."[3] 내가 만약 먼저 하나님을 하나님으로서 소중히 여긴다면 그 첫 번째 사랑으로 말미암아 다른 것들을 향한 나의 모든 사랑과 나의 욕구들 또한 재정립되어야만 한다. 예컨대, 나는 당신에게 거짓말을 하지 않을 것이다. 왜냐하면 당신은 내가 가장 사랑하는 하나님의 형상을 지닌 자이기 때문이다. 나는 당신의 물건이나 배우자를 도적질하지 않을 것이다. 왜냐하면 당신에게는 내가 가장 사랑하는 하나님의 형상이 담겨 있기 때문이다. 나는 내 자신의 이기적인 목적을 이루기 위해 당신을 부당하게 이용하지 않을 것이다. 왜냐하면 당신은 내가 가장 사랑하는 하나님의 너무도 귀한 형상을 따라 지어졌기 때문이다. 궁극의 타자이신 하나님을 사랑하라. 그러면 당신이 사랑하는 그분의 형상을 지닌 사람들에게도 가장 합당한 것을 돌리게 될 것이다. 그러므로 우상 숭배는 최초의 불의이자 다른 모든 불의를 유발하는 근원이다.

만약 아즈텍인들이 태양과 물을 사랑했던 것보다 살아 계신 참 하나님을 더 사랑했었더라면, 사람들을 그처럼 고깃덩어리와 같이 취급하려 들지는 않았을 것이다. 만약 정복자들이 황금과 권력을 사랑했던 것보다 살아 계신 참 하나님을 더 사랑했었더라면, 아즈텍인들을 들쥐를 멸절하듯, 성적 노리개를 다루듯, 혹은 재산을 소유하듯 그렇게 대하지는 않았을 것이다. 수만 명에 달하는 템플로 마요르의 희생자들과 수십만 명에 달하는 엔코미엔다의 희생자들은 그들에게 합당한 것을 받지 못했는데, 그 이유는 다른 이들의 욕구가 올바른 질서 위에 세워지지 않았기 때문이었다. 그들은 하나님의 형상을 지닌 사람으로서 합당한 사랑

> **그러므로 우상 숭배는 최초의 불의이자 다른 모든 불의를 유발하는 근원이다.**

> ■ ■ ■

을 받지 못한 것인데, 이는 아즈텍인들과 정복자들이 그 형상의 주인이신 하나님을 사랑하지 않았기 때문이다.

상자 열기

노트르담의 사회학자 크리스천 스미스(Christian Smith)는 "자연주의는 보편적 박애와 인권에 대한 도덕적 신념을 보장해주는가?"라는 정교한 논리의 기고문을 통해 어거스틴의 통찰을 더욱 깊이 들여다보게 해준다. 스미스는 보편적 인권에 대해 깊은 열정을 갖고 있는 사람들이 주로 자연주의, 즉 현실 세계에는 초자연적인 것은 없으며 오직 자연과 거기서 비롯되는 현상만이 존재한다는 믿음을 옹호한다고 주장한다. 그러나 스미스의 주장은 그것을 둘 다 취할 수는 없다는 것이다. 예를 들어, "평등!"을 외치는 군중의 함성을 생각해 보자. 만일 자연주의가 옳다면 인간은 그저 육체에 불과할 뿐이다. 그것이 우리에게 있는 전부이다. 장 폴 사르트르와 아서 레프(Arthur Leff), 그리고 알렉스 로젠버그(Alex Rosenberg) 같은 무신론자들도 스미스의 주장을 강력히 지지해왔다.[4] 만약 우리가 그저 물질에 불과하다면, 정의에 대해 의미 있는 이야기를 할 수 있는 길은 없을 것이다. 만약 우리에게 남아 있는 것이 우리의 육체뿐이라면 인간에게 평등을 보장해주는 기초는 무엇이란 말인가? 찰스 다윈은 이와 관련하여 아무 것도 발견하지 못했으며, 그의 주장은 명백히 인간의 평등을 거스르는 것이다.[5] 우리의 육체는 동일하지 않다. 마이클 조던의 몸은 자유투 라인에서 슬램덩크를 할 수 있지만, 내 몸은 그렇게 할 수 없다. 알렉스 호놀드(Alex Honnold)

의 몸은 915미터에 달하는 엘 캐피탄(El Capitan, 미국 캘리포니아 주 시에라네바다 산맥 서부의 요세미티 국립공원 내에 있는 수직화강암석. 수직 절벽의 높이가 900미터를 넘는다고 함–역자주)의 암벽을 맨손으로 등반할 수 있지만, 내 몸은 그렇게 할 수 없다. 어떤 이들은 특정한 질병이 발생할 확률이 더 높은 유전적 특질을 갖고 태어나고, 또 어떤 이들은 특정 질병을 얻을 가능성이 매우 낮은 유전적 복권에 당첨되어 태어나기도 한다. 만약 무신론자인 자크 모노(Jacque Monod)가 "인간은 기계다"라고 한 말이 맞다면, 우리 중에 어떤 사람은 포드 핀토 [Ford Pinto, 포드(Ford)사가 1970년 9월에 출시했으나 안전성 문제로 많은 비난을 받다가 1981년에 단종된 소형차–역자주]이고, 또 어떤 사람은 테슬라(Tesla)일 것이다. 어떤 이들의 몸은 1980년대의 상자 모양을 한 컴퓨터일 것이고, 또 어떤 이들은 애플 사의 맥(Mac) 시리즈 중에서도 최신 모델일 것이다. 만약 우리가 인간의 평등에 대해 무언가 의미 있는 이야기를 하고자 한다면 우리에게 단순히 육체 이상의 그 무언가, 즉 테일러가 말하는 내재적 틀 너머의 어떤 것이 반드시 있어야만 한다. 그래야만 우리 인간이 공유하는 가치를 담보할 수 있게 된다.

오늘날에는 인간을 단순히 육체가 아닌 이념으로 축소시키려고 하는 경향이 있다. 우리는 인간을 바라볼 때 사회 정의 눈송이(social justice snowflakes, 2010년대 들어 미국의 정치적 우파 측에서 좌파 측을 조롱하며 "눈송이"라고 부르기 시작함–역자주)를 우리 왼쪽에 두고 신나치주의 파시시트를 우리 우측에 둔다. 어쩌면 우리는 사람을 그들의 피부색이나 성별, 혹은 그들이 누구와 잠자리를 갖기 원하는지에 따라 분류한다. 그래서 하나님께 합당한 것을 드리는 것이 진정한 정의를 이루는 데 있어 그토록 중요한 것이다. 우리는 상자 안에서 태어나 매일 같이 그 상자 안에서 좌충우돌하며 살아간다. 만일 그 상자가 닫혀 있다면, 우리는 어둠 속에서 이리저리 부딪히면서 사람들이 하는 말을 듣고, 그들이 우리에게 와서 부딪히는 것을 느끼며, 그들 때문에 우리가 얼마나 불편하고 고통스러운지 따져볼 것이고, 그들의 지갑이 얼마나 두둑한지 더듬어볼 것이며, 그에 따라 모든 이의 등급을 매길 것이고, 그러면서 그 상자 안에서 더 행복한 삶을 살기 위한 가설을 세우게 될 것이다.

사람을 하나님의 존재에 비추어 신학적으로 바라보지 않고 문화가 제공하는 범주에 따라 보는 것은 쉬운 일이다. 안토니아 딜리엘로(Antonia Diliello, 아내와 나는 그녀를 "토니 할머니"라고 부르고, 우리 아이들은 "토니 증조할머니"라고 부른다)의 경험을 생각해 보자.

1930년대 초 토니 할머니는 미국 캘리포니아의 옥스나드에 있는 루즈벨트 학교에 다녔는데, 거기서는 교실과 운동장을 분리해서 사용했었다. 심지어 멕시코계 학생들은 "다른 인종과 어울리지 못하도록 하기 위해"[6] 10분 늦게 하교해야만 했었다. 하루는 그녀가 스페인어로 말하다가 걸렸는데, 그날에 대해 다음과 같이 회상한다. "나는 돌을 하나 주워서 땅에 원을 그린 뒤 그 안에 서 있어야 했단다… 종이 울릴 때까지 말이야. 이상한 사람이 된 것 같은 느낌이었지. 그런 거 있잖아, 사람들이 전부 내 곁에 다가와서 나를 쳐다봤으니 말이야. 마치 내가 전시되어 있는 것 같이 말이지…. 그러니 나는 정말 세상에서 제일 못나고 더러운 조그만 소녀가 된 듯한 기분이었어. 정말 기분 나빴지."[7]

우리가 사람을 차별해 온 방법에는 땅에 원을 그리는 것만 있었던 것이 아니다. 하나님의 형상을 지닌 유대인들에게 노란색 별표를 붙이고 숫자 문신을 새겼던 슬픈 역사가 있었고, 하나님의 형상을 지닌 흑인들에게는 채찍 자국이나 린치를 가하기 위한 올가미도 있었으며, 보다 최근에는 이라크에 있는 이슬람 국가(IS)에서 그리스도인 가정을 공격하기 위해 그들의 집 바깥에 붉은 색 스프레이로 웃고 있는 외눈박이 얼굴[이슬람계 그리스도인을 뜻하는 나사라(Nasara) 혹은 나사렌(Nazarene)을 표시하는 아랍어 철자 "눈(noon)"을 의미하는 모양]을 그려 넣기도 했다. 우리가 사람을 상자 속에 있는 범주 안으로 가두어 버리면 모든 인간이 하나님의 거룩한 형상을 지닌 존재라는 상자 너머의 사실을 인식하지 못하게 된다. 그러나 참된 정의는 외모나 피부색, 성별이나 지위와 상관없이 그들을 하나님의 형상을 지닌 자로 대하는 것이다.

> **우리가 사람을 상자 속에 있는 범주 안으로 가두어 버리면 모든 인간이 하나님의 거룩한 형상을 지닌 존재라는 상자 너머의 사실을 인식하지 못하게 된다.**
>
> ■ ■ ■

물론 그것은 말로 하는 것보다는 훨씬 더 어려운 일이다. 그렇기 때문에 우리에게는 초자연적인 도움이 필요하다. 성령님의 능력으로 다른 이들을 바라보되 우리의 하위문화가 규정하는 대로나 소셜 미디어의 선전이 주장하는 대로가 아닌 온 우주의 하나님께서 그들을 바라보시는 모습대로 우리도 그들을 볼 수 있는 새로운 시각과 더욱 분명한 관점이 필요한 것이다. 주님, 우리에게 볼 수 있는 눈을 주옵소서.

간단한 생각 체험

이제, 정의에 대하여 우리가 내린 정의로 다시 돌아가 보자. "인간", 즉 측량할 수 없을 만큼 소중한 하나님의 형상을 지닌 자에게 합당한 것은 무엇인가? 아마도 속여서 **빼앗거나** 성적으로 억압하지 않는 것, 짐승 취급을 하거나 착취하지 않는 것, 혹은 생명을 **빼앗지** 않는 것 등이 그럴 듯한 출발점이 될 수 있지 않을까 한다. 따라서 진실을 말하는 것, 성적인 경계, 그리고 내가 다른 사람에게 대우 받기를 원하는 대로 다른 이들을 대하는 것이 모두 정의에 대한 사안들이다. 사람을 측량할 수 없을 만큼 소중한 하나님의 형상을 지닌 자들로 대하기 위해 필수적인 것이 바로 그런 것들이다.

보다 더 정의로운 세상을 추구한다고 하면서 우리와 다른 생각을 가진 사람들을 대할 때 우선은 공화당이나 혹은 민주당 사람으로, 진보주의자나 보수주의자로, 급진 좌파나 우파 근본주의자로 먼저 본 뒤에, 그 다음으로 하나님의 형상을 지닌 자로 보거나, 아니면 아예 그런 생각조차도 전혀 하지 않는다면, 그것은 정의로 가는 길이 아니다. 오히려 그것은 인간성 말살로 향하는 넓고 피비린내 나는 지난 역사의 길을 답습하는 것이다.

잠시 시간을 내어 당신이 이념적으로 가장 동의하지 않는 사람들을 구체적으로 떠올려보라. 그 중에서 세 명 정도만 뽑아보자. 아마도 공적인 인물이나 정치인, 혹은 가족 중의 한 사람이 될 수도 있고, 또는 직장 동료나 이웃 중에 한 사람일 수도 있을 것이다. 당신이 진실과 정의라고 믿는 것에 대해 사사건건 반대하는 실제 인물의 모습을 구체적으로 그려보라. 당신이 마음속으로 생각할 수 있는 온갖 잘난 체로 가득한 사람의 모습을 그려보라. 그리고 이제 그 사람에 대해 다음과 같이 생각을 해보라. "하나님의 형상." 다시 한 번 말해보자. "하나님의 형상." 덤으로 한 번만 더 해보자. "하나님의 형상." 다음번에 그 사람을 보게 되면 혈압이 오르려 하기 전에 이렇게 되뇌어보자. "하나님의 형상. 하나님의 형상. 하나님의 형상." 그리고 나서 그 사람을 하나님의 형상에 걸맞게 대하라. 왜냐하면 그는 당신이 그 사람과 문화적 전쟁의 반대편에 서있다는 사실을 알기 훨씬 전부터 이미 하나님의 형상이었기 때문이다. 그 후에 사람을 하나님의 형상으로 5분 이상 대하는 것이 얼마나 어려운 일인지 느껴질 때가 오면, 과거 바울이 데살로니가 교회 사람들을 위해 했던 기도를 당신도 직접 해보라. "주께서 내게 피차간과 모든 사람에 대한 사랑이 더욱 많아 넘치게 하시옵소서."[8]

월트의 이야기

"누구 카일 본 사람 있나요? 키가 이 정도 되거든요." 알고 지내던 한 남성이 나치 경례식으로 손을 들어 올리며 물었다. 나는 그 아이의 온라인상의 예명 말고는 아이 어머니가 그 아이를 부를 때 뭐라고 부르는지 몰랐다. 안전상의 이유로 그렇게 하는 것이 일반적인 일이었기 때문이다. 마치 한 무리의 트롤들이 모여 있는 것 같았고, 빨간색 알약을 먹고 매트릭스 안에서 만난 사람들이 뒤죽박죽 뒤섞여 있는 것 같았다. 우리는 유럽인이라는 한 가지에 대한 사랑으로 하나가 되었다.

민족적 배경을 보면, 우리는 주로 미국인이었지만, 우리 가족 중에는 영국, 아일랜드, 스코틀랜드, 러시아, 체코, 덴마크 출신들이 있었다. 적어도 유대인만 아니면 다 괜찮았다. 이념적으로 보면, 우리는 파시스트이자 국가사회주의자였고, 군주제 지지자이면서 또한 공화당파였다. 사회적인 측면에서 보자면, 어떤 이들은 가난한 어린 시절을 보내며 폭력적인 인종 차별주의자로 자라거나, 부유한 몰몬교도가 되기도 했고, 또는 외로운 이혼녀나 헌신적인 남편들도 있었다. 종교적으로는 대부분이 무신론자였지만 스스로 그리스도인이나 심지어는 불교도라고 하는 이들도 우리와 같은 대열에 합류했다. 우리를 하나로 묶어준 이념은 바로 백인 우월주의였다.

이때의 내 삶을 되돌아보면 정말 비현실적이었다. 10년 전만 해도 내게 혐오하는 단체나 사람들이 있냐고 물었다면, 나는 진심으로 "아니요!"라고 답했을 것이다. 그런데도 결국 나는 인종 차별을 일삼는 증오 단체의 일원이 되고 말았다. 어떻게 이런 일이 일어날 수 있었을까?

나는 물론이고 나와 함께 했던 대부분의 젊은이들은 궁지로 내몰리는 듯한 기분이었다. 우리 모두는 공공 기관을 통해서나 우리가 처해 있는 문화 속에서 다음과 같은 취지의 말들을 들었다. "음, 이 일은 다 당신이 초래한 것입니다." 또는 "음, 그것은 당신이 이렇다 저렇다 할 문제가 아닙니다." 또는 "음, 여러분은 인종 차별주의자군요." 아니면 "음, 여기 있는 다른 사람들은 보호받아야 할 가치가 있지만 여러분은 그럴 가치가 없습니다." 우리는 피부색 때문에 특권층에 속해 있고 따라서 사회 발전에 걸림돌이 된다는 문화적 외침이 끊임없이 들려옴으로 인해 우리의 자존감은 산산조각 나고 말았다.

백인이라는 이 변하지 않는 사실로 인해 낙인 찍혀버린 젊은이들은 곧바로 급진주의자들의 품으로 달려가게 된다. 모든 것을 뒤엎고 급진 좌파가 되고 마는 것이다. "정체성 정치 놀이를 하고 싶다고? 좋아, 한 번 해보자. 우리가 이길 거야!" 정치적 스펙트럼의 양 극단에서 이와 같은 메시지가 큰 소리로 들려오는 것 같다.

나는 어떻게 이 절망적인 놀이에서 빠져나올 수 있었을까? 내가 하나님의 은혜 앞에 굴복했던 구체적인 시간이나 장소는 떠오르지 않는다. 아마도 서서히 쌓여왔던 것 같다. 하지만 젊은 시절의 나와 이야기할 수 있다면 그때의 내가 "난 괜찮을 거예요. 내 삶은 살 만한 가치가 있어요. 그 빛을 두려워하지 마세요."라고 생각할 수 있게끔 하려면 어떤 말을 해줄 수 있을까? 아마 이렇게 말할 것 같다. "너의 가치는 피조물에 있지 않고 창조주께 있단다. 너의 가치는 네가 태어난 후에 네 주변에서 우연히 일어나는 일들 안에 있지 않고, 사랑이신 하나님이 주시는 무한한 사랑 안에 있단다."

나는 우파든 좌파든 정체성 정치에 빠져 있는 사람에게 그저 "예수님은 당신을 사랑하십니다"라고 말하는 것만으로는 세상에 대한 불쾌감을 지우는 데 도움이 되지 않음을 깨달았다. 당신 주변의 많은 그리스도인들이 당신과 정반대의 생각을 하는 것처럼 보일 수 있다. 이해한다. 가슴 아픈 일이다. 하지만 다른 이들이 당신을 어떻게 보느냐 하는 문제로 당신이 이루어야 할 일생의 사명을 결정짓는 덫에 빠져서는 안 된다. 당신의 삶은 모태에서부터 당신을 아시는 분, 그리고 영원의 문에서부터 당신을 사랑하신 분, 하나님을 토대로 정의되어야 한다. 그분은 당신을 잊지 않으셨으며, 그렇게 하실 수도 없다. 그분은 말 그대로 당신을 위해 죽으실 수도 있을 정도로 당신을 아시고 또 사랑하신다. 모든 방언과 민족과 나라를 위해 십자가에 달려 죽으신 하나님을 보고도 어떻게 아직도 우리의 피부색이나 공로가 우리의 삶을 가치 있게 한다고 생각할 수 있는가?

소외감과 분노에 젖은 소중한 친구들이여, 이제 여러분의 오랜 숙원이었던 혁명을 완성하라! 여러분의 죄악된 본성에 항거하라. 증오심에 반기를 들라. 하나님의 은혜로 말미암아 돌처럼 완고한 여러분의 마음을 새 살과 같이 부드럽게 바꾸라. 그리스도를 바라보아 구원을 얻으라!

-월트 솝책(Walt Sobchak)
월트는 바이올라 대학교를 졸업하고 현재는 평생 사역을 위한 연구에 매진하고 있다.

개인과 소그룹 스터디를 위한 질문들

1. 다른 사람들을 하나님의 거룩한 형상을 지닌 자로 보는 것이 가끔씩 너무도 어렵게 느껴지는 이유는 무엇인가?

2. 혹시 당신 주변에는 하나님의 형상을 지닌 자로 생각하며 대하기가 어려운 인물이 있는가? 당신이 그런 사람들을 하나님의 거룩한 형상을 지닌 자로 대하기 시작하면 어떻게 될 것 같은가?

3. 당신은 인종, 정치적 신념, 심신 장애, 경제적 지위, 종교 등 상자 안의 카테고리를 토대로 누군가를 업신여기고 있는가? 그런 사람들에게 사랑을 표현하기 위해 이번 주에 당신은 무엇을 할 수 있겠는가?

3장
우상에 관한 질문

■■■

: 사회 정의에 관한 우리의 시각은 내 자신과 국가, 혹은 사회적으로 인정받는 것으로부터 거짓된 신을 만들어내는가?

지금 세상에는 더 이상 우이칠로포치틀리와 틀랄록(아스텍의 주신)을 숭배하는 사람은 많지 않다. 그러나 칼빈이 했던 유명한 말처럼 인간의 마음은 우상의 제조 공장이며, 이 사실은 지난 오백 년간 조금도 변하지 않았다. 아즈텍인들이 행한 첫 번째 불의가 해와 비의 신을 섬겼던 것이라면, 그리고 정복자들이 저지른 첫 번째 불의가 권력과 값 비싼 금속 조각을 숭배했던 것이라면, 지금 우리가 살아가고 있는 이 시대의 우상은 무엇인가? 그리고 이런 거짓 신들로 인해 사회 정의를 바라보는 우리의 시각은 어떻게 왜곡될 수 있는가?

몇 년 전 네팔에서 사역하고 있던 시기에, 나는 힌두교에서는 자신들의 종교 안에 삼천삼백만 개 이상의 신이 있음을 자랑스럽게 여기는 모습에 무척 놀란 적이 있다. 하지만 서방 세계 역시 결코 동방에 뒤지지 않는다. 서양의 확고부동한 개인주의에 힘입어 서방 세계에는 그곳에 사는 사람들 수만큼이나 많은 신들이 있다고 말할 수 있다.[1] 타락한 인간의 본성 때문에 사람은 끊임없이 새로운 경배의 대상을 만들어 내기 때문이다.

우리에게 있는 우상을 있는 모습 그대로 인식하는 경우는 흔치 않은 일이다. 나는 살아가면서 때때로 이런 말을 하곤 했다. "나는 신학 공부를 하기 위해 하나님께서 주신 지적 능력을 사용하고 있다." "나는 그저 내가 좋아하는 일을 전업으로 할 수 있는 일자리를 찾고 있을 뿐이다." "나는 단지 내 가족을 위해 집을 사고자 할 뿐이다." "나와 아내는 아이를 한 명 더 갖고자 한다." 혹은 "나는 책을 또 한 권 쓰고 있다." 그러나 사실 나는 이 모든 좋은 것들을 궁극의 어떤 것으로 뒤바꿔버렸다. 나의 자의식이 온 우주의 주인이신 무한하신 하나님이 아닌 이처럼 유한한 목표들 가운데 잠식당해 버린 것이다. 나의 마음은 우상의 제조 공장이다. 따라서 만약 십자가 위에서 나를 대신해 죽으신 예수님이 없었다면, 나는 창조주가 아닌 피조물을 경배하고 섬긴 것에 대해 하나님의 정의의 심판을 영원토록 받을 수밖에 없을 것이다.

우파의 우상들

우상 숭배는 우리가 어떤 좋은 것을 궁극의 것으로 삼을 때 일어나는 것인데, 그런 경우에 그 좋았던 것은 파괴적인 것이 되어버린다. 우리에게 이처럼 어떤 좋은 것들을 궁극의 것으로 삼고자 하는 성향이 있음을 감안한다면 정의를 추구하는 일에는 우상 숭배가 틈타지 못하리라고 믿는 것은 참으로 순진한 생각이다. '사회 정의 B'는 정치적으로 좌파의 편에 있는 것인데, 이들이 가장 선호하는 우상에 대해서는 잠시 후에 살펴보고자 한다. 하지만 정치적 우파라 해도 그들만의 우상이 없는 것은 아니다. 예컨대 물질, 홀로 있음, 하늘, 그리고 현상 유지 등이 있으나 거기에만 국한되는 것은 아니다.

"물질"(stuff)이라 함은 물질 그 자체를 위한 물질적 풍요함을 의미하는 것이다. 즉 부를 축적하고 무분별한 소비를 찬양하되 지나친 물질이 우리의 영혼과 사회를 좀 먹는 결과를 불러올 수 있다는 사실을 생각지 않는 것을 말한다.

"홀로 있음"(solitude)이라 함은 단호한 개인주의를 의미하는 것이다. 즉 모든 사람은 홀로 살아가는 섬과 같은 존재라고만 생각할 뿐 우리 자신과 우리의 행동이 필연적으로 주변의 다른 이들에게 영향을 미치게 됨을 보지 못하는 것을 말한다. 이런 생각을 가진 사람들은 억압받는 자들에 대해서는 눈을 가린 채 오직 "개인적인 평안과 부유함"만을 신경 쓰는데, 프란시스 쉐퍼는 이 두 가지를 "끔찍한 가치"라고 불렀다.

"하늘"(sky)이라 함은 기독교 안에서의 어떤 특정한 형태를 지칭하고자 하는 것인데, 즉 오직 죽고 나서 구름 위로 들려 올라가는 것만 생각하는 것을 말한다. 아브라함 카이퍼의 말처럼 현실 세계 안에서 예수님의 주권이 미치지 않는 곳은 그 어디에도 없다. 다시 말해서 가난과 인종, 성과 정치도 마찬가지이다. 현세의 실재하는 고통과 아무런 관련도 없는 초절정의 영적인 기독교는 그 자체로 그리스도라는 말과는 전혀 어울리지 않는 것이다.

"현상 유지"(status quo)라는 말을 통해 의미하고자 하는 바는 상황을 그저 있는 그대로 받아들이려고 하는 성향을 말하는데, 이런 이들은 얼마나 많은 이들이 고통 중에 살아가고 있는지, 그리고 그런 비참한 곳에 그리스도의 주권을 가지고 들어가는 것이 얼마나 급박한 일인지 올바로 인식하지 못하고 있는 것이다. 우리의 마음은 우상의 제조 공장이라고 했던 칼빈의 말을 염두에 둔다면, 우리는 결코 이런 물질이나 홀로 있음, 혹은 하늘과 현상 유지 같은 것들 앞에 고개를 숙이지 않도록 늘 주의해야 한다.

그리고 다섯 번째 우상이 있다. 바로 피부색인데, 이 점에 대해서는 단순한 우파 성향의 사람들도 "대안 우파"[대안 우파(alt-right 혹은 alternative right)는 미국에서 주류를 이루고 있는 보수주의에 대한 대안으로서 더욱 극단적인 보수주의 이념을 정치적 이데올로기로 내세우는 집단이나 사람들을 가리키는 말임-역자주]가 되어 버린다. 인종적 우상 숭배로 인해 딜런 루프(Dylann Roof)는 찰스턴에 있는 엠마누엘 교회에 총격을 가했고, 티키 횃불(tiki torch)을 든 무리들이 샬러츠빌의 거리를 돌아다니며 "너희는 우리를 대체할 수 없어"라는 노래를 불렀으며, 또한 내가 이 글을 쓰기 단 며칠 전에도 백인 우월주의자 한 사람이 엘 파소의 쇼핑몰에서 총기를 난사해 하나님의 형상을 지닌 스무 명의 사람을 살해했다. 참으로 쓸모없는 말이지만, 동시에 반드시 말해야만 하는 것은 인종적 우월주의를 주장하는 일은 전 세계 기독교 안에 결코 자리할 수 없다는 것이다. 그런 사상은 영원히 과거 속에 묻어둬야만 하고 결코 다시 부활하게 해서는 안 된다. 그리스도의 십자가와 나치의 스와스티카(swastika, 나치의 상징 문양)는 결코 공존할 수 없으며 둘 중의 하나는 반드시 불태워야만 한다는 말이 있다.[2] 모든 방언과 민족과 나라를 아우르시는 하나님의 구원관에 비추어보면, 백인 우월주의자들에게 천국은 지옥과도

같은 곳이 될 것이다. [3)]

좌파의 우상들

물질과 홀로 있음, 하늘과 현상 유지 등이 우파의 우상이 되고, 피부색은 대안 우파의 우상이 될 수 있다고 한다면, 이제 우리는 그럼 좌파에서 가장 선호하는 우상은 무엇인지 묻게 될 것이다. 어떤 이들에게는 이 질문이 이상하게 들릴 수 있다. 좌파에서는 그래봐야 억압받는 자들만 신경 쓰는 것이 아니던가? 그러나 억압 받는 자들을 돌보는 일 뒤에도 우상이 도사리고 있을 수 있다는 생각을 하지 않는다면, 바울의 정의관 안에서 이 우상 숭배라는 것이 얼마나 광범위하고 또한 매혹적인 것인지에 대해 우리는 아직 올바른 이해를 갖고 있다고 할 수 없다.

갈수록 많은 수의 학자들이 바울의 오래 전 통찰을 따라잡고 있다. 페미니스트 작가이자 무신론자인 커밀 팔리아(Camille Paglia) 교수는 "인류에게는 종교가 필요하다. 종교적 관점, 즉 우주적 관점이 필요한 것이다. 정통 종교가 너무 보수적이어서 그것을 제거해 나가다 보면 새로운 종교가 생겨나게 된다."[4)]는 점을 인정한다. 팔리아 교수는 이런 새로운 종교를 "정치적 올바름"(political correctness)과 동일시하며 그것에 "광신주의"라는 이름을 붙인다. 그렇게 하는 이유는 자신이 경험했던 제2세대 페미니스트들이 마치 자신을 "이단" 취급하며 "괴멸하려" 드는 "스페인 종교재판"과 같다고 생각하기 때문이다.

문화 평론가인 앤드류 설리반은 말하길 "헤르베르트 마르쿠제와 미셸 푸코의 사생아인 비판적 인종 및 성 이론과 포스트모더니즘은 고등 교육의 전제가 되었고, 새로운 필수적 종교의 정설이 되었다"[5]라고 평가한다.

엘리자베스 코리는 교차성 운동(intersectionality movement)이 부상하는 저변에 그와 비슷한 흐름이 있음을 인지하며 그것을 다음과 같이 간주한다. "모든 종교에서 하고 있는 것과 똑같은 이유로 사람들에게 호소하는 유사 종교적 영지주의 운동 그것은 우리 사회의 파편화에 대해 설명하고, 고통의 이유를 해명하며, 굳건한 윤리적 규범에 기반한 구원의 이야기와 미래에 대한 희망을 전해준다. 한 마디로 삶의 의미를 제시해 준다."[6]

억압받는 자들을 돌보는 일은 좋은 것이다. 참으로 성경적인 일이기도 하다. 하지만 그런 좋은 일들을 우리가 궁극적인 것으로 삼을 때는 그것은 파괴적인 우상이 되어 버린다. 우리 시대에 있어 문화적이고 정치적으로 가장 시급한 현안은 근본적으로 예배에 관한 것이다. 이는 우리 안에 있는 억누를 수 없는 종교성을 현대적으로 표현한 것에 불과하다. 우리는 이와 같은 사실에 주의를 기울이는 것이 좋을 것이다.

다시 1981년으로 돌아가, 프란시스 쉐퍼는 공산당 선언과 인본주의자 선언에 대한 신자의 대응으로서 기독교 선언(A Christian Manifesto)을 발표했다. 쉐퍼는 다음과 같은 명문장으로 운을 뗐다. "지난 80여 년간 이 나라 그리스도인들의 기본적인 문제점은 사회는 물론 정부에 대해서도 전체를 보기보다는 조각난 파편들만 보고 있다는 점이다."[7] 쉐퍼는 성적 타락에 대해 미국 교회가 보인 안절부절함과 공교육 현장에서 세속화의 주입, 가족의 삶에 대한 공격과 태아의 권리를 짓밟는 것 등을 예로 든다. "그럼에도 사람들은 이것을 총체적으로 보지 않고 있으며, 각각의 것들은 훨씬 더 큰 문제의 한 부분이나 작은 증상이라는 사실을 보지 못하고 있다."[8]라며 쉐퍼는 한탄한다.

그보다 3년 전에 러시아의 소설가인 알렉산드르 솔제니친은 하버드 대학 졸업식에서 매우 중요한 연설을 했다. 쉐퍼와 같이 솔제니친 또한 사회의 문제들을 그 뿌리가 되는 도덕과 영적인 범주에서 다루지 않고 법률이나 정치 같은 표면적인 범주에서만 언급하면 "사건의 크기와 의미를 볼 수 없게" 되고, "세상의 절대 악이 절대 승리를 가져갈 수 있는 여지를 남기게 된다"[9]고 주장했다.

그보다 80년 전에 아브라함 카이퍼는 프린스턴에서 스톤 강좌(Stone Lectures)를 시작했는데, 거기서 그는 세상에는 "서로 사투를 벌이며 싸우고 있는 두 가지 다른 삶의 체계가 존재한다"라며 자신의 소견을 밝혔다. 이런 대결 구도 속에서 한쪽 편은 "자연적 상태의 인간으로부터 얻는 정보를 통해 (그들)만의 세상을 이루려 하고, 또한 스스로 인간을 형성하되 강렬한 폭력적 수단을 통해 경외하는 마음으로 그리스도께 무릎 꿇는" 다른 편의 사람들을 무찌르려고 노력한다. 카이퍼는 이것을 "유럽에서의 투쟁"(the struggle)과 미국에서의 투쟁"(the struggle)으로 보았다.[10]

쉐퍼가 비판했던 "조각난 파편들" 위주의 접근법과 솔제니친이 거부했던 피상적인 "법률주의", 그리고 카이퍼가 뉴스 헤드라인 이면에서 날뛰고 있다고 보았던 거대한 세계관 대결을 제대로 고려하지 못하는 것 등은 19세기 후반이나 20세기 초반의 과거와 마찬가지로 21세기 초반인 현 시대에도 여전히 동일한 관련성이 있는 현안이다.

이처럼 이 세 명의 사상적 선구자들을 통해 우리는 보다 더 큰 그림을 볼 수 있게 되었다. 따라서 우리는 더 나은 세상을 향한 모든 탐구는 창조주를 예배하는 것과 피조물을 예배하는 것 둘 중의 어느 하나를 전제로 하여 뻗어 나간다는 사실을 염두에 둬야만 한다. 이와 관련하여 바울의 통찰을 무시하면 그것은 우리 스스로 "조각난 파편들" 속에 갇혀버리는 것이고, "사건의 크기와 의미"를 놓치는 일이며, 나아가 우리 스스로 서방 세계의 "그 투쟁"에 대해 눈을 감아버리는 일이다.

그렇다면 사회 정의라는 깃발 뒤에는 어떤 종류의 우상이 숨어 있을 수 있는가? 이미 언급한 바와 같이, 우파에 속한 사람들은 그들이 가장 선호하는 자신들만의 우상이 있지만, 뒤이어 나올 우상들 중에도 그 앞에서 절을 할 만한 것들이 있을 수 있다.

따라서 다음의 내용들을 편파적인 공격으로 받아들이지 않기를 바란다. 다만 이 책 자체가 사회 정의에 관한 것이고, 사회 정의라는 이름은 대부분 좌파에 속한 사람들이 붙여준 이름이므로, 우리는 "사회 정의에 대한 고귀한 관심으로 시작하여 결국에는 자기도 모르게 거짓 신 앞에 무릎을 꿇는 일이 어떻게 일어날 수 있는가?"라는 질문을 해야만 한다.

'다음의 세 가지는 우리가 함께 정의를 추구해가면서 궁극적인 것으로 삼지 않도록 주의해야 하는 것들에 대한 좋은 예이다.

자신이라는 우상

84%의 미국인들은 "자신의 삶을 즐기는 것이 인생 최고의 목표"라고 믿는다. 그리고 86%는 인생을 즐기기 위해서는 "자신이 가장 바라는 것들을 추구해야 한다"고 믿는다. 또한 91%는 "자신을 발견하기 위해서는 자신의 내면을 들여다보라"[11]는 말에 지지를 보낸다. 인류학자 폴 히버트는 "서양에서 지배적인 종교"가 새로이 등장했는데, 거기서는 "자신이 곧 신이고, 자아실현이 우리의 구원이다"[12]라고 말한다.

하나님과 우리들 사이에는 많은 차이점이 있지만, 그중에 하나님만이 하시는 고유한 일은 그분께서 인간의 존재 여부를 결정하실 뿐만 아니라 (우리의 존재는 부수적이지만 그분은 그렇지 않으시다) 우리가 존재하는 이유도 결정하신다는 사실이다. 인간의 본성 안에 내재되어 있는 존재의 의미, 곧 우리가 무엇을 위해 존재하는지에 관한 우리 삶의 궁극적 목적은 초월적인 우리의 창조주께로 거슬러 올라가야만 그 기원을 찾을 수 있는 것이다. 인간의 본성은 한 그릇의 알파벳 수프 [북미에서 어린이들에게 인기 있는 인스턴트 음식 중의 하나다. 토마토를 바탕으로 한 일반적인 파스타 소스에 영어 알파벳 모양의 파스타가 들어 있어서 아이들이 간편히 먹을 수 있기에 많은 가정에서 큰 인기다. 캠벨(Campbell's), 크노르(Knorr), 그리고 하인즈(Heinz) 등의 대표적인 상표에서 다양한 제품들이 출시되고 있다.-역자주]가 아니다. 즉 그릇 안에 둥둥 떠다니는 의미 없는 조합의 글자들을 우리가 마음대로 휘저을 수 있는 그런 것이 아니다. 오히려 인간의 본성은 한 권의 책이라고 해야 더 합당하다. 즉 우리에게는 저자가 있고 또한 의미와 목적이 있는데, 그 의미와 목적은 우리가 고안해 낸 것이 아니며 오히려 우리는 그것을 발견해 갈 뿐이다. 인간의 본성에 담긴 의미를 저술하는 것은 하나님만이 감당하실 수 있는 일이다. 창조주를 경배함으로써 우리는 우리가 얼마나 오류가 많은 존재인지를 인정할 수 있는 겸손을 얻게 된다. 왜냐하면 하나님만이 진리의 기준이시기 때문이다.

'사회 정의 B'에 관한 문헌들을 읽어보라. 그러면 인간의 궁극적인 목적에 대한 저자가 창조주가 아닌 피조물이라는 사실을 발견하게 될 것이다. 그리고 이처럼 매혹적인 미끼가 정의(正義)에 대한 그들의 정의(定義) 안에도 고스란히 담겨 있다. 루폴(RuPaul)은 시사주간지 타임(Time)과의 인터뷰에서 이것을 다음과 같이 표현했다.

"드랙 [영어로 drag이라 쓰는 이 말은 사회적으로 정의되는 성별을 부정하며 다른 성별의 겉모습으로 꾸미는 행위를 가리키는 용어다. 루폴 안드레 찰스(RuPaul Andre Charles)는 미국의 드래그 퀸(drag queen)이자 배우이며 가수로서 2008년부터 자신의 이름을 딴 "루폴 드래그 레이스"(RuPaul Drag Race)라는 리얼리티 쇼프로를 진행하고 있다. -역자주]은 언제나 특정한 목적을 갖고 있다. 우리는 정체성을 조롱한다. 우리는 변신할 수 있는 사람들이다. 드랙 안에서 우리는 신이다. 그리고 사람들에게 그것을 알리는 것이 우리의 역할이다."[13] 역사적 기독교 안에서는 오직 하나님께만 있던 정체성 결정의 주권을 자율적인 "나", 곧 자신의 창조주인 자신이 가져오려는 것이다.

이는 "우리가 진정으로 누구인지를 판가름할 수 있는 권리, 신뢰성, 선량함, 그리고 권위가 누구에게 있는가?"라는 질문이다. 이에 대해 '사회 정의 B'는 "우리에게 있다"고 답한다. 바로 여기에 자신을 주권적인 존재로 우상화 하는 일의 커다란 문제점들이 놓여 있다. 즉 인간의 본성을 총체적으로 건설하는 일은 전능함을 필요로 하는 일임에도 그것이 한 없이 불안하고 유한한 우리의 어깨 위에 강압적으로 지워진 것이다. 비참하게도 우리는 도무지 감당할 수 없는 불가능한 무게 아래 짓눌려 있다.

1960년대 이후 사회적 병폐 현상이 가속화됨에 따라 자율적인 자기 형성의 복음이 혜성처럼 나타나게 된 것은 결코 우연이 아니다. "1960년부터 21세기에 접어들 때까지 미국의 이혼율은 두 배가 되었고, 청소년 자살율은 세 배로 뛰었으며, 범죄율은 네 배로 증가하였을 뿐만 아니라, 교도소의 수감자 수는 다섯 배가 되었고, 혼외 출생률은 여섯 배로 뛰었으며, 결혼하지 않은 채 동거하는 비율은 일곱 배로 증가하였다(이는 이혼을 가늠케 하는 중요한 예측 변수가 되었다)."[14]

요컨대 자기 자신을 우상으로 삼는 것은 지극히 비참한 일이다. 우리의 정체성을 창조하고 유지해가는 일은 오직 하나님만이 감당하실 수 있는 규모의 일이기 때문에 결코 우리에게 그 짐을 지우지 않으셨다. 그것은 사람이 감당할 수 없는 무게의 일이며, 특히나 아이들에게 자신의 마음이 이끄는 대로 따라가라거나, 자신에게 진실하라거나, 혹은 자신의 정체성을 스스로 꿈꾸라는 등의 가르침을 주입하는 것은 더욱 더 그러하다. 그렇게 되면 우리의 아이들은 우리보다 훨씬 더 지혜로우시고, 강하시며, 사랑이 넘치시는 분께서 우리의 저자가 되심으로써 누릴 수 있는 말할 수 없는 기쁨과 존재의 의미를 빼앗게 되는 것이다. 우리 시대의 교회는 자기 창조라는 주류 신조에 짓눌린 사람들을 위한 트라우마 치유 센터가 되어야만 한다.

국가라는 우상

자신이라는 우상의 문제점은 피조물의 정체성을 세우고 지탱하는 일에 필요한 모든 것이 오직 창조주께만 있다는 점이다. 즉 정체성을 만드는 일은 하나님만이 감당하실 수 있는 일이다. 여기서 두 번째 우상이 파생된다. 이와 같은 자율성으로 말미암아 짓눌리는 무게를 덜어내기 위해 많은 이들이 또 다른 피조물, 그렇지만 여전히 유한한 피조물을 찾아 나서게 되는데, 그렇게 함으로써 자신이 만든 자신을 정당화하려 든다. 그것은 자율적인 "나" 혼자서는 감당할 수 없었던 존재론적 무게를 들어올리기 위해 집합적인 "우리"를 불러오는 것이다. 그저 정치적인 일에 대해서만이 아니라 지극히 영적인 일에 대해서도 사람들은 자신들이 세운 정체성에 대해 보편적인 찬양이 돌아가길 바란다. 이에 대해 체스터턴(Chesterton)은 "일단 우리가 하나님을 버리면 정부가 하나님이 된다"[15]라고 평했다.

기독교 세계관의 핵심 진리인 칭의의 교리를 생각해 보자. 칭의라 함은 그리스도의 구속적인 죽음과 부활에 근거하여 우리와 같은 죄인들에게 "죄 없음!"의 선언을 하시는 하나님의 거룩하신 행위를 말한다. 하나님께서 재판장이시고 사탄은 "고소인"이다. 그리고 예수님은 우리의 변호인으로서 우리에게 선고된 사형 집행을 그분께서 친히 받으신 후에 그것에 기반하여 상소하심으로써 우리에게는 무죄의 선언이 내려지게 하셨다.[16]

그런데 우리가 하나님을 무대 밖으로 밀어내면 어떻게 되겠는가? 마법처럼 더 이상 우리는 무죄 선고를 받아야 할 필요가 없어지는가? 그렇지 않다. 인간이라면 스스로가 의로운 존재임을 느끼고 싶어하는 것은 어쩔 수 없는 일이다.[17] 메카를 향해 무릎 꿇는 무슬림들도, 갠지스 강에 몸을 담그는 힌두교도들도, 그리고 인터넷 상에서 종교의 해악에 대해 주장하는 무신론자들 역시 모두가 동일한 업적을 이루고자 하는 것이다. 즉 그들 모두 선한 인간이라는 지위를 얻으려고 노력하는 것이다. 이것은 우리에게도 예외가 아니다.

우리가 죄책에서 벗어나 자유롭게 살려고 하는 과정에서 하나님을 떠나버리면, 우리는 우리가 상상할 수 있는 그 다음 가장 커다란 존재에게로 향하게 된다. 곧 사회로 향하는 것이다. 정부, 미디어, 법률, 교육, 오락, 지역의 자영업자, 기타 누구든 한 목소리로 나에게 "죄 없음!"을 선언해야만 한다. 따라서 우리의 무죄를 인정하고 축하해주지 못하는 사람을 침묵하게 만들어야만 한다.

그렇다면 악을 이기는 위대한 승리는 반드시 정치적이어야만 한다. 우리는 우리 자신이 규정한 자신에 대해 감히 의문을 제기하는 사람들을 짓누르기 위해 법률의 힘을 사용해야만 한다. 또한 정치적 행동주의는 새 하늘과 새 땅으로 인도해가는 숭고한 탐구 활동이 된다. 이런 탐구 활동은 어느 모로 보나 18세기의 프랑스 혁명과 20세기의 마르크스주의자들에 비견될 만한 참으로 종말론적이고 유토피아적인 것이다. 하지만 우리는 이와 같은 새로운 혁명이 이전의 것들과 마찬가지로 창조주와 피조물의 구분을 부정하는 것이라는 사실을 눈물을 머금고 지적해야만 한다. 우리의 선함을 극단적으로 과대평가하는 일과 악으로 치우치는 우리의 성향을 과소평가하는 이런 탐구 활동은 그저 디스토피아적인 것에 불과함을 스스로 증명하게 될 것이다.[18]

잊지 말아야 한다. '사회정의 B'는 신정 체제를 추구한다. 그러나 그것은 피조물을 경배하는 신정 체제이고 따라서 그에 대한 이단 세력들을 묵살하고자 한다. 하지만 1세기 당시 로마의 거짓된 신정 체제 아래서 살았던 우리의 형제, 자매들과 같이 21세기를 살아가는 우리도 가이사가 아닌 예수님만이 주님이시라고 담대히 말할 필요가 있다.

사회적 인정이라는 우상

여기서 우리는 세 번째 우상을 마주하게 된다. 그리스도인으로서 우리는 인정받고 싶어 한다. 문화로부터 찬사를 얻는 일을 갈망한다. 널리 알려지기를 원하고, 주류가 되고 싶어 하며, 도덕적 개연성을 확보하기를 원한다. 물론 지금의 주류가 이번 주에는 무엇을 "도덕"이라고 정의하느냐에 따라 다르기는 하지만 말이다. 반면에 우리가 가장 원하지 않는 것은 현실성 없는 고집불통이라는 주홍글씨가 새겨지는 일이다. 우리는 창조주를 거스르는 일보다 오히려 우리와 동일한 다른 피조물들을 거스르지 않기 위해 신경을 쓰는 일이 더 많다. 뿐만 아니라 그처럼 본말이 뒤집힌 감정에 기반하여 사회 정책이나 성에 관한 것 등 모든 것을 바라보는 관점을 결정한다. 즉 성경에서 말씀하시는 올바른 편에 서려고 하기보다는 현 시대 문화 속에서 유행을 이끌어가는 자들이 "올바르다"고 정의하는 편"에 서려는 경우가 더 흔하다. 이에 대해 데이비드 프렌치(David French)는 "당신은 세상의 사랑을 구걸하지만, 세상은 당신의 사랑에 보답하지 않을 것이다"[19]라고 지적한다.

우리의 정체성은 우리가 어떤 신을 가지고 있느냐에 따라 결정된다.[20] 우리가 문화를 신으로 삼는다면 우리는 그 문화와 같이 될 것이다. 불의에 대한 숙고와 논의는 진공 상태에서 일어나는 것이 아니다. 무엇이 정의이고 불의인지에 대한 개념은 우리 안에 있는 우상에 따라 그 형태를 달리하기 때문이다. 그러나 이에 대해 풀턴 쉰(Fulton Sheen)은 이렇게 경고한 바 있다. "이 시대의 정신과 결혼하라. 그러면 다음 시대에는 과부가 되어 있을 것이다."[21]

나는 '사회 정의 B'를 받아들이는 그리스도인은 대부분 하나님의 하나님 되심을 부인하는 첫 걸음을 뗀 것이라고 믿지는 않는다. 그보다는 정의를 행하기 시작한 것이되 그것을 보편적인 현실 속에서 인정받고자 하는 악의 없는 욕망과 결합한 것이다. 그들은 자신의 신앙이 "하나님은 동성애자를 증오하신다"라는 팻말을 흔들어 대는 극단적 근본주의주의자들과 하나로 뭉뚱그려지는 것을 원치 않는다. 물론 그런 고정관념을 깨는 일도 중요하다. 쓸데없이 공격적이고 무례하거나 자기 의에 빠지지 않는 일도 중요하다. 모든 사람과 화평 가운데 살고자 하는 일, 끓어오르는 분노를 가라앉히기 위해 친절한 말을 하는 일, 우리의 사랑을 모든 이에게 알리는 일, 비둘기처럼 온화해지는 일, 선으로 악을 이기는 일, 그리고 우리의 원수를 사랑하는 일, 이 모든 것이 다 중요하다. 다 선한 일이며 또 성경적인 일들이다.

그러나 예수님은 "너희가 내 이름으로 말미암아 모든 사람에게 미움을 받을 것"[22]이라고 말씀하셨다. 또한 야고보는 우리에게 "세상과 벗 된 것이 하나님과 원수 됨을 알지 못하느냐"라고 하며 "그런즉 누구든지 세상과 벗이 되고자 하는 자는 스스로 하나님과 원수 되는 것이니라"[23]라고 말해준다. 그렇다면 이것은 우리가 이미 참된 정의를 지나쳐서 '사회 정의 B'로 선을 넘어가 있음을 보여주는 징후이다. 따라서 우리는 다음과 같은 질문들을 통해 스스로를 판단해 보아야 한다. "우리의 정의관에는 세상의 주류가 거부한 어떤 것이 담겨 있는가? 만약 하나님의 말씀에서 문화적으로 지극히 인기 없는 것, 너무도 고리타분하여 사람들에게 불쾌한 욕을 들을 것 같은 것, 직장을 잃거나 이웃에게 따돌림을 당할 만한 것에 대해 분명하게 말씀하고 있다면 어떻게 하겠는가?" 스스로에게 정직하게 답해 보라. 당신은 다수의 사람들 편에 서겠는가, 아니면 천지의 창조주 편에 서겠는가?

사회적인 인정이라는 우상에 도사리고 있는 매혹적인 힘을 과소평가해서는 안 된다. 루터가 보름스 회의(the Diet of Worms)에 섰을 때, 그는 자신의 글을 철회하고 지금의 현 상황을 그대로 가져가라는 엄청난 사회적 압박에 직면해 있었다. 만일 그가 굴복했더라면 자신의 목숨을 보존했을 것이고, 교황이 보낸 암살자도 물러갔을 것이며, 그의 어깨에 지워져 있던 짐도 즉각적으로 벗어버릴 수 있었을 것이다. 교황으로부터 "멧돼지"라는 별명이 붙여진 루터는 보름스에 모여 있던 그 권력자들 앞에서 그저 한 낱 풋내기에 불과했다. 그는 떨리는 목소리로 숨죽여 생각할 시간을 하루만 더 달라고 요청했다. 권력자들은 달갑지 않았지만 그 요청을 허락했다. 그날 밤 루터는 이렇게 기도했다.

"오, 주님, 도와주옵소서! 신실하시고 변치 않으시는 하나님이시여! 저는 사람을 의지하지 아니하옵나이다…. 사람 안에 있는 것은 무엇이든 흔들릴 것이요, 사람에게서 나온 것은 무엇이든 반드시 실패할 것입니다."[24]

다음 날 역사에 길이 남을 대화가 오갔다. "마틴, 그대에게 묻노라. 그대는 숨김이나 저항 없이 진실하게 답하라. 그대는 그대의 책 안에 수많은 오류가 담겨 있음을 인정하는가, 인정하지 않는가?"[25]

"폐하와 여러 영주들이 간략한 답변을 원하시니 제가 저항이나 공격 없이 답하도록 하겠습니다. 성경과 보편타당한 이성에 근거하여 저의 죄가 입증되지 않는 한, 저는 교황과 공의회의 권위를 인정할 수 없습니다. 왜냐하면 이들조차 서로 모순된 주장을 하고 있기 때문입니다. 저의 양심은 하나님의 말씀에 사로잡혀 있습니다. 따라서 저는 그 어떤 것도 철회할 수 없고 또한 그럴 생각도 없습니다. 양심에 반하는 일을 하는 것은 옳지 않을 뿐만 아니라 안전하지도 않기 때문입니다. 자, 제가 여기 서 있습니다. 이제는 달리 할 수 있는 일이 없습니다. 하나님, 저를 도우시옵소서. 아멘."[26]

젊은 루터가 되어 있는 당신의 모습을 한 번 그려보자. 당신은 지금 가상의 보름스 회의에 출석해 있는데, 그것은 소셜 미디어라고 할 수도 있고, 혹은 당신의 이웃이나 친구들이 그곳에 배심원단으로 자리하고 있는 것일 수도 있다. 보름스에서의 첫째 날 루터가 그랬듯이, 우리들 대부분은 심판자들의 눈앞에서 말을 더듬거나 떨게 될 것이다. 그보다 더 안 좋은 것은 우리가 그저 그들이 듣고 싫어하는 대답만 앵무새처럼 따라 하는 것이다. 하지만 우리는 우리 자신만의 "제가 여기 서 있습니다"(here I stand)라고 할 수 있는 순간이 필요하다. 우리 스스로가 "신실하시고 변치 않으시는 하나님"을 깨달아야 하고, "사람 안에 있는 것은 무엇이든 흔들릴 것이요" 또한 "반드시 실패할 것"임을 깨달을 필요가 있다. 우리가 답해야 할 대상이 누구인지, 피조물인지 아니면 창조주인지, 우리 마음속에 단 한 번의 변치 않는 결정을 해야만 한다. 만약 우리가 이런 질문에 올바로 답하지 못한다면, 우리가 "사회 정의"라고 부르는 그것은 창조주의 정의와는 다른 별개의 것이 되고 말 것이다.

정치적 스펙트럼을 떠나 모든 그리스도인은 다음과 같은 한 가지 신념 안에서 연합해야 한다. 즉 하나님이 아닌 다른 어떤 것이든 그 앞에 우리의 무릎을 꿇게 만든다면 그것이 무엇이 되었든 거부해야 한다는 점이다. 거기에 아무리 정의라는 이름이 붙었다 하더라도, 그리고 그 이름을 붙인 것이 좌파든 우파든 상관없다. 마치 이세벨이 고대 이스라엘을 거짓 신에게로 이끌었던 것처럼 사회 정의를 바라보는 시각도 우리를 꾀어 거짓 신에게 향하게

> **우리가 답해야 할 대상이 누구인지, 피조물인지 아니면 창조주인지, 우리 마음속에 단 한 번의 변치 않는 결정을 해야만 한다.**
>
> ■ ■ ■

할 수 있기 때문이다. 우리 안에 서로 다른 차이점들이 없는 것은 아니지만, 그럼에도 우리는 현상 유지, 물질, 홀로 있음, 하늘, 피부색, 자신, 국가, 혹은 사회적인 인정 그 어떤 것 앞에도 절해서는 안 된다. 함께 정의를 찾아 나아가는 과정 속에서, 우리는 우상의 제조 공장인 우리의 마음을 거스르고 하나님 외에 다른 신을 섬겨

서는 안 될 것이다.

베켓의 이야기

2009년 9월 20일, 난생 처음으로 헐리우드에 있는 한 교회에 내 발로 걸어 들어갔다. 나는 동성애자였고 공공연히 무신론자임을 자처하는 사람이었다. 두 시간 후에 나는 더 이상 동성애자가 아닌 거듭난 그리스도인이 되어 그곳을 걸어 나왔다. "자신이라는 우상"은 산산이 부서져버렸고 그 자리에는 새로운 자신, 곧 "하나님을 따라 의와 진리의 거룩함으로 지으심을 받은 새 사람"(엡 4:24)이 들어왔다.

나는 지난 15년 간 헐리우드의 패션 업계에 종사하며 하퍼스 바자(Harper's Bazaar)와 보그 같은 잡지의 세트 디자이너로 일했고, 갭이나 나이키 등의 광고 제작에도 참여했다. 또한 오스카와 에미 상, 그리고 골든 글로브의 시상식에도 참석한 바 있다. 여름에는 드류 베리모어의 집 수영장에서 수영을 하며 보냈고, 영화배우들의 집에 가서 그들과 함께 저녁 식사를 했으며, 베네딕트 캐년(Benedict Canyon)에 있는 사우디아라비아 왕자의 집 뒷마당에서 세 시간 동안 열린 마술 공연을 보며 밤을 보내기도 했다. 나는 이렇게 황홀할 정도로 창의적인 사람들 속에서 지내는 것이 행복했다.

나는 어려서부터 동성에게 매력을 느낀다는 것을 알고 있었다. 하지만 1980년대에 달라스에서 성장하는 동안에는 게이로서의 인생을 선택하는 것은 생각조차 할 수 없었다. 그러나 10대 후반에서 20대 초반을 지나면서 젊은 동성애자 남자를 만나게 되었는데, 그를 통해 나는 드디어 게이의 길로 들어섰다. 이것이 과거의 내 모습이었고, 변화의 기미는 전혀 보이지 않았다. 로스엔젤레스에서의 화려한 삶을 살면서 남자 친구들도 만들었고, 매년 열리는 프라이드 퍼레이드(프라이드 퍼레이드는 성소수자들의 권리 인정을 주장하며 그들의 자긍심 고취를 위해 거리를 행진하는 행사를 말함-역자주)에도 참가했으며, 동성 결혼을 위한 가두 시위에도 참여했다. 그러던 중 문득 수확 체감의 법칙이 밀려들기 시작했다. 십여 년 이상의 퇴폐한 삶 이후에 나는 "그게 전부란 말인가?"라는 의문이 들었던 것이다.

2009년 3월, 나는 파리 패션 위크에 갔고, 그 후에는 스텔라 매카트니(Stella McCartney)의 뒤풀이 연회에 참석해 패션계 저명인사들과 샴페인을 마시고 있었다. 그때 나는 갑자기 주체할 수 없는 공허함에 사로잡혔다. 더 이상 그와 같은 삶을 통해서는 내 자신을 지탱해갈 수 없다는 것을 알게 되었다. 해답이 필요했지만 그리스도인이 되는 것은 전혀 선택지에 없었다. 그런 내가 어떻게 당시의 내 모습은 잘못 되어 있다고 생각하는 모임에 들어갈 수 있었을까?

6개월 후의 어느 날, 나는 LA의 한 커피숍에서 가장 친한 친구와 함께 있었다. 우리는 옆 자리에 있던 한 무리의 밀레니얼 세대들이 탁자 위에 성경을 펴 놓고 있는 모습을 보았다. 우리는 충격을 받았다. 로스엔젤레스의 공공 장소에서 성경이라니? 나는 그들의 교회에서는 동성애에 대해 어떻게 믿고 있는지 물었고, 그들은 솔직하게 답했다. 그것은 죄라고 말이다. 나는 그들의 정직함에 감사를 표했다. 5년 전만 했어도 나는 그들을 여전히 암흑 시대 속에 살아가는 고집불통의 사람들이라고 속단했을 것이다. 하지만 그때는 그들의 관점을 진심으로 경청할 수 있었고, 이내 이런 생각을 하게 되었다. "어쩌면 내가 틀렸는지도 몰라. 어쩌면 이건 죄일 수도 있겠지. 거짓된 기초 위에 내 삶을 쌓아 올린 것이면 어쩌지?" 그들은 나를 교회로 초청했다.

돌아오는 일요일에, 나는 헐리우드에 있는 한 복음주의 교회를 찾아갔다. 목사님의 입에서 나오는 한 마디 한 마디가 진실의 종을 울렸다. 이것이 복음이란 것인가? 그날의 설교는 내가 종교에 대해 알고 있었던 모든 것을 완전히 뒤집어 놓았다. 그것은 진실로 좋은 소식이었! 성령님께서 나를 휘감으셨다. 하나님께서 내게 자신을 드러내 주신 것이다. 나는 걷잡을 수 없이 엉엉 울기 시작했다. 하나님께서 살아 계신다는 것, 예수님께서 그분의 아들이시라는 것, 천국이 실재한다는 것, 그리고 성경이 진실이라는 것, 나는 이 모든 것을 단 한 순간에 깨닫게 되었다. 뿐만 아니라 동성애적 행위가 죄라는 것도 알게 되었다. 성령님께서 그것을 명약관화하게 알려주셨다. 더 이상 나의 정체성은 게이가 아니라는 것을 알게 되었다. 물론 그것은 과거 내 삶의 일부였다. 하지만 신경 쓰지 않았다. 나는 비로소 온 우주의 왕이신 예수님을 만났고, 그분의 사랑은 모든 것을 다 태워 버리기 때문이다. 10년이 지난 지금, 나는 여전히 독신으로 살며 금욕하고 있고, 그 어느 때보다 행복하다. 기꺼이 내 자신을 부인하며 나의 십자가를 지고 예수님을 따르고자 한다. 그 모든 것을 드려도 그분께는 여전히 부족할 뿐이다.

우리가 개인의 성적 욕망을 자기 정체성의 최고 지표로 삼는다면 어떻게 될까? 만약 우리가 오늘날 성적 정설을 거부하는 사람들을 정부가 처벌해 주기를 바란다면 어떤 일이 일어날까? 하나님의 말씀에 담긴 진리를 문화적 트렌드라는 제단 위에 희생 제물로 바치면 어떻게 되겠는가? 그것은 예수님의 가치를 부정하는 거짓말을 하는 것이고, 우상에게 절하는 것이며, 곧 창조주께 합당한 것을 돌리지 않는 것이다. 그런 것은 정의가 아니다.

-베켓 쿡 (Becket Cook)

베켓은 바이올라 대학교 탈봇 신학대학원을 졸업했으며, 《감정의 변화 : 동성애자의 믿을 수 없는 구속 이야기》(*A Change of Affection: A Gay Man's Incredible Story of Redemption*)의 저자이다.[****]

개인과 소그룹 스터디를 위한 질문들

1. 이번 장에서 살펴본 우상들에는 현상 유지, 물질, 홀로 있음, 하늘, 피부색, 자신, 국가, 사회적 인정, 성행위 등이 있는데, 이 중에서 당신이 가장 경배하는 듯한 것은 어떤 것인가?

2. 당신의 삶 속에서 혹은 보다 넓은 문화적 배경 속에서 우리의 참된 정의관을 왜곡시킬 수 있는 또 다른 우상이 있는가?

3. 우리가 어느 시점에 적정한 선을 넘어 우리의 정치적 신념이나 관계를 우상으로 삼게 되는지를 측정할 수 있는 지표에는 어떤 것들이 있는가?

그러니까 지금 하신 말씀은…

우리 시대에 뉴먼 효과가 갖는 힘을 생각해보면, 제1부 "여호와 인가 아니면 이세벨인가? 사회 정의와 경배에 관한 세 가지 질문"에서 내가 한 말을 다음의 다섯 가지 내용으로 정리할 수 있다고 생각하는 분들이 있을 수 있다.

1. "그러니까 지금 하신 말씀은 그리스도인에게는 정의를 추구하는 것이 꼭 필요한 일은 아니라는 말이군요."

2. "그러니까 지금 하신 말씀은 성경의 하나님을 경배하지 않는 사람들은 정의가 무엇인지에 대한 참된 통찰이 없고, 또 더 좋은 세상을 만드는 일에 조금도 기여할 수 없다는 말이군요."

3. "그러니까 지금 하신 말씀은 그리스도인들은 우리가 찬성하는 것보다는 우리가 반대하는 일들로 더 많이 알려져야 한다는 말이군요."

4. "그러니까 지금 하신 말씀은 어떤 일에 대해서 정치적 좌파와 의견을 함께 할 수 있는 유일한 길은 거짓 신을 경배하는 것이라는 말이군요."

5. "그러니까 지금 하신 말씀은 우파의 정치적 견해는 우상숭배에 물들지 않았다는 말이군요."

아닙니다. 나는 그런 말을 하는 것이 전혀 아닙니다. 그런 생각들을 믿지도 않습니다. 혹시라도 내가 그렇게 말한 것으로 들었다면, 뉴먼 효과가 작용한 것이든지 아니면 내가 너무 전달을 서툴게 했기 때문일 것입니다. 그 점에 대해서는 여러분의 용서를 구합니다.

이세벨이 아닌 하나님을 경배하기 위한 기도

하나님,
저희가 세상을 살아가며 정의를 행하라는 주님의 명령을 따르고자 할 때 하나님 외에 다른 신을 섬기지 말라는 첫째 계명을 지킬 수 있도록 도와주옵소서. 저희가 하나님을 높이지 않을 때, 하나님께 영광을 돌리고 하나님에게서 기쁨을 누리는 것이 저희의 일상 속에서 최고의 목표가 되지 않을 때, 저희 안에 내재되어 피할 수 없는 경배의 욕구가 저희의 창조주이신 하나님을 향하지 않고 피조물을 향하게 될 때, 저희의 정의는 곧 불의가 되고 맙니다. 하나님께 합당한 것을 드리지 못하게 될 뿐만 아니라, 하나님의 형상을 지닌 사람들에게도 합당한 것을 돌리지 못하게 됩니다. 저희의 우상 숭배를 용서하여 주옵소서. 저희는 물질과 홀로 있음, 하늘과 현상 유지, 자신과 국가와 사회적 인정, 그리고 성이라는 거짓 신들 앞에 무릎을 꿇었습니다. 신령과 진리로 하나님을 예배하게 하여 주셔서 세상에 참된 정의를 세우는 자들이 되게 하여 주옵소서. 아멘.

제2부

연합인가
아니면 소란인가?

: 사회 정의와 공동체에 관한 세 가지 질문

이제는 전에 멀리 있던 너희가
그리스도 예수 안에서 그리스도의 피로 가까워졌느니라
그는 우리의 화평이신지라 둘로 하나를 만드사
원수 된 것 곧 중간에 막힌 담을 자기 육체로 허시고
(에베소서 2:13-14)

시사 주간지 타임에서는 미국인들을 대상으로 20세기 최악의 발상이 무엇이었는지에 대해 설문 조사를 했다. 패스트 푸드, 스프레이 치즈, 남성용 끈 팬티, 빅 사이즈 스판 의류, 가슴 확대 수술, 그리고 바니(Barney)라는 이름의 보라색 공룡 등이 목록에 포함되었다. 그리고 232,919 건의 투표 중에 1위는 바로 텔레마케팅이었다.[1]

그런데 만약 "최악"이란 말의 의미를 짜증나고, 어이없고, 역겹고, 유치한 것으로 규정하는 것이 아니라 인류의 실제적인 고난이나 고삐 풀린 악으로 규정한다면 어떻겠는가? 수많은 이들의 목숨을 앗아가며 20세기를 뒤흔들었던 나쁜 발상이 하나 있었다. 그것은 수억 명의 사람들을 고통 속으로 몰아넣은 참으로 병적이고 치명적인 발상이었음이 판명되었다.

그로 인해 미국의 사적 제재가 싹을 틔웠고, 아우슈비츠의 높은 굴뚝과 시베리아의 강제 수용소, 크메르 루주의 킬링필드, 그리고 르완다, 다르푸르, 콩고 등에서의 학살을 낳기도 했다. 이런 끔찍한 유혈 사태를 감안해본다면, 그와 같은 아이디어는 전 세계적으로 설 자리를 잃게 되었을 것이라고 생각할 수 있지만, 그것은 21세기에도 "정의"라는 새로운 이름표를 달고 당당히 수면 위로 떠오르고 있다. 과연 이 나쁜 발상은 무엇일까?

당파주의는 사람을 집단의 정체성에 따라 분류하고 그렇게 나뉜 각각의 집단에 우리가 하나님의 형상을 지닌 이들을 보는 것과는 사뭇 다른 방식으로 달갑지 않은 혹은 고약한 특징을 가져다 붙인다. 이에 대해 셸비 스틸(Shelby Steele)은 지적하길 집단적 정체성은 개개의 인간을 특정 집단이나 계층의 하찮은 부속품 혹은 몰개성적인 구성원으로 전락시키는 경향이 있다고 한다. 과거에 '사회 정의 B'를 헌신적으로 추종했던 어떤 이는 말하길, "나는 각각의 개인을 개인으로 대하지 않았으며 언제나 우리가 속한 집단의 정체성을 가장 먼저 생각하며 마치 단단하게 구워진 도자기처럼 대했다"[2]라고 했다. 그와 같은 집단적 정체성은 여러 가지 모습으로 나타날 수 있다.

　–우리는 아리아인이므로 우리는 선하다. 저들은 유대인이므로 저들
　　은 악하다.
　–우리는 브라만 계급이므로 우리는 선하다. 저들은 불가촉천민들이
　　므로 저들은 악하다.
　–우리는 후투 족이므로 우리는 선하다. 저들은 투치 족이므로 저들은
　　악하다.
　–우리는 백인이므로 우리는 선하다. 저들은 흑인이므로 저들은 악하

다.

-우리는 이슬람 국가(IS)이므로 우리는 선하다. 저들은 이교도들이므
로 악하다.

그 외에도 이런 종류의 집단적 정체성으로 인한 폐단은 셀 수 없
이 많으며, 그로 인해 희생되는 사람들의 수도 이루 말할 수 없을
정도로 많다.

선한 필요의 왜곡

당파주의가 그토록 파멸적인 발상이라는 것이 밝혀졌음에도 아
직까지도 사라지지 않고 있는 이유는 무엇일까? 그로 인해 20세기
에 그렇게 많은 피를 흘렸음에도 왜 집단 정체성은 21세기에도 그
토록 첨예하게 대두되고 있는 것일까?

하버드 대학의 로버트 퍼트넘(Robert Putnam)은 "만약 당신이 지
금은 아무 집단에도 속해 있지 않지만 곧 어느 하나에 가입하려고
결정을 했다면, 당신은 내년에 사망할 확률을 절반으로 줄일 수 있
게 된다"[3]라는 연구 결과를 발표했다. 또 다른 유명한 연구에 따르
면 집단적 관계 속에서 살아가는 사람들은 흡연, 부실한 식단, 그
리고 과음 등 건강에 좋지 않은 습관들을 오래 유지해도 건강한 생
활 습관을 갖고 있으나 관계를 맺지 않고 살아가는 사람들에 비해
더 오래 사는 것으로 나타났다.[4] 나뭇잎 하나를 나무에서 떼어 내
면 그 나뭇잎은 죽는다. 벽난로에서 시뻘겋게 타오르던 장작을 밖
으로 꺼내 내면 그것은 재가 되고 만다. 한 인간이 자신에게 의미

있는 집단에서 배제되면 그 사람은 무너져 내리기 시작한다. 모든 "나"에게는 "우리"가 필요한 것이다.

성경적인 관점에서 보면, 고립된 인간 그 이상의 삶을 살고자 하는 필요는 결코 사소한 문제가 아니다. 성경은 처음부터 하나님께서 그분의 창조 세계를 향해 해주시는 일련의 덕담 혹은 좋은 말들이 계속된다. 하늘과 땅, 좋았더라. 바다와 구름, 열매와 짐승, 좋았더라. 그러다 하나님께서 그분의 창조 세계에 대해 말씀하시는 최초의 나쁜 말에 이르게 된다. 곧 하나님께서 "사람이 혼자 사는 것이 좋지 아니하니"[5]라고 말씀하신 것이다. 성부, 성자, 성령의 교제 가운데 거하시는 우리의 창조주께서는 우리가 의미 있는 공동체를 이루도록 만드셨다.[6]

하나님께서 주신 공동체의 필요는 창세기 3장에서 사람이 타락한 이후에도 완전히 사라지지 않았다. 다만 에덴에서의 그 비극적인 날 이후 그와 같은 필요는 다른 모든 것과 마찬가지로 왜곡되어 버렸다. 공동체를 향한 선한 필요, 즉 쓸쓸히 홀로 지내기보다는 더 큰 집단에 소속되고자 하는 욕구에 우리의 타락한 본성을 더하면 어떤 결과를 얻게 될까? 그것은 범죄 조직이나 폭도, 사이비 단체, 학대가 자행되는 교회, 증오 집단, 혹은 전체주의적 정당이 될 뿐이다. 어느 것이든 다 자기 하나만 옳다고 주장하는 자기 의에 빠져 다른 이들을 짓밟으려는 당파에 불과하다. 따라서 우리 시대에는, 아니 사실은 모든 시대에서 다음과 같은 딜레마는 필연적일 수밖에 없다. 어떻게 하면 우리는 집단에 속하고 싶어하는 이 억누를 수 없는, 즉 하나님께서 주신 필요를 채우되, 그러면서도 그 집단이 자기 의에 빠지거나 전면적인 당파 전쟁에 의존하는 것을 막을 수 있을까?

그 질문에 대한 답은 성경에 있다. 물론 '사회 정의 B'에도 나름의 해답이 있다. 그러나 그 해답은 사뭇 다르다. 이에 우리는 사회 정의와 공동체에 관해 다음의 세 가지 질문을 제기한다.

- 사회 정의를 바라보는 우리의 시각은 "아담 안에" 있고 "그리스도 안에" 있는 우리의 정체성보다 집단의 정체성을 더욱 중요하게 받아들이는가?
- 사회 정의를 바라보는 우리의 시각은 분열적인 선전을 신봉하는가?
- 사회 정의를 바라보는 우리의 시각은 사랑과 화평, 인내 대신에 의심과 분열, 분노를 받아들이는가?

4장
집단에 관한 질문

■ ■ ■

: 사회 정의를 바라보는 우리의 시각은 "아담 안에" 있고 "그리스도 안에"
있는 우리의 정체성보다 집단의 정체성을 더욱 중요하게 받아들이는가?

크리스찬 피치올리니(Christian Picciolini)는 열 네 살의 나이에 시카고 지역의 스킨헤드 조직에 가입했다. 그는 조직 안에서 빠르게 진급하여 신나치주의 증오 단체의 리더가 되었다. "나는 버림받은 것 같았다. 그래서 이 공동체에 끌리게 된 것이다."[1]

첫 아이가 태어난 후에, 피치올리니는 하나님의 은혜로 백인 우월주의의 죄에서 해방되었고, 거기서 멈추지 않고 더 나아가 '증오 이후의 삶'(Life After Hate)이라는 새로운 단체를 공동으로 이끌게 되었다. 피치올리니는 이렇게 말한다. "궁극적으로 사람이 반드시 이념 때문에 극단주의자가 되는 것은 아니라고 생각한다. 사람은 세 가지 지극히 근본적인 인간의 필요, 즉 정체성, 공동체, 그리고 목적의식을 찾아 헤맬 뿐이다."[2]

이제 우리의 눈을 극우에서 극좌로 돌려보면 코너 반즈(Conor Barnes)를 만나게 된다. 열 여덟 살의 반즈는 "우울하고 불안했으며, 세상을 구할 준비가 되어 있었다." 그는 스스로 "급진적 공동체"라고 부르는 이들과 함께 살림을 꾸리기 시작했다. 반즈가 이 공동체에 대해 묘사한 것을 들어보면, 마치 영화 '파이트 클럽'(Fight Club)의 등장인물이 극장의 스크린을 뚫고 밖으로 나와 영화 속 한 장면을 들려주는 듯하다. 즉 그것은 영화 내에서 서방 자본주의의 폐단을 타도하기 위해 프로젝트 메이헴(Project Mayhem)을 설계한 타일러 더든(Tyler Durden)과 함께 페이퍼 스트리트(Paper Street)라 불리는 집에서 살아가는 모습을 묘사하는 것처럼 들린다.

반즈의 말에 따르면, 그가 속한 단체는 "기존 사회의 억압적인 본질에 대한 전적인 불만과 그 사회를 급진적으로 개조 혹은 파괴하려는 욕구를 공유하고 있는 공동체"이다. 감사하게도 반즈는 자기 자신이 "완전히 탈진해버리고 염세적인 인간임"을 발견한 후에 자유를 얻게 되었다. 그는 여전히 극좌파 단체에 현혹되는 이들에게 언제나 "광기 어린 집단에서 떠나라!"[3]고 충고한다.

크리스찬 피치올리니와 코너 반즈는 거울에 비친 형상과 같다. 그들은 모두 인종과 경제적 지위, 그리고 억압이라는 범주를 사용하는 단체에 현혹되어 자기 자신은 천사로, 그리고 다른 이들은 악마로 보았다. 그러나 사실 이 사람의 천사는 곧 저 사람에게는 악마일 뿐이며 그 반대도 동일하다. 크리스찬이 찾은 공동체는 이민자들과 유색 인종에 대항해 싸우는 사람들이었고, 코너가 찾은 공동체는 "고발, 상호교차성, 문화 유용, 사전 고지, 안전 공간, 특권 이론, 그리고 강간 문화와 같은 개념과 도구를 가지고 살아가는 사람들"이었다. 그들 모두 서로 반대편에 있는 사람들을 그처럼 자기 의에 빠진 공동체에서 해방시키려고 애쓴다. 하지만 크리스찬과 코너를 그와 같은 공동체로 몰아갔던 것은 결국에는 동일한 인간의 욕망, 곧 소속감의 필요였다.

이상한 동지애

어딘가에 속하고자 하는 인간의 열망에 대해 성경은 너무도 아름답고 일관된 답변을 제시하고 있다. '사회 정의 B'도 동일한 필요에 대해 답하려는 시도를 한다.

우리는 모두 상처 받고 외로우며 갈 바를 몰라한 적이 있다. 우리는 모두 꼭대기층에 있는 사무실에 출입할 수 있는 위임장이나 더 잘 사는 나라에 들어갈 수 있는 여권, 혹은 최신 유행하는 주류 밀매점에 들어갈 수 있는 비밀번호를 얻고 싶어 한다. '사회 정의 B'는 인간을 억압받는 자와 억압하는 자의 두 부류로 나눔으로써 이런 필요를 충족시키려 한다. 당신의 피부색과 성별, 혹은 당신의 사회, 경제적인 지위에 따라 고귀한 집단으로부터 따뜻한 환영을 받을 수 있다. 그리고 나서 그들은 당신을 진심으로 받아주고, 당신의 어깨를 토닥여주며, 당신에게 술 한 잔을 건네 줄 것이다.

이처럼 조직의 일원이 됨으로써 보장받게 되는 것들은 하나님께서 공동체를 위해 지으신 사람들에게 그 마음을 끌어당기는 커다란 힘이 된다. 그런 견인력은 특히나 자신의 가족이나 교회, 혹은 사회로부터 소외됨으로써 가슴 아픈 경험을 했던 사람들에게는 더욱 더 거부할 수 없는 흡인력을 발휘한다. 한 마디로 '사회 정의 B'는 참으로 가려운 곳을 긁어주는 효자손과 같아서 하나님께서 인간에게 부여하신 소속감에 대한 필요를 건드려 준다. 이전에 교회에 다녀본 적이 없거나 실제 교회에 대해 환멸을 느끼는 사람들에게는 그것이 일종의 "교회"가 되는 것이다.

'사회 정의 B'에서 추종자들을 끌어들이는 방법 중에 하나는 자신들의 극단적인 포용성을 홍보하는 것이나 실제로는 그렇지 않다. 어떻게 그것이 가능하겠는가? 모든 사람이 공유하지 않은 어떤 표식을 그곳에 들어갈 수 있는 비밀번호로 사용한다면 필연적으로 그들의 피부색이나 성별, 성적 욕구나 사회, 경제적 지위를 바탕으로 해서 어떤 이들은 받아들여지고 또 어떤 이들은 배제될 것이 뻔하다. 만약 그와 같이 공유되지 않은 특징으로 인해 인간의 고결성이나 신뢰성이 결정된다면, 우리는 언제나 어떤 이들은 "성인"으로, 또 어떤 이들은 "죄인"으로 간주하게 될 것이다(적어도 그 "죄인"이 충분한 고해성사를 함으로써 그 성인의 무리에 받아들여질 만한 가치가 있음을 증명하지 않는다면 말이다).

소속감의 필요에 대해 성경에서 알려주시는 답은 그보다 훨씬 더 포용적이다. 성경적으로 보면 사람 집단, 곧 사람들이라 칭하는 집단에 속함으로써 저주를 받음이 나타난다. 그런데 이런 저주는 우리의 성별, 소득, 출신 국가, 혹은 우리의 피부 세포 안에 있는 멜라닌 색소와 아무런 상관이 없다. 오히려 그것은 가장 근원적인 차원에서 인간이라는 사실 그 자체와 관련이 있다. 바울 사도의 말에 따르면, 지구상에 존재하는 모든 인간은 부유하든 가난하든, 남성이든 여성이든, 흑인이든 백인이든, 신앙적이든 세속적이든, 우파든 좌파든 간에 이와 같은 추악한 집단적 정체성 안에 동일한 모습으로 포함되어 있다고 한다. 성경은 말씀하시기를 "모든 사람이 죄를 범하였으매 하나님의 영광에 이르지 못하더니"라고 하신다.[4] 우리는 한 사람도 빠짐없이 창세기 3장의 저주 아래서 태어난다. 기저귀를 차고 있던 그 시절부터 우리는 아담의 죄로부터 영향을 받는다. 세상의 그 누구도 배울 필요가 없는 것이 있는데, 그것은 이기적으로 행동하는 일, 우리 자신에게 유리하도록 진실을 왜곡하는 일, 하나님이 아닌 것을 경배하는 일, 우리에게 있는 것에 감사하지 않고 다른 사람의 것을 시기하는 일, 우리 자신을 높이기 위해 다른 사람을 낮추는 일, 마음 속 깊은 곳에서는 우리가 틀렸음을 알면서도 터무니없이 자기 합리화를 하는 일 등이다. 이 모든 일들이 우리에게 다분히 자연스럽게 일어나는데, 이는 우리 모두가 인간이라는 고장나서 재기능을 할 수 없는 가족 안에 포함되어 있기 때문이다.[5]

이것은 세상에 있는 수백만 명의 그리스도인들이 빈부와 성별, 피부색을 막론하고 매주일마다 다 함께 큰 소리로 다음과 같이 인정하는 내용이다.

"우리는 생각과 말과 행동에 있어서 작위적인 행위는 물론 부작위의 방관을 통해서도 하나님의 뜻을 거슬러 죄를 지었음을 고백합니다. 우리는 온 마음을 다해 하나님을 사랑하지 않았습니다. 우리는 우리의 이웃을 내 자신과 같이 사랑하지 않았습니다."[6]

많은 이들이 죄에 대한 이와 같은 교리는 그저 수치심만 야기할 뿐이라고 생각한다. '사회 정의 B'를 옹호하는 사람들은 이런 교리를 명시적으로 거부한다. 그들이 더 선호하는 것은 장 자크 루소가 주창한 신조인데, 그것은 다음과 같이 성경의 교리보다 훨씬 더 달콤하게 들린다. "인간의 마음속에는 본래부터 비뚤어진 것이 존재하지 않는다…. 사람은 본성적으로 선하다…. 사람이 악해지는 것은 오직 우리의 제도 때문이다."[7]

만약 죄에 대한 성경의 이해를 통해 신기하게도 우리 모두가 열망하는 바로 그런 공동체에 이르게 된다면 어떻겠는가? 만약 우리가 루소의 생각대로 악의 일차적인 근원을 인간의 제도라고 믿는다면, 우리는 그런 제도가 사람에게 유익이 되는지 아니면 해가 되는지에 따라 다시 인류를 선한 집단과 나쁜 집단으로 나눌 수 있을 것이다. 하지만 만약 우리가 바울의 생각대로 악은 모든 인간이 공유하는 유산이라고 믿는다면, 그래서 우리의 마음속에는 동일한 부패함이 담겨 있고, 사람의 높고 낮음을 막론하고 모두의 마음이 그저 우상의 제조공장에 불과하다는 점에서 동일하다면, 무언가 강력하고 또한 높아진 자아를 끌어내리는 일이 일어나게 된다. 자기 자신의 모습은 천사처럼 그리고 다른 이들은 악마의 모습으로 바라보는 자기중심적인 사고방식을 갖고 인생을 살아가는 것은 불가능한 일이 되는 것이다.

가슴 아픈 증오심이 단순히 피부색이나 성별, 혹은 경제적인 문제로 치부할 것이 아님을 알게 될 것이다. 그것은 인간의 문제다.

■ ■ ■

만약 우리 모두가 아담의 타락 안에서 비극적인 집단적 정체성을 갖고 살아간다는 이 껄끄러운 진리를 우리의 뼛속 깊이 새기고 있다면 어떻게 되겠는가? 우리는 가슴 아픈 증오심이 단순히 피부색이나 성별, 혹은 경제적인 문제로 치부할 것이 아님을 알게 될 것이다. 그것은 인간의 문제다. 나 역시 인간이므로 그것은 또한 나의 문제다. 그리고 만약 당신이 아담의 후손이라면, 다시 말해 당신이 두꺼비나 다람쥐가 아닌 인류의 일원이라고 한다면 그것은 또한 당신의 문제이기도 하다. 따라서 그것은 우리 모두의 문제다.

하워드 진(Howard Zinn)이 쓴 《미국민중사》(*A People's History of the United States*)에서 진은 민중, 곧 억압받는 자들의 관점에서 역사를 다시 써 내려간다. 성경에 대한 지식을 갖고 역사를 읽게 되면, 우리는 억압받는 자들을 돌보고 그들의 이야기를 진지하게 받아들여야 함을 알게 된다. 왜냐하면 그들은 하나님의 형상을 지닌 자들임에도 권력에 의해 짓밟힌 삶을 살았기 때문이다. 하지만 성경의 가르침은 거기서 멈추지 않고 진이 결코 상상조차 해보지 못한 어떤 것에까지 나아가는데, 그것은 역사를 오직 억압받는 자들의 관점으로만 보지 않고 또한 억압하는 자들의 렌즈를 통해서도 볼 수 있게 해주는 것이다. 왜 그것이 필요할까? 왜냐하면 아즈텍의 학살자들과 대서양 연안의 노예상들, 그리고 아우슈비츠의 사형 집행자들 안에 있는 것과 똑같은 인간의 본성이 바로 우리 안에도 고스란히 도사리고 있기 때문이다. 만약 그런 불편한 진실을 진지하게 고려하지 않는다면 우리 모두는 너무도 쉽게 자기 의에 빠진 다음 세대의 억압자들이 되고 말 것이기 때문이다.

사람은 누구나 다 부족하다는 사실을 열여섯 살의 크리스찬 피치올리니가 믿고 있었더라면, 하얀 피부색을 선함과 동일시하려하는 신나치주의의 선전을 간파할 수 있었을 것이다. 또한 인간의 마음은 전적으로 부패해 있다는 이 보편적 진실을 열여덟 살의 코너 반즈가 진지하게 생각해보았더라면, 인간의 모든 고통을 경찰과 자본주의자들의 탓으로 돌리고 자기에게만 면죄부를 주려고 하는 좌파들의 화법을 꿰뚫어볼 수도 있었을 것이다. 인간의 부패함에 관한 교리는 마치 건물을 철거할 때 사용되는 거대한 무쇠공과 같다. "내가 속한 성별 집단, 내가 속한 인종 집단, 내가 속한 경제 집단 안에서 나는 선하고, 저들의 집단은 악하다"고 말하는 모든 이념을 모조리 부수어 짓밟아 버리기 때문이다.

템플로 마요르의 피가 흥건한 계단 꼭대기에 서 있던 사람들의 마음, 미국의 사적 제재가 행해지는 나무 아래에서 만족감에 젖어 웃고 있던 사람들의 마음, 혹은 독일의 가스실에 치클론 B 가스통을 떨어뜨리던 바로 그 사람들의 마음과 조금도 다를 바 없이 우리의 마음 역시 악에 물들기가 너무도 쉽다. 그토록 잔혹한 행위들을 저질렀던 그 사람들은 외계인이나 무슨 다른 종의 짐승들이 아니었다. 그들도 우리와 동일하게 부패한 마음을 가진 인간들이었다. 우리는 모두 은혜와 용서, 그리고 죄 사함이 필요한 절망적인 상태에 놓여 있을 뿐이다.[8]

'사회 정의 B'에 관한 책들 속에 그와 같이 겸허한 자기 인식이 담겨 있는지 한 번 찾아보라. 오히려 인간을 저주 받아 마땅한 억압자들과 아무 잘못 없이 억압받기만 하는 자들의 두 가지 하위 부류로 나누는 모습만 발견하게 될 것이다. 그리고 그와 동일한 정체성 놀이를 극우 집단의 책들 안에서도 똑같이 보게 될 것이다. 하지만 그런 생각은 포용성에 대한 해답이 될 수 없으며, 단지 자기 의와 끝나지 않는 당파 싸움만 야기할 뿐이다.

연합에 대한 바울의 통찰

바울이 "모든 사람이 죄를 범하였으매 하나님의 영광에 이르지 못하더니"라고 말한 맥락을 이해하는 것이 중요하다. 집단적 정체성을 내세워 다른 이들에 비해 우월함을 얻으려고 했던 생각은 미국의 노예 매매상들이 처음 만들어낸 것은 아니다. 물론 그들이 그런 당파주의를 극악무도한 새로운 국면으로 발전시킨 것은 사실이지만, 바울이 이곳저곳을 다니던 그 당시의 세상에도 자신들의 민족성을 내세우며 우월감을 느끼려 했던 사람들이 많았다. 1세기의 다른 복음 전파자들과 함께 바울 역시 교회가 감당할 수 없는 임무를 마주하게 되었다. 그리스어 에클레시아(ἐκκλησία)에서 온 교회라는 단어는 그저 "모임"이라는 의미이다. 오랫동안 서로 격렬히 갈라서 있던 사회적 집단에 속해 있는 사람들을 어떻게 한 지붕 아래로 모아 하나님을 예배하게 하고, 동등한 입장에서 함께 떡을 떼게 하며, 나아가 불끈 쥔 주먹을 펴고 서로를 형제와 자매로 받아들이도록 할 수 있을까? 쉽지 않은 일이다. 그런 모임, 그런 교회를 이루는 것은 결코 쉬운 일이 아니며 오직 성령님께서만 감당하실 수 있는 일이다. 그런데 그런 일이 일어났다. 뿐만 아니라 지금도 세상 곳곳에서 매 주일 그와 동일한 일이 일어나고 있다.

바로 여기에 바울과 1세기 복음 전파자들이 하지 않았던 일이 있는데, 그것은 불평을 늘어놓지 않는 것이었다. 1세기 당시 유대인들은 이렇게 말하기가 너무 쉬웠을 것이다. "유대인이 아닌 자들이 우리에게 자행한 이 탄압들을 보라. 우리는 그동안 애굽 사람들, 바벨론 사람들, 앗수르 사람들, 바사 사람들, 헬라 사람들, 그리고 이제는 로마 사람들에게 압제를 당하고 있다. 그들은 약 이백 년 전에 우리를 로마에서 추방했고 삼십 년 전에도 똑같은 일을 시도했다. 로마인들은 우리가 가장 신성시하는 도시인 예루살렘을 침공해 그곳을 점령했고, 자기들의 경제 체제를 도입해 어마어마한 세금을 부과함으로써 대부분의 우리 유대인 동포들은 가난에 시달리게 되었다. 로마 지상주의자들은 모든 제도를 우리가 받아들일 수 없는 방향으로 개편하여 자기들의 문화적 패권을 우리 삶 곳곳에 강압적으로 밀어 넣었다. 그런데도 우리가 저들과 함께 떡을 떼고 저들을 형제라고 불러야 한다고? 있을 수 없는 일이다! 그들은 먼저 자기들의 로마적 정체성을 벗어 버리고 '유대인화' 됨으로써 자신들의 영적인 진가와 우리와의 결속을 증명해야만 한다."

바울의 태도는 이와 전혀 달랐다. 바울은 비유대계 이방인들에게 "당신들의 선조들이 유대인에게 자행했던 이 모든 끔찍한 일들을 보시오"라는 말을 하지 않는다. 또한 유대인들에게도 "유대인 신자들이여, 일어나 저 이방인들이 오랜 세월 당신들을 억압해왔고 지금도 그 모든 불의를 통하여 이득을 취하고 있는 현실을 직시하시오"라는 말조차 하지 않는다. 바울은 사람들을 대할 때, 그들이 속한 집단의 민족적 정체성과 관련된 일들, 즉 토머스 소웰(Thomas Sowell)이 "시점간 추출(intertemporal abstractions)"이라고 지칭한 것을 끄집어 내어 한 집단과 다른 집단 사이에 당파적 전쟁을 부추기지 않았다. 그런 일은 마치 하나님의 교회인 성전 지반에 폭발물을 설치하는 것이나 마찬가지다. 그렇게 되면 사람들은 예수님께서 이루신 일보다 자기들이 속한 집단의 민족적 정체성에 더욱 의지함으로써 교회를 떠나는 일을 합리화하고 비난의 여지를 무마할 수 있는 길을 열어주게 되는데, 그로 인해 결국에는 복음 자체가 허물어지게 된다. 바울은 교회와 복음을 너무나도 소중하게 생각했기 때문에 신자들을 그와 같이 억압하는 자와 억압받는 자로 양분하는 일을 결코 하지 않았다.

대신에 바울이 했던 일은 이런 것이다. 그는 역사적 비극으로 인해 그리스도의 몸이 너무도 쉽게 사분오열 될 수 있는 공동체 안에 연합을 이루기 위한 세 가지 진리를 말해주었다. 첫째, 바울은 죄는 전적으로 억압하는 자들만의 문제가 아니며 인간 자체의 문제라는 진리를 말했다. 어떤 유대인들은 자기들이 그저 유대인이라는 사실 때문에 비유대인들보다 우월하다고 생각했다. 바울은 이에 반대하며 "그러면 어떠하냐 우리는 나으냐 결코 아니라 유대인이나 헬라인이나 다 죄 아래에 있다고 우리가 이미 선언하였느니라"[9]라고 말한다. 그러면서 바울은 다음과 같이 시편 14장을 인용한다.

> 기록된 바 의인은 없나니 하나도 없으며
> 깨닫는 자도 없고
> 하나님을 찾는 자도 없고
> 다 치우쳐 함께 무익하게 되고
> 선을 행하는 자는 없나니
> 하나도 없도다[10]

민족이든 종교이든 그 어떤 집단적 정체성도 사람을 그 죄악 된 본성에서 풀어줄 수 있는 것은 없다. "차별이 없느니라", 즉 사람이 어떤 집단에 속해 있든 그 집단들 사이에 아무런 차이도 없다는 의미이다. 왜냐하면 "모든 사람이 죄를 범하였으매 하나님의 영광에 이르지 못하더니"[11]라는 것이 모든 인간의 실상이기 때문이다. 이처럼 모든 사람이 죄를 지었다는 진리를 말해줌으로써 바울은 당파주의에 대한 자신의 첫 번째 반론을 제시하였다.

둘째, 바울은 "그리스도 예수 안에" 있는 것이 다른 모든 집단적 정체성을 초월하는 새로운 정체성이라는 진리를 말했다. "너희가 다 믿음으로 말미암아 그리스도 예수 안에서 하나님의 아들이 되었으니 누구든지 그리스도와 합하기 위하여 세례를 받은 자는 그리스도로 옷 입었느니라 너희는 유대인이나 헬라인이나 종이나 자유인이나 남자나 여자나 다 그리스도 예수 안에서 하나이니라."[12]

당시에는 유대인과 헬라인 사이에 존재했던 적대감으로 인해 역사적으로 큰 일이 일어나기가 쉬운 상황이었지만, 그럼에도 유대인들은 헬라인을, 마찬가지로 헬라인들도 유대인들을 원망해서는 안 된다. 또한 노예 신분의 사람들과 자유인들 사이에도 동일한 적대감이 있어 역사적으로 큰 일이 일어나기 쉬운 상황이었음에도 그들은 서로를 원망해서는 안 된다. 이것은 여성과 남성에도 동일하게 적용할 수 있다. 그 둘 사이에도 동일한 적대감이 있을지라도 여성은 남성을, 그리고 남성도 여성을 서로 원망해서는 안 된다. 이처럼 우리와 저들을 나누는 모든 종류의 집단적 분열과 불만을 놀라울 정도로 초월하는 것은 "너희가 다 그리스도 안에서 하나가 되었다"는 이 새로운 집단 정체성의 광채이다. 그리스도 안에서 민족의 원수는 가족이 되고, 억압받는 자와 억압하는 자도 형제와 자매가 되며, 또한 특권층과 소외된 계층 할 것 없이 그들 모두를 똑같이 사랑하시는 한 아버지의

> 그리스도 안에서 민족의 원수는 가족이 되고, 억압받는 자와 억압하는 자도 형제와 자매가 되며, 또한 특권층과 소외된 계층 할 것 없이 그들 모두를 똑같이 사랑하시는 한 아버지의 자녀들이 되는 것이다.
>
> ■ ■ ■

자녀들이 되는 것이다.

셋째, 바울은 오직 하나님만이 예수님의 의롭게 하시는 죽으심에 기초하여 우리에게 "죄 없음"의 판결을 내리실 수 있는 분이시라는 진리를 말했다.

이제는 전에 멀리 있던 너희가 그리스도 예수 안에서 그리스도의 피로 가까워졌느니라 그는 우리의 화평이신지라 둘로 하나를 만드사 원수 된 것 곧 중간에 막힌 담을 자기 육체로 허시고.[13]

(하나님께서)의로우시며 또한 예수 믿는 자를 의롭다 하려 하심이라.[14]

그러므로 이제 그리스도 예수 안에 있는 자에게는 결코 정죄함이 없나니.[15]

누가 능히 하나님께서 택하신 자들을 고발하리요 의롭다 하신 이는 하나님이시니 누가 정죄하리요 죽으실 뿐 아니라 다시 살아나신 이는 그리스도 예수시니 그는 하나님 우편에 계신 자요 우리를 위하여 간구하시는 자시니라.[16]

바울인가 아니면 콘(Cone)인가?

바울의 접근법과 제임스 콘(James Cone)의 방법을 대조해보라. 콘은 흑인 해방신학의 아버지로서 많은 그리스도인들 사이에, 특별히 인종과 관련하여 '사회 정의 B'의 관점을 더욱 더 받아들이는 사람들 사이에서 매우 저명한 인사가 되었다. 그의 글에서 자신의 시각을 표현한 내용을 직접 가져왔다. 우리가 오늘날 많은 교회에서 사용하는 "인종적 화해"라는 별칭 이면에 어떠한 시각이 담겨 있는지에 대해 올바른 이해를 갖고자 한다면, 그의 글을 길게 인용하는 것이 의미 있을 것이다.

백인들이 자신들의 백인 됨에 대하여는 죽고, 백인들의 억압에 반대하며 억압받는 자들의 해방에 찬성하는 투쟁을 하기 위하여 새롭게 다시 태어나는 참된 회심의 경험을 하게 될 때, 비로소 그들도 흑인들의 자유를 위한 투쟁에 한 자리를 얻을 수 있게 되는 것이다. 바로 이 점에서 화해란 이 땅의 억압받는 자들을 통하여 하나님께서 주신 흑인 됨의 선물이 된다. 하지만 반드시 짚고 넘어가야 할 것은 백인이 경험한 그 회심의 진정성은 물론 그 회심자가 흑인의 자유를 위한 투쟁에서 어떤 역할을 하게 될 것인지를 결정하는 것은 오직 흑인 공동체라는 사실이다. 억압받는 공동체 자체에서 허락하지 않는 이상 그 회심자는 자신의 회심 경험이 받아들여질 수 있는 것인지 여부나 혹은 그 공동체를 위해 가장 좋은 것이 무엇인지, 또는 그 공동체 안에서 그들의 자리는 어디 있는지 등에 대해 아무런 말도 할 수 없다…. 행여 그런 백인 회심자가 단 하나라도 있다고 하더라도 그는 자신이 아직 걷거나 말하는 법도 채 배우지 못한 아기에 불과하다는 사실을 깨닫게 되어야만 한다…. 그들이 언제 말을 할 수 있고 또 무엇을 말할 수 있는지는 다른 이가 알려 주어야만 한다. 그렇지 않으면 그들은 우리의 투쟁에서 배척되고 말 것이다…. 백인들이 진정한 화해가 실현되었음에 대해 흑인들 한 사람 한 사람으로부터 동의를 얻어내지 못하는 한 흑인과 백인 사이에 사랑의 화해 어쩌고 하는 백인들의 미사여구는 들어설 자리가 전혀 없다…. 우리가 그들과 함께 일하고 또 때로는 그들과 나란히 앉아 예배드린다는 사실만으로 그들이 참된 그리스도인이라거나 혹은 그들이 우리의 투쟁에 함께 한다는 주장의 근거가 될 수는 없다.[17]

콘은 바울이 교회를 하나로 모으기 위해 사용하는 세 가지 진리를 모두 뒤엎어 버린다. 첫째, 콘은 죄를 인간의 보편적인 고통의 원인으로 보기보다는 그것을 억압과 동일시하는데, 콘에게 있어 그 억압은 곧 백인들의 유희일 뿐이다.[18] 둘째, 바울은 "그리스도 예수 안에" 있는 것이 다른 모든 종류의 집단적 정체성을 초월한다고 가르친다. 그러나 콘의 글을 읽어보면 그는 흑인 됨의 정체성과 백인 됨의 정체성을 "그리스도 예수 안에" 있는 정체성보다 더 크게 보고 있음을 분명히 감지할 수 있다. 콘에게는 그와 같이 사람을 민족적으로 구분하는 것이 가장 중요하며, 그로 인해 교회 안에 힘의 위계질서, 곧 누가 말을 할 수 있고 누구는 말할 수 없는지를 결정하는 계급이 형성된다고 믿는다. 따라서 콘의 주장에 따르면, 만약 "백인들이 인간의 존재에 대해 합당한 판단을 내릴 수 있는 능력이 없다면"[19] 어떻게 백인들에게 말하는 것을 허락할 수 있겠는가? 셋째, 의로우시며 의롭다 하시는 이는 하나님이 아니며, 회심의 진정성을 결정하는 것도 하나님이 아니다. 그처럼 중대한 사안을 결정하는 것은 전체 흑인들의 공동체이다.

피부색에 따라 사람을 아기처럼 대해야 한다면, 우리는 우리 자신에게 다음과 같이 정직하게 물어야 한다. "다양한 민족들이 모여 있는 그리스도의 몸을 더욱 온전히 연합하게 하려면 과연 화해에 대한 누구의 시각이 더 큰 소망을 줄 수 있겠는가, 바울의 시각인가 아니면 콘의 시각인가?"

그 안에서 발견되라

빌립보서 3장에서 바울은 자신에게 어떤 영적인 자격이 있는지 나열한다. 그는 팔일 만에 할례를 받은 이스라엘 족속이며, 그 중에서도 벤야민 지파 소속이고, 히브리인 중에 히브리인이며, 율법을 준수하는 바리새인이고, 안팎의 모든 이념적 위협에 맞서 유대 민족을 지키는 일에 열심이 있는 사람이었다. 한 마디로 바울의 요지는 다음과 같다.

"그러니까 당신들은 지금 집단적 정체성을 통해 자신의 선함을 증명하는 당파주의 놀이나 아니면 당신 자신의 업적을 통해 자기의 선함을 입증하는 개인주의 놀이를 해보자는 것이요? 좋소, 그럼 어디 한 번 해봅시다. 나도 한때 그런 놀이라면 즐겨 했었고, 당신들 정도는 얼마든지 이길 수 있으니 말이요."

그랬던 바울에게 너무도 큰 기쁨과 자유를 누리게 해주는 비약적인 돌파구가 찾아왔으니, 그는 다음과 같이 오직 그것만을 선포하기 위해 말 그대로 남은 인생을 다 쏟아부었다. "그러나 무엇이든지 내게 유익하던 것을 내가 그리스도를 위하여 다 해로 여길뿐더러 또한 모든 것을 해로 여김은 내 주 그리스도 예수를 아는 지식이 가장 고상하기 때문이라 내가 그를 위하여 모든 것을 잃어버리고 배설물로 여김은 그리스도를 얻고 그 안에서 발견되려 함이니 내가 가진 의는 율법에서 난 것이 아니요 오직 그리스도를 믿음으로 말미암은 것이니 곧 믿음으로 하나님께로부터 난 의라"[20]

바울은 그리스도 안에서 발견되는 것에 비하면 자신에게 있던 자격이나 집단에서의 지위 등은 그저 아무 것도 아니며, 쓰레기요 배설물에 불과하다고 여겼다. 우리가 그와 동일한 깨달음에 이르게 되면, 즉 그리스도 안에 보화가 담겨 있음을 진정으로 알게 된다면, 우리의 피부색이 검거나 하얗거나, 혹은 갈색이라는 사실 때문에, 또는 우리에게 있는 어떤 자격들을 가지고 교회 안에서 인종에 기반을 둔 계급을 형성한다는 것은 불가능에 가까운 지극히 어려운 일이 될 것이다. 그렇기에 미국 역사에서 백인 우월주의자들의 생각은 참으로 통탄할 만한 이단적인 사상이다. 그들은 "그리스도 안에"보다 "백인 안에"라는 사상을 더욱 중요한 것으로 만들었기 때문이다.

초대 교회로부터 배울 수 있는 가장 인상적인 사실들 중에 하나는 그들 안에 불완전한 점들이 많이 있었음에도 그들이 어떻게 서로에 대한 위협을 버리고 함께 예배를 드릴 수 있었는가 하는 점이다. 그 해답은 바로 다음과 같은 말씀 안에 들어있다. "거기에는 헬라인이나 유대인이나 할례파나 무할례파나 야만인이나 스구디아인이나 종이나 자유인이 차별이 있을 수 없나니 오직 그리스도는 만유시요 만유 안에 계시니라."[21] 만약 우리의 민족적 차이나 우리의 정치적 열정, 혹은 우리의 역사적 비통함보다도 "그리스도 예수를 아는 지식"[22]이 더 중요하다는 점, 또한 그리스도께서 곧 "만유시요 만유 안에 계신다"[23]는 이 사실이 그 어떤 것보다도 한없이 더욱더 중요하다는 점을 우리가 올바로 보지 못한다면, 21세기 교회 안에는 하나 됨의 소망이 거의 없다고 볼 수 있다.

여기서 다음과 같은 굉장히 중요한 질문이 생겨난다. 혹시 이로 인해 "그리스도 안에" 있는 사람들과 그렇지 않은 사람들 사이의 대립구도 속에서 또다시 자기 의에 물든 전혀 새로운 형태의 당파주의가 생겨나지는 않을까? 바로 거기에 그리스도 안에 있는 것의 참 아름다움이 있다. 우리를 그 안으로 받아들이시는 이유는 우리가 다른 사람들보다 어떤 식으로든 더 나은 점이 있어서 그로 인해 합당한 자격을 갖추었기 때문이 전혀 아니다. 거기에는 자기 의가 생겨날 수 있는 여지가 조금도 없다. 역사상 다른 모든 종교에서는 원리적으로 우리의 행위가 곧 우리의 지위를 결정짓는 요소가 되는 반면, "그리스도 안에" 있다는 말은 오직 예수님의 행위만이 그것을 결정하는 요소가 된다는 의미이다. 그 외에 "보다 더 낫다"고 하는 주장은 어떤 것이든 그저 자기 기만일 뿐이다. 우리에게 있는 의로움의 자격은 단 하나의 예외도 없이 전적으로 예수님 안에 있는 것이다. 우리의 피부색도, 민족적 배경도, 성별도, 우리나 우리 조상들이 얼마나 많은 억압을 경험했는지 혹은 경험하지 않았는지도, 우리의 선행도, 우리가 빼먹지 않고 투표함에 넣은 투표 용지도, 사회적 계층 구조 안에서 우리가 얼마나 많은 특권을 누리거나 고통을 받고 있는지도, 그 어떤 것도 아닌 오직 예수님뿐이다. 그리스도의 십자가만이 극우와 극좌의 이념적 심장을 꿰뚫는 창이 된다. 오직 전혀 다른 배경에서 전혀 다른 자격을 지닌 전혀 다른 사람들이 함께 모여들어 자신들의 핵심 정체성을 예수님의 제자로 인식할 때에만, 우리는 비로소 참된 공동체, 즉 당파주의 전쟁으로 뒷걸음치지 않는 진정한 공동체의 기초를 놓을 수 있는 것이다.

에드윈의 이야기

내가 "인권에 대해 깨어 있을 때"(영어로 "woke"는 흑인들의 슬랭에서 나온 말로 인종 차별이나 사회 정의 등 인권의 중요성을 인식하거나 깨닫게 되는 것을 의미한다. 흔히 'Stay Woke'라는 구호로 자주 사용된다.-역자주), 내 안에 얼마나 많은 분노와 적개심을 품고 있었는지 나는 깨닫지 못했다. 인권 운동 저변에 깔려있는 사상과 '사회 정의 B'에서 주장하는 신조들을 거부한 후에야, 나는 비로소 죄악에 물든 나의 편견을 볼 수 있게 되었다. 그때, 나는 이미 나도 모르게 많은 사람들에게 상처를 안겨 주었고 친구 관계도 모두 끊어져 있었다. 내 자신의 의에 빠져 있던 나는, 소셜 미디어를 통해 백인 위주의 미국 사회를 향해 분노를 내뿜었다. 나는 모든 백인은 특권을 얻고 백인이 아닌 모든 사람은 억압을 받는다는 거짓말을 믿고 있었다.

나는 제임스 콘과 같은 신학자들을 통해 그런 인종 차별적 사상을 받아들였다. 콘의 가르침을 적용해가면서, 나는 하나님께서 교회 안의 다른 교인들도 똑같이 용서하시고 사랑하시며 받아 주신다는 사실을 인정하기가 어려웠다. 그 이유는 바로 그들의 피부색 때문이었다. 매주일 설교가 끝나고 사람들이 함께 모일 때, 나는 나와 동일한 시각으로 사회적 억압을 바라보지 않는 사람이 있으면 누구라도 그들과 논쟁을 벌이기 위해 준비했다. 나는 성도들 한 사람 한 사람을 있는 그대로의 모습으로 바라보는 기쁨을 누릴 수 없었다. 언제나 모든 것을 인종 차별로만 보려고 했다. 혹시라도 어떤 백인이 나와 같은 시각을 갖고 있지 않으면 나는 저들이 인종적 편견에 휩싸여 사회 정의에 대해서 소경과도 같은 절망적인 상태에 빠져 있다고 확신했다.

그러던 어느 날, 나는 가족과 함께 대부분의 교인이 백인들이었던 시골의 한 교회를 방문하게 되었는데, 전혀 예상치도 못하게 바로 그곳에서 주님께서 나의 눈을 열어 주셨다. 우리는 내가 가장 좋아하던 찬송 중의 하나인 "주를 보라"(Behold Our God)를 함께 부르기 시작했다. 예배당 안을 둘러보던 중, 나는 나이 든 한 여성을 보게 되었는데, 그분의 얼굴에는 하나님을 예배하는 기쁨이 한가득 담겨 있었다. 바로 그 순간 "저 나이 든 백인 여성이 주님 안에서 나의 자매구나" 라는 생각이 내 머리를 스쳐 지나갔다. 그리스도의 구속 사역에 관한 성경의 구절들이 내 마음속으로 밀려 들어왔고, 곧이어 말씀 가운데 그리스도인들에게 서로 사랑하고 명하신 하나님의 음성이 들려 왔다. 나는 내 자신의 연약함을 깨닫고 그리스도를 전적으로 의지하며 겸비한 마음으로 교회 문을 나섰다. 그동안 나는 피부색을 가지고 사람을 나누던 이념에 눈이 멀어 그리스도의 충만한 속죄의 은혜를 볼 수 있는 축복을 놓쳐버리고 말았다. 나는 스스로 깨어 있다고 여겼으나 백인들을 향한 불편한 마음으로 인해 복음 안에 담긴 하나님의 놀라운 구원의 능력을 보지 못했던 것이다.

만약 당신이 '사회 정의 B'나 각성 운동 등에 깊숙이 몸담고 있는 것이 아니라면, 소외당하고 있다고 느끼지 말라. 그렇지 않다. 온갖 종류의 편향된 사회학적 용어들과 이념적으로 채색된 역사적 이야기들로 머릿속을 가득 채우기보다는 성경 안에 계신 그리스도를 바라보기를 권한다. 쉴 새 없이 변하는 각성 운동에 관한 책들을 경전으로 삼아 섭렵하기보다는 칭의와 성화의 교리 같은 신학적 진리에 깊이 뿌리 내리는 것을 목표로 삼으라. 삼위하나님께서 하나로 연합해 계심을 바라보며 바로 그런 연합이 당신의 교회 안에서도 이루어질 수 있도록 살아가라. 그것이 예수님께서 요한복음 17

장에서 하신 기도의 내용이다.

스스로 깨어 있다고 생각하는 사람들은 부디 한때 여러분과 함께 했던 이들의 솔직하고 애정 어린 경고의 말을 귀담아듣기를 바란다. 여러분의 마음을 성찰해보라. 삶의 거의 모든 부분이 억압으로 가득 차 있다는 글을 읽음으로써 당신의 영혼은 어떻게 변해가고 있는가? 다른 그리스도인을 마주칠 때, 그에 대한 당신의 첫인상은 "그리스도 안에"라는 정체성을 통해 당신의 형제와 자매로 보이는가, 아니면 억압받는 자의 집단이나 억압하는 자의 집단에 속해 있는 것으로 보이는가? 당신은 자신의 깨어 있음을 통해 도덕적인 우월감을 느끼는가, 아니면 그리스도의 의로움이 복음을 통해 우리의 의로움이 된 사실 위에서 이제 그리스도께 전적으로 의존하게 되는가? 당신은 멜라닌 색소의 많고 적음으로 사람을 예단하는가, 아니면 주님 안에 있는 당신의 형제와 자매를 열린 마음으로 사랑하는가? 나는 정의를 향한 고귀한 열망이 분노와 증오를 일으켜 우리 마음 가운데 있는 사랑을 밀어낼 수 있다는 것을 경험을 통해 알고 있다. 왜냐하면 내가 바로 그랬기 때문이다. 하지만 하나님의 은혜로, 오직 그 은혜만으로 나는 자유를 맛보게 되었다. 당신도 깨어 있음의 도구인 의심과 분노를 그리스도의 복음이 가져다주는 사랑과 기쁨으로 바꿀 수 있기를 기도한다. 그분은 "우리의 화평이신지라 둘로 하나를 만드사 원수 된 것 곧 중간에 막힌 담을 자기 육체로 허시는"(엡 2:14) 분이시기 때문이다.

-에드윈 라미레즈(Edwin Ramirez)

에드윈은 The Proverbial Life라는 팟캐스트의 진행자이며 www.theproverbiallife.com의 블로그를 운영 중이다. ****

개인과 소그룹 스터디를 위한 질문들

1. 신약 성경에서 말씀하시는 교회의 본모습과 우리의 문화 속에 있는 당파주의가 규정하는 교회의 역할 사이에 주요한 차이점 다섯 가지를 말해보라.

2. 우리가 인간의 보편적인 부패함에 관한 성경적 교리에 뿌리를 내리면 당파주의나 좌우를 나누는 정체성 정치에 빠질 수 없는데, 그 이유는 무엇인지 당신의 말로 설명해보라.

3. 우리 그리스도인들이 다른 언어와 민족과 나라에서 온 사람들과 함께 "그리스도 안에" 있다는 이 정체성을 실천하며 살아갈 수 있는 실제적인 방안에는 어떤 것들이 있을 수 있는가?

5장
분열에 관한 질문

■ ■ ■

: 사회 정의를 바라보는 우리의 시각은 분열적인 선전을 수용하는가?

네 이웃을 네 몸과 같이 사랑하라 하신 두 번째 큰 계명을 뒤바꾸어 이웃을 결집해서 그들을 서로 피에 굶주린 분노에 불타오르게 하려면 무엇이 필요할까? 정답을 단 한 마디로 하자면 바로 선전이다.

과거 나치에서 만들었던 한 소책자에 보면 유대인에 대해 이렇게 묘사하고 있음을 볼 수 있다. "그들은 겉으로는 인간처럼 보이고 인간의 얼굴을 하고 있지만 그들의 정신은 짐승보다도 저급하다…. (그들의 모습은) 전대미문의 악이고 괴물이며 인간 이하의 존재들이다."[1] 르완다에 살고 있는 투치족은 인옌지(Inyenzi), 즉 "바퀴벌레"라고 불렸다. 관련 자료에서는 미국 내에 있는 흑인들을 "고릴라"로 비하했다. 크메르 루주에 의해 희생된 이백만 명의 사람들은 "쓸어 내버리고" 또한 "박멸해버려야" 할 "세균" 취급을 받았다. 2017년에 샬러츠빌(Charlottesville)에서 열린 극우 연합 집회에서 백인 우월주의자들은 "백인을 반대하는 기생충 같은 집단"이라는 말을 하기도 했다. 이처럼 선전은 당파주의의 에너지원이 되는 우라

늪 같은 역할을 하면서 동시에 사회적 붕괴를 초래하기도 한다.

혹시 당신의 하루가 너무 평온하다거나 아니면 지나칠 정도로 속이 편안하다 싶은 때가 있다면, SS나 KKK, 혹은 RTLM[2] 같은 특정 집단에 속한 사람들이 다른 집단의 사람들을 인간 이하로 비하하는 선전 문구들을 한 번 읽어보라. 나는 이 책을 준비하며 수백 시간 동안 바로 그와 같은 일을 했던 적이 있다. 솔직히 말해서 그것은 너무나도 가슴 답답한 일이면서 동시에 너무나도 정신이 번쩍 드는 일이기도 하다.

우리는 그 안에서 세 가지 공통적인 표지들을 볼 수 있다. 첫째, 그런 선전 문구들에는 특정 집단의 사람들을 할 수 있는 한 가장 경멸스러운 모습으로 그리기 위해 다분히 조작된 역사적 사실들이 담겨 있다. 둘째, 그런 선전 문구들은 주변의 이웃 한 사람 한 사람을 그와 같은 저주 받을 집단에 속한 사람으로 대하도록 부추긴다. 셋째, 그런 선전 문구들 안에는 삶의 모든 문제를 그 저주 받을 집단과 그에 속한 구성원들에게 돌릴 수 있는 길을 제시한다. 바로 이런 것들이 지난 역사 속에서 흑인을 억압하기 위해 사용했던 논리들이다. 20세기에 자행된 여러 집단 학살의 배후에 있는 선전을 읽어보면 이와 동일한 세 가지 지표들을 똑같이 발견하게 될 것이다.

내 안에 있는 낙관론자는 지난 세기 동안 그렇게 수백만 명의 희생자가 나는 것을 경험해보았으니 이제 우리는 그런 선전들을 꿰뚫어 볼 수 있을 것으로 생각하고 싶어 한다. 이제는 특정 집단을 타겟으로 하는 수정주의자들의 지극히 경멸적인 역사 왜곡에 대해 이야기하거나, 특정 개인을 그런 저주 받을 집단의 본보기로 만들어버리는 일, 그리고 이 시대 우리의 문제점들에 대해 그런 집단을 비난하는 것 등은 이미 지나가버린 일이라고 생각하고 싶은 것이다. 하지만 애석하게도 그것은 과거의 일이 아니다.

수정주의의 경멸적인 역사 왜곡

역사상 다른 선전들과 마찬가지로 '사회 정의 B'에서도 특정 집단의 사람들을 최대한 가장 경멸적으로 묘사하기 위해 역사를 편집한다. 역사 속에서 '사회 정의 B'를 훼손하는 사실들은 아예 언급조차 하지 않던지, 아니면 대중의 공분을 일으키고자 할 때만 언급할 수 있다.

노예 제도에 관한 역사를 예로 들어보자. '사회 정의 B'에서는 노예 제도는 특정 집단의 사람들, 즉 백인 중에서도 유럽 출신의 제국주의적인, 그리고 대개는 그리스도인 남성들의 유물이라고 말한다. 만약 그런 이야기를 하고자 한다면 이제 인류가 공유하고 있는 기억 속에서 수많은 중요한 역사적 사실들을 지워야만 한다.

토머스 소웰은 자신의 책 《노예 제도에 관한 진정한 역사》(*The Real History of Slavery*)에서 그런 것들을 다음과 같이 기록해 두었다.

- "슬라브(Slav)라는 단어는 유럽과 이슬람 세계 모두에서 노예라는 뜻의 슬레이브(slave)의 의미로 굉장히 널리 사용되었기에 '슬레이브'(slave)라는 그 단어는 영어에서뿐만 아니라 기타 유럽 언어들에서나 아랍어에서도 슬라브를 뜻하는 단어에서 파생되었다."[3]
- "중국은 지난 수 세기 동안 '세계에서 가장 크고 가장 광범위한 인

신매매 시장들 중에 하나'로 알려져 왔다. 인도에서도 노예 제도는 흔한 것이었으며, 당시 서구 세계 전체에 존재하던 노예들보다 더 많은 수의 노예가 있었던 것으로 추산된다…. 또한 서구에서는 콜럼버스의 배가 수평선 위에 등장하기 이전에 노예 제도가 확립되어 있었다.["4)]

- "노예 제도는 모든 문명에서 공통적으로 나타났던 현상인 반면… 오직 한 문명에서만 역사적으로 매우 늦은 시기에 그에 대한 도덕적 반감이 생겨났는데, 그것은 바로 서구 문명이었다. 18세기에는 그들 스스로가 주도적인 노예상들이었음에도 19세기에 들어 유럽인들은 전 세계 노예 제도를 파괴하는 사람들이 되었다.["5)]

- "영국인들은 대영제국 안에서뿐만 아니라" 브라질, 수단, 잔지바르, 오스만 제국과 아프리카 서부에서도 "많은 나라들에 압력을 가하고 행동에 나섬으로써 노예 제도를 근절했는데", 그로 인해 영국인들이 생명과 돈을 잃게 되는 경우가 많았다.[6)]

- "미국인들은 (미국 영토 안에서뿐만 아니라 또한) 필리핀에서도 노예 제도를 근절했고, 네덜란드인들은 인도네시아에서, 러시아인들은 중앙 아시아에서, 그리고 프랑스인들은 서아프리카와 카리브해 인근의 식민지들에서 노예 제도를 근절했다.["7)]

- 서양인들이 노예 제도를 근절하기까지는 "아프리카인들과 아랍인들, 아시아인들과 기타 많은 사람들의 끈질긴 반대가 있었다…. 노예 제도 그 자체만을 보면 서양의 문명은 근본적으로 전 세계와 대립하는 입장에 서 있었다.["8)]

- "게다가 서구 문명 안에서도 노예 제도 폐지를 위한 주된 원동력은 종교적으로 보수적인 활동가들, 즉 오늘날에는 '종교적 우파'로 여

겨지는 사람들에 의해 처음 시작되었다. 물론 오늘날의 관점에서 보면 이런 이야기는 '정치적 정당성'(political correct)과 전혀 무관한 것처럼 보인다. 그래서 마치 그런 일이 전혀 일어나지 않았던 것처럼 그 사실이 무시되고 있다."[9]

위와 같은 사실들은 오늘날 유행하는 시류 속에서 집단적 정체성을 바탕으로 하는 역사에는 제대로 들어맞지 않는다. 만일 우리가 어느 하나의 특정한 집단을 억압자로 보려 하는 '사회 정의 B'의 이야기를 받아들이려면 우리가 가진 역사 책들에 가위질을 해야만 한다. 우리는 서구의 백인 중 주로 남성들로 이루어진 그 집단에서 얼마나 많은 사람들이 영국에서 노예 제도를 근절하기 위해 애를 썼는지, 혹은 얼마나 많은 사람이 미국 남부의 노예 제도를 전복시키기 위해 남북 전쟁의 전장터에서 죽어갔는지 이야기해서는 안 된다. 우리는 서구 세계에서뿐만 아니라 아프리카와 아랍, 인도, 아시아, 그리고 남아메리카에서도 노예 제도의 심장부를 향해 던진 창날을 만든 이들이 서구의 백인 남성들이라는 역사적 사실을 떠벌리지 않기 위해 자제해야 한다.

이런 나의 주장은 인종에 기반을 둔 미국의 노예 제도가 어떤 식으로든 변명의 여지가 있다는 말을 하는 것일까? 어림 반 푼어치도 없는 말이다. 그것은 참으로 소름 끼치는 죄악이었다. 그렇다면 어떤 이유가 됐든 백인들이 우월하다는 것을 주장하는 것일까? 물론 그것도 아니다. 백인도 타락했고 부패했으며 뒤틀려 있다. 또한 아담의 자손인 이 인류에 속해 있는 다른 모든 이들과 마찬가지로 그들도 엄청난 해를 끼칠 수 있는 사람들이다. 극우 세력은 자신들의 선전에 들어맞게 이 사실을 편집하지만, 똑같은 아담의 자손이면서도 그 중에 백인 남성들이 다른 인간들에게 극악무도한 죄악을 행했음을 보여주는 역사적 증거들은 차고 넘친다. 나는 단 한 순간도 그런 죄악들을 변명하려는 것이 아니다. 오히려 '사회 정의 B'에서 우리와 저들 사이의 당파적 대결 구도를 조장하는 이야기를 삽입하려고 역사를 지나치게 단순화하는 방식을 비판하는 것이다.

이에 다시 한 번 분명하게 말한다. 노예 제도와 인종 차별, 그리고 성 차별은 변명의 여지가 없으며, 누구든지 그런 죄악에 가담했던 사람은 그것을 회개하고 최대한 빨리 예수님의 십자가로 달려가야만 한다. 그러나 동시에 우리는 다음에 관해서도 동등한 시각으로 바라보아야 함을 분명히 말하고자 한다. 즉 사람들이 모인 집단, 예컨대 그들의 피부색이 검은색이든 갈색이든 흰색이든, 또 성별이 남성이든 여성이든 무엇이든 간에, 그런 집단 전체에 대해 경멸적인 모습을 뒤집어 씌우기 위해 균형을 잃고 한쪽으로 치우친 이야기를 하는 것 역시 우리가 십자가로 가지고 가야 할 죄악이라는 사실이다. 성경적인 용어로 말하자면 그것은 거짓 증거하는 일이고, 비방하는 일이며, 우리의 이웃을 사랑하지 않는 일이다. 따라서 결국 그것은 우리 이웃에게 자신의 형상을 부여하신 하나님을 욕보이는 일이다.

개인을 집단의 표본으로 간주함

수정주의의 경멸적인 역사 왜곡은 선전이 갖는 첫 번째 표지인데, 이는 갈수록 '사회 정의 B'의 표지로 나타나기도 한다. 여기서 우리는 선전의 두 번째 표지를 생각해보게 된다. 일단 특정 집단을 겨냥해 최대한 비난의 화살을 돌릴 수 있는 방향으로 역사를 편집한 후에는 그 집단에 속한 개개인을 그들이 실제로 어떤 삶을 사는지와 무관하게 그저 그들이 속한 집단의 정체성을 바탕으로 판단하도록 하는 것이 선전의 특징이다.

이 점을 분명하게 이해하기 위해 우리가 살아가는 세상에서 정반대편에 서 있는 두 집단에 관한 신문의 기사를 한 번 읽어보자. 아래의 표에 요약된 기사 내용이 정리되어 있다.

A 기사	B 기사
이처럼 유해한 남성성이 입법에 의해 합법화되어 있는 땅에서 남성을 증오하는 것이 정말로 그렇게 비논리적인 일입니까? 하지만 우리가 그들을 증오해서는 안 되는 이유는… 모든 남성은 아님… 그러나 인류 역사 전체에서 그들의 위치가 낮아지게 되면 아마도 그 때 우리는 '델마와 루이스'와 '폭시 브라운'과 함께 일어설 수 있을 것입니다….	모든 후투족 사람들은 투치족 사람들 중에 정직하게 일하는 사람이 아무도 없다는 사실을 알아야 합니다. 그들이 우선시하는 유일한 가치는 자기 민족을 가장 우월시하는 것뿐입니다…. 10월에 있었던 전쟁을 경험함으로써 우리는 교훈을 얻었습니다…. 후투족 사람들은 자신들의 일상적인 대적인 투치족을 향해 굳건하게 깨어 있어야만 합니다.
남성들은 오직 페미니스트 여성에게만 투표하겠다고 맹세해야 합니다. 공직에 출마하지 마십시오. 아무 것도 맡지 마십시오. 권력을 내려 놓으십시오. 우리가 이런 생각을 하게 된 것은….	정치, 행정, 경제, 군사, 그리고 안보 등의 모든 전략적 위치는 후투족에게 맡겨야 합니다. 교육의 영역(학교 학생들, 교사들)은 대부분이 후투족이어야만….

지배와 폭력 위에 세워진 남성성에 도전하는 운동이 많아지고 있는 것과 남성들이 노소를 불문하고 페미니즘에 동참하게 하는 것은 둘 다 긍정적이고 필요한 일입니다. 부디 계속해서….	모든 후투족 사람들에게 후투족의 이념을 처음부터 끝까지 다 가르쳐야만 합니다. 모든 후투족 사람들은 이 이념을 널리 전파해야만 합니다….
우리는 더 이상 여러분에게서 악어의 눈물을 닦아주지 않을 것이라는 점을 알아야 할 것입니다. 여러분은 우리에게 피해를 입혔습니다. 가부장제때문.	후투족은 투치족에게 자비를 베푸는 일을 멈추어야만 합니다….
페미니즘 팀을 위해 열심히 뛰어야 할 때가 한참 지났습니다. 또한 승리를 위해.	후투족 사람들은 자신들의 일상적인 대적, 곧 투치족을 향해 굳건하게 깨어 있어야만 합니다.

위의 표에서 여성이라는 단어를 후투족이라는 단어와, 그리고 남성을 투치족과 자리만 맞바꾸어 보면 근본적으로 동일한 내용의 기사를 읽고 있다는 것을 알게 될 것이다.

그 둘 사이의 유사성은 참으로 소름 끼친다. 양편의 기사는 각각 미국의 〈워싱턴 포스트〉와 르완다의 〈웨이크 업〉에서 발췌한 것으로 둘 다 그 나라에서는 넓은 독자층을 갖고 있는 언론 매체들이다. 양편의 기사 모두 역사적으로 비극적인 사안들을 인용하면서 특정 집단의 사람들을 적대시하고 있다. 양편의 기사 모두 독자들에게 반대편 집단에 속한 개개인을 적으로 보도록 촉구한다. 또한 양편의 기사 모두 억압받는 자들 사이의 집단적 결속과 억압하는 집단에 대한 결사항전을 다지면서, 그들을 사회의 힘 있는 자리에서 제거하고 그들에게 자비를 보이지 말 것을 주장한다.

그 중의 한 기사는 1990년에 쓰인 것으로 "후투족의 십계명"이라고 불린다. 배후에 있었던 인물인 하산 응게제(Hassan Ngeze)는 결국 체포되어 르완다 국제형사재판소로부터 투치족에 대한 증오를 선동한 일에 대해 재판을 받고 투옥되었다. 또 다른 기사는 2018년에 쓰인 것으로 "왜 우리는 남성을 증오할 수 없는가?"[10]라는 제목이 붙어 있는데, 이 기사를 기고한 수잔나 다누타 월터스(Suzanna Danuta Walters)는 보스턴에 있는 노스이스턴 대학교의 저명한 사회학 교수이자 '여성, 젠더, 섹슈얼리티 연구 프로그램(Women's, Gender, and Sexuality Studies Program)의 디렉터이다. 응게제가 쓴 "후투족의 십계명"은 그야말로 당파주의와 증오를 불러 일으키는 선전으로 잘 알려져 있다.

다행인 것은 월터스는 응게제가 했던 것 같이 집단 학살을 촉구하지는 않았다. 그렇지만 "왜 우리는 남성을 증오할 수 없는가?"에 담긴 그녀의 당파주의적 사고 역시 전혀 무해한 것은 아니다. 이처럼 어떤 집단에 속한 사람들 전체를 향해 증오심을 불러 일으키는 기사가 전국적으로 발행되는 주요한 신문에 실릴 수 있었다는 것은, 솔직히 말해서 참으로 끔찍한 일이 아닐 수 없다. 20세기를 살아온 우리는 이와 같이 소름 끼치는 일들을 통해 어떤 집단의 사람들 전체에게 비난의 화살을 돌리고 그들을 향한 증오를 조장하는 일의 결과가 어떠하다는 것을 명확하게 배웠어야만 한다. 하지만 월터스의 글을 어쩌다 우연치 않게 생겨난 것으로 볼 수는 없다. 법학 교수인 에코우 얀카(Ekow Yankah)가 〈뉴욕 타임즈〉에 쓴 "내 아이들은 백인들과 친구가 될 수 있는가?"[11]라는 기고문이나 마이클 해리엇(Michael Harriot)이 쓴 "백인들은 겁쟁이들"[12]이라는 글을 읽어보라. 주요 언론 매체에서 특정 집단에 속한 사람들 전체에 대한 증오를 촉구하는 기사를 내보냄으로써 그것이 여성과 성별 그리고 인종에 관한 연구 분야의 정설이 되었다. 나는 개인적으로 이와 같은 이념이 낳은 가슴 아픈 결과들을 목격하였다. 그런 기사들로 인해 원기 왕성하고 자기 주장이 또렷하며 배려심 많은 학생들이 시한폭탄과 같이 늘 의심하고 분노로 가득 차서 오직 사람들의 겉모습만으로 경솔한 판단을 하도록 훈련된 투사들로 변해 갔다.

지금은 이런 일이 일어나지 않으리라 생각한다면 그것은 우리가 그저 세심한 주의를 기울이지 않고 있을 뿐이다. 하지만 하나님의 형상을 지닌 모든 이들을 위해 정의가 실현되도록 힘쓰는 것이 그리스도인에게 주어진 명령이므로 우리는 반드시 주의를 기울여야만 한다.

이 점에 대해 나는 다음과 같은 심각한 비난을 마주할 수도 있다. "당신이야말로 지나친 위선자가 아니오? 월터스 박사를 비롯해 언론에 등장하는 사람들과 기타 고등 교육을 받은 수많은 사람들을 한 무더기로 뭉뚱그려서 그들에게 '좌파'니 '눈송이'이니 혹은 '사회 정의 B'와 같은 이름을 붙이고 있으니, 이것이야말로 당신이 비판하고 있는 사람들과 똑같은 일을 하는 것이 아니오? 당신이 하는 그 말 속에 바로 동일한 당파주의의 위험이 도사리고 있음을 보지 못하는 것이오?"

첫 번째 비난에 대해서는, 그렇다, 나는 참으로 위선자가 맞다. 나는 매일 같이 하나님께서 원하시는 정의와 선에 따라 한결 같은 삶을 살지 못하고 있다. 그러나 하나님께 감사드리는 것은 내가 누구인가 하는 문제는 나의 능력의 크고 작음에 달려 있지 않다는 점이다. 왜냐하면 내게는 그런 능력이 없기 때문이다. 그리고 두 번째 비난에 대해서는, 아니다, 나는 내가 비판하는 사람들과 똑같은 일을 하는 것이 아니다. 내가 비판하는 것은 그들의 발상이지 그들의 성별이나 피부색이 아니다. 즉 우리는 증오심을 촉발하거나 친구 관계를 끊으라고 촉구해서는 안 되며, 특정한 집단의 사람들을 일반화하기 위해 겁쟁이 등과 같은 도덕적인 비난이 섞인 단어를 사용해서는 결코 안 된다. 만일 내가 짧은 글을 하나 써서 거기에 "왜 우리는 '사회 정의 B'를 옹호하는 사람들 전체를 증오해서는 안 되는가?"라는 제목을 붙여본다면 그 내용은 다음과 같을 것이다.

"왜 우리는 '사회 정의 B'를 옹호하는 사람들 전체를 증오해서는 안 되는가?"

왜냐하면 성경이 우리에게 우리의 이웃을 사랑하라고 명하셨기 때문이다. 끝.

월터스, 얀카, 해리엇, 기타 '사회 정의 B'를 지지하는 그 누구라도 우리의 이웃이다. 우리는 수잔나, 다누타, 월터스가 틀렸다고, 즉 그녀의 발상은 위험하고 심지어 혐오스럽기까지 하다고 생각할 수는 있지만, 그럼에도 우리는 여전히 하나님의 형상을 지닌 수잔나, 다누타, 월터스를 사랑한다. 그 밖에 '사회 정의 B'를 옹호하는 모든 이들에 대해서도 마찬가지다. 증오심은 그리스도인이 택할 수 있는 태도가 전혀 아니다.

삶의 문제를 경멸적인 집단의 탓으로 돌려 비난함

이제 살펴보려고 하는 선전의 세 번째 표지는 바로 희생양 삼기다. 일단 역사를 고쳐 씀으로써 특정한 사람들의 집단을 악마화하고 그 집단에 속한 개개인의 머리에 달린 뿔을 볼 수 있도록 우리의 눈을 훈련한 다음, 이제 마지막 남은 단계는 삶의 문제들을 그들에게 덮어 씌워 비난을 가하는 것이다. KKK, 아리아인의 국가들, 그리고 기타 신나치주의 집단은 피부가 검거나 갈색인 사람들과 유대인을 증오하기 위해 어떤 방법으로 사람들을 모집했는가? 간단하다. 백인 사회의 모든 문제를 소수의 사람들에게 뒤집어 씌우는 것이다. 삶이 뜻대로 되지 않는가? 생활비를 마련하느라 허덕이고 있는가? 앞날이 불투명한가? 당신의 문화가 번영을 누리고 있지 않는가? 우울하고 불안하며 화가 나는가? 그 모든 것이 저이방인들 탓이다. 침략자들, 침입자들, 거머리와 기생충 같은 저들 때문이다! 바로 이와 같은 인종 차별적 독성에 오염된 공기를 지난 장에서 우리가 보았던 크리스찬 피치올리니가 시카고 지역 스킨헤드에 소속되어 있을 당시 들여 마시고 살았던 것이다.

이런 집단적 비난 놀이는 좌파 쪽 사람들에게 있어서도 예외가 아니다. 이에 대해 반즈는 다음과 같이 회상한다.

나는 정답을 찾아 헤매는 우울하고 불안한 십대 청소년이었다. 급진주의에서는 이런 문제는 생물학적인 요소나 삶의 방식으로 감당할 수 있는 것이 아니라고, 그것은 자본주의 안에서 소외된 삶을 살고 있는 것의 결과라고 설명했다…. 우울증을 일으키는 원인은 전쟁이나 가정

폭력, 그리고 인종 차별을 일으키는 원인과 동일하다. 나는 이런 사상적 틀을 받아들임으로써 외적통제소재(外的統制所在, External Locus of Control. 이는 심리학 용어로 일어난 일의 원인을 주로 운명이나 기타 외부적 요인에서 찾고자 하는 성향을 말함-역자주)의 개념 앞에 무릎 꿇을 수밖에 없었다. 그런 모형 안에서는 개인의 자기 주도적인 기능은 웃음거리일 뿐이다. 그리고 나서 몇 년의 시간이 흐르며 무정부주의자가 된 나는 이전보다 훨씬 더 불행하고 더욱 더 무기력해져 갔는데, 그 이유에 대해 이와 같은 변명거리를 갖고 있었던 것이다.[13]

피치올리니와 반즈를 사로잡고 있었던 각각의 이념은 그들이 자신의 삶 속에서 경험하는 모든 문제를 손쉽게 해결할 수 있는 희생양을 들이밀었다. "모든 것은 소수 집단의 잘못이야!" 광명을 보기 전의 피치올리니는 이렇게 생각했다. "모든 것은 백인 시스젠더[시스젠더(cisgender)는 자신의 생물학적인 성과 성 정체성이 일치하는 사람을 가리키는 말로 트랜스젠더(transgender)의 반대말임-역자주] 자본주의 돼지들의 잘못이야!" 사이비 집단에서 탈출하기 전의 반즈는 이렇게 생각했다. 이처럼 지금 내 조국이 처해 있는 현 상황은 정치적 극우와 극좌 세력 모두가 정확하게 동일한 행동을 하고 있으면서 동시에 상대편의 모습을 보며 서로 개탄하고 있는 아이러니로 가득하다.

그러나 진실은 창세기 3장에서 일어난 일에 있다. 우리는 타락한 우주에 살고 있는 타락한 피조물이기에 그래서 인생이 힘든 것이다. 악의 문제는 그저 기독교 신학자들만의 문제가 아니다. 그것은 모든 사람의 문제다. 예상치 못한 잔혹함, 수그러들지 않는 고통, 그리고 수많은 고난 속에 담겨 있는 부조리와 무의미함 등이 우리 모두가 어떻게든 해결하고자 하는 현실이다. 신학자들은 우주 안에 있는 악을 설명하기 위해 신정론(神正論, theodicy)이란 간단한 용어를 사용한다. 이 뒤틀린 세상의 이유를 설명하기 위한 신정론은 모든 사람에게 다 필요한 것이다. 내가 쓴 첫 번째 책인 《사랑, 자유, 그리고 악》(*Love, Freedom, and Evil*)은 자유 의지를 옹호하는 데 초점을 맞춘 것으로 전체 기독교 역사 가운데서 악의 문제와 관련하여 가장 영향력 있는 설명을 담고 있다. 나는 악의 문제에 대하여 인간의 자유 의지를 지켜 내기 위한 이 힘겨운 작업에 십오 년 가까운 시간을 보냈다. 그 결과 나는 이 문제에 대한 대답이 악의 문제를 더욱 악화시킨다는 결론에 도달했으며, 그 이유가 무엇인지에 대해서 그 책에 소개해 두었다.[14]

그 뒤로 나는 이 문제에 대한 훨씬 더 위험한 답변이 있음을 보게 되었는데, 그것은 결과적으로 세상의 고통을 더욱 가중시키는 답변이다. 즉 집단적 희생양을 찾아서 세상의 고통을 설명하려는 시도가 바로 그것이다. 그렇게 보면 나치주의는 일종의 신정론이었다. 거기서는 악의 존재를 설명하기 위해 "모든 것은 다 유대인들의 잘못이다!"라고 말했다. 그와 같은 신정론으로 인해 지구상에서 육백만 명 이상의 고귀한 유대인들을 몰살함으로써 이 우주에 더 많은 악을 더하는 결과를 낳았다. 마르크스주의도 신정론이었다. 그들은 악을 설명하기 위해 "모든 것은 다 자본주의자들의 잘못이다!"라고 말했다. 그와 같은 신정론으로 인해 한 세기가 채 지나기도 전에 일억 명 이상의 목숨이 희생되었다. 카스트 제도, 짐 크로우 분리[미국의 남북 전쟁 직후인 1876년부터 1965년까지 여러 주에서 시행한 백인과 흑인을 분리하는 법인 "짐 크로우 법"(Jim Crow Law)에서 나온 용어로서, 이 법에 따라 주로 남부 연맹의 주들과 북부에서도 많은 주들의 공공 기관에서는 합법적으로 백인과 흑인을 분리할 수 있게 되었음—역자주], 이슬람교의 지하드 성전(聖戰) 등도 모두 신정론이다. 이들은 하층민과 흑인들, 혹은 이교도들을 편리한 희생양으로 삼아 세상에서 겪는 삶의 고초를 그들에게 전가하려 하였다.

우리는 '사회 정의 B' 또한 그 모습 그대로를 보아야만 한다. 그것 역시 신정론이다. 거기서도 세상의 악과 고난을 설명하기 위해 집단적 정체성을 일차적인 범주로 삼아 그것을 통해 우주의 모든 고통을 해석한다. 그들이 아무리 "정의"와 "평등", 그리고 "해방"의 깃발을 힘차게 흔들어 댄다 하더라도 그와 같이 특정 집단을 향해 모든 비난을 쏟아 붇는 야심찬 실험이 성공하리라고 생각할 수 있겠는가?

지난 세기 동안 희생된 사람들의 숫자를 통해 우리가 어떤 교훈을 얻을 수 있었다면 그것은 모든 발상에는 결과가 뒤따른다는 것이며, 따라서 나쁜 발상에는 나쁜 결과가 수반될 수밖에 없다는 것이다. 특정한 사람들의 집단 전체에 대해 경멸적인 역사를 이야기하는 것, 개개인을 그 집단의 표본으로 취급하는 것, 그리고 삶의 고통을 그들에게 뒤집어씌우는 것은 참으로 나쁜 발상이다. 그런 사람들은 예수 그리스도의 교회 안에 발을 디딜 곳이 없다.

써레쉬의 이야기

나는 1979년 네팔의 구르카(Gorkha) 지역에서 가난한 달리트(Dalit) 계층의 가정에서 태어났다. "아추트"(Achhut)라고도 알려진 달리트는 짓밟힌 사람들, 곧 불가촉천민을 낮추어 부르기 위해 생겨난 용어이다. 비록 네팔 정부가 최근에 카스트 제도를 바탕으로 하는 차별을 범죄로 선포했지만, 달리트 공동체는 여전히 자신들의 존엄성을 되찾기 위한 투쟁을 계속하고 있다.

내가 어렸을 때는 카스트 제도상 상위 계급의 아이들은 나 같은 달리트 계층의 아이와는 친구 관계를 맺지 말라는 말을 듣고 자랐다. 만약 그 아이들이 우리와 놀기라도 하면 그들의 부모는 우리 달리트 계층의 더러움을 씻어낸답시고 황금에 닿은 물을 그 아이들에게 뿌리곤 했다. 예배를 드릴 때도 달리트 계층이 아닌 사람들은 자유롭게 사원 안에서 예배를 드릴 수 있었지만 나는 사원 밖에서 힌두의 신과 여신들에게 절해야만 했다. 식당에서는 내가 먹은 접시를 스스로 닦아야 했는데, 왜냐하면 누구도 감히 달리트 계층이 사용한 접시를 닦으려 하지 않았기 때문이다. 심지어 개들조차도 상위 계층 사람들의 집에 들어갈 수 있었지만 달리트 계층 사람들은 들어갈 수 없었다. 우리는 말 그대로 짐승만도 못한 취급을 받았던 것이다.

1999년 여름, 카트만두에 있는 원숭이 사원에서 나는 새로운 전기를 마주하게 되었다. 선교 여행을 온 바이올라 대학교의 한 신학생을 만나게 된 것이다. 우리는 사원의 경내를 몇 시간 동안이나 걸으면서 은혜 위에 세워진 기독교와 카르마(Karma, 업보)와 카스트 제도 위에 세워진 힌두교 사이의 차이점들에 대해 이야기를 나눴다. 마침내 내가 누구인지를 볼 수 있는 가장 인간적인 길을 찾은 것이다! 그날 밤 나는 예수님을 나의 구원자로 받아들였다. 창조주께서는 나를 "불가촉천민"으로 보지 않으셨고 오히려 이 땅으로 내려와 나를 사랑하셨으며, 나를 그분의 아들로 받아 주셨고, 그뿐 아니라 나에게 "하늘에 속한 모든 신령한 복을"(엡 1:3) 주셨으니, 그 안에서 비로소 나의 존엄성을 발견하게 된 것이다. 예수님께서는 우리의 사회적 신분이나 종교적 행위와 상관 없이 우리를 맞아 주신다!

지난 이십 년 간 그리스도인으로서 살아온 시간을 통해 카스트 제도를 바탕으로 한 차별의 경험들이 이제는 다 끝났다고 말할 수 있다면 참 좋겠다. 그러나 네팔 사회에서 하나님의 형상을 지닌 자로서 마땅히 존엄한 대우를 받고자 하는 나의 꿈은 여전히 요원해 보이기만 하다. 나는 현재 카트만두에 있는 작은 아파트에서 아내와 아이들과 함께 살고 있는데, 만일 집주인이 우리가 달리트 계층 사람들인 걸 알게 되면 우리는 곧바로 쫓겨나게 될 것이다. 그래서 우리 부부는 아이들에게 우리의 카스트 신분을 숨기는 방법을 가르치고 있다.

참으로 수치스러운 것은 네팔에 있는 교회들도 전혀 다르지 않다는 점이다. 많은 교회에서 예배 참석자들에게 자신의 카스트 계층을 밝히라는 요구를 한다. 그래서 우리가 달리트 계층인 걸 알게 되면 그들의 태도는 손바닥 뒤집히듯 바뀐다. 교회 안에서조차도 "카스트의 하층민들은 지적 능력이 떨어진다"는 선전을 듣곤 한다. 내가 최근에 신학 석사 학위를 받았다는 사실이나 교회를 더욱 잘 섬기기 위해 박사 공부도 시작해보려 한다는 계획에도 별반 다를 게 없다. 그들에게 중요한 것은 그저 당신이 "불가촉천

민"이라는 사실과 그로 인해 당신은 교회의 지도자가 될 수 없다는 사실 뿐
이다. 결과적으로 달리트들은 자신의 정체성을 숨기며 살아가던지, 아니면
자기들만의 교회를 시작하던지 할 수밖에 없는 것이다.

교회가 모든 방언과 민족과 나라를 사랑하시는 예수님을 본받으려 하기보
다는 그저 카스트 제도에 바탕을 둔 네팔 사회의 차별적 물결을 그대로 따
라 가고 있다. 네팔의 그리스도인들 중 다수가 과거 힌두교도였는데, 지금
도 여전히 힌두교의 심장을 가지고 그리스도 안에 있는 형제와 자매를 대
하고 있는 것이다. 에베소서 2:14 말씀은 예수님께서 십자가를 통해 유대
인과 이방인들을 나누고 있던 적대감의 담을 헐어 버리심으로써 그들을
하나로 만드셨음을 가르쳐준다. 그런데 왜 우리는 달리트 계층 사람들과
달리트 계층이 아닌 사람들 사이의 막힌 담을 고스란히 지켜가려고 하는
것인가?

이제 네팔에서만이 아니라 온 세계의 모든 교회들이 참된 사회 정의는 어
떤 모습인지 보여주어야 할 때이다. 어떻게 그렇게 할 수 있을까? 그것은
모든 사람이 하나님의 형상을 지니고 있으며 그에 따라 합당한 대우를 받
아야 한다는 성경적 진리 위에 서 있어야만 가능한 일이다. 우리는 예수님
의 죽으심과 부활의 복음을 선포함으로써 내 조국의 달리트 계층 사람들
뿐만 아니라 전 세계의 모든 짓밟힌 사람들 역시 그 복음을 통해 존엄과 가
치를 얻게 된다는 사실을 전해야만 한다. 또한 "우리 주 예수 그리스도에
대한 믿음을 너희가 가졌으니 사람을 차별하여 대하지 말라"(약 2:1)고 하
신 하나님의 명령을 따라야만 한다. 그리고 마지막으로 우리는 기도해야
한다. 네팔의 교회를 위해 기도해달라. 또한 전 세계의 교회를 위해 기도하
라. 우리가 참된 정의를 행할 수 있게 해달라고 기도하라. 왜냐하면 예수님

께서 원수 되어 막힌 담을 헐어 돌무더기로 만드셨기 때문이다.

-써레쉬 부다프리티(Suresh Budhaprithi)

써레쉬는 카트만두 신학원(the Kathmandu Institute of Theology)에서 목회학 석사(Master of Divinity) 학위를 받았고, 계속해서 평생 사역을 위해 훈련 중이다. 그와 그의 가족이 불의를 이겨낼 수 있도록 돕고자 한다면 다음의 웹사이트를 방문해보라. gofundme.com/f/gofundmecombless-the-budhaprithis.

개인과 소그룹 스터디를 위한 질문들

1. 인간인 우리는 왜 그리도 쉽게 우리에게 닥친 삶의 문제들을 다른 사람들의 집단에 전가하여 그들을 비난하려고 하는가?

2. 오늘날 우리 사회에서 희생양이 되어 버린 사람들의 집단을 구체적으로 생각해보라. 당신이 이번 주에 그 집단에 속한 사람들을 사랑으로 대한다면 그것은 어떻게 문화를 거스르는 일이 될 수 있는가?

3. 선전을 퍼뜨리는 일에 대한 한 가지 강력한 치료책은 당신과 의견을 달리 하는 사람들과 함께 시간을 보내며 의도적으로 에코 체임버(echo chamber, 듣고 싶은 것만 들으려는 생각. 에코 체임버란 원래는 방송이나 녹음을 할 때 공명을 넣어 주기 위해 인공적으로 메아리를 만들어 주는 방을 가리킨다. 자신과 같은 생각을 가진 사람들의 의견만 메아리치듯 울려 퍼지다 결국 다른 사람의 의견이나 견해를 불신하고 자신의 이야기만 증폭하고 고착화해서 전하는 현상을 뜻하는 말이 되었다. –역자주)에서 떠

나려고 하는 것이다. 당신이 현재 들어가 있는 에코 체임버에는 어떤 것이 있으며, 이번 주에 당신은 어떻게 그 방을 과감히 탈출할 수 있겠는가?

6장
열매에 관한 질문

■ ■ ■

: 사회 정의를 바라보는 우리의 시각은 사랑과 화평, 인내 대신에
의심과 분열, 분노를 받아들이지 않는가?

우리 모두가 열망하고 우리를 지으신 목적인 진정한 의미의 공동체는 쉽게 이루어지지 않는다. 마음속에 불만을 품는 일이나 혹은 우리 자신과 우리가 속한 집단을 미화하기 위해 다른 사람들을 가장 저급하게 바라보는 일이 우리에게 얼마나 자주 있는지 생각해보라. 그것이 바로 타락한 상태에 놓여있는 우리 마음의 기본적인 출발점이다. 그래서 바울은 스키스마타(σχίσματα), 즉 분열의 죄[1]에 대해 그토록 자주 언급했던 것이고, 동시에 그에 반하여 "성령의 열매"에 대해서도 말을 하는 이유이다. 걸핏하면 싸우려 들고, 남의 마음을 헤아리지 않으며, 패거리 짓기 좋아하는 사람들이 진정한 공동체를 경험하고, 함께 모이고, 함께 교회를 이루고자 하는 소망을 갖기 위해서는 우리가 사랑과 희락과 화평과 오래 참음과 자비와 양선과 충성과 온유와 절제를 통해 완벽과는 거리가 먼 사람들을 대해야 할 필요가 있는 것이다. 이 열매들은 성령님으로부터 오는 것이어야만 한다. 성령님께서 주시는 열매가 없이는 우리

는 본래의 당파적인 모습으로 전락할 수밖에 없다. 그렇기 때문에 예수님의 교회 안에서는 성령님의 열매가 아닌 의심과 분노를 조장하는 방식으로 사회 정의에 다가가는 시도는 발 붙일 곳이 전혀 없다.

치유의 온기가 흘러넘침

성령님에게서 오는 초자연적 열매가 필요하다는 점을 이해하기 위해서 코리 텐 붐이 라벤스브뤼크 집단 수용소에서 자신의 언니를 죽음으로 몰아넣은 나치의 SS 장교를 어떻게 대했는지 살펴볼 필요가 있다. 그것은 20세기의 어둠이 가장 짙게 드리워진 시기에 있었던 최고로 감동적인 이야기들 중에 하나이기에 조금 길게 인용할 가치가 있다고 본다.

베치와 나는 나치가 네덜란드를 점령하고 있던 당시 유대인들을 집 안에 숨겨줬다는 이유로 체포되었다. 그런데 지금 이 남자는 우리가 이송되었던 라벤스브뤼크 집단 수용소의 경비를 맡고 있었던 바로 그 사람이었다. 그런 그가 내 앞에 서서 손을 내밀며 말했다. "귀한 소식이군요, 아가씨! 당신 말대로 우리의 모든 죄가 저 바다 밑으로 가라앉아 버렸다니 그것을 알게 되어 얼마나 다행스런 일이지요!"

그런데 정작 죄 용서에 대해 일장연설을 늘어놓았던 나는 그의 손을 잡기보다는 주머니 속의 책을 만지작거렸다…. 그는 말을 이어갔다. "라벤스브뤼크란 말을 했는데, 나는 거기서 경비 임무를 맡고 있었지요." … "하지만 그 후로…" 그의 말은 계속 되었다, "나는 그리스도인이 되었지요. 거기서 내가 저질렀던 끔찍한 일들을 하나님께서 용서해 주셨다는 것을 알고는 있지만, 그것을 당신의 입을 통해서도 듣고 싶군요. 아가씨." 그리고는 다시 손을 내밀었다. "나를 용서해 주겠어요?"

하지만 그 자리에 서 있던 나는, (나의 죄 또한 매일 같이 용서받아야 했지만) 그를 절대로 용서할 수 없었다. 언니 베치가 그곳에서 죽었다. 그런데 저 사람은 용서해 달라는 말 한 마디로 그곳에서 처절하게 죽어간 내 언니를 어떻게 지워버릴 수 있을까?

그 사람이 거기서 손을 내밀고 서 있었던 것은 몇 초도 채 되지 않았지만, 나에게는 그 순간이 몇 시간과 같이 느껴졌다. 나는 예수님께서 "너희가 사람의 잘못을 용서하지 아니하면 하늘에 계신 너희 아버지께서도 너희 잘못을 용서하지 아니하시리라"라고 하신 말씀을 알고 있었다. 단지 하나님의 계명으로서만이 아니라 일상의 경험을 통해서도 나는 그것을 알고 있었다. 과거의 원수를 용서할 수 있었던 사람들은 바깥 세상으로 되돌아가서도 자신의 삶을 재건할 수 있었다. 그들의 상처가 어떠했든 간에 말이다. 하지만 자신의 쓰라린 기억들을 품고 살아가는 이들은 계속해서 병든 채로 살아갔다. 어찌 보면 참 간단하지만 참으로 몸서리쳐지는 일이기도 하다.

그 순간의 나 역시 마음속에서 냉담함이 떠나지 않고 있었다. 그러나 용서는 감정이 아니다. 용서는 의지의 행동이며, 그 의지는 마음속의 온도와 상관없이 작용할 수 있는 것이다.

"예수님, 도와주세요!" 나는 조용히 기도했다. "제 손을 들어 올립니다. 그런 일은 얼마든지 할 수 있습니다. 주님께서 제 안에 새로운 마음을 허락해주세요." 그리고는 나는 무표정하게, 기계적으로 나에게 내밀고 있던 그의 손을 향해 나의 손을 내밀었다. 그 순간 놀라운 일이 일어났다. 찌릿한 전류 같은 것이 내 어깨에서부터 시작해 팔을 타고 쏟아져 내리더니 우리가 맞잡은 그 손으로 솟구쳐 나왔다. 그러자, 이 치유의 온기는 나의 전 존재를 가득 채우고 흘러 넘쳤고 내 눈에서는 눈물이 터져 나왔다.

한 때 경비병이었던 그와 죄수였던 우리 두 사람은 한 동안 서로의 손을 붙잡고 있었다. 나는 그때처럼 하나님의 사랑을 강렬하게 경험했던 적이 없었다.[2]

여러분은 어떨지 잘 모르겠지만, 나는 자기 의가 전혀 없던 코리 텐 붐의 모습에 충격을 금할 길이 없었다. 그녀는 너무도 겸손히 예수님의 도우심을 구했다. 자신을 그저 한 사람의 죄인으로 보았으며, 자신의 바깥으로부터 말할 수 없을 정도의 끔찍한 불의를 경험했음에도 모든 불의에 대한 원인을 자신의 바깥에 있는 사람들 탓으로 내던져버리는 손쉬운 길을 택하지 않았다. 독일 사람들을 싸잡아서 악당으로 취급하지 않은 것이다. 그녀는 역사적인 비극을 반복함으로써 억압에 맞서는 영웅이 될 수 있으리라고 생각하지 않았다. 자신 안에 끓어오르는 분노를 극복하고 앞으로 나아가야 할 대상이지 지켜내야 할 것으로 보지 않았다. 또한 언니의 죽음에 연루된 나치 당원에게서 손을 거두고 싶은 자신의 감정을 충분히 이해하면서도 그 감정에 대해 질문을 던졌다. 그 결과

> 세상의 나라들은 "정의"라는 명분을 내세워 파당을 만들고, 보복하며, 싸움을 확대해 나가면서 희생자들의 수만 늘리는 자기 파멸적인 일을 하고 있다.

■ ■ ■

자신의 전 존재 안에 치유의 온기가 흘러넘치는 경험을 하게 된 것이다.

예수님께서 원수를 사랑하고 핍박하는 자들을 위해 기도하라고 명하신 것은 실재하는 원수와 억압자들로부터 실제적인 고통을 당하고 있는 사람들에게 하신 말씀이었다. 세상의 나라들은 "정의"라는 명분을 내세워 파당을 만들고, 보복하며, 싸움을 확대해 나가면서 희생자들의 수만 늘리는 자기 파멸적인 일을 하고 있다. 그러나 예수님께서 우리를 맞아들이시는 나라는 그런 원리로 돌아가지 않는다. 코리 텐 붐이 나치에게 용서의 손을 내밀었을 때, 그녀는 세상의 나라가 아닌 예수님 나라에 속한 자신의 시민권을 보여준 것이다.

2015년 찰스턴의 임마누엘 교회에서 하나님의 형상을 지닌 소중한 흑인 아홉 명의 목숨을 앗아간 딜런 루프(Dylann Roof)의 총기 난사 사건에서도 이와 동일한 나라의 빛이 밝게 빛났다. 루프의 의도는 "인종 전쟁"의 서막을 올리려는 것이었다. 하지만 루프의 인종적 증오심으로 인해 사랑하는 사람을 잃었던 이들은 그런 전쟁에 기름을 끼얹으며 분노로 맞받아치기보다는 용서로 대응했다.

> 당신은 내게서 너무도 소중한 것을 빼앗아 갔습니다. 이제 더 이상 그 사람과 이야기 할 수도, 그 사람을 안아볼 수도 없게 되었습니다. 하지만 나는 당신을 용서하고 당신의 영혼을 긍휼히 여깁니다.[3]
>
> -총기 난사로 희생된 이의 딸 에셀 랜스(Ethel Lance)

불만을 품는 것보다 용서하는 것이 훨씬 더 어려운 일이라는 것을 깨달았습니다. 용서하는 일은 "나는 영원히 화를 풀지 않을 거야"라고 말하는 것보다 훨씬 더 많은 용기가 필요합니다. … 사람들이 어떻게 용서할 수 있었는지를 보고 난 후에 나는 우리가 그저 말만 하는 것이 아님을 사람들이 보게 되기를 진심으로 희망합니다. 나는 우리보다 더 큰 무언가가 우리를 통해 이 사회를 하나 되게 하려는 것임을 확실히 압니다.[4)]

-총기 난사로 희생된 샤론다 휴즈-싱글턴(Sharonda Hughes-Singleton)의 아들

내가 그를 용서하고 내 가족이 그를 용서한다는 사실을…그가 알게 되었으면 좋겠습니다. 하지만 우리는 그가 이것을 회개하는 기회로 삼게 되기를 원합니다. 회개하십시오. 고백하십시오. 당신의 생명을 가장 아끼시는 분, 곧 그리스도께 드리십시오. 그러면 그분께서 그 사람은 물론 당신의 삶도 바꾸실 것이며, 그리하시면 당신에게 무슨 일이 일어나도 당신은 평안할 것입니다.[5)]

-총기 난사로 희생된 마이라 톰슨(Myra Thompson)의 친척

나의 분노를 인정합니다. 하지만 드페인이 우리 가족에게 항상 일러주었던 한 가지는… 우리는 사랑으로 지어진 가족이라는 것을 가르쳐주었다는 점입니다. 우리 안에는 증오의 자리가 없습니다. 따라서 우리는 용서할 수밖에 없습니다.[6)]

-총기 난사로 희생된 드페인 미들턴 닥터(DePayne Middleton Doctor)의 자매

아니 어떻게 이럴 수가! 이들은 참으로 영혼의 깊이를 헤아릴 수 없는 신자들이며, 나의 지나온 삶과는 비교할 수도 없을 정도로

강력하게 자신의 구원자를 드러낸 사람들이다. 증오심을 초월하는 사랑의 힘에 대해 조금 더 경이로운 이야기들을 듣고 싶다면 나의 친구 존 퍼킨스(John M. Perkins)가 쓴 《하나의 피》(One Blood)나 《정의를 강물처럼》(Let Justice Roll Down), 혹은 《나와 함께 꿈꾸자》(Dream with Me)를 읽어 보기 바란다. 여기에 나오는 충성된 성도들은 모두가 그리스도께서 가르쳐 주신 사랑과 용서를 증명해 보였다. 그분은 자신의 손에 못질을 하는 압제자들을 위해 "아버지 저들을 사하여 주옵소서"라고 기도하셨으며, 우리가 그분의 원수일 때 우리를 구속하시기 위해 죽으셨다. 그런 은혜는 초자연적일 수밖에 없으며 이 세상에 속한 나라에서 오는 것이 아니다. 거기에는 성령님의 능력이 필요하다. 우리 모두가 그런 능력을 더욱 더 사용해야 하지 않겠는가?

훅스(Hooks)의 "살인의 분노"

'사회 정의 B'는 세상을 보는 시각이 사뭇 다르다. 코리 텐 붐이나 찰스턴 성도들에 관한 이야기를 서양의 인문학이나 사회학 분야에서 어느 정도 필독서처럼 읽히는 "살인의 분노"라는 글과 비교해보라. 이 글의 저자인 글로리아 왓킨스는 "벨 훅스(bell hooks)"라는 필명으로 더 잘 알려져 있다. 그녀는 전에 예일대학교에서 강의했고 지금은 뉴욕시립대(City College of New York)의 저명한 교수이다. 뉴욕 도서 평론(New York Review of Books)이라는 잡지를 통해 "흑인 페미니즘 분야에서 가장 두각을 나타내는 지지자"로 찬사를 받았을 뿐만 아니라, '사회 정의 B'를 옹호하는 사람들을 대변하는 인사로 잘 알려져 있다. 그녀는 '백인 우월주의 자본주의 가부장제'(white supremacist capitalist patriarchy)라는 용어를 만들어냈는데, 이 개념은 사회 운동을 하는 단체나 학계, 그리고 다수의 교회 안에서 정설로 받아들여지게 되었다.

한 가지 주의를 당부하고자 하는 점은 다음의 이어지는 내용을 벨 훅스나 그녀와 같은 방식으로 세상을 이해하는 사람들에 대한 개인적인 공격이라고 생각하기가 쉬울 것이다. 하지만 그렇지 않다. 나는 그녀를 공격하고자 하는 뜻이 전혀 없다. 훅스 역시 더 없이 귀한 하나님의 형상을 지닌 사람이기 때문이다. 따라서 그것은 오히려 세상의 불의에 대하여 그녀 자신과 우리의 영혼에 해를 덜 입히는 방식으로 해결책을 찾아가기를 바라는 간언이며, 그렇기에 사랑의 동기에서 나오는 것이다.

그녀는 다음과 같은 문장으로 "살인의 분노"의 첫 줄을 시작한다. "나는 지금 너무도 죽이고 싶은 낯선 백인 남성 옆에 앉아 이 글을 쓰고 있다." 이처럼 살기를 내뿜는 분노의 저변에는 비행기 안에서 좌석이 뒤섞인 일이 있었다. 훅스는 그저 "K"라고만 밝힌 자신의 친구와 함께 일등석 칸에 나란히 앉아 있었다. 그때 K에게 객실 앞쪽으로 와서 항공권을 점검 받으라는 기내 방송이 나왔는데, 결국 일등석으로 좌석을 업그레이드한 것이 제대로 처리가 되지 않아서 그녀는 이코노미석으로 자리를 옮겨야만 했다. 그리고 나서 "낯선 백인 남성" 한 명이 K가 앉았던 일등석으로 오게 되었다. 그는 불편을 끼친 것에 대해 사과했지만, 이에 대해 벨 훅스는 다음과 같이 썼다.

나는 분노에 찬 눈으로 그를 쳐다보며, 그 따위 성의 없는 사과와 계속해서 "이건 내 잘못이 아니에요"라는 주장 같은 것은 듣고 싶지 않다고 속으로 말했다. 나는 그에게 이것은 누구를 탓해서 될 문제가 아니며 이런 종류의 실수는 누구나 있을 수 있는 것이라고 마음으로 소리쳤다. K에 대한 대우는 결코 받아들일 수 없는 것이며, 그것은 인종 차별이자 성 차별이라는 점에 대해서도 소리쳤다···. 나는 그가 이 사회에 너무나도 만연해 있는 인종 차별과 성 차별에 연루되지 않을 수 있는 기회가 있었다는 것을 알려준다···. 나는 "살인의 분노"를 느꼈다. 조용히 그를 칼로 찌르고 싶었고, 내 가방 안에 총이 있었다면 그를 쏴 버리고 싶었다. 그런 뒤에 그가 고통당하는 모습을 지켜보며 친절하게 말해주고 싶었다. "인종 차별은 고통스러운 거야."라고··· 그는 마치 내가 자신을 괴롭히는 흑인 악몽의 주인공이라도 된 듯이 내가 그에게 폭행을 가해서 자신의 인종 차별적인 상상력을 충족해 주기를 기다리는 듯 보였다. 나는 내가 글을 쓰고 있는 공책에 "살인의 분노"라고 쓰여 있는 굵은 글씨가 잘 보이도록 그가 앉은 쪽으로 몸을 돌려 앉았다.[7]

어떤 이는 내가 '사회 정의 B'를 폄하하기 위해 입맛에 맞는 극단적인 예를 뽑아낸 것이라고 생각할 수 있다. 그렇다, 저 글의 내용이 극단적인 예라는 것은 인정한다. 또한 우리는 '사회 정의 B'를 지지하는 사람들을 낯선 백인 남성을 죽이는 상상만 하고 앉아 있는 사람들로 그려서도 물론 안 될 것이다. 하지만 살기 가득한 분노는 차지하고서라도, 만약 우리가 사회정의 B의 사고방식이 제시하는 기본적인 범주와 그것이 왜 분열적인가에 대해 이해하고자 한다면, 비행기 안에서 있었던 일을 억압으로 설명하려는 벨 훅스의 시각은 시사하는 바가 굉장히 크다고 할 수 있다. 훅스의 설명에서 다음의 세 가지를 주의해서 살펴보라.

첫째, 훅스는 이야기를 하는 내내 자신과 K가 겪은 일을 설명하기 위해 인종 차별과 성 차별을 사용하는 것이 최선이었는지에 대해 단 한 번도 의문을 갖지 않는다. 인종 차별과 성 차별은 그녀가 겪은 일에서 필연적으로 도출되는 결론이라기보다는 자신의 경험을 일정한 틀에 끼워 맞추기 위한 필연적인 전제일 뿐이다. 비행기 여행을 할 때는 사회적으로 불편하고 안타까운 일들이 하루가 멀다 하고 일어난다. 항공사들이 예약 업무를 제대로 하지 않아 승객들이 곤란을 겪는 일들이 종종 있기 때문이다. 항공사 직원들도 우리와 마찬가지로 일진이 사나운 날이 있기 마련이고, 또 그러다 보면 우리처럼 승객들을 정중하게 대하지 못할 때도 있다. (내 가족 중에 승무원 일을 하고 있는 사람이 있다 보니 그들이 일진 사나운 승객들로부터 불쾌한 일을 종종 당한다는 것을 잘 안다.)

K가 겪은 일이 피부색과 성별을 막론하고 모든 사람이 날마다 겪고 있는 일일 수는 없었을까? 좌석을 교환하는 일이 공정하게 일어날 수는 없었을까? 이 시나리오에 등장하는 "낯선 백인 남성"은 그저 자신이 돈을 지불한 자리를 찾고 있었을 가능성은 없었을까? 그럴 수 없다. 그는 흑인 여성을 지배하려고 하는 백인 남성들의 야심 찬 음모의 공모자였음이 틀림없다. 그리고 K는 그의 "인종 차별적 상상" 속에 등장하는 "흑인 악몽"이었음이 틀림없다. 이 유감스러운 사건은 인종 차별과 성 차별이 만연해 있는 현실에 대한 증거였음이 틀림없고, 더 나아가 훅스가 백인 우월주의 자본주의

가부장제라고 부르고자 하는 수 세기 동안 지속돼 온 현상의 또 하나의 예시일 뿐이다.

그런데 정말 그런 것이었을까? 훅스는 결코 알 수 없을 것이다. 왜냐하면 그녀의 사고방식 안에서는 비행기 안에서 일어났던 껄끄러웠던 일에 대해 조금이라도 분노를 야기하지 않는 방식으로 설명하는 것은 그 자체로 받아들일 수 없는 일이기 때문이다. 이처럼 사람의 분노를 덜 폭발시키는 설명은 생각해보지도 않으려는 태도나 다른 사람에 대해서는 무죄 추정의 원칙을 인정하지 않으려는 태도가 바로 '사회 정의 B'의 표지가 되었다.

둘째, 훅스의 글에서는 시종일관 개인을 특정한 집단 전체와 그 집단이 끊임없이 저지르고 있는 불의에 대한 표본으로 삼고 있다. 그녀가 분노를 표출하고 있는 대상을 낯선 백인 남성이라고 밝히고 있음을 주목해보라. 그녀는 그 사람의 이름도 몰랐으며 알 필요도 없었다. 자칭 "공격적인 분노"를 불러일으키기 위해 그녀에게 필요했던 것은 그저 그 사람의 피부색과 성별뿐이었다. 그 정도면 과거 역사 속에서 흑인 여성들이 당했던 모든 불의에 대한 자신의 분노를 다 끌어와 표출하기에 충분했던 것이다. 그 사람의 피부색과 성별 때문에 그는 억압하는 집단의 일원이 되었고, 그 사람 자신이 곧 억압자가 되어버렸다. 그녀의 옆자리에는 인권 변호사가 앉게 되었을 수도 있고, 낙후된 지역에 사는 소방관이 앉았을 수도 있으며, 혹은 살면서 인종 차별적인 생각이라고는 단 한 번도 해본 적 없는 평범한 사무 직원이 앉았을 수도 있는 일이다. 어쩌면 그 사람의 조상들 중에는 노예제 폐지론자가 있었을 수도 있고, 혹은 청색 군복 (미국의 남북 전쟁 당시 일반적으로 북군은 청색 군복을, 남군은 회색 군복을 입은 것으로 전해짐-역자주)을 입고 남부의 노예 제도에 맞서 싸우다 전사한 군인이 있을 수도 있는 일이다. 훅스가 그것을 어찌 알 수 있었겠는가? 그녀의 집단 정체성 위주의 사고방식대로 라면 차라리 KKK단의 제왕 마법사(Imperial Wizard, 백인 우월주의 집단 인 KKK의 구성원들이 자기들의 지도자를 부르는 용어임-역자주) 옆에 앉아 있었던 편이 더 나았을 것이다. 만약 K 자리에 또 다른 흑인 여성 이 앉게 되었더라도 훅스는 굵은 글씨로 살인의 분노라는 문구를 써서 옆 자리 여성에게 그것이 잘 보이도록 했을까? 당연히 안 그 랬을 것이다. 훅스에게 중요한 것은 피부색과 성별 뿐이었기 때문 이다. '사회 정의 B'를 지지하는 사람들에게 이런 경향이 갈수록 짙 게 드리워지고 있다. 즉 자신들 옆에 앉아 있는 어떤 사람을 우연 치 않게 동일한 피부색이나 Y 염색체를 가진 사람들이 저지른 모 든 잘못에 대한 전형적인 인물로 둔갑시키는 것이다.

셋째, 훅스의 글 제목 자체에서 알 수 있는 것처럼 거기에는 노 골적인 분노가 표출되어 있다. 그녀가 설명하는 모든 것의 원인에 는 은혜와 친절, 혹은 용서와 평화 등의 개념은 거의 찾아볼 수가 없다. 실제로 그 낯선 백인 남성과 K의 자리를 다른 곳으로 옮긴 일에 관여한 항공사 직원이 정말로 인종 차별주의자이고 성 차별 주의자였다고 한 번 가정해보자. 성경은 우리에게 원수를 사랑하 라고 말씀하신다. 이것은 명령이지 단순한 제안이 아니다.[8] 성령 님께서 바울 사도를 통해 우리에게 "모든 악독과 노함과 분냄과 떠 드는 것과 비방하는 것을 모든 악의와 함께 버리고 서로 친절하게 하며 불쌍히 여기며 서로 용서하기를 하나님이 그리스도 안에서 너희를 용서하심과 같이 하라"[9]라고 명하신다. 또한 다음과 같이 말씀하시기도 한다.

> 아무에게도 악을 악으로 갚지 말고 모든 사람 앞에서 선한 일을 도모
> 하라 할 수 있거든 너희로서는 모든 사람과 더불어 화목하라 내 사랑
> 하는 자들아 너희가 친히 원수를 갚지 말고 하나님의 진노하심에 맡
> 기라 기록되었으되 원수 갚는 것이 내게 있으니 내가 갚으리라고 주
> 께서 말씀하시니라 네 원수가 주리거든 먹이고 목마르거든 마시게 하
> 라 그리함으로 네가 숯불을 그 머리에 쌓아 놓으리라 악에게 지지 말
> 고 선으로 악을 이기라.[10]

여기서 우리는 훅스의 "살인의 분노"에 담겨 있는 네 번째이자
마지막 문제점을 발견하게 된다. 그녀는 자신의 글 어디에서도 주
변 사람의 동기를 넘겨 짚어 비난하는 일을 잠시 멈추고 돌이켜 자
기 자신의 마음에 의문을 제기해보려 하지 않는다는 점이다. 낯선
백인 남성을 칼로 찌르거나 총으로 쏘는 상상을 한다는 것이, 단언
컨대 그것은 죄임에도, 자신의 마음
안에 어떤 문제가 있음을 드러내 주는
것이라는 인식이 전혀 없다. 만연해
있는 모든 문제의 원인이 다 백인 가
부장제의 억압 때문인데, 훅스가 무

성경은 우리에게 원수를 사랑하라고 말씀하신다. 이것은 명령이지 단순한 제안이 아니다.

■ ■ ■

엇이 아쉬워 자신의 마음을 들여다보거나 그 안에 있는 악을 고백
하려 하겠는가?

훅스는 겸손과 회개가 아니라 다음과 같이 분노를 높이 찬양한
다. "흑인들의 분노는… 억압과 착취에 대해 어쩌면 건강한 방식

의, 곧 어쩌면 치유의 힘이 되는 반응이다…. (분노는) 저항의 몸부림에는 필수적인 요소이다…. 분노는 용기 있는 행동을 불러오는 촉매제 역할을 할 수도 있다…. 공격적인 분노로 그것(인종적 증오)에 저항할 수 있는 것은 인간으로서 당연한 일이다."[11]

누군가 훅스에게 있는 살인의 분노에 대해 의문을 제기한다면 어떻게 될까? 그것은 그저 질문한 사람들의 백인 우월주의를 입증하는 것밖에는 안 될 것이다. 그녀는 이렇게 말한다. "백인들은 자신들의 백인 우월주의를 영구적으로 유지 존속시키기 위해 미국의 흑인들을 식민화 해왔다. 그런 식민화의 한 가지 방법은 우리의 분노를 억누르도록, 우리가 인종 차별에 대해 느끼는 그 울분을 절대로 백인들을 향해 겨냥하지 못하도록 하는 것이었다. 대부분의 흑인들 안에는 이런 메시지가 잘 녹아 들어 있다."[12]

만약 백인들이 훅스의 분노에 대해 의문을 제기하면 그들은 억압자들이 될 뿐이고, 혹 흑인들이 그녀의 분노에 대해 의문을 제기하면 그들은 백인의 인종 차별주의가 스며들어 있는 식민화의 희생자들일 뿐이다. 그와 같이 잘 짜맞춰진 변명거리들로 자신을 효과적으로 감싸고 있으니 훅스는 자신의 내면을 들여다볼 필요가 없는 것이다. 자신의 내면을 들여다보는 것은 지리하고 껄끄러운 일이지만 그에 반해 자신을 백인 우월주의 가부장제에 맞서 싸우는 고귀한 혁명가로 바라보는 것은 훨씬 더 쉬운 일이기 때문이다.

훅스가 그와 같은 "공격적인 분노"에 휩싸여 있는 모습을 보면 참으로 가슴이 아파 눈물이 흐를 지경이다. 나는 그녀와 또 그녀의 이념에 사로잡힌 사람들이 분노의 껍질을 깨고 나와 코리 텐 붐과 찰스턴의 상처 받은 사람들이 그랬던 것처럼 넘치는 기쁨과 평화, 그리고 치유를 경험하게 되기를 간절히 바라고 기도한다.

그런데 문제는 서구의 대학교들에서는 벨 훅스의 "살인의 분노"가 기본 요금과 같이 되어 있다는 점이다. 그로 인해, 나는 학생들 안에 그와 같은 분노와 적의, 그리고 쉽게 상처 받는 마음이 있음을 볼 수 있었다. 또한 그 때문에 학생들의 영혼이 상처를 받을 뿐만 아니라 나의 마음도 무너져 내린다. 그들에게 훅스의 분노보다 좀 더 겸허하고 인간적인 대안을 제시해주는 것은 매우 드문 일이다. 만일 오늘날 대학의 교양 과목이나 사회학 전공 분야의 강의계획서에서 코리 텐 붐이 SS 장교를 용서한 개인적인 경험을 소개하는 것을 보게 된다면 그것은 참으로 충격적인 일일 것이다. 하지만 그 학생들이 머지않아 비행기 안에서나 소셜 미디어를 통해 자기 의에 함몰된 분노에 휩싸여 부득부득 이를 갈지 않기 위해서는 코리 텐 붐의 겸손과 사랑, 은혜와 용서, 그리고 자기 비판과 초자연적 도움을 구하고자 하는 의지 등이야말로 그들에게 꼭 필요한 것이다.

공격적 분노인가 아니면 성령의 열매인가

코리 텐 붐과 찰스턴의 성도들이 불의에 맞선 방식은 갈라디아서 5장에서 바울이 일컬은 "성령의 열매"를 통해서이다. 바울은 "오직 성령의 열매는 사랑과 희락과 화평과 오래 참음과 자비와 양선과 충성과 온유와 절제"[13]라고 했다.

여기서 우리는 성령님의 뜻에 반하는 이념을 통해 우리 안에 어떤 생각들이 스며들었는지에 대해 몇 가지 실마리들을 발견할 수 있다. 우리는 사랑으로 채워지기보다는 쉽게 상처를 받고, 의심하고, 또 우리 자신의 감정에 사로잡힌다. 우리는 희락이 넘치기보다는 분노와 적대감으로 가득 차 도무지 용서란 것을 생각할 수 없게 된다. 우리는 화평을 위해 노력하기보다는 걸핏하면 다투려 하고, 우리 앞에 있는 사람들을 하나님의 형상을 지닌 자들로 인정하기보다는 그들을 '억압받는 집단'과 '억압하는 집단'으로 나누려 한다. 우리는 오래 참기보다는 쉽게 흥분하고, 오히려 상대방의 시각을 정직하게 검증해보는 일에는 더디다. 우리는 다른 사람에게 자비를 베풀기보다는 그들의 동기를 아무 쓸모 없는 것처럼 폄하하며 헐뜯는 일에는 재빠르다. 우리는 선량하고 부드러운 태도로 타인을 대하기보다는 경멸적인 수사법이나 교묘한 말들을 사용함으로써 그들에게 우리의 시각을 강요하려고 한다. 우리는 절제하는 모습을 보이기보다는 우리의 문제를 그저 다른 사람이나 그들의 체제에 뒤집어 씌워 비판하려 할 뿐, 날마다 우리 자신의 마음 안에 있는 악과 싸우려 하지는 않는다.[14]

부디 툭하면 분열을 일삼는 우리의 마음을 성령님 앞에 내려 놓음으로써 정의를 추구하는 우리의 노력이 소란을 야기하기보다는 온전한 연합을 이룰 수 있게 되기를 바란다.

미셸의 이야기

미네소타에서 어린 시절을 보내는 동안, 내가 소수 인종이라는 사실을 절실히 깨닫게 했던 것들 중에 하나는 "어디 출신이세요?"라는 사람들의 질문이 끊이지 않는다는 사실이었다. 나는 사람들이 "미네소타요" 혹은 내가 살던 동네인 "히빙(Hibbing)이요"라는 대답을 듣고 싶어했던 것이 아니라는 것을 금세 알게 되었다. 사람들은 그저 나의 부모님이 한국에서 태어나셨다는 이야기를 할 때만 만족스러워 하는 모습을 보였다. 그런 질문은 설사 묻는 이가 아무리 좋은 의도를 갖고 묻는다 할지라도 나를 힘들게 했다. 왜냐하면 그 질문 안에는 내가 미국이라는 나라 "출신"이 아님이 확실하다는 의미가 내포되어 있기 때문이다. 나와 내 형제들은 미국에서 태어났고 미국이라는 나라가 우리가 알고 있던 유일한 나라였음에도 우리는 학교의 다른 백인 친구들과는 달리 외국인 취급을 받았다. 지금까지 살면서 사람들은 우리가 이곳 사람이 아니라는 것을 끊임없이 되새겨주었는데, 이것은 특히나 세상 속에서 자신의 정체성을 찾아가는 어린 시절에는 더없이 힘든 일이었다.

당신의 위치와 정체성에 대해 회의적인 말을 하고 싶어하는 사람들에게 화를 내는 것은 쉬운 일이다. 하지만 나는 그런 사람들에게 그와는 다른 방식으로 대응할 수 있다는 것을 알게 되었다. 대학원 시절에, 나는 이와 같이 나의 시각에 변화를 주는 한 사건을 목격했다. 친구들 중에 새로운 사람들을 만나고 새로운 문화를 배우는 것을 좋아하던 친구 한 명이 딱 봐도 백인

이 아닌 상점의 주인에게 다가가서 "저기, 어디 출신이세요?"라고 묻는 것이었다. 나는 경악했는데, 오히려 놀랍게도 그 상점 주인은 즐거워했다. 그분은 자신이 사랑하는 조국인 이집트에 대해서 쉬지 않고 이런저런 이야기들을 해주었고, 심지어 자신이 어디 출신인지 관심 가져준 것에 대해 그친구에게 고마워하기까지 했다! 누군가를 처음 대할 때 그 사람에게 어디출신인지를 물으면 그가 상처를 받게 될 지 아니면 즐거워하게 될 지 그저그 사람의 겉모습만 보아서는 바로 알 수가 없다. 바로 이것을 통해 나는 상호 간에 예의를 갖추어 대화하는 것의 중요성을 배우게 된 것이다.

물론 살다 보면 정말로 형편 없는 대화를 하게 될 때도 있고, 그런 상황은있는 그대로를 보아야 할 필요가 있기도 하다. 하지만 때로는 정말 좋은 뜻을 갖고 있는 사람이 진심으로 잘 해보려 하다가도 우연치 않게 다른 사람의 마음을 아프게 함으로 인해 인종 차별주의자라는 말을 들을까 두려워하기도 한다. 그리고 그렇게 단 한 번의 실수로 인종 차별주의자라는 말을듣게 되면 다음부터는 위험을 감수하지 않는 편이 더 낫겠다는 결론을 내리게 될 가능성이 높다. 결국 우리는 아예 말을 하지 않거나, 혹 하더라도매우 방어적인 태도를 취하게 될 것이다. 그리스도인인 우리에게는 서로깊이 있는 관계를 가져야 할 사명이 있지만, 늘 살얼음판을 걷듯 눈치를 봐야 한다면 그렇게 하기가 쉽지 않을 것이다.

인간인 우리의 한계를 배려해주는 것, 그것이 바로 은혜이다. 사람들이 내가싫어하는 말을 할 때가 있는가? 당연히 그럴 것이다. 나 역시 다른 사람들이싫어하는 말을 많이 했지만 그들은 내게 은혜를 베풀어주었다. 세상의 그누구도 상처주는 말을 할 수 있는 권리나 그런 말을 들어야 할 의무는 없다.그렇기 때문에 나는 개인적으로 남에게 은혜를 베푸는 것을 정말 중요하게 생각하게 되었다. 내가 상처 받은 일에만 집중하면 잠시 동안은 기분이 나아질 수도 있지만, 결국에 가서는 그 쓰라린 경험으로 인해 내 영혼이 잠식되고 나는 분노 속에 갇혀버리게 된다. 그런 사고방식에서 빠져나오지 못하면 결국 또 다른 갈등과 더 불쾌한 감정으로 치닫게 된다는 것을 깨닫는 것은 쉬운 일이 아니다.

성경 말씀은 우리에게 쉽게 상처 받지 않는 사랑을 촉구한다(고전 13:5). 은혜란 것은 나쁜 말이나 행동을 해도 괜찮다는 뜻은 아닐 것이다. 다만 내자신이 불완전한 사람인 것처럼 내가 관계하는 사람도 불완전하다는 것을 기억해야 한다는 말이다. 복음은 우리 모두가 하나님께서 원하시는 수준에 미치지 못한다(롬 3:23)는 그 진리 위에 서 있다. 만약 우리가 인종이나 기타 사회 정의에 관해 논란이 되고 있는 주제로 정말 생산적인 대화를 하고자 한다면, 사람들이 의도치 않은 실수를 할 수도 있다는 여지를 두려는 태도가 꼭 필요하다. 예수님의 제자로서 나는 그분의 몸을 이루는 지체들을 부끄럽게 하기보다는 그들에게 덕을 세워야 할 부르심을 받았다. 흠이 많은 인간인 우리는 단숨에 완전에 이르기를 기대해서는 안 되며, 우리 모두가 은혜와 진리(요 1:17) 안에서 끊임없이 자라가고 있음을 깨달아야 한다. 그리고 그것을 위해 우리 모두는 성령님의 도우심이 절실히 필요하다(갈 5:16-25)!

-미셸 리-반월(Michelle Lee-Barnewall)

미셸은 바이올라 대학교의 탈봇 신학대학원에서 신약학 조교수를 맡고 있고, 다음의 블로그를 운영하고 있다. http://www.biola.edu/blogs/good-book-blog.

개인과 소그룹 스터디를 위한 질문들

1. 우리 모두는 이따금씩 벨 훅스가 자신의 글 "살인의 분노"에서 표현한 것과 같은 그런 분노를 경험하기도 할 것이다. 그와 같은 순간에 우리는 기독교의 진리 가운데 어떤 것을 우리 자신에게 선포함으로써 그 분노를 코리 텐 붐이 보여주었던 은혜와 사랑으로 뒤바꿀 수 있을까?

2. 날마다 우리 자신에게 복음을 선포함으로써 우리가 하나님의 원수 되었을 때 우리에게 주신 그 놀라운 은혜를 되새기는 일은 우리가 사회 정의를 바라보는 시각에 어떤 영향을 미칠 수 있다고 생각하는가? 반대로 우리의 일상적인 사상과 감정에서 하나님의 용서하심에 관한 기쁜 소식을 제하여 버리면 그로 인해 사회 정의에 대한 우리의 열망은 어떻게 오염될 수 있는가?

3. 오늘날 소셜 미디어를 통해 날마다 온라인 상의 전쟁과 양극화를 경험하는 이 시대에 온라인 상에서 우리와 의견이 다른 사람들을 대할 때 성령의 열매를 실현할 수 있는 구체적인 방안에는 어떤 것들이 있는가?

그러니까 지금 하신 말씀은…

우리 시대에 뉴먼 효과가 갖는 힘을 생각해보면, 제2부 "연합인가 아니면 소란인가? 사회 정의와 공동체에 관한 세 가지 질문"에서 내가 한 말을 다음의 다섯 가지 내용으로 정리할 수 있다고 생각하는 분들이 있을 수 있다.

1. "그러니까 지금 하신 말씀은 그리스도인인 우리의 정체성은 '그리스도 안에' 있는 것이므로 우리는 사람들이 자신의 피부색이나 성별, 혹은 경제적 지위 때문에 겪게 되는 가혹한 현실을 외면해야 한다는 말이군요."

2. "그러니까 지금 하신 말씀은 마르틴 루터 킹 주니어를 반대했던 백인 그리스도인들처럼 우리도 분열의 위험성이 있으니 불의에 대하여 목소리를 높여서는 안 된다는 말이군요."

3. "그러니까 지금 하신 말씀은 교회 안에 있는 소수 인종들은 연합이라는 명목 하에 다수를 차지하고 있는 백인들의 문화 앞에 자신들의 문화나 민족적 정체성을 포기해야 한다는 말이군요."

4. "그러니까 지금 하신 말씀은 과거 오랜 세월 동안 흑인이나 피부색이 어두운 사람들에게 자행한 억압의 역사는 연합이라는 명목 하에 모조리 없던 일로 해야 한다는 말이군요."

5. "그러니까 지금 하신 말씀은 억압의 희생자들은 불의에 대해 분노할

수 있는 권리가 없다는 말이군요."[15]

아닙니다. 나는 그런 말을 하는 것이 전혀 아닙니다. 그런 생각들을 믿지도 않습니다. 혹시라도 내가 그렇게 말한 것으로 들었다면, 뉴먼 효과가 작용한 것이든지 아니면 내가 너무 전달을 서툴게 했기 때문일 것입니다. 그 점에 대해서는 여러분의 용서를 구합니다.

소란이 아닌 연합을 추구하기 위한 기도

하나님,

주님께서는 저희를 공동체를 위해 지으셨는데, 타락한 저희들은 주님께서 주신 그 관계를 맺고자 하는 선한 동기들을 비틀고 왜곡하여 당파주의로 바꾸었습니다. 모든 인류가 함께 처해 있는 이 타락의 상태를 겸손히 깨달을 수 있도록 도우시어 민족이나 성별, 혹은 경제적 우위에 대한 모든 주장들을 다 물리칠 수 있게 하여 주옵소서. 또한 저희가 "그리스도 안에" 있다는 이 정체성이야말로 한없이 소중한 것임을 보게 하시어 모든 방언과 민족과 나라의 사람들이 이 땅의 비통함을 초월하여 서로를 영원히 함께 할 형제와 자매로 받아들일 수 있게 하여 주옵소서. 정의를 가장하고, 개인을 집단의 표본으로 간주하며, 인생의 모든 문제를 다른 사람들의 집단에 덮어 씌우려 하는 악한 선전들을 꿰뚫어보고 그에 맞설 수 있도록 도우시옵소서. 저희 안에 있는 의심과 분노를 생명을 낳는 성령님의 열매로 바꾸어 주옵소서. 저희 안에 초자연적인 사랑과 희락과 화평과 오래 참음과 자비와 양선과 충성과 온유와 절제가 넘치게 하시어 주님의 교회 안에 참된 연합을 이룰 수 있게 하여 주옵소서. 아멘.

제3부

죄인인가
아니면 제도인가?

: 사회 정의와 구원에 관한 세 가지 질문

내가 받은 것을 먼저 너희에게 전하였노니 이는 성경대로 그리스도께서
우리 죄를 위하여 죽으시고 장사 지낸 바 되셨다가 성경대로 사흘 만에
다시 살아나사 (고린도전서 15:3-4)

20년 전 어느 날, 나는 로스엔젤레스에 있는 한 힌두교 수도원에서 그곳의 수도승 한 명과 탁자에 마주 앉아 있었다. 이 수도승을 앞으로 시드(Sid)라는 이름으로 부르겠다. 당시 나는 힌두교 문화가 지배적인 네팔로 가서 복음을 전하기 위한 선교 여행을 준비하고 있었기에 힌두교에 대해 단순히 책에서 읽을 수 있는 것 이상의 내용을 알고 싶었다. 시드는 세상의 불평등을 바라보며 한 때 자신이 느꼈던 고뇌에 대해 이야기해주었다. 왜 어떤 사람은 거대한 저택에 사는 금수저 가정에서 태어나고, 반면에 어떤 이는 진흙투성이의 헛간에서 말라리아에 걸린 채로 태어나야 하는가? 이런 의문에 그는 밤 잠을 설쳐야 했다. 도대체 이와 같은 부당함을 어떻게 설명해야 하는가?

이와 관련하여 시드는 동양의 철학, 그 중에서도 특히 카르마(karma, 업보)와 환생의 교리를 제법 확고히 신봉하고 있는 것처럼 보였다. 그런 교리에 따르면, 어린 리치 리치(Richie Rich, 유복한 가정의 엄친아로 태어난 리치 리치가 악당들을 물리친다는 내용의 미국 만화임―역자주)는 전생에 선한 업보를 넘치도록 쌓았기에 벨 에어(Bell Air, 미국

의 캘리포니아 주 로스엔젤레스 서부에 위치한 부촌—역자주)에서 태어난 것이다. 반면 애석하게도 어린 순지(Sunji)는 전생에 쌓아 놓은 업보가 보잘것없어서 카트만두의 빈민가에서 다시 태어난 것이다.

시드는 전 인류의 보편적인 의문이자 굉장히 좋은 질문을 끌어오고자 했는데, 그것은 오늘날의 '사회 정의 B' 운동에 생명력을 불어넣는 것이기도 하다. 이 우주 가운데 그와 같은 불평등이 만연해 있는 이유는 무엇인가? 나는 캘리포니아 주 오렌지 카운티에서 장난감이 가득하고 에어컨이 갖춰져 있으며 뒷마당에 스파 시설까지 완비된 단독 주택에서 태어났다. 그런데 1999년 카트만두에 있는 원숭이 사원에서 만나 친구가 된 써레쉬는 구르카라는 마을에서 극심한 빈곤 가운데 태어났다. 그의 집은 양철 지붕으로 덮여 있었고, 염소들과 함께 살았으며, 힌두교 문화에서 불가촉천민 계급인 달리트의 주홍 글씨가 새겨진 채로 태어났다. 혹시 우리 둘이 서로 상대방의 출생지에서 태어날 수도 있었겠는가? 혹시 그가 전 세계 상위 1퍼센트 안에서 태어나고, 그 대신 나는 불가촉천민으로 태어나는 일도 있을 수 있었겠는가? 물론이다. 그렇다면 우리는 금수저로 태어나는 것과 흙수저로 태어나는 것에 대해 발언권이 있었는가? 아니다. 그것은 공평하다고 볼 수 없다.

이와 같은 불공평에 대처하는 시드의 방법은 개인의 책임을 강조하는 교리를 받아들이는 것인데, 이런 생각은 너무도 급진적인 것이라 심지어 벤 샤피로(Ben Shapiro)와 조던 피터슨(Jordan Peterson)까지도 당황스럽게 할 만한 것이다. 안타깝지만 어떤 불가촉천민들이 빈민가에서 태어난 이유는 그들이 전생에 개인적으로 택했던 삶이 훗날 그런 빈민의 삶을 살 수밖에 없는 결과를 낳은 것이다. 마찬가지로 내가 캘리포니아 남부의 교외에서 태어난 것은 아마도 지난 생에서 대단한 업보를 쌓을 만한 훌륭한 일을 했었기 때문이다.

서구에서도 시드를 힌두교 수도원으로 이끌었던 것과 동일한 불공평을 설명하기 위해 수많은 사람들이 고군분투했다. 하지만 서구의 노력을 제외하면 현재의 학계나 연예계, 기타 미디어의 흐름은 시드가 갔던 길과는 정 반대 방향으로 향하고 있다. 즉 불평등을 설명할 수 있는 것은 자기 자신이나 자신의 개인적인 선택이 아닌 제도라는 것이다. 가난한 사람이 가난한 이유는 자본주의라는 제도 때문인데, 그런 제도로 인해 가난한 사람은 더욱 가난하게 되고 그것을 통해 부자는 더욱 부자가 된다고 말한다. 유색인이 비참한 삶의 환경에서 헤어나올 수 없는 이유는 인종 차별적인 사법 제도와 인종 차별적인 주택 정책, 그리고 인종 차별적인 교육 제도 등 그에게 불리하게 형성된 온갖 종류의 백인 우월주의적인 제도들이 산재해 있기 때문이다. 여성이 사회에서 성공하기 위해 힘겨운 싸움을 하고 있는 이유는 가부장적 제도 때문인데, 이 가부장제는 마거릿 애트우드(Margaret Atwood)의 《시녀이야기》(*The Handmaid's Tale*, 1985년 캐나다의 소설가 마거릿 애트우드가 지은 디스토피아적 소설의 제목이다. 극우 기독교 근본주의자들이 쿠데타로 미국을 점령한 후 미혼모나 재혼자들을 잡아들여 상류 사회 남성들의 시녀로 삼는다는 줄거리다. 2017년에는 미국에서 원작을 바탕으로 하여 "핸드메이즈 테일"이라는 제목의 TV 드라마로 제작되기도 했다.-역자주)가 단순한 소설이 아닌 현실이 되기를 바라는 남성들에 의해 세워지고 유지되는 여러 가지 관습들의 광범위한 그물망 같은 것이기에 그렇다.

과연 제도적인 불의라는 것이 있을까? 물론이다. 전쟁 이전, 즉 미국의 남북 전쟁이 일어나기 전의 노예 제도나 전후의 짐 크로우법 등을 제도적인 불의 외에 달리 무어라 부를 수 있겠는가? 그 밖에도 아파르트헤이트나 카스트 제도, 혹은 인신매매 등은 제도적 불의가 아니고서야 다른 어떤 말로 부를 수 있다는 말인가?

성경은 "율례를 빙자하고 재난을 꾸미는"[1] 사람들과 어울리지 말라고 경고한다. 즉 인간의 법전 안에 하나님의 법에 대한 불순종을 끼워 넣는 사람을 경계하라는 말씀이다. 악한 인간이 곧 악한 법을 만든다. 우리의 죄를 제도화하는 것이다. 하인리히 힘러, 헤르만 괴링, 그리고 아돌프 히틀러는 그저 개인적으로 반유대인적 죄악을 표출한 것이 아니다. 그들은 유대인 거주 지구(ghetto)와 가스실 등으로 죄악을 조직화했다. 흑인을 적대시하는 인종 차별의 죄 또한 개인적으로 표현된 것이 아니었다. 그것은 미국의 노예 매매, 연방 대법원의 씻을 수 없는 오명을 남긴 드레드 스콧(Dred Scott) 판결, 짐 크로우 법, 버스 안에서 흑인이 백인에게 자리를 내주어야 한다고 규정한 알라바마 주 법령[로자 파크스(Rosa Parks)는 이에 용맹스럽게 저항함], 특정 지역에 대한 대출 거부 등, 기타 수많은 법규를 통해 조직적인 뼈대를 갖추게 되었다. 인도의 카스트 제도 역시 대부분의 시민들에게 "불가촉천민"이라는 딱지를 붙였는데, 힌두교 사회는 바로 이런 불의를 바탕으로 세워진 제도 위에서 그 기능을 해 나갔다. 그 외에도 남아프리카 공화국의 아파르트헤이트, 중국의 한 자녀 정책 등 제도적인 불의는 그 끝을 모르고 한없이 계속된다. 수천 년 전에 기록된 성경이 이것을 바로 보았던 것이다. 우리는 참으로 "율례를 빙자하고 재난을 꾸미는" 사람들이다.

그러나 이처럼 죄가 한 없이 커지거나 제도화될 수 있다는 성경의 통찰은 일반적으로 '사회 정의 B'에서 뜻하는 "제도적 불의"와는 다르다. 그 둘 사이에는 중요한 차이점들이 있다. 우리가 이 차이점을 깊이 생각해보지 않으면, 교회는 예수님이 아닌 최신 유행 이념 앞에 무릎 꿇게 되고 말 것이다. 이번 장에서는 사회 정의와 구원에 관한 세 가지 질문을 해볼 것인데, 이런 질문을 통해 그 둘 사이에 존재하는 근본적인 차이점들을 분명히 드러내고, 또한 주님께서 뜻하시면 다음의 질문들을 통하여 교회가 복음을 잃어버리지 않으면서도 억압받는 자들을 사랑할 수 있게 될 것이다.

- 사회 정의에 대한 우리의 시각은 비난의 여지없는 사실보다 비난할 만한 이야기를 더 선호하는가?
- 사회 정의에 대한 우리의 시각은 인종적 갈등을 부추기는가?
- 사회 정의에 대한 우리의 시각은 역사상 가장 기쁜 소식을 왜곡하는가?

제7장
불균형에 관한 질문

■ ■ ■

: 사회 정의에 대한 우리의 시각은 비난의 여지없는 사실보다
비난할 만한 이야기를 더 선호하는가?

제도라는 단어와 **불의**라는 단어를 함께 쓰는 것은 **사회**라는 단어와 **정의**라는 단어를 함께 쓰는 것과 매우 흡사하다. 즉 그런 단어 조합에는 성경적인 의미와 성경적이지 않은 의미가 다 포함될 수 있다는 뜻이다.

성경에는 **제도적**이라는 단어가 어디에도 나오지 않는다. 하지만 그렇다고 해서 죄가 제도적으로 표출될 수 없다는 믿음을 갖고자 한다면 제퍼슨이 했던 것처럼 가위를 가져다가 영감된 문서에 이곳저곳을 오려내는 일을 해야만 할 것이다(미국의 제3대 대통령이었던 토마스 제퍼슨은 자신의 철학과 믿음에 따라 신약 성경을 자기 마음대로 편집하여 신약 성경 안에서 자신이 납득할 수 없는 기적이나 예수님의 신성에 관한 내용들을 모두 도려내고 자기 나름의 성경을 만들었음—역자주). 유대인이 애굽에서 포로 생활을 한 것은 그저 바로 한 사람의 개인적 잘못이 아니며, 그것은 하나님의 백성을 채찍질하며 인간 이하의 취급을 했던 애굽의 사람들도 마찬가지다. 그것은 곧 제도였다. 자신이 아

닌 다른 존재에게 기도하는 사람을 사자 밥이 되도록 칙령을 내린 다리오 왕은 물론, 자신의 금 신상 앞에 절하지 않는 사람을 풀무 불에 던져 넣으라는 칙령을 내렸던 느부갓네살 왕도 모두 불의한 제도를 만들었다. 성경에는 그저 어느 한 사람의 죄라고 보기에는 너무 큰 제도적 불의에 대항하는 것과 관련된 많은 언급들이 많이 나타난다. 성경의 이런 명령들은 단순히 개인의 경건을 위한 것만이 아니며, 이 땅의 제도들 속에 하나님의 정의의 빛을 드러낼 수 있도록 우리를 인도하시는 것이다.

두 종류의 "제도적 불의"

만약 **제도**와 **불의**라는 표현에 성경적인 의미를 주입해본다면, 제도적 불의란 **사람들로 하여금** 하나님께서 **그분의 피조물이 번성할 수 있게 하시려고 주신 도덕법을 어기도록 요구하거나 충동하는 일체의 제도**를 의미하게 된다. 다리오 왕과 느부갓네살 왕은 백성들에게 하나님 외에 다른 신을 섬기지 말라는 첫째 계명을 어기도록 함으로써 스스로 멸망에 이르게 하는 제도를 세웠다. 신약 시대에 로마인들이 가이사를 신으로 섬기도록 하는 황제 숭배의 법을 만든 것도 동일한 일이다. 불의 신인 몰렉을 섬겼던 나라들에서는 아이들을 제물로 바치게 하는 법을 만들었는데, 이는 오늘날 낙태를 허용하는 법과 매우 닮아 있는 것이며, 그 자체로 불의한 제도이다. 이런 법들은 "살인하지 말라"고 하신 제6계명을 어기도록 조장하는 것이다.

제도적 불의는 창조주의 선한 명령들을 어김으로써 그분께 반역하도록 충동질하는 일체의 제도를 말한다. 이것이 성경적인 정의(definition) 안에 내포된 의미이다. 그로 말미암아 프레드릭 더글라스(Frederick Douglas)와 소저너 트루스(Sojourner Truth)는 미국의 노예 제도를 바꿀 수 있는 힘을 얻었고, 소피 스콜(Sophie Scholl)과 디트리히 본회퍼는 나치주의 제도에 항거했으며, 알렉산드르 솔제니친과 바츨라프 하벨(Vaclav Havel)은 소련의 공산주의 제도의 기반을 뒤흔드는 힘을 얻을 수 있었다.

그러나 '사회 정의 B'에서는 "제도적 불의"를 그렇게 정의하지 않는다. 만약 이 두 가지의 서로 다른 정의와 거기서 도출되는 결과들 사이의 차이점을 분명하게 구별하지 못한다면, 우리도 억압받는 이들을 위해 하나님의 정의를 실천한다고 생각하지만 실제로는 정치 이념가들의 길을 답습하게 될 것이다.

만일 우리가 '사회 정의 B'에서 제시하는 정의를 따라간다면 실제 세상에서 제도적 불의로 여기는 일들은 다음과 같은 모습을 띄게 될 것이다.

- 캘리포니아의 실리콘 밸리에 있는 거대 IT 기업인 애플과 구글, 트위터, 페이스북, 링크트인(LinkedIn), 그리고 야후 등에서 기술직(예컨대, 프로그래머나 엔지니어)에 종사하고 있는 여성의 비율은 고작 15.67% 밖에 되지 않는다.[1]
- 뉴저지에 있는 유료 고속도로(New Jersey Turnpike)에서 속도 위반 딱지를 받은 사람의 수는 흑인 운전자가 백인 운전자에 비해 거의 두 배에 달한다.[2]
- 2000년 미국 국민 권익 위원회 보고서가 발표한 자료에 따르면, 대출 기관들의 주택 담보 대출 거부 건수는 흑인이 44.6%로 22.3%인

백인에 비해 두 배에 달한다.[3]

이런 종류의 예들은 차고 넘친다. '사회 정의 B'의 시각에서는 제도적 불의가 있는지를 알아내려면 불공평한 결과들을 찾아내면 된다. 불공평한 결과가 하나라도 있다면 그것은 곧 성 차별주의나 인종 차별주의 혹은 그 외의 사악한 "주의나 이념"이 특정한 제도의 기반에 깔려 있음을 명백하게 보여주는 증거가 된다고 본다. 그러므로 모든 사람이 인간다운 삶을 향해 나아가기 위한 공정한 기회를 얻기 위해서는 그런 제도를 완전히 무너뜨려야만 하는 것이다. '사회 정의 B'의 사고방식 안에는 다음과 같은 등식이 확립되어 있다.

불균형 = 차별

성경은 차별이 존재한다는 사실과 그리스도인은 그것에 저항해야 한다는 점을 분명히 밝히고 있다.[4] 그리고 죄악에서 비롯된 차별로 인해 불균형이 초래되는 것 또한 어느 정도 사실이다. 하지만 성경은 결코 이브람 켄디(Ibram X. Kendi, 미국의 인종 차별 반대 운동가임-편집주)가 생각하는 것과 같은 그런 극단으로까지 치닫지는 않는다. 켄디는 베스트셀러로 선정된 자신의 책 《처음부터 짓밟힌》(*Stamped from the Beginning*)에서 "인종 간의 불균형은 인종 차별의 결과임이 분명하다"[5]라고 주장한다. 여기서 그가 "분명하다"라는 표현을 쓰고 있음을 주목해보라. 그는 〈뉴욕 타임즈〉와의 인터뷰에서 "나는 인종 간 불균형을 볼 때마다 그 안에서 인종 차별주의를 본다"[6]라며 자신의 신념을 대담하게 진술했다. 불균형과 차별을 무조건적으로 동일시하는 생각은 600쪽짜리 베스트셀러나 기타 미국 내에 있는 수많은 사회학과 인류학 분야에서 어쩌다 우연히 등장한 것이 아니다. 그것은 이미 21세기에 접할 수 있는 사회 정의에 관한 대화들 중 대부분의 뼈대를 이루고 있는 주류가 되었다. 그리고 그것은 교회 안에서 이루어지는 대화도 마찬가지다.

> **성경은 차별이 존재한다는 사실과 그리스도인은 그것에 저항해야 한다는 점을 분명히 밝히고 있다.**
>
> ■ ■ ■

'사회 정의 B'의 관점에서는 사회적으로 정의로운 세상을 이루는 일은 다음의 세 단계를 따르게 된다.

1단계. 불공평한 결과를 중단하라.
2단계. 그런 불공평한 결과를 인종 차별주의적인 제도나 성 차별주의적인 제도에 대한 명백한 증거로 해석하라.
3단계. 그와 같은 제도를 폐지하라.

이런 관점을 기독교 안으로 가지고 들어오게 되면 흔히 네 번째 단계가 생겨난다.

4단계. 그와 같은 제도를 폐지하는 일을 "복음의 일"과 동일시한 후에 동료 신자들이 이런 투쟁에 가담하지 않으면 그들에게 백인 우월주의나 가부장적 억압의 혐의를 뒤집어씌워 비난하라.

비난의 여지없는 사실들

'사회 정의 B'에서 규정하는 제도적 불의에 대한 정의를 따라가다 보면 좋은 뜻을 가진 많은 그리스도인들조차 2단계에서부터는 더 이상 그들의 신앙이 살아 숨쉴 수 없는 곳으로 향하게 된다. 즉 그 길 위에서 최악의 상황을 가정하는 법을 배우게 되는 것이다. 그리하여 결국 다른 이들을 비난할 수 있는 여지가 많은 결론들을 받아들이게 되는데, 이 과정에서 사실(facts)과 성경에서 말씀하시는 관용이 희생되는 일이 흔히 일어난다.

새로운 천년의 시대에 돌입하는 시기 어간에 뉴스 헤드라인에 등장했던 불공평한 결과를 하나 예로 들어보자. 뉴저지에 있는 유료 고속도로에서는 백인 운전자에 비해 더 많은 흑인 운전자들이 속도 위반에 단속되어 딱지를 받았다. 1단계—불공평한 결과 발견. 여기서 2단계로 진행해 나갔다. 앞에서 발견된 결과에 의거하여 뉴저지 도로교통법을 집행하는 제도는 인종 차별주의적이라고 간주했다. 그러자 많은 이들이 기꺼이 3단계로 진행하여 주 경찰에 저항하는 사회 정의 운동을 펼쳤다. 오늘날 미국 기독교의 상황에서는 아마도 많은 이들은 4단계로 나아가 뉴저지 유료 고속도로에서 일어난 이와 같은 인종 차별주의적인 제도적 불의에 항거하지 못한 기독교 공동체를 "잘려 나간 복음"(truncated gospel)이나 "백인 우월주의"가 교회 안에 존재하고 있음을 뒷받침하는 증거라고 비난하고자 했을 것이다.

그 후에 공공 업무 연구소(the Public Services Research Institute)에서 '뉴저지 유료 고속도로 상의 속도 위반 조사 최종 보고서'(Speed

Violation Survey of the New Jersey Turnpike: Final Report)를 발표했다. 조사관들은 이 사안의 진상을 밝혀 내기 위해 고속 카메라와 스피드 건을 사용하여 유료 고속도로 상의 운전자 38,747명을 조사했다. 연구 결과는 다음과 같았다. "제한 속도가 시속 65마일(105km)인 고속도로의 남쪽 구역에서는 흑인 운전자들의 2.7%가, 반면에 백인 운전자들 중에서는 1.4%가 속도를 위반했다. 시속 90마일(145km) 이상으로 달렸던 운전자들 중에서는 그 차이가 훨씬 더 크게 나타났다…. 이 연구에서는 인종에 따른 차별적 검문검색에 대한 불만이 가장 많이 제기되었던 시속 65마일 구간에서 전체 운전자들 중에 흑인은 16%를 차지했고, 속도 위반 운전자들 중에서는 흑인이 25%를 차지했다는 결과를 보여주었다."[7]

조사관들은 "인구 통계 조사에 의하면, 흑인 운전자들이 백인 운전자들에 비해 연령대가 더 낮았고, 또한 젊은 운전자들이 속도 위반을 더 많이 하는 경향이 나타난다"[8]는 점을 지적했다. 이는 그다지 놀랄 만한 내용이 아니다. 나이 든 사람들이 차를 더 천천히 몬다는 것은 보편적으로 알고 있는 사실이다. (이를 통해 인종에 따른 검문검색이 전혀 없다는 말을 하고자 함은 아니다. 다만 이 특정한 사안에 관해 제기되었던 불균형적인 결과는 인종이 아닌 실제적인 요인들을 통해서 더 잘 설명할 수 있음을 말하고자 하는 것이다.)

이번에는 미국 내 은행에서 주택 담보 대출을 거부한 사례가 백인은 22.3%였는데 반해 흑인은 44.6%로 백인의 두 배에 달했다는 사실을 생각해 보자. 결과만 놓고 보면 이 사실에는 비난의 여지가 많아 보인다. 하지만 미국의 국민 권익 위원회에서 발간한 동일한 보고서에 따르면 똑같은 담보 대출 요청에 대한 백인계 미국인에 대한 거부 사례(22.3%) 역시 아시아계 미국인과 하와이 원주민들의 12.4%의 두 배에 육박함을 알 수 있다.[9] 그렇다면 이것은 백인에 대한 제도적 차별의 증거라고 할 수 있는가? 물론 그렇지 않다. 그뿐 아니라 오히려 "백인 소유의 은행보다 흑인이 소유한 은행에서 흑인의 주택 담보 신청의 거절 비율이 더 높다"[10]는 사실은 어떠한가? 이것도 제도적 인종 차별인가?[11] 아니다.

그럼에도 불구하고 이 정도 사실들로 인해 사람들이 도대체 정의가 무엇인지 대해 혼란에 휩싸이지는 않을 것이다. 이것들은 비난의 여지가 없는 객관적인 자료에 의한 설명일 뿐이고, 또한 경험적인 증거를 통해 뒷받침할 수 있는 것들에 불과하기 때문이다. 그 외에도 이런저런 불평등에 대한 이유를 밝혀주는 설명들이 많이 있는데, 모두 다 비난의 요소가 없고 심지어 지리하기까지 한 것들이다. 그 중의 단 몇 가지만 아래에 가져와본다.

1. 지역. 해안가에 사는 사람들, 산지에 사는 사람들, 비옥한 토지에 사는 사람들, 모래가 많은 지역에 사는 사람들, 그리고 문화적 혁신의 중심지에 가까이 살거나 멀리 사는 사람들은 저마다 서로 다른 결과물을 경험하게 된다. 우리가 사는 세상과 달리 인종 차별주의나 성 차별주의, 혹은 그 어떤 종류의 악한 주의나 이념도 존재하지 않는 세상이라 할지라도 여전히 불평등은 존재할 것이며 그런 불평등은 지리적 상황과 같이 따분하고 전혀 비난의 요소가 없는 것 위에서도 발생할 것이다.[12]

2. 양초. 매년 생일 케익 위에서 반짝이고 있는 촛불의 숫자는 불평등한 결과에 커다란 영향을 미친다. "예를 들어 미국에서는 일본계 미국인들의 중위 연령은 51세이고 멕시코계 미국인들의 중위 연령은 27세이다. 그렇다면 이 두 집단이나 혹은 다른 집단의 사람들이 오랜 기간의 교육이나 경력을 필요로 하는 직업이나 기관, 기타 활동 등에서 동일한 비율의 수를 차지하는 일이 어떻게 가능할 수 있겠는가?"[13] 우리가 사는 세상과 달리 인종 차별주의나 성 차별주의, 혹은 그 어떤 종류의 악한 주의나 이념도 존재하지 않는 세상이라 할지라도 여전히 불평등은 존재할 것이며 그런 불평등은 나이와 같이 따분하고 전혀 비난의 요소가 없는 것 위에서도 발생할 것이다.

3. 달력. 아이스하키 프로 선수들 중에 1월에서 3월 사이에 태어난 선수들과 12월에 태어난 선수들 사이에 놀라운 불평등이 존재한다. 말콤 글래드웰(Malcolm Gladwell)은 자신의 책《아웃라이어》(Outliers)에서 북미 아이스하키 리그인 NHL(National Hockey League)에 1월에서 3월 사이의 출생한 선수들의 숫자가 더 많은 이유를 설명하려고 했다. 캐나다 청소년 아이스하키 프로그램의 마감 시한은 1월 1일이다. 아이들은 코치의 평가에 따라 더 나은 엘리트 프로그램으로 승급하게 되는데, 이 프로그램에서는 연습양도 늘어나고 시합도 더 많이 할 뿐만 아니라 더 실력 있는 코치진이 있어서 NHL에 진출할 기회도 더 많아진다. 그런데 코치들이 이렇게 상급 프로그램에 진

출할 아이들의 성적을 매기기 시작할 때 보면 그 해 1월에 태어난 아이는 같은 해 12월에 태어난 팀의 동료 아이보다 단순히 생일만 몇 개월 빠른 정도가 아니라 실력도 더 좋다. 이에 대해 글래드웰은 "여덟 살짜리 아이들에게 10개월이나 11개월 차이는 발육에 있어 큰 차이를 보인다"[14]라고 말한다. (과연 NHL은 "12월 차별주의", 즉 같은 해에 생일이 늦은 사람들에 대한 차별에 대해 책임이 있는가?) 글래드웰은 동일한 현상이 유럽의 축구나 미국의 야구에서는 훨씬 더 극단적인 형태로 나타날 수 있다고 주장한다. 우리가 사는 세상과 달리 인종 차별주의나 성차별주의, 혹은 그 어떤 종류의 악한 주의나 이념도 존재하지 않는 세상이라 할지라도 여전히 불평등은 존재할 것이며 그런 불평등은 생일과 같이 따분하고 전혀 비난의 요소가 없는 것 위에서도 발생할 것이다.

최초의 아폴로 우주 프로그램에 참가했던 스물 아홉 명의 우주인들 중에 스물 두 명이 집에서 맏이로 태어났다. 미국에 사는 사람들은 전 세계 토네이도의 90% 가량을 경험한다. NBA, NFL, NHL, 그리고 MLB에는 상대적으로 아시아인의 수가 적다. 보건 계통의 종사자나 4년제 대학 졸업자 수, 그리고 세계에서 가장 큰 기업들의 판매 전략을 좌지우지하는 소비 트렌드에는 여성의 영향력이 상대적으로 더 크다.

전장에 나가 목숨을 잃는 군인들의 수는 남성들이 압도적인 다수를 차지하고 있고, 벽돌공이나 배관공, 그리고 목수 등의 직업군은 거의 남성들이 독점하다시피 하고 있다. 유대인들은 "전 세계

인구의 1%도 채 안 되지만… 노벨 화학상 수상자의 22%, 노벨 의학상 수상자의 32%, 그리고 노벨 물리학상 수상자 역시 32%가 유대인들이었다."[15] 프레이저(Frasier) 같은 시트콤이나 크리드(Creed)의 음악, 그리고 골프를 즐기는 사람들의 대다수는 중년과 노년의 백인 남성들이다.

여기서 핵심은 세상을 황폐케 하는 인종 차별주의나 성 차별주의 혹은 그 밖의 사악한 주의나 이념 같은 것들은 전혀 존재하지 않는다는 말이 아니다. 죄악 가득한 이념들로 인해 어떤 집단의 사람들이 다른 집단의 사람들은 받지 않아도 될 상처를 받게 되는 경우가 있기 때문이다. 다만 진정한 핵심은 모든 종류의 공평하지 않은 결과에 대해 "제도적 불의!"라고 소리치는 일은 너무도 안일한 행동이라는 것이다. 우리가 사는 세상과 달리 인종 차별주의나 성 차별주의, 혹은 그 어떤 종류의 악한 주의나 이념도 존재하지 않는 세상이라 할지라도 여전히 불평등은 존재할 것이며 그런 불평등은 지리적 상황과 생일, 태어난 순서와 쇼핑 습관, 벽돌을 쌓고 싶은 욕구나 기타 수많은 요소들처럼 따분하고 전혀 비난의 요소가 없는 것 위에서도 발생할 것이다.[16]

만일 우리가 공평하지 않은 결과물에 대해서는 무조건적으로 비난의 여지를 담고 있는 설명을 제시하려 한다면, 그것은 결코 끝나지 않는 분노의 감옥 속에 스스로를 가두는 것일 뿐만 아니라, 우리 자신의 감각을 마비시켜서 결국에는 진정한 의미의 인종 차별과 성 차별, 그리고 그 외에 우리 주변에 실재하는 악한 이념들을 찾아내어 그것에 저항하는 거룩한 사명에 대해서는 아무 쓸모 없는 존재가 되어버리는 것이다.

평등의 요술 지팡이

또 한 가지 아주 간단한 사실을 통해 우리 사회의 불평등한 결과물을 이해하는 데 도움을 얻을 수 있는데, 그것은 사람들이 살아가면서 저마다 다른 선택을 한다는 사실이다. 인생에서 다른 선택을 하면 그 결과도 달라지기 마련이다. 물론 그렇다고 선택이 서로 다른 결과를 내게 하는 유일한 요소라는 의미는 아니다. 그럼에도 개인의 선택이 하나의 요소로 작용하는 것은 분명하다. 만약 우리가 이 사실을 간과하면 사회 정의에 대한 우리의 관점은 다음과 같은 성경의 세계관과 조화를 이루기가 갈수록 더욱 더 어려워질 것이다.

> 손을 게으르게 놀리는 자는 가난하게 되고
> 손이 부지런한 자는 부하게 되느니라[17]

> 모든 수고에는 이익이 있어도
> 입술의 말은 궁핍을 이룰 뿐이니라[18]

> 게으른 자는 가을에 밭 갈지 아니하나니
> 그러므로 거둘 때에는 구걸할지라도 얻지 못하리라[19]
> 누구든지 일하기 싫어하거든 먹지도 말게 하라 하였더니[20]

> 집은 지혜로 말미암아 건축되고
> 명철로 말미암아 견고하게 되며

또 방들은 지식으로 말미암아

각종 귀하고 아름다운 보배로 채우게 되느니라[21]

내가 게으른 자의 밭과

지혜 없는 자의 포도원을 지나며 본즉

가시덤불이 그 전부에 퍼졌으며

그 지면이 거친 풀로 덮였고

돌담이 무너져 있기로

내가 보고 생각이 깊었고

내가 보고 훈계를 받았노라

네가 좀 더 자자, 좀 더 졸자,

손을 모으고 좀 더 누워 있자 하니

네 빈궁이 강도 같이 오며

네 곤핍이 군사 같이 이르리라[22]

"2007년에서 2011년 사이 아이비리그(Ivy League) 대학들에 재학 중인 아시아계와 유대계 학생들의 비율은 각각 16%와 23%였는데, 그에 반해 미국 내 전체 인구 중에 그들의 비율은 각각 5.6%와 1.4%였다. 다시 말해서 거주 인구에 비해 명문 대학 진학률은 각각 3배와 16배 정도 많았다는 뜻이다."[23] 이것은 아이비리그 안에 아시아계와 유대계의 우월주의가 만연해 있다는 증거인가? 당연히 아니다.

혹은 로마 가톨릭이나 주류 개신교의 신자들에 비해 보수적인 개신교 신자들의 재산이 훨씬 더 적다는 사실과, 그 중에서도 미국 성공회와 유대계 미국인들은 그 외의 어떤 사람들보다도 훨씬 높은 수입을 얻고 있다는 사실을 생각해 보자. 보수 개신교인들의 중위권 순자산은 26,000달러인데 비해 유대교를 지지하는 사람들의 중위권 순자산은 150,890달러에 달했다.[24] 이런 불평등은 보수 개신교에 대한 제도적 억압의 증거인가? 그렇다면 우리는 이처럼 미국 내에 널리 퍼져 있는 보수 개신교인들에 대한 차별에 저항해야 하는가? 아니다. 이와 같은 숫자는 그저 서로 다른 삶의 선택은 서로 다른 삶의 결과를 낳는다는 상식을 뒷받침해주는 것일 뿐이다.

세상에 있는 모든 불평등을 지워버릴 수 있는 평등의 요술 지팡이가 있다고 한 번 상상해보자. 이 요술 지팡이에는 너무도 신비한 능력이 있어서 이 지구 상에 존재하는 모든 종류의 차별을 다 사라지게 할 수 있다. 어느 날 잠에서 깨어 보니 세상에서 모든 차별이 사라졌고, 우리의 은행 계좌에는 백만 달러의 잔고가 들어 있으며, 옷장 가득 명품 브랜드의 옷들이 즐비하게 걸려 있는 커다란 단독 주택에서 살고 있을 뿐만 아니라, 모든 선택과 기회가 평등하게 주어지는 완전히 새로운 지평을 맞이하게 되었다. 그 누구도 억압적인 제도의 방해를 받지 않는다. 이 모든 것을 마치 불평등에 저항하는 일로부터 얻는 휴가라고 한다면 정의를 사랑하는 우리는 얼마 동안 이 휴가를 누릴 수 있을까? 그것은 아마도 휴가라기보다는 잠시 화장실 다녀올 정도의 짬이라고 하는 것이 더 맞을 것이다.

사람은 저마다 자기들의 우선순위가 다르고 그에 따라 서로 다른 선택을 하기 때문에 5분도 채 지나지 않아 불평등한 상황은 다시 발생하게 될 것이고 그 차이는 갈수록 더욱 커질 것이다. NBC

시트콤 '팍스 앤 레크리에이션(Parks and Recreation)'의 다양한 인물들이 느닷없이 굴러들어온 현금에 어떻게 반응하는지 한 번 생각해 보라. 도나는 자신의 부동산 사업을 확장한다. 벤은 아이스 타운(Ice Town)을 건설하는 일에 자신의 백만 달러를 쏟아붓는다. 론은 금을 사서 그것을 숲 속에 가져다 묻는다. 토미는 호화로운 레드카펫 파티를 열고 거기에 여섯 개의 칵테일 바와 벵갈 호랑이, 그리고 새우 문양의 벽 장식으로 화룡점정을 찍는다. 크리스는 채식주의 상품의 물류와 유통에 투자한다. 앤디는 스키틀즈에 돈을 허비해 버리는 반면 잔 랄피오는 최고급 스카프와 명품을 사 모으며 사치스러운 삶을 살아간다. 그리고 머지않아 사회학자들은 불평등에 대한 연구를 시작할 것이고, 곧 다양한 개인과 집단 간에 엄청난 불균형이 존재함을 밝혀낼 것이다. 그러면 사회 운동을 하는 사람들은 그리즐(Gryzzl, 해당 드라마에 등장하는 가상의 거대 IT 회사 이름-역자주)이 생산하는 기구를 사용해 이 모든 불의에 저항한다.

이상과 같은 평등의 요술 지팡이 실험을 통해 두 가지 점을 생각해볼 수 있다.

첫째, 만약 불평등을 설명하기 위해 차별이라는 개념을 만병통치약처럼 사용한다면 그것은 지나친 단순화의 오류이다. 앞서 살펴본 허구의 세상에서는 차별이란 전혀 존재하지 않지만 그럼에도 커다란 불균형은 여전히 존재한다. 허구이든 현실이든 두 세상 모두에 있어 공통적인 사실은 다양한 사람들이 서로 다른 우선순위를 갖고 그에 따라 서로 다른 선택을 하며 산다는 점이다. 그런데 우리가 이 다른 사람들과 다른 우선순위, 그리고 다른 선택들 속에서, 심지어 차별이 없는 세상이라 할지라도, 거기서 늘 동일한 (또는 동일 비스무레한) 결과가 나오기를 기대할 수 있겠는가? 우리가 살아가고 있는 이 세상에는 차별로 인해 일어나는 불평등이 역겨울 정도로 많이 일어나는 것이 사실이다. 하지만 차별과는 아무런 상관이 없는 불평등도 또한 존재한다. 만약 우리가 불균형을 차별과 동일시하는 '사회 정의 B'의 공식을 받아들인다면, 여러 가지 상황에서 불의를 발견할 때마다 칼을 휘둘러 대고는 있지만 실상은 그저 허공을 향해 그렇게 하는 경우가 많이 있을 것이다. 가슴 아픈 일이지만 그러다 보면 정작 우리 주변의 진정한 불의를 찾아내어 그것에 맞서 싸우는 일을 해야 할 때는 눈이 어두워지고 힘이 다 빠져버리게 되는 것이다.

둘째, 결과가 다르게 나오는 것은 서로 다른 사람들이 서로 다른 우선순위에 따라 서로 다른 선택을 했기 때문임을 주목해보자. 서로 다른 사람들이 서로 다른 우선순위에 따라 서로 다른 선택을 하면 서로 다른 결과를 경험하게 된다. 이것은 곧 온 우주의 만고불변의 법칙이다.

세상의 도나와 론 같은 사람들이 잔 랄피오 같은 사람과 똑같은 모습으로 살아가기를 기대할 수 있겠는가? 그럴 수 없다. 그런데 여기 굉장히 중요한 점이 있다. 우리가 불평등한 결과물은 무조건 불의에서 비롯되는 결과라고 생각하는 정의관에 온전히 몰입하면 할수록, 정의를 향해 시작한 우리의 여정은 더욱 더, 정말 필연적으로, 동일함을 억지로 강요하는 지경에 이를 수밖에 없다는 것이다. 그리하여 오직 똑같은 모습으로 똑같은 신념을 갖고 똑같이 행동하는 사람만이 평등 혹은 평등 비스무레한 결과물을 얻게 되는 고귀한 목표에 도달할 수 있는 소망을 조금이라도 가질 수 있게 되는 것이다.

우리는 "정의"라는 명목 하에 일체의 다른 선택을 내려놓고 같은 길을 걷는 자들로 세뇌되어야만 한다. 몇몇 집단주의자들의 위대한 이념이 다양한 우선순위를 집어삼켜 버리게 된다. 서로 다른 모습의 사람들을 동작 하나 틀리지 않고 똑같은 모습으로 행진하면서도 아무런 의문조차 제기하지 않는 복제된 병정들로 개조하는 것이다. 오직 그렇게 할 때만 불평등한 결과물의 저주로부터 세상을 영원히 구해낼 수 있는 동일함을 이룰 수 있게 된다. 이는 마치 조지 오웰(George Owell)의 소설 《1984》에 등장하는 정당의 구호인 "전쟁은 평화다. 자유는 속박이다. 무지는 힘이다"와 같은 것이다.

내가 불안감을 일으키는 전략을 사용한다고 생각하는 분들도 있을 것이다. 그렇다면 불평등을 종식하고자 하는 고귀한 목적 때문에 세상의 종말이라도 온다는 말인가? 만약 우리가 말하는 불평등의 종식이 "차별이나 그 외의 죄악으로 인해 발생하는 불평등을 종식하는 것"이라는 뜻이라면 나는 여러분과 똑같은 입장에 있다. 하지만 만약 우리가 죄악에서 비롯되는 불평등과 그렇지 않은 것을 굳이 구분하려 하지 않는다면 우리는 그저 허구적인 디스토피아 정도가 아닌 근대 역사의 피비린내 나는 실수들을 되풀이하는 길을 고스란히 따라가게 되는 것이다.

프랑스의 공포 정치, 러시아의 강제 수용소, 그리고 마오쩌둥의 대약진 정책은 "평등"이라는 깃발을 흔들었다. 그런가 하면 윌버포스(Wilberforce)의 노예제 폐지, 마르틴 루터 킹 박사의 인권 운동, 그리고 데즈먼드 투투(Desmond Tutu)의 반아파르트헤이트 운동과 같은 진정한 의미의 대약진 속에서도 "평등"의 깃발이 휘날렸다. 어떤 불평등은 그것으로부터 세상을 해방시키는 것이 정의롭고 선하며 또한 성경적인 일이다. 반면에 어떤 불평등은 거기서 세상을 해방시키려고 할 때 우리는 스스로를 천사라고 생각하는 괴물이 되어버린다.

'사회 정의 B'를 옹호하는 사람들은 자유 시장 경제를 혐오스럽게 생각한다. 왜냐하면 그로 인해 서로 다른 사람들에게 서로 다른 결과물이 나타나기 때문이다. 서로 다른 우선순위에 따라 서로 다른 결정을 하는 서로 다른 사람들은 그로 인해 서로 다른 결과를 경험하기 때문에 그처럼 사람들이 자신의 의사에 따라 서로 다른 결정을 할 수 있는 자유를 극대화하는 제도에서는 결국 서로 다른 결과물을 낼 수밖에 없는 것이다. 만약 서로 다른 결과를 불의에 대한 선험적인 증거라고 믿는다면, 그렇다면 자유 그 자체가 곧 불의이다. 그뿐 아니라 자유로운 시장과 같이 자유의 극대화를 추구하는 일체의 제도들은 곧 "제도적 불의"이므로 폐지되어야만 한다. 서로 다른 결과는 자유의 대가이다. 마찬가지로 그 반대도 진실이다. 즉 독재는 획일적인 결과가 치러야 할 대가인 것이다.

요점을 정리하기 위해 다시 평등의 요술 지팡이로 돌아가보자. 사회학자들은 1년 안에 도나의 부동산 투자와 크리스의 유기농 식자재 유통업, 그리고 그리즐의 기술 연구가 큰 성과를 거두게 된 것을 알게 된다. 그런 사람들과 세상의 앤디, 토미, 그리고 잔 랄피오 같은 사람들 사이에 커다란 부의 불평등이 생기게 된 것이다. 이들이 사는 가상의 세계에는 불평등한 결과를 일으키는 차별이 전혀 존재하지 않음을 다시 한 번 상기해보자. '사회 정의 B'의 기준에서 보면 이런 커다란 불균형은 불의한 것이고 따라서 없어져야만 한다. 어떻게 그렇게 할 수 있을까? 스스로 불의에 마음을 쓸 수 있을 만큼 충분히 넓은 가슴과 그것을 바로잡을 수 있을 만큼 충분히 명석한 두뇌를 가졌다고 믿는 사람들이 다 함께 모여 옛날 옛적 그 평등의 요술 지팡이가 했던 일을 하려고 할 것이다. 그들은 다시 공평한 경쟁의 장을 만들고자 한다. 하지만 그들에게는 요술 지팡이 같은 마법의 힘이 없기 때문에 그와 같은 "불의"를 쓸어내기 위해 그들은 분명히 정치적인 힘에 의존하게 된다. 정의를 추구하는 이 영웅들은 빈부 격차의 양쪽 끝을 붙잡고 자신들의 괴력을 사용해 가진 자들과 가지지 못한 자들을 하나로 모으려 할 것이다. 바로 그 순간부터 동일한 역사의 전철을 밟게 되는 것이다. 서로 다른 우선순위에 따라 서로 다른 선택을 하는 서로 다른 사람들은 다시 한 번 서로 다른 결과를 얻게 되는데, 이 때 그 위대한 평등의 사신들이 또 한 번 개입하여 더 많은 법들을 만들고, 더 많은 부를 재분배하며, 더 많은 "사회 정의"를 강요하게 된다. 그러면 "평등"을 좇던 우리의 모습은 결국 공산주의 국가인 러시아나 북한, 혹은 베네수엘라 2.0으로 탈바꿈해 있게 되는 것이다.

우리 모두 안에 있는 해리 포터

지금까지 우리는 불균형은 곧 차별이라는 생각을 정설로 받아들이는 주장에 대해 반박해보았다. '사회 정의 B'에서는 불평등한 결과를 설명하는데 있어 지역이나 나이, 혹은 삶의 선택과 같은 요소들이 개입할 수 있는 여지를 거의 남겨놓지 않는다. 그러나 이처럼 불평등에 대해 비난의 여지가 없는 설명들을 기꺼이 받아들이

느냐 아니면 그런 것들을 배제해버리느냐에 따라 우리의 마음 상태를 잘 들여다볼 수 있다. 이와 관련하여 C. S. 루이스는 다음과 같이 지적했다.

누군가 신문에서 더럽고 추악한 사건에 대한 기사를 읽었다고 가정해보자. 바로 그때 그 기사는 사실이 아닐 수도 있다는, 혹은 기사화된 것만큼 그렇게 나쁜 일은 아닐 수도 있음을 암시하는 어떤 일이 또 일어났다고 가정해보자. 그렇다면 그 사람의 마음 속에 "아 하나님, 그렇게 나쁜 일은 아니었다니 참 다행이고 감사합니다"라는 느낌이 가장 먼저 밀려드는가, 아니면 실망스런 느낌 가운데 오히려 처음 읽은 기사에 집착하면서 당신의 원수를 할 수 있는 한 가장 나쁜 존재라고 여기는 데서 오는 기쁨을 누리려고 하는가? 만약 두 번째 경우라면, 유감이지만, 그 길을 계속 끝까지 따라 갔을 때 우리는 머지않아 악마의 모습으로 둔갑해 있을 것이다.[25]

지난 5년 간 기독교 교회 안에서 "아 하나님, 그렇게 나쁜 일은 아니었다니 참 다행이고 감사합니다"와 같은 너그러운 태도를 취하는 사람들의 수가 급격히 줄어들었다. 마치 주변 환경에 따라 색깔을 바꾸는 카멜레온처럼 우리의 기본적인 태도는 의로운 분개가 아니라 자기 의에 바탕을 둔 분개가 되어가고 있다. 즉 우리 스스로가 천사들 편에 서 있다고 가정한 채 우리와 견해를 달리 하는 사람은 누구든 그에게 비난의 화살을 돌리는 것이다. 그런 길에 한 번 발을 들여놓기 시작하면 우리는 악마의 모습으로 변해가게 되고, 루이스가 경고한 것처럼 "우리는 모든 것을 나쁘게만 보려고 하는 일에 집착하게 될 것이며… 그런 일을 멈출 수가 없기 때문에 결국 완전한 증오의 세상에 빠져 영원토록 헤어나올 수 없게 될 것이다.”[26]

왜 우리는 이토록 비난의 여지없는 설명보다도 비난 거리가 가득한 설명을 더 선호하는 것일까? 이에 대해 토머스 소웰(Thomas Sowell)은 불평등에 대해 비난 가득한 설명을 제시하는 사람들은 대부분 “자기들이 권선징악을 주제로 하는 통속극에서 악의 세력에 대항하는 전사의 역할을 맡고 싶어 한다”[27]라고 지적한다.

소웰의 논점을 신학적으로 확장해보자. 하나님은 우리가 인생이라는 대 모험 속의 등장 인물이 되어 그 안에서 의미를 찾아가도록, 즉 선으로 악에 맞서 싸워 위대한 승리를 쟁취하는 일에 참여하도록 만드셨다. 우리 인간이 지구 상의 다른 종들과는 달리 이야기를 만들어내는 이유 중의 하나는 바로 하나님께서 주신 이런 본능적 욕구 때문이다. 고대 세계에는 북유럽 신화의 토르나 그리스 신화의 율리시스, 그리고 힌두교 신화의 아르주나 등 많은 이야기들이 있었고, 오늘날에는 루크 스카이워커와 프로도 배긴스, 그리고 해리 포터가 있다. 우리는 이런 이야기들 속에서 커다란 감명을 얻게 된다. 왜냐하면 우리 안에는 우리가 살아가는 현실 세계보다 훨씬 더 큰 세상, 곧 도덕적 가치가 풍성히 넘쳐나는 드라마 속으로 빨려 들어가고 싶은 욕구가 있는데, 그런 이야기들이 바로 그와 같은 우리의 욕구를 일깨워 주기 때문이다. 마음속 깊은 곳에서 우리 모두는 아라곤이나 아르웬, 루크나 레이아, 혹은 해리나 헤르미온느가 되고 싶어한다. 하나님은 우리가 “마귀의 간계를 능히 대적”하고 “통치자들과 권세들과 이 어둠의 세상 주관자들을 상대하여 씨름"²⁸⁾하도록 지으셨다.

만약 불평등한 속도 위반 딱지가 흑인과 백인의 평균 중간연령 차이와 같이 흔히 일어나는 평범한 일이라는 사실이 밝혀진다면, 우리가 어찌 뉴저지의 유료 고속도로로 날아가 차별이라는 이름의 죽음의 별(the Death Star, 영화 "스타워즈" 시리즈에 등장하는 가공할 파괴력의 무기를 지칭한다. 행성 하나를 파괴할 수 있을 정도의 엄청난 화력의 무기이자 요새로서 은하 제국을 건설하기 위해 사용되는 우주 무기로 등장한다—역자주)을 파괴하려 할 수 있겠는가?

만약 불평등한 대출이 돈을 빌려주는 쪽에서 자기들의 돈을 회수하기 위한 보증의 수단으로, 돈을 빌리는 쪽의 신용 점수를 중요하게 생각하는 기본적인 경제학 이론의 당연한 결과물에 불과하다는 사실이 밝혀진다면, 우리가 어찌 마치 곤도르("반지의 제왕"에 등장하는 가상의 국가 이름—역자주)처럼 거대한 금융기관에 맞서 싸우기 위해 그리로 행진해 나갈 수 있겠는가?

만약 가족의 삶을 위해 스스로 정규직 업무를 떠나는 여성들을 생각하고 남녀 사이의 임금 격차가 사라지거나 오히려 뒤바뀌고 있다는 것을 알게 된다면, 우리가 어찌 함께 힘을 합쳐 성 차별주의라는 뱀을 무찌르려 할 수 있겠는가?

그렇게 '사회 정의 B'에서 제도적 불의로 규정하는 용과 오크 ("반지의 제왕" 등 존 로널드 루엘 톨킨의 판타지 소설 속에서 사악한 악마나 지하 세력을 위해 병졸로 이용되는 종족을 가리키는 이름—역자주), 그리고 볼드모트가 다 사라지게 된다면 어떻게 될까? 우리 안에 있는 해리나 헤르미온느는 죽을 때까지 무의미한 일들을 반복적으로 하며 살아야 하는 처지에 처하게 될까? 그렇지 않다. 오히려 우리는 일상의 삶 속에서 보다 모험적이고, 보다 의미 있고, 보다 정의로운 일들을 찾을 수 있다. 우리 마음속에 도사리고 있는 진정한 죄의 용을 도륙하는 일, 우리의 문화 속에 스며들어 있는 불의의 오크를 대적하는 일, 그리고 사탄에 맞선 영적 전쟁 가운데서 진정한 호크룩스(해리 포터 시리즈에 등장하는 어둠의 마법, 혹은 그런 마법이 걸린 대상을 지칭하는 말임-역자주)를 진멸하는 일이 바로 그런 것들이다. 세상에는 진정한 의미의 인종 차별과 성 차별, 그리고 기타 여러 가지 다른 모습의 차별이 존재한다. 그런 차별이야말로 비난을 받아 마땅하고 무찔러야 할 대상이다. 만약 비난의 여지없는 불균형을 비난 받아 마땅한 것들과 신중하게 구분하는 일에 노력을 기울이려 하지 않는다면, 그것이야말로 차별을 진지하게 다루지 않는 것이며 그로 인한 희생자들을 합당하게 대우하지 않는 것이다.

새뮤얼의 이야기

마태복음 25장에 있는 달란트 비유는 내가 가장 좋아하는 비유들 중에 하나이다. 예수님께서 하신 비유의 말씀은 한 부자가 먼 나라로 여행을 떠나기 전에 종 세 명에게 자신의 재산을 나누어 맡기는 장면으로 시작한다. 부자는 종들에게 "달란트"를 나누어 주는데, 이는 고대 세계에서는 매우 큰 액수의 돈이었다. 그는 종들의 개인적인 능력에 따라서 첫 번째 종에게는 다섯 달란트를, 두 번째 종에게는 두 달란트, 그리고 세 번째 종에게는 한 달란트를 맡겼다. 첫 번째와 두 번째 종들은 즉시 그 돈을 가지고 열심히 일을 해서 주인을 위해 이익을 남겼다. 주인이 돌아올 때 즈음에는 그들은 각각 주인이 자기들에게 맡겼던 돈의 두 배를 벌었다. 두 번째 종은 첫 번째 종만큼 많은 돈을 받지 않았다. 그래서 두 번째 종은 100%의 수익을 올렸음에도 첫 번째 종이 올린 수익의 총액에는 미치지 못했다. 이렇게 첫 번째 종과 두 번째 종 사이에 결과적인 불균형이 나타났음에도 불구하고 예수님께서는 그 주인이 두 종 모두를 기뻐했다고 분명히 말씀하셨다. 그 이유는 두 사람 모두 자신들이 받은 것에 충성을 다 했기 때문이었다. 주인은 이렇게 말했다. "잘하였도다 착하고 충성된 종아 네가 적은 일에 충성하였으매 내가 많은 것을 네게 맡기리니 네 주인의 즐거움에 참여할지어다"(마 25:23).

그런데 그 주인이 돈을 맡겼던 종은 두 명이 아닌 세 명이었음을 기억해야 한다. 세 번째 종 역시 주인에게서 한 달란트를 받았으나 주인의 돈을 신실하게 관리하지 못했다. 그는 차라리 그것을 은행에 넣어두었다가 이자라도 남겼어야 했으나 그것마저도 하지 못했다. 오히려 그는 그 돈을 땅에 감추어 두었다가 자신의 주인이 재산을 늘리기 위해 다른 사람을 착취한다고 비난했다. 자신이 수익을 남기지 못한 것을 자신의 탓이 아닌 주인의 성품 탓으로 돌린 것이다. 그리하여 주인은 세 번째 종에게 벌을 내리고 다른 두 종에게는 보상을 해주었다.

이 비유에서 주인은 하나님을 나타내고, 첫 번째와 두 번째 종은 신실한 그리스도인을, 그리고 세 번째 종은 신실하지 못한 거짓 회심을 한 신자를 나타내고 있다. 그리고 이 비유의 의미에는 그리스도인들이 인종 간 불평등 같은 불균형의 문제를 어떻게 생각해야 하는지가 담겨 있다. 만약 당신이 첫 번째와 두 번째 종이 백인이고 세 번째 종은 흑인이라는 것을 알게 된다면, 당신은 이 비유를 다르게 이해하겠는가? 혹 첫 번째 종은 백인이고 두 번째와 세 번째 종이 흑인이라면 어떻겠는가? 그러면 당신은 그 주인을 인종 차별주의자라고 생각하겠는가? 이 시나리오에서 잊지 말아야 할 것은 그 주인의 성품과 동기는 예수님께서 묘사하셨던 것처럼 시종일관 동일하다는 점이다. 마찬가지로 종들의 성품과 능력에도 변함이 없다. 이 시나리오 상에 새로 첨가된 유일한 정보는 그 종들의 피부색 뿐이다.

만약 우리가 인종 간에 나타나는 불평등이 인종 간의 차별이라는 주장을 받아들인다면, 우리는 그 주인이 인종 차별주의자라는 결론에 도달하지 않을 수 없게 된다. 많은 사람들이 인종 간의 불균형을 제도적 인종 차별의 증거라는 생각을 받아들이고 있다. 하지만 인종 간 불균형 그 자체로는 인종 간 차별의 증거가 될 수 없다. 사람의 피부색에 따라 그들을 차별하는 법률이나 정책 등이 있다면 그것이야말로 제도적 인종 차별이 계속 되고 있는 증거일 수 있다. 노예 제도라든지 짐 크로우 분리 같은 것이 이와 같은 비극적인 현실의 예들이었다. 그러나 감사하게도 그런 법률은 미국 내에서는 전부 폐지되었다.

흑인인 나는 인종 간의 불균형을 인종 간 차별의 탓으로 돌리고 싶은 유혹을 충분히 이해한다. 특히 지나간 역사 속에서 인종 차별로 인해 흑인과 백인 사이에 엄청난 불균형이 실제로 일어났었기에 더욱 그러하다. 하지만 이제는 상황이 많이 바뀌었다. 오늘날의 불균형을 제도적 인종 차별이 지속되고 있는 탓이라고 치부해버리면 우리는 주류 사회로부터 찬사를 받을 수는 있을지 몰라도 그것은 더 이상 진실이 아닐 뿐만 아니라 결코 도움이 되지도 않는다. 내가 성경으로부터 얻게 된 가르침은 내게 주신 축복을 내 (백인) 이웃의 것과 비교해서는 안 된다는 것이다. 증거도 없이 백인들을 인종 차별주의자로 비난하는 것은 비방하는 일이라고 말씀하신다. 그리고 하나님께서 내게 주신 작은 축복에 감사하고 그것에 충성하면 더 큰 축복을 주실 것이라고도 말씀하신다. 서로 다른 나무에는 서로 다른 열매가 열린다. 불균형은 차별이 아닌 이런 차이점의 증거일 때가 많다. 하나님께서 사람들에게 서로 다른 축복이나 서로 다른 특권을 맡기시는 이유는 그분께서는 균등함이 아닌 충성을 더 가치 있게 여기시기 때문이다. 우리도 그와 같아야 한다. 성경의 가르침은 우리가 균등함을 추구하라는 것이 아니다. 오히려 우리에게 신실함과 성경적 정의를 추구하라고 말씀하신다.

-새뮤얼 씨(Samuel Sey)

새뮤얼은 캐나다 생명-윤리 개혁 센터(Canadian Centre for Bio-Ethical Reform)에서 일하고 있으며, www.slowtowrite.com에 성경적인 세계관에 근거하여 인종 차별에 관한 광범위한 글을 쓰고 있다.

개인과 소그룹 스터디를 위한 질문들

1. 우리가 살고 있는 이 타락한 세상에는 실제로 제도적인 불의가 존재한다. 우리가 억압받는 자들을 사랑하고자 할 때 불의하고 죄악된 불평등과 그와는 다른 방식으로 설명할 수 있는 불평등을 구분하는 것이 정말로 중요한 이유 세 가지는 무엇인가?

2. 우리가 속해 있는 문화권의 많은 영역에서, 예컨대 상당수의 대중 매체나 연예계, 그리고 고등 교육 기관 등에서, 과연 차별이 대부분의 불균형을 가장 잘 설명할 수 있는 길인지 의문을 제기하면 심각한 결과에 직면하게 된다. 그러나 교회는 달라야 한다. 교회는 성도들이 함께 정의를 추구해 나가며 서로에게 힘든 질문도 정중한 태도로 물을 수 있는 곳이어야 하기 때문이다. 그렇다면 이처럼 교회가 세상과 달라야 하는 이유는 무엇인가?

3. C. S. 루이스는 비난의 요소를 담고 있는 설명에 집착하거나 우리의 적을 가능하면 나쁘게 생각하는 태도를 경고한다. 하지만 안타깝게도 오늘날의 정치 환경 속에서는 그것이 표준처럼 되어 버렸다. 당신도 이처럼 최악을 가정하는 사고방식을 갖고 있는가? 만약 그렇다면 그것을 예수님의 십자가 앞으로 가지고 나아가 성령님께 당신의 마음에 사랑과 평화, 그리고 인내를 허락해 달라고 간구하라.

8장
피부색에 관한 질문

■ ■ ■

: 사회 정의에 대한 우리의 시각은 인종적 갈등을 부추기는가?

흑인의 생명은 소중하다. 사실이다. 기독교적 세계관을 통해서
보면, 이런 구호나 해시태그보다 훨씬 더 깊은 곳까지 들여다 볼
수 있다. 흑인의 생명은 그저 소중한 정도가 아니다. 모든 흑인은
하나님께서 친히 그분의 두렵고 떨리는 능력으로 지으신 경이로운
존재이다. 모든 흑인은 그 생명 안에 하나님의 형상을 담고 있다.
흑인의 생명은 창조주께서 육신을 입고 이 땅에 오셔서 고통과 형
벌, 그리고 영원한 진노를 받으시기에 합당할 정도의 가치가 있는
것이다. 그렇다면 우리는 우리의 말과 행동을 통해 그런 진리를 드
러내고 있는가?

그런데 이와 같은 성경의 깊은 통찰이 마치 사실이 아닌 것처럼
살아가는 사람들, 심지어 스스로 그리스도의 제자라고 주장하는
사람들 중에도 그런 통탄스러운 삶을 사는 경우가 많이 있다. 우리
는 우리의 말과 삶을 통해서 흑인의 생명을 한없이 소중하게 생각
해야 한다. 진정으로 그런 삶을 살기 위해서는 단순히 자신의 미
덕을 과시하는 손 쉬운 방법이 아닌 우리 시대의 화법을 넘어설 수

있어야만 한다. 그런 화법들이 정치적 우파에서 비롯된 것이든, 아니면 좌파에서 비롯된 것이든 말이다.

인종 차별에 관한 대화들에 유심히 귀를 기울여보라. 그런 대화들은 격렬한 말다툼으로 번지는 경우가 태반인데, 그것을 잘 들어보면 어떤 하나의 주제가 끊임없이 반복되고 있음을 발견하게 된다. 그것은 바로 미국 경찰의 공권력 사용에서 나타나는 인종 차별이다. 특히 경찰의 과잉 진압으로 인해 흑인이 목숨을 잃는 비극적인 일이 발생했는데도 해당 경관들은 대부분 처벌을 피해 나가고 있다는 현실이 바로 우리의 법 집행 제도 안에 깊이 뿌리 박혀 있는 인종 차별을 보여주는 첫 번째 증거물이다. '흑인의 생명은 소중하다'(BLM: Black Lives Matter)는 운동을 하는 단체가 설립되고, 사람들이 폭동을 일으키고, 또 운동 선수들이 국가가 연주될 때 무릎을 꿇고 경의를 표하는 것도 다 그런 이유에서이다. "마치 미국에 사는 흑인들에 대한 사냥 허가라도 내려진 것 같아 나는 너무도 화가 난다."[1] 이는 조지아 주의 공화당 소속 하원 의원인 행크 존슨(Hank Johnson)이 2015년 하원에서 수백 만 미국인들의 불안감을 대변하며 했던 말이다.

총격 발생

2015년 1월, 한 경관은 자신의 동료에게 "조그만 흑인 놈이 차를 훔치려고 창문을 부수고 들어간다"(욕설로)라고 말했다. 그리고 몇 분 후 경관들은 도난된 포드 익스플로러 안에 있는 젊은 남자에게 스물 네 발의 총을 발사했다. 그는 발사된 총알에 의해 머리 뒷부분에 치명적인 총상을 입었다. 경찰 내사과의 조사에 따르면, 해당 경관들은 경찰의 대응 방침을 어기지 않은 것으로 밝혀졌다.

그로부터 1년 후, 젊은 남성 한 명이 무릎을 꿇은 채 "제발 쏘지 마세요!"라며 애원했다. 경관들이 있는 쪽으로 기어서 오라는 명령을 받은 그 청년은 허리춤으로 손을 내렸다가 그 즉시 총에 맞아 사망했다. 그의 몸에서는 총기가 발견되지 않았고, 그가 묵고 있던 호텔 방에 공기총 한 정만이 있었을 뿐이다. 배심원단은 해당 경관들에게 무죄 평결을 내렸다.

다시 그로부터 6개월 후, 무기를 소지하지 않은 십대 청소년 하나가 경찰의 반복된 경고 후에 허리춤으로 손을 내렸다. 이에 그 청소년은 네 발의 총상을 입었다. 경찰서장은 그 총격을 정당한 것으로 인정했고, 해당 카운티의 지방 검사도 그 경관을 기소하지 않았다.

혹시 트레이본 마틴(Trayvon Martin), 타미르 라이스(Tamir Rice), 혹은 앨턴 스털링(Alton Sterling)이란 이름을 들어 보았는가? 아마 들어 본 적이 있을 것이다. 하나님의 형상을 지닌 이 세 명의 흑인들에게 일어난 비극 역시 앞서 본 세 건의 사망 사건과 소름 끼칠 정도로 유사하다. 혹시 로렌 심슨(Loren Simpson)과 다니엘 쉐이버(Daniel Shaver), 그리고 딜런 노블(Dylan Noble)에 관해서는 들어본 적이 있는가? 아마도 들어보지 못했을 것이다. 이들은 앞에 소개됐던 이야기들과 같이 경찰의 총격으로 끔찍한 죽음을 맞이한 세 명의 백인들이다. 2015년 1월부터 2020년 7월까지 경관의 총에 맞아 숨진 2,352명의 희생자들 중 세 명이다.[2]

콜럼비아 대학교의 존 맥호터(John McWhorter) 교수는 시사 잡지

〈타임〉과의 인터뷰에서 다음과 같이 말했다. "우리는 경찰이 흑인을 예사로 죽이고 백인들은 적당히 훈방 조치하는 짤방에 따라 움직인다…. 미국 내에 존재하는 인종 차별을 생각해보면 그런 짤방은 충분히 이해할 만하다."[3]

맥호터는 자신을 "공화당도 아니고 보수도 아니라"고 밝히며, 또한 "흑인의 생명도 소중하다는 운동을 묵살하는 우파"의 입장도 받아들이지 않는다. 여러 가지 증거들을 신중히 살펴본 후에, 그는 다음과 같은 결론을 내린다. "그 짤방은 과도하게 단순화된 것이다…. 존 크로포드(John Crawford)는 다니엘 쉐이버 같은 사람과, 월터 스콧(Walter Scott)은 마이클 파커(Michael Parker) 같은 사람과, 그리고 라콴 맥도널드(Laquan McDonald)는 제임스 스콧(James Scott) 같은 사람과 동일한 죽음을 맞이했다…. 우리의 대화는 사실에 기반을 두고 있어야만 한다."[4]

그렇다면 무엇이 사실인가? 아래에 미국에서 경찰의 총에 맞거나 그로 인해 사망한 사람들과 관련하여 워싱턴 포스트지에서 공개한 구체적인 통계 자료를 가져와 보았다.

-2016년부터 2019년 사이에 3,939명에 달하는 하나님의 형상을 지닌 사람들이 역시 하나님의 형상을 지닌 경찰관들의 총에 맞아 사망했는데, 이는 평균적으로 매년 1,000명 가량이 숨진 셈이다.
-그 사망자들 중에서 대략 절반 정도의 희생자들은 백인이었고, 4분의 1 정도가 흑인이었다.
-그 사망자들 중에서 약 4% 정도는 무기를 소지하지 않은 상태에서 총을 맞은 희생자들인데, 매년 평균적으로 백인의 경우에는 스물 다

섯 명, 그리고 흑인의 경우에는 열 여덟 명 정도가 이에 해당된다.
-그 무기를 소지하지 않은 희생자들 중에서 매년 평균적으로 열 여섯 명의 백인과 여덟 명의 흑인은 현장에서 달아나지 않았다.
-그렇게 매년 무기를 소지하지 않고 현장에서 달아나지도 않은 스물 네 명의 희생자들 중에 거의 모두는 보통 마약이나 술에 취한 상태에서 경관에게 물리적인 공격을 가했다.[5]

이제 우리는 이렇게 생각할 수 있다. "그럼 그렇지. 경찰의 총에 맞아 쓰러질 가능성이 그다지 높지는 않네. 게다가 매년 흑인의 두 배 가까운 수의 백인이 경찰의 총에 맞고 있으니 말이야." 하지만 백인은 미국 인구의 62%에 달하고 흑인은 대략 13% 정도다. 인구의 13% 정도가 경찰의 총격으로 희생된 사람들의 4분의 1 가량을 차지한다는 사실은 우리의 공권력 제도 안에 인종 차별적인 불의가 만연해 있다는 증거이다.

그러나 만약 우리가 대중적인 정치적 화법을 따르기보다는 진정한 의미의 인종 차별을 정확히 밝혀내는 일을 더 중요시한다면, 이와 같은 결론은 우리에게도 영향을 미칠 수 있는 어떤 요소를 간과하는 것이다. 그 요소는 바로 이것이다. 즉 만일 경찰이 할 일을 제대로 하고 있는 것이라면 폭력적인 범죄율이 더 높은 곳에 더 많은 공권력이 투입될 것을 기대하게 된다는 점이다. 건물 안 사무실에서 사기범을 검거할 때든 혹은 뒷골목에서 무장한 범죄자들과 마주칠 때든 동일하게 무기를 사용하는 경찰은 좋은 경찰이 아닐 것이다. 컴퓨터와 휴대 전화, 그리고 비밀 계좌를 사용하는 범죄자들과 총이나 칼, 혹은 주먹을 휘두르는 범죄자들 사이에는 차이가 있을 것이고, 그에 따라 경찰이 무기를 사용하는 빈도에도 차이가 있을 수밖에 없을 것이다. 이것은 어떤 종류의 범죄가 다른 것보다 더 나쁘다는 말을 하려는 것이 아니다. 다만 물리적인 폭력을 사용하는 범죄는 폭력이 수반되지 않는 범죄에 비해 무력으로 진압해야 할 가능성이 그만큼 더 커진다는 말을 하는 것이다.

그렇다면 폭력적인 범죄가 더 많이 일어나는 곳은 어디인가? 저명한 흑인 변호사이자 국민권익위원회의 위원인 피터 커사나우(Peter Kirsanow)는 미국 내 폭력 범죄의 발생 비율과 관련하여 흑인과 백인 사이에 나타나는 불균형을 세밀하게 문서화했다.[6] 물론 이런 연구를 통해 범죄자들 중에 백인은 거의 없다는 것을 보여주려는 것은 아니다. 또한 대부분의 흑인들이 폭력적인 범죄자라는 것을 뜻하는 것도 아니다. 범죄자들의 절대 다수는 폭력 범죄에 관련된 것이 아니며 우리는 그것을 단호하게 언급해야만 한다. 왜냐하면 과거에 그와 같은 터무니없는 일을 통해 하나님의 형상을 지닌 한 무리의 사람들 전체에게 비정상적인 낙인을 찍었던 일이 있었기 때문이다. 이런 연구가 말하고자 하는 것은 우리가 그에 대해 어떤 이론적 해설을 덧붙이는가와 상관없이 폭력 범죄에 있어 커다란 불균형이 있다는 점이다. 그런 불균형은 하나님의 형상에 대한 온전한 존엄과 존중으로 대해야 하는 어떤 사람들의 집단을 적대시하거나 그들에게 인간 이하의 취급을 하기 위해 사용되어서는 안 된다. 그럼에도 우리가 오늘날의 인종 차별의 범위를 올바로 이해하여 사실과 허구를 구분함으로써 망태 할아버지 같은 가상의 존재가 아닌 진정한 악과 맞서 싸우기 위해서는 흑인 사회 내에 폭력 범죄의 비율이 높다는 사실을 중요하게 다뤄야 한다.

하버드 대학교의 롤런드 프라이어(Roland Fryer)는 미국 내 열 개 주요 도시에서 일어난 경찰의 총격 사건을 면밀히 조사했다. 프라이어 본인도 어쩌다 보니 흑인으로 태어나긴 했지만, 그는 경찰의 총격에 인종적 편견이 영향을 미친 증거는 없다고 결론 내렸다.[7] 예를 들어 휴스턴에서는 용의자들이 무기를 갖고 있거나 폭력적으로 행동한 경우에도 그들이 경관의 총에 맞은 비율은 흑인이 백인에 비해 24% 정도 낮게 나온 것으로 드러났다. 또한 워싱턴 주립 대학교에서 행한 연구에 따르면, 경관들은 무장한 범죄자와 무장하지 않은 범죄자를 가정하여 시행한 현실 시뮬레이션에서 백인에 비해 흑인에게 총격을 덜 가하는 것으로 나타났다.[8]

이런 사실은 왜 중요한가? 왜냐하면 흑인의 생명도 소중하기 때문이다. 그들 역시 하나님께서 친히 손으로 지으신 그 무엇과도 바꿀 수 없는 아름다운 피조물이기 때문에 그리스도인에게는 흑인 한 사람 한 사람의 생명도 소중한 것이다. 정치인과 활동가들이 좋은 의도를 갖고 있음에도 불구하고 경찰은 인종 차별적으로 총격을 가한다고 하는 만연해 있는 거짓 이야기들을 밀어붙이면 붙일수록, 국가의 경찰 권력은 폭력적 범죄에 짓밟힌 지역으로부터 더욱 더 거리를 두려 할 것이다. 물론 정치인들과 활동가들은 자신의 자리에서 인종 차별에 맞서 싸움으로써 내적인 열정이 불타오르는 것을 느낄 수도 있다. 하지만 모든 발상에는 그에 따른 결과가 수반되기 마련이며, 따라서 거짓된 발상은 실재하는 사람들에게 그

> 그들 역시 하나님께서 친히 손으로 지으신 그 무엇과도 바꿀 수 없는 아름다운 피조물이기 때문에 그리스도인에게는 흑인 한 사람 한 사람의 생명도 소중한 것이다.
>
> ■ ■ ■

만큼 잘못된, 심지어 치명적인 결과를 가져오기도 한다. 법에 따른 공권력 집행이 감소하면 더 많은 사람이 무장한 범죄자들의 손에 비극적인 죽음을 당하게 된다. 우리의 아버지, 어머니, 그리고 아들과 딸들이 살해당한 후에도 정의의 심판을 기대할 수 없게 되는 것이다.

이것은 정치적인 견해가 아니라 경험을 통해 알 수 있는 사실이다.[9] 인종 차별 때문이라느니 경찰의 지나친 총격 때문이라느니 하는 만연해 있는 이야기들을 그저 앵무새처럼 따라하면 깨어 있는 지식인들과 무릎 꿇은 운동 선수들, 하다 못해 진보적인 이웃들의 인정을 받을 수는 있을 것이다. 하지만 그렇게 해서는 진정으로 고통당하고 있는 우리의 이웃, 즉 하나님의 소중한 형상을 지닌 흑인들을 사랑하는데 도움이 되지 않는다. 행동으로 중요한 한 걸음을 내딛고자 한다면 나는 존과 베라 메이 퍼킨스 재단이나 성경적 연합을 위한 센터(the Center for Biblical Unity, www.centerforbiblicalunity. com)에서 제공하는 생명력 넘치는 사역과 훈련, 기타 여러 가지 기회들을 살펴볼 것을 적극 추천한다.

또 다른 사도 도마

우리는 아직 제도적 불의와 관련하여 엄청나게 복잡한 질문들은 뚜껑도 채 열지 않았다. 인종에 따른 불심 검문, 집단 감금, 주택 소유권, 교육, 의료, 고용, 그리고 심지어 교회 생활에 이르기까지 복잡한 사안은 한둘이 아니다. 물론 그와 같은 제도들 안에는 인종 차별주의나 성 차별주의, 기타 다른 종류의 악한 주의나 이념이 없다는 말을 하는 것은 아니다. 당연히 있다. 그와 관련하여 비참한 예를 들어보자면, 동일한 이력서에 백인을 연상시키는 이름을 썼을 때보다 흑인을 연상시키는 이름을 썼을 때 답신 전화가 오는 비율이 처참할 정도로 낮다.[10] 또한 미국의 주택 시장과 사법 제도 안에서도 차별이 계속되고 있다는 증거를 볼 수 있다.[11] 만약 우리가 오늘날 정치적 당파주의의 모 아니면 도라는 식의 규칙을 따른다면, 우리 중에 상당수는 차별은 과거의 일이며 그와 다른 말을 하는 사람은 모두 좌파적 사고에 세뇌된 것이라 믿으며 서둘러 그런 증거들을 없애 버리려 할 것이다. 하지만 우리는 그리스도인이므로 그보다는 더 나아야 한다. 우리에게 정의를 행하라고 명하신 하나님은 또한 우리에게 "범사에 헤아리라"고 명하신 바로 그 하나님이시라는 것을 기억하라. 만약 우리가 차별에 관한 모든 주장들을 면밀히 헤아려 보기보다는 그저 정치적 충성심으로 재빨리 그런 것들을 묵살하려 한다면, 우리는 세상에서 가장 아픔을 겪고 있는 많은 곳에 그리스도의 왕 되심을 전하는 일을 올바로 감당하지 못하게 될 것이다.

전미 유색인 지위 향상 협회(The National Association for the Advancement of Colored People)에서는 아래의 몇 가지 통계를 발표했다.

2014년 자료에 의하면, 교정 시설에 재소 중인 전체 미국인 육백팔십만 명 가운데 아프리카계 미국인의 수는 이백 삼십만 명인데, 이는 34%에 달하는 수치로 그들의 인구수는 미국의 전체 인구 대비 13.4%에 불과하다.

아프리카계 미국인들은 백인계 미국인들에 비해 투옥될 가능성이

다섯 배나 더 높다.

아프리카계 미국인들의 마약 사용율은 백인계 미국인들과 비등하지만 마약 혐의로 투옥될 가능성은 6배나 더 높다.

미국 인구 조사국이 발표한 자료에 따르면, 백인 가정의 소득이 흑인 가정에 비해 65% 더 많다.[12] 이런 불평등은 놀라울 뿐만 아니라 서글픈 일이기도 하다.

우리는 이런 수치들을 통해 어떤 사실을 보게 되는가? '사회 정의 B'의 해석에 의하면, 여기서 우리가 볼 수 있는 것은 과거 미국의 노예 제도나 짐 크로우 같은 인종 차별적인 정책들, 그리고 특정 지역에 대한 대출 거부와 같은 인종 차별적인 관행들의 영향이 아직도 계속되고 있다는 것이다.[13] 이것은 미국 내에서 백인들이 누리고 있는 특권에 대한 증거이자 인종 차별주의가 사라지지 않고 그저 새로운 형태로 변화된 증거이다. 또한 이것은 백인 우월주의가 그저 나치 문양을 새긴 증오 선동자들 몇몇이 두메산골에 처박혀 나치의 선전 구호를 외치는 것이 아닌, 백인을 높이고 그 외의 사람들은 낮추기 위해 설계된 전국적인 규모의 제도라는 증거이다. 물론 미국에서 345년 동안이나 합법화되었던 인종 차별적인 억압이 민권법(the Civil Rights Act) 제정으로 인해 지난 반세기만에 싹 사라져 버리길 기대하기는 어려운 것이 사실이다. 하지만 그게 전부가 아니다. 대중적인 이야기들로 인해 우리는 특정한 사실들에 대해 눈이 가리워질 수 있으며, 중요한 의문을 제기하지 못하게 될 수도 있다. 아래에 짧은 예들을 세 가지 정도 들어보고자 한다.

첫째, 2018년 미국 인구 조사국의 자료에 따르면, "선별된 혈통 집단의 중위 가계 소득"[14] 등급에서 백인들은 16위를 기록했다. 미국 내에서 인도인, 대만인, 레바논인, 터키인, 중국인, 이란인, 일본인, 파키스탄인, 필리핀인, 인도네시아인, 시리아인, 한국인, 가나인, 나이지리아인, 그리고 가이아나인들이 백인들보다 평균적으로 더 높은 소득을 올리고 있는 상황에서 우리는 어떻게 미국 안에 백인 우월주의가 제도적으로 잔존하고 있다는 '사회 정의 B'의 이야기를 모순 없이 받아들일 수 있을까?

둘째, 부모가 결혼 생활을 유지하고 있는 가정에서는 자녀들이 학업과 직업에 있어 더 좋은 성과를 낼 뿐만 아니라, 범죄율과 정신 장애의 비율도 상대적으로 더 낮게 나타난다. 흑인 아이들의 혼외 출생 비율은 1965년의 24%에서 2016년에는 거의 70%까지 급증했다.[15] 이와 같은 비극적 현실은 노예 제도와 분리 정책이 와해된 이후 시간이 꽤 지나고 나서, 즉 노예제 폐지론과 인권 운동이 위대한 성공을 거뒀다고 주장한 이후에 일어난 일이다. 이런 가족 붕괴 현상을 흑인들만의 문제로 돌리지 않기 위해 백인의 경우도 살펴보면, 같은 시기의 50년 동안 백인 아이들의 혼외 출생 비율 역시 4%에서 28%로 급격히 증가했음을 알 수 있다.[16] 이와 같은 급증세는 미국 내의 흑인과 백인 모두에게 처참한 결과가 아닐 수 없다. 그럼에도 불구하고 오늘날 아이들이 혼인 관계 바깥에서 출생할 확률은 흑인이 백인에 비해 여전히 2.5배나 더 높다.[17] 우리는 이토록 가슴 아픈 현실이 오늘날 우리가 목격하는 상당수의 애석한 불균형들과는 아무런 상관이 없는 것이라고 믿어야 하는 걸까?

셋째, 뉴욕 시 흑인 차터 스쿨(charter schools, 미국의 교육 제도 안에 있는 일종의 대안 학교로서 행정적으로는 공립 학교와 같이 운영되지만 실제 성격은 사립 학교와 더 유사하다. 이처럼 공립 학교와 사립 학교의 특성들을 접목하여 소외된 계층이나 저소득층, 특히 다문화권 아이들을 교육을 위해 운영한다.-역자주) 연합의 최고 경영자인 이안 로우(Ian Rowe)는 미국 내에서 번영을 이루고 있는 흑인들에 관한 최근의 연구를 인용한다.

그 연구에 따르면, 성공한 흑인 계층의 사람들은 "성공의 수순을 밟았다. 그들은 교육을 마치고 정규직을 얻었으며, 결혼을 하여 자녀를 나았다. 그리하여…. 만약 어떤 아이가 저소득층 가정에서 자라면서 이와 같은 단계를 따라가면 빈곤층으로 전락하는 경우는 고작 6%에 불과하게 된다."[18] 마찬가지로 브루킹스 연구소[the Brookings Institution, 미국의 기업가인 로버트 브루킹스(Robert Brookings)가 1916년에 세운 연구소로, 주로 민주당계 인사들의 진보적인 정책 연구를 담당하고 있습니다.-역자주]의 연구 결과에서도 고등학교를 졸업한 후에 어떠한 종류든 자신의 직업을 갖고, 후에 결혼을 하여 자녀를 낳는 미국인들은 98%가 빈곤에 처하지 않는다는 것을 보여준다.[19] 이것은 희망의 메시지이다. 실제로 2016년의 연구에서는 흑인의 빈곤율은 백인의 11%에 비해 22%에 달하는 반면, 흑인 중에서도 결혼한 부부의 빈곤율은 오히려 백인의 빈곤율(7.5%)보다도 더 낮은 것으로 나타났다.[20]

그러나 그와는 정반대로 '사회 정의 B'의 이야기는 미국의 제도는 너무도 철저히 인종 차별적이어서 피부색이 어두운 사람들에게는 빈곤을 벗어나는 일이 사실상 불가능하다고 말한다. 그것은 너무도 실망스러운 이야기다. 당신의 피부색 때문에 이 사회가 당신의 꿈을 짓밟는다면 무엇 하러 더 나은 삶을 위해 노력하겠는가?

이에 대해 로우는 다음과 같이 말한다. "만약 당신이 어린 아이인데 당신의 인종 때문에 앞으로의 인생에서 이런 결과를 얻게 될 것이라는 이야기를 끊임없이 듣고 또 듣게 된다면, 자기 삶에 대해 주체적이고 능동적인 생각을 갖게 되기란 정말로 힘들 것이다."[21] 과연 '사회 정의 B'에서 하는 이야기를 통해 어떤 공동체에 희망을 불어넣고자 하는 동시에 또 의도치 않게 그 공동체에 속한 사람들의 꿈을 짓밟는 결과를 낼 수도 있다는 것이 가능한 일일까?

이런 주제로 나와 대화를 나누었던 수많은 백인 친구들은 그와 같은 질문은 "흑인의 목소리"를 묵살하는 것이라고 생각할 것이다. "당신 지금 억압받는 자들보다 억압하는 자들을 두둔하고 있는 것 아닌가?" "당신 지금 과거 인종 차별주의자들의 주장을 그대로 되풀이하고 있는 것 아닌가?" "당신 지금 우리의 흑인 형제와 자매들의 이야기를 제대로 들으려 하지 않는 것 아닌가?"

앞서 내가 언급한 사실과 질문들을 나는 모두 흑인 형제와 자매들로부터 듣고 알게 되었다. 퓨 리서치 센터(Pew Research Center)의 조사에 따르면, 대학을 나오지 않은 흑인의 3분의 1도 안 되는 사람들(29%)은 자신의 인종이 성공의 더 큰 걸림돌이 된다고 믿고 있는 반면, 60%는 "인종이 성공이나 실패에 영향을 미치지 않았다"[22]고 믿고 있다.

중립적 연구 기관인 PRRI(Public Religion Research Institute)의 최근 연구에 의하면, 백인계 미국인들(52%)보다 더 많은 비율의 흑인(59%)과 히스패닉계(55%) 미국인들이 "서로 다른 사회적 계층의 아이들에게도 성공의 기회가 충분히 있다"[23]는 사실에 동의한다.

흔히들 "흑인의 목소리"라고 생각했던 것이 실상은 진보적 성향을 띤 백인의 목소리일 가능성이 있다. 최근의 예를 한 가지 생각해 보자. 스미스소니언 국립 흑인 역사 문화 박물관(The Smithsonian's National Museum of African American History and Culture)에서 "인종 문제에 관한 생산적인 대화"를 고취시키는 일을 돕고자 "인종에 관한 이야기"(Talking About Race)라는 제목의 인터넷 포털 사이트를 열었다. 이런 대화의 출발점으로서 스미스소니언은 독자들에게 백인 됨, 백인의 특권, 그리고 백인의 취약성이라는 기본적인 세 가지 용어에 대해 집중 강좌를 제공한다.[24] 여기서 단지 흑인의 시각을 좀 더 잘 공감할 수 있는 이해를 얻고자 하는 것이 목적인 독자들은 자칫 이 세 가지 개념 모두 진보적 성향의 백인 여성들이 만들고 대중화했다는 점을 놓칠 수도 있다. 즉 백인 됨은 주디스 카츠(Judith Katz)에게서,[25] 백인의 특권은 페기 매킨토시(Peggy McIntosh)에게서,[26] 그리고 백인의 취약성은 로빈 디안젤로(Robin DiAngelo)에게서 나온 것이다.[27] 마찬가지로 인종에 관한 대화는 교회 안에서 일어나는 것을 포함하여 대부분 다음과 같은 조건을 못박으며 시작되는데, 즉 인종 차별이란 인종을 바탕으로 사람들을 차별하는 것이 아닌 "편견과 권력의 만남"이라는 것이다. 이는 패트리샤 비돌-파드바(Patricia Bidol-Padva)라는 이름의 백인 사회학자가 개발해 낸 새로운 정의이다.[28] (인종 차별에 대한 이런 새로운 정의는 부록 B "흑인과 백인"에서 다룬다.) 백인 됨, 백인의 특권, 그리고 백인의 취약성 같은 개념과 인종 차별에 대한 새로운 정의는 이미 교육계와 다양성 훈련 등의 시장을 독점하고 있으며, 또한 인종에 관한 최신 기독교 서적들 중에서도 가장 큰 부분을 차지하고 있는 실정이다. 하지만 우리는 그런 개념을 설교하는 것과 소수의 목소리를 대변하는 것을 혼돈하지 않도록 주의해야 한다. 그 둘은 같은 것이 아닌 경우가 종종 있다. 무사 알-가르비(Musa al-Gharbi)는 최신 사회학 연구의 장황한 설명을 인용하며 다음과 같은 점들을 지적한다.

새로운 형태의 인종 차별을 밝혀내고 고발하는 일에 가장 열심을 내는 사람들 중에는 상대적으로 부유하고 교육 수준이 높은 진보적 성향의 백인들이 포함되어 있는 경우가 많다…. 평균적인 흑인이나 히스패닉계 사람들보다 백인들이 인종 문제에 더욱 "깨어 있는" 경향을 보인다. 대부분의 소수 인종들이 스스로 느끼는 것보다 백인들이 소수 인종에 대한 인종 차별을 더 민감하게 감지하곤 한다…. "인종 차별" (그리고 반인종 차별적 활동주의)에 대해 유행처럼 번지는 수많은 설명들은 오히려 유색인들에게 직접적인 해악이 될 수도 있다는 증거들이 쌓여가고 있는 실정이다.[29]

물론 진리는 결코 다수의 신념으로 인해 규정되는 것이 아니다. 만약 그랬다면 인류 역사에서 태양은 여전히 지구를 돌고 있었을 것이다. 하지만 많은 연구들이 미국이란 나라가 흑인에게 불리한 제도를 갖추고 있다는 주장과 "흑인의 목소리"를 대변한다는 생각은 동일한 것이 아니라는 사실을 보여주고 있다. 그런 주장을 함으로써 우리의 사회나 학계, 혹은 인터넷 세상으로부터 인정을 받을 수는 있을 지 모르지만, 사실 그것은 오히려 인종 문제에 대해 대다수 흑인들이 여러 가지 의문을 제기하는 목소리와는 반대 방향을 향하고 있다.

그런 목소리들 중 하나인 맨해튼 연구소(Manhattan Institute)의 제이슨 라일리(Jason Riley)는 다음과 같이 중요한 점 한 가지를 제기한다.

많은 사람들이 오늘날 미국의 인종 차별주의가 정말로 흑인들의 발전을 가로막는 주요한 장벽이 되고 있는지에 대해 의심하기보다는 지금도 인종에 대한 편견이 여전히 계속되고 있는 명백한 증거가 있다고 확신한다. 혹시 그런 현상에 더 큰 영향을 미치는 다른 요소가 있지는 않은지에 관해 엄격한 연구를 해보기는 커녕 그런 의문을 제기하는 일 자체도 거의 없다. 사실 그런 질문을 하는 것만으로도 인종 차별주의 하나로 미국의 흑인들이 그다지 좋은 성과를 이루지 못하는 현상을 다 설명할 수 있다고 믿는 사람들의 분노를 유발하기에 충분하다.[30]

라일리의 말이 옳다. 마치 다른 시각은 전혀 존재하지 않는 양, 혹은 그런 시각은 무지나 적대감에서 비롯된 것인 양 '사회 정의 B'의 이야기들만 주로 가져다 인용한다. '사회 정의 B'에 도전하는 것은 무조건 수준 낮은 연구나 파렴치한 차별에서 기인하는 것으로 치부해버리는데, 이런 생각은 자기 잇속만 챙기려는 것일 뿐만 아니라 거짓된 것이기도 하다.

내가 "또 다른 사도 도마"라고 부르는 토머스 소웰 박사의 흥미로운 예를 한 번 들어보자. 할렘가에서 자라 하버드 대학교와 컬럼비아 대학교, 그리고 시카고 대학교를 졸업하고, 코넬(Cornell) 대학교와 UCLA, 러트거즈(Rutgers) 대학교, 애머스트(Amherst) 대학교, 그리고 지금은 스탠포드 대학교에서 강의하고 있으며, 또한 스탠포드 내에 있는 후버 연구소(Hoover Institution)의 선임 연구원으로 일하고 있는 소웰은 결코 가볍게 볼 수 있는 사람이 아니다. 그는 50권 이상의 책을 저술했고 셀 수도 없이 많은 학문적 기고문과 논문을 발표함으로써 인류 역사상 99.99%의 사람들보다도 정의와 불평등, 그리고 인종 차별에 대해 훨씬 심도 깊은 연구를 해왔다. 그런데도 그는 인종 문제에 관한 '사회 정의 B'의 시각에는 심각한 흠결이 있고, 심지어 그런 시각은 사회의 가장 밑바닥에 있는 사람들에게 오히려 위험을 안겨주는 것이라고 본다.

나는 '사회 정의 B'의 관점을 유지하고 있는 친구나 동료들에게 "토머스 소웰에 대해서는 어떤 입장을 갖고 있는가?"라는 질문을 해보았다. 한 사람을 제외한 나머지 전부는 그의 책을 전혀 읽어본 적이 없었음에도 그의 글에 대해 강한 반감을 갖고 있었다. 그들은 "그는 인종 차별주의자야. 겉은 검은색이면서 속은 하얀색인 오레오 쿠키와 같은 사람이지"라고 하거나, "무엇 하러 제도적 불의가 얼마나 만연해 있는지 제대로 알지도 못하는 사람에게 내 시간을 낭비하는가"라고 대답했다. 제도적 불의에 관한 책들을 수십 권 이상 읽었는데도, 나는 아직 소웰이 쓴 50권이 넘는 책들 중에 그 어떤 것과도 해당 주제를 놓고 의미 있는 소통을 하는 책을 발견하지 못했다. 그것은 월터 윌리엄스(Walter Williams), 쉘비 스틸(Shelby Steele), 글렌 로우리(Glenn Loury), 존 맥호터(John McWhorter), 콜먼 휴즈(Coleman Hughes), 기타 인종과 불평등에 관한 분야의 전문가로서 '사회 정의 B'의 이야기에 의문을 던지는 지적 거장들의 경우에도 마찬가지라고 할 수 있다. '사회 정의 B'를 옹호하는 사람들은 우리의 학교나 다양성에 관한 세미나들, 그리고 우리의 정치적 강령 안에 "유색인의 목소리"가 더욱 더 중심적인 위치를 차지해야 한다고 주장하지만, 실상 그들은 소웰과 같은 유색인이나 그 밖에 뛰어난 흑인 사상가들과 같이 깨어 있음의 세계관에 의문을 제기하는 수

많은 목소리는 듣고 싶어하지 않는다는 것이 분명히 드러난다.

우리는 이와 같은 편향적인 생각이 오늘날의 교회 안에도 동일하게 존재하고 있음을 본다. "인종 간 화해"에 관한 대화는 아무런 의심 없이 '사회 정의 B'의 전제 위에서 시작되는 경우가 많다. 즉 불균형은 차별의 증거라고 추정하는 것이다. 또한 이 사회는 뼛속까지 백인 우월주의와 여성 혐오주의가 가득해서 그에 대해 의문을 제기하는 것조차 너무 위험하다는 말을 듣는다. 따라서 교회는 그런 여러 제도에 항거하는 '사회 정의 B'의 싸움에 동참해야 하며, 그렇게 하지 않는다면 교회 안에는 "잘려 나간 복음"만이 무성할 것이라고 한다. 우리는 최대한 무난한 길을 택하려 한다. 하지만 가장 무난한 길이 곧 참된 정의의 길이라고는 할 수 없는 경우가 종종 있다.

잠언 18장 말씀에 귀를 기울여보자. "명철한 자의 마음은 지식을 얻고 지혜로운 자의 귀는 지식을 구하느니라… . 송사에서는 먼저 온 사람의 말이 바른 것 같으나 그의 상대자가 와서 밝히느니라"[31] 성경은 명철과 지식을 구하는 일이 정의와 분리될 수 없는 것임을 말씀하고 있다. 이에 나는 진심 어린 마음으로 한 가지 제안을 하고자 한다. 제도적 불의라는 사안에 있어서 스스로 "깨어 있다"고 전제하기 전에 먼저 인종 차별에 대해 '사회 정의 B'에서 주장하는 신조에 의문을 제기하는 책을 최소한 한두 권 정도 읽어 보기를 권한다. 이 책의 뒷부분에 실린 미주를 참고하면 굉장히 좋은 책들을 만나볼 수 있을 것이다.[32] 하지만 거기에 있는 목록이 너무 부담스럽다면 한 시간 정도 투자해 그 깨어 있음에 관한 이야기에 의문을 제기하는 소외된 흑인들의 목소리를 영상으로 보거나 그

들에 관한 기사를 읽는 것도 좋을 것이다. [33] 유튜브에 보면 존 맥
호터의 "어떻게 반인종차별주의가 흑인들에게 상처를 주는가"라
든지, 혹은 흑인 학자들 사이의 대화를 담은 "흑인의 발전을 가로
막는 장벽"이라는 영상을 찾아볼 수 있다. 그리고 난 뒤에 '사회 정
의 B'의 시각을 담은 자료들을 탐독해보고 비로소 마음의 결정을
해도 늦지 않다. 다시 한 번 미주에 있는 좋은 책들을 꼭 살펴보기
를 바란다. [34] 양쪽의 입장 모두 진리를 담고 있다. 다만 위험하고
편향적인 이념에 현혹되지 않을 수 있는 최선의 길은 겸손한 마음
으로 다른 시각에도 마음을 열고 다가가는 것이다. 그러면서 우리
는 마음속으로 이렇게 말해야 한다. "우리의 지식은 유한하고 부
족하다. 이에 정의를 좇는 우리의 열망이 진리와 현실에 더욱 온
전히 발맞춰 가게 하려면 여기서 우리는 어떤 통찰을 발견할 수
있는가?"

"백인 됨은 곧 악이다"

잠시 시간을 내어 양쪽의 입장을 들어보면, 많은 경우 서로 간의
대화가 좌절되는 이유는 해당 논의에서 사용되는 용어에 대해 다
르게 정의 혹은 재정의하기 때문이라는 것을 알게 된다. '사회 정의
B'에서는 관용, 혼인, 진정성, 완고함, 그리고 차별 등의 단어를 재
정의하여 여론을 동요하는 큰 힘을 발휘한다. (부록 B에서는 이런 재정
의들을 면밀히 살펴본다. 특히 '사회 정의 B'에서 인종 차별주의라는 용어에 더
하고 있는 새로운 의미를 살핀다.)

합리적인 이유나 성경적인 근거 없이 중요한 용어들을 재정의

하는 것은 끝없는 혼란과 분쟁의 씨앗이 된다. 특히나 인종에 따라 사분오열되어 당파적인 삶을 살아가는 세상에 속에서 예수님은 우리가 하나 된 모습을 내보이며 살아가게 해달라고 기도하셨기에 교회 된 우리가 그런 하나 된 삶을 살아내는데 있어 이것은 매우 중대한 문제이다.[35]

2019년 3월, 이케미니 우완(Ekemini Uwan)은 텍사스 주 댈러스에서 열린 여성을 위한 스패로우 컨퍼런스[Sparrow Conference for Women, 2011년 시작된 스패로우 컬렉티브(Sparrow Collective)라는 단체에서 2012-2019 사이에 개최했던 컨퍼런스이다. 이 단체는 기독교 여성 단체이며 해당 컨퍼런스는 "다양한 배경의 젊은 여성들이 온 마음을 다해 예수 그리스도를 좇으며 복음의 증진을 위한 일에 참여하도록 함께 돕고자" 시작되었다. 자세한 내용이 궁금하면 www.sparrowcollective.org를 참조하라.-역자주]에서 연설을 했다. 이 컨퍼런스의 홍보 내용은 다음과 같다. "세상에는 화평하게 하는 자들이 필요합니다. 왜냐하면 인간관계나 소셜 미디어, 기타 직장 등 우리 삶 곳곳에 갈등이 있기 때문입니다. 그러니 하나님의 부르심을 따라 2019년 스패로우 컨퍼런스에서 화평하게 하는 여성들과 함께 하십시오." 화평하게 하는 자들을 격려하여 세우기 위한 이 컨퍼런스에서 자신을 "인종 차별주의에 반대하는 공공 신학자"라고 밝힌 우완은 다음과 같은 내용을 발표했다.

> 백인의 정체성에 대해 이야기하고자 한다면 우리는 백인 됨이 무엇인
> 지에 대해 이야기해야 합니다. 사실 현실적으로 백인 됨의 뿌리는 약
> 탈과 절도, 노예 제도와 아프리카인들의 노예화, 그리고 아메리카 원
> 주민들에 대한 학살 등에 있습니다…. 그것은 권력 구조에 관한 것인

데, 백인 됨이란 바로 그런 것입니다…. 왜냐하면 우리는 백인 됨은 곧 악이라는 사실을 이해해야 하기 때문입니다. 그것은 악입니다. 그것은 폭력과 절도와 약탈, 그리고 권력과 특권 의식에 깊이 뿌리 내리고 있습니다.[36]

비판적 이론가들의 사상을 발전시킨 우완의 관점을 제대로 이해하려면[37], 백인 됨이란 그저 피부가 흰 것만을 의미하지는 않는다는 사실을 주목해서 보는 것이 중요하다. 그녀는 "유색인들 역시 백인 됨에서 벗어나야 함"[38]을 촉구한다. 백인 됨은 단순히 피부색만의 문제라기보다는 오히려 세상에서 약탈과 절도, 노예화와 학살을 일삼는 삶의 방식을 뜻하는 것이다.

물론 우리가 만약 피부색이 좀 더 엷다는 이유만으로 좀 더 어두운 피부의 사람들을 하나님의 형상이 아닌 그 이하의 어떤 존재로 취급해도 무방하다고 하는 죄인들의 파괴적인 발상에 따라 백인 됨이란 말을 사용한다면, 그렇다면 당연히 이것은 악한 발상이며, 또한 그런 발상에 배태되어 있는 참혹함을 드러내는 우완의 견해 역시 옳다고 할 수 있다. 그런 "백인 됨"이야말로 노예 제도를 정당화하고, 따라서 성경에 반하는 것이며, 또한 하나님을 욕 되게 하는 뿌리까지 썩어 있는 생각이다. 그럼에도 이 백인 됨이란 표현이 그리스도인들의 대화 가운데 갈수록 자주 등장하면서 그 의미가 너무도 쉽게 혼동되곤 한다. 이에 나는 다음과 같이 백인 됨에 관하여 우리가 물어야 하는 세 가지 중요한 질문을 제시하고자 한다.

1. "백인 됨은 곧 악이다"라는 주장을 통해 유색인들의 문화는 더욱 풍성함을 누리게 되는가? "백인 됨"에 관한 연구에 몰두하다

보면 만약 우리가 오직 이 백인 됨을 "와해시키고", 그에 대한 "우상을 파괴하며", "거기서부터 벗어날" 수만 있다면, 이 땅에 다문화의 천국이 서게 되리라는 생각을 갖게 된다. 즉 그로 인해 우리 모두 안에 있는 고갱을 불러내는 것이다.

유럽의 화가인 폴 고갱은 "사람은 본성적으로 선하다"[39]고 한 루소의 철학을 따랐다. 사람을 악하게 만든 것은 오직 우리의 제도일 뿐이라는 것이다. 오늘날의 '사회 정의 B' 운동이 그러하듯 고갱은 서구 유럽의 문명이 만들어낸 제도는 개선의 여지가 전혀 없을 정도로 억압적이라는 결론에 이르렀다. 그는 "인위적이고 관습적인 모든 것"[40]으로부터 벗어나기 위해 프랑스에 있는 자신의 가족과 명성을 버리고 타히티로 떠났다. 남태평양의 검은 모래 해변을 거닐며 고갱은 그곳에서 루소가 말한 "고귀한 미개함", 곧 "문명에 노출되지 않음으로써 그것의 부패함으로부터 영향을 받지 않은 사람의 선천적인 선함을 상징하는 문명화되지 않은 인간이라는 이상적인 개념"[41]을 발견할 수 있으리라고 믿었다. 하지만 그런 낙원 대신 그가 발견한 것은 알코올 중독의 노예가 되고, 성병에 시달리며, 깨어진 가족 관계로 인해 뿔뿔이 흩어지고, 부패한 정치인들에게 억압당하는 사람들로 가득한 섬이었다. 고갱은 서구의 백인들만이 악의 근원이라고 믿었던 자신의 커다란 허상에서 깨어나게 되었다. 문제는 인간 그 자체였던 것이다.

그다지 잘 알려지지 않은 사실들까지 감안해 살펴보면, 이런 인간의 문제를 보다 분명하게 볼 수 있다.

• 1500년에서 1800년 사이에 북아프리카의 해적들 홀로 최소 백만

명의 유럽인들을 노예로 삼았다. **42)**

- 북아프리카에서 노예의 삶을 살았던 그 유럽인들은 단지 무슬림 지역에 있는 그리스도인이라는 이유만으로 멸시와 학대를 당했는데, 거기서 그들은 "개 같은 그리스도인"이라고 불렸다. **43)**

- "유럽인들은 다른 유럽인들을 노예로 삼기도 했고, 아시아인들도 다른 아시아인들을 노예로 삼기도 했으며, 아프리카인들도 다른 아프리카인들을 노예로 삼기도 했다. 또한 서구 세계의 원주민들 역시 동일한 서구의 원주민들을 노예로 삼기도 했다." **44)**

- "아프리카인들은 동족인 같은 아프리카인들을 노예로 삼았고, 그 노예들 중 일부를 유럽이나 아랍에 팔기도 했으며, 나머지는 자신들이 차지했다. 대서양의 노예무역이 가장 번성하던 시기에도 서구에 팔아 넘겼던 노예보다 아프리카인들이 보유했던 노예의 수가 더 많았다." **45)**

- "동아프리카와 잔지바르 섬에는 노예 식민지가 있었는데, 노예를 소유하고 있던 아프리카인들과 아시아인들은 마치 서구의 마야인들이 했던 것처럼 자신들의 노예를 종교 의식의 인간 제물로 사용하였다." **46)**

- "아랍인들은 동아프리카에서 가장 주도적인 노예 사냥꾼들이었는데, 그들의 침략 활동은 유럽 전역보다 더 넓은 지역에 이르렀다. 19세기 당시 동아프리카에서 팔려 나간 노예의 총 수는 최소한 약 2백만 명에 달한다." **47)**

- "중국은 지난 수 세기 동안 '세계에서 가장 크고 가장 광범위한 인신매매 시장들 중에 하나'로 알려져 왔다." **48)**

- "인도에서도 노예 제도는 흔한 것이었으며, 당시 서구 세계 전체에

존재하던 노예들보다 더 많은 수의 노예가 있었던 것으로 추산된
다.”49)

- “또한 서구에서는 콜럼버스의 배가 수평선 위에 등장하기 이전에
노예 제도가 확립되어 있었다.”50)

- “브라질은… 수 차례에 걸쳐 미국과 비슷한 수의 노예를 사들였고,
어쩌면 역사상 그 어떤 나라보다도 더 많은 노예를 소비했다.”51)

- “심지어 아메리카가 영국의 식민지이던 시절에는 고용 계약을 맺
은 백인 하인들이 인구의 상당수를 차지하고 있었고, 그들은 흑인
노예들과 같이 경매를 통해 팔려 나갔다.”52)

- “비극적인 사실은 노예 제도가 지구 상의 모든 나라에서 불법임에
도 불구하고 그 모든 나라에서 여전히 피부색과 상관 없이 행해지
고 있다는 것이며, 그런 현대판 노예 제도의 희생자는 무려 4백만
명이 넘는다.”53)

- 2018년 세계 노예 지표(Global Slavery Index)에 따르면, 현대판 노예
제도가 가장 확산돼 있는 상위 10개국은 북한, 에리트리아, 부룬
디, 중앙아프리카 공화국, 아프가니스탄, 모리타니아, 남수단, 파
키스탄, 캄보디아, 그리고 이란이었다.54)

- 정부가 현대판 노예 제도에 맞서 가장 활발한 싸움을 벌이고 있는
상위 10개국은 네덜란드, 미국, 영국, 스웨덴, 벨기에, 크로아티
아, 스페인, 노르웨이, 포르투갈, 그리고 몬테네그로였다.55)

만약 우리가 ‘사회 정의 B’의 이야기로 세상을 받아들이면 대다
수 유색인종의 문화를 긍정적인 시각으로만 보게 되기가 쉽다. 그
러면 세상에 보편적으로 존재하는 인간의 악함과 모든 문화 안에

존재하는 회개의 필요성에 우리의 눈이 가려지게 된다.

이디 아민(Idi Amin)의 경우를 한 번 생각해보라. 다른 이들은 그에게 "우간다의 도살자"라는 별명을 붙여주었지만, 정작 본인인 자신에게 다음과 같은 공식 직함들을 부여했다. "각하, 종신 대통령, 육군 원수이자 메카의 순례자인 이디 아민 다다 박사, VC, DSO, MC, [VC는 Victoria Cross(빅토리아 십자 무공 훈장)의 머리글자로 영국이나 영연방 군인들에게 수여하는 훈장이고, DSO는 Distinguished Service Order(수훈장)의 머리글자로 전쟁에서 공을 세운 장교들에게 수여되는 영국 군대의 훈장이며, MC는 Military Cross(전공 십자 훈장)의 머리글자로 이 역시 전쟁에서 공을 올린 군인에게 주는 훈장임—역자주] 땅의 모든 동물과 바다 물고기들의 주인이자 아프리카 전체와 특히 우간다에서 대영 제국의 정복자." (이 직함을 명함에 새겨 넣는다고 생각해보라!) 이디 아민은 자아도취적인 학살 프로젝트를 감행했는데, 그렇다면 그의 죄명은 "백인 됨"이었는가? 로마 제국을 가로지르며 살육과 약탈을 저지른 훈족의 아틸라도 그런가? 폴 포트, 마오쩌둥, 엔버 파샤(Enver Pasha), 호치민, 탈레반, 이슬람 국가(ISIS), 보코 하람(Boko Haram), 그리고 아즈텍도 다 마찬가지인가? 징기스칸은 유라시아 전체를 관통하며 수많은 민간인들을 집단 살육하고 정복하여 몽골 제국을 확장함으로써 결국 지구상에 존재하는 전체 육지의 6분의 1에 육박하는 대제국을 건설하였다. 그의 죄명도 백인 됨이란 말인가? 그렇다면 크메르 루주의 킬링 필드, 르완다의 후투족과 투치족, 남아메리카의 카르텔 전쟁, 혹은 영국의 식민지가 되기 이전의 아메리카 대륙에 있었던 부족 간의 도살 축제 등은 어떤가? 파블로 에스코바르가 콜롬비아 내에서 자신의 코카인 제국을 확장하기 위해 살인과 약취를 일삼은 것 역시 그 죄명이 백인 됨이란 말인가? 권력에 목말라 약탈과 절도와 노예화와 집단 학살 등의 온갖 불의를 저지른 이상의 사람들 중에 그 누구도 백인은 없었다.

성경적인 세계관에서는 결코 어느 한 가지 피부색만이 죄악과 연루되어 있지 않다. 오히려 "모든 사람이 죄를 범하였으매 하나님의 영광에 이르지 못한다."[56] 우리가 '사회 정의 B'의 발상에 대해 이런 성경적인 세계관을 견주어 본다면 어떤 것이 보다 현실에 부합하는 것인지 경험적으로 알 수 있다. 만약 '사회 정의 B'가 진실이라면 오직 서구의 백인 사회 안에서만 압도적인 비율로 억압이 나타나야 할 것이다. 반대로 성경적인 세계관 안에서 모든 인간은 그 외모나 피부색, 혹은 신념과 상관 없이 다 타락했기 때문에, 우리는 동서고금을 막론하고 때와 장소에 상관 없이 그런 억압을 목격하게 되는 것이다. 이와 관련하여 소웰은 우리에게 다음과 같이 올바른 방향을 제시해준다. "어떤 이들은 노예 제도 하면 무조건 백인이 흑인을 노예로 삼은 것처럼 인식하는데, 그들이 그런 좁은 시각에서 노예 제도의 역사로부터 이끌어내는 교훈은 과거에나 현재나 오직 백인들만이 곧 악이라는 것이다. 그러나 세상의 역사를 보다 넓은 배경에서 바라보면 굉장히 다른 교훈을 얻을 수 있는데, 그것은 다른 사람을 억압할 수 있는 권력을 아무런 제한 없이 가진 사람은 그의 피부색과 상관없이 신뢰할 수 없다는 점이다. 왜냐하면 누구든 그런 권력을 쥐게 되면 그의 인종이나 계층, 혹은 정치적 권위를 막론하고 그 권력을 극도로 남용해왔기 때문이다."[57]

소웰은 "어떤 인간이 다른 인간에게 무제한의 권력을 행할 수 있게 되면 그들 사이에서 일어나는 이야기 중에 웬만해서는 아름다운 이야기나 고상한 이야기는 찾아볼 수 없으며, 이것은 그들의 피부색과는 아무런 상관이 없다."[58]라고 결론짓는다. 그렇다면 우리는 백인 됨이라는 용어보다는 "십계명을 어김"이라는 말을 사용해야 하는 것이 아닐까? 혹시 "십계명을 어김"이 너무 길고 번거롭다면 죄라는 낡은 단어는 어떤가?

2. "백인 됨은 곧 악이다"라는 주장은 멜라닌 색소가 적은 사람들의 과거 유산 중에서 가장 비난의 여지가 있는 측면만을 뽑아내는 것인가? 많은 이들이 제국주의적인 탐욕과 억압을 휘두른 백인의 권력이라고 하면 영국을 역사상 최고의 예로 꼽는다.[59] 영국은 한 때 세계에서 가장 대규모의 노예 무역이 이루어졌던 곳이다. 영국인들이 입힌 모든 피해와 상처에 미국의 노예 제도에서 나타난 참상을 하나로 엮어보면 인류의 역사는 피부색이 옅은 서구인들이 멜라닌 색소가 더 많은 사람들을 괴롭히고 짓밟은 하나의 길고 추악한 이야기라는 결론에 이르기가 쉽다. 하지만 그것이 이야기의 전부인가? 소웰은 그렇게 생각하지 않았으며 그에 대해 다음과 같은 말을 했다. "18세기 말에 노예 제도는 매우 잘못된 것이므로 선한 양심을 가진 그리스도이라면 결코 다른 사람을 노예로 삼을 수 없으며, 또한 자신들 안에서나 기타 다른 이들 안에서도 이런 제도가 존속하는 것을 지지할 수 없다는 강한 도덕적 관념이 부상했는데, 이는 (서구의) 역사에서 보기 드문 일이었다."[60]

앞서 언급했던 바와 같이, 영국인들과 미국인들은 "아프리카인들과 아랍인들, 그리고 아시아인들과 기타 다른 민족들의 거센 반대에도 불구하고"61) 자신들의 나라에서뿐만 아니라 전 세계에서 노예 제도를 종식시키기 위해 어마어마한 자원을 들였고 또 수많은 희생을 감수했다. 그런데 왜 이처럼 억압받는 자들을 위해 정의를 세우려 했던 역사적으로 중요하고 용기 있는 행동들은 백인 됨의 정의에 포함하지 않는 것인가? 어찌하여 '사회 정의 B'의 사고 방식에서는 오직 약탈과 절도, 노예 제도와 학살 같은 것들만 백인 됨을 규정하는 지표로 보려고 하는 것인가? 오늘날 특정한 정체성을 가진 사람들에게 그들이 이룬 도덕적 승리보다는 오직 그들의 역사적인 수치만을 끌어 모아 그에 대한 책임을 덮어 씌우려고 하는 것은 도대체 무슨 이유 때문인가?

물론 안타깝게도 그리스도의 이름을 내걸었던 사람들이 인종 차별의 죄악을 저지르거나 우유부단하게 그런 죄악에 관여했던 일이 종종 있었고, 그것은 우리가 앞으로 이 땅 위에 결코 다시 일어나지 않도록 온 힘을 다해야 하는 역사적 사실이기도 하다. 하지만 그럼에도 오늘날 목소리만 크다고 해서 우리가 그 소리에 무작정 현혹되어 버리면, 여러 가지 아름답고 진실된 이야기를 놓쳐버리게 된다. 비록 노예 제도가 있었던 것은 역사상 의문의 여지가 없는 사실이기는 하나, 그처럼 사람을 사람이 아닌 재산처럼 취급했던 끔찍하고 오래 된 세상의 역사에 맞서 정의를 위해 분투했던 사람들은 피부색과 상관 없이 다름 아닌 그리스도인 형제, 자매들이었다. 영국과 미국, 아프리카와 아시아, 카리브해 지역과 중동 지역, 콜럼버스 이전의 서구나 기타 지구 상 어느 곳에서든 합법화된 노예 제도에 맞서는 첫 불씨를 일으키고 그 불꽃에 바람을 불어넣었던 것은 그리스도인들이었다. 그리하여 그 불꽃은 하나님의 은혜로 말미암아 활활 타오르는 불길이 되어 노예 제도를 불태워버렸다.

3. 백인 됨을 죄악으로 정의함으로써 선동을 일으키는 것은 불가피한 일인가? 이제 피부색을 억압의 의미로 재정의하는 것에서 야기될 수 있는 세 번째 문제를 생각해 보자. 닐 셴비(Niel Shenvi)는 이 점을 다음과 같이 표현한다. "만약 내가 '멍청이'라는 말을 '프랑스 하키 선수'를 의미하는 말로 정의하려고 한다면, 수많은 프랑스 하키 선수들이 내가 세운 정의에 대해 불쾌감을 느끼리라는 것은 불을 보듯 뻔한 일이다! 우리는 가능한 한 분명하게 의미를 전달할 수 있는 단어를 선택해야 하며, 특히나 그리스도인이라면 최대한 사랑의 마음으로 해야 한다."[62]

2019년 스패로우 컨퍼런스에서 우완이 "백인 됨은 곧 죄악이다"라는 선언을 했을 때 알려진 바로는 어떤 여성들이 자리를 박차고 일어나 그 강당을 빠져나갔다고 한다. 자리를 박차고 나갔던 그 여성들에게는 "백인의 취약성"이라는 명목으로 비난이 가해졌는데, 이 용어는 비판적 이론가인 로빈 디안젤로가 쓴 책의 제목이자 그 책에서 그녀가 처음 만들어낸 말이다. 우완은 자신의 발표 끝에서 이 책을 추천했다. 그런데 백인 여성들이 불쾌감을 느낀 이유가 그저 평범한 어투로 그들의 신체적 특징 중의 한 가지를 지칭하는 단어 하나를 사용하고, 또 그 단어를 써서 피부색을 바탕으로 한 어떤 정체성 집단에 속한 사람들이 저지른 역사적인 죄명을 화평하게 하는 컨퍼런스에 참석한 생면부지의 사람들에게 온전히 덮어씌우려 하는 것이 불쾌했기 때문일까? 안타깝게도 그와 같이 집단의 정체성을 바탕으로 하는 비난 놀음은 '사회 정의 B'를 상징하는 것이 되어버렸다. 그러나 비난에 대해 하나님께서 내리시는 평가는 다르다. 성경은 "누구나 자기의 죄악으로 말미암아 죽으리라"[63]라고 말씀하시기 때문이다.

이는 우리가 다 반드시 그리스도의 심판대 앞에 나타나게 되어 각각 선악 간에 그 몸으로 행한 것을 따라 받으려 함이라[64]

아버지는 그 자식들로 말미암아 죽임을 당하지 않을 것이요 자식들은 그 아버지로 말미암아 죽임을 당하지 않을 것이니 각 사람은 자기 죄로 말미암아 죽임을 당할 것이니라[65]

범죄하는 그 영혼은 죽을지라 아들은 아버지의 죄악을 담당하지 아니할 것이요 아버지는 아들의 죄악을 담당하지 아니하리니 의인의 공의도 자기에게로 돌아가고 악인의 악도 자기에게로 돌아가리라[66]

한편 다양한 민족적 배경을 가진 형제와 자매들이 한 아버지의 사랑을 통해 하나의 가족을 이루어 가고 있던 초대 교회에서 연합은 너무도 중요한 것이었다. 그들은 서로의 민족적 정체성을 바탕으로 집단적인 비난 놀음을 할 수도 있었다. "저 사람은 그저 평범한 루퍼스가 아니요. 그는 로마인 루퍼스란 말이요. 저 나라 사람들이 2세기 전에 어떻게 우리를 로마에서 쫓아냈었는지, 그리고 30년 전에도 똑같은 일을 하려 했던 것을 잊지 맙시다."

그러면 상대편은 또 이렇게 대답할 것이다. "아 그렇소? 로마인

루퍼스의 조상들은 당신네 민족들이 일으킨 마카비 봉기에서 처참하게 살해됐소!"

"하지만 당신네 사람들이 우리의 가장 신성한 도시인 예루살렘을 침략해서 점령하고 있잖소! 그들이 부과한 세금 때문에 우리가 거덜날 지경이요. 게다가 우리 삶 곳곳에 로마 지상주의를 강요하고 있으니 말이요."

그리스도인들이 이처럼 끝나지 않는 불평 놀음에 사로잡혀 서로를 그리스도 안에서 하나 된 정체성으로 바라보지 못하고 그저 각자가 속한 민족 집단의 표본으로만 대한다면 어떻게 당파적인 이 세상 가운데 참된 연합의 모습을 보여줄 수 있겠는가?

무엇이 문제인가? '사회 정의 B'에서는 하나님께서 다른 사람들에게는 주시지 않고 특정한 사람들에게만 주신 물리적 특성 한 가지를 골라낸다. 그런 다음에는 그 특성을 외적인 모습을 묘사하는 데 쓰는 것이 아니라 악의 표지로 사용한다.

만약 타락한 인간이 (어떤 사람에게는 있고 다른 이에게는 없는) 물리적 특성을 악과 관련짓는 의미론적 놀음을 통해 그런 특성을 가진 사람들에게 증오심과 폭력을 가하는 일은 일어나지 않을 것이라고 생각한다면, 그것은 이미 세 가지 치명적인 실수를 저지른 것이다. 첫째, 인간의 타락상을 과소평가한 것이다. 우리는 너무도 쉽게 파당을 나눠 서로를 등진다. 둘째, 역사의 뼈아픈 교훈을 배우지 못한 것이다. 남들에게는 없고 어떤 사람들에게만 있는 물리적인 특성을 악과 동일시함으로써 재앙으로 치닫지 않았던 적이 한 번이라도 있었는가? 셋째, 교회가 "평안의 매는 줄로 성령이 하나 되게 하신 것을 힘써 지키"[67]는 일을 훨씬 더 어렵게 만든 것이다. '사회 정의 B'의 이론가들이 분노를 유발시키기 위해 고안해낸 새로운 정의의 용어들을 받아들이기보다는 다음과 같은 성경 말씀에 귀를 기울이자. "너희가 행할 일은 이러하니라 너희는 이웃과 더불어 진리를 말하며 너희 성문에서 진실하고 화평한 재판을 베풀고"[68)

   마지막으로 어떤 분들은 내가 제시했던 주장들이 인종 차별주의자들의 그 차별성에 더욱 더 힘을 실어주는 것은 아닌가 하는 실제적인 염려를 갖게 될 수도 있을 것이다. 이에 명확하게 밝히고자 한다. 만약 당신이 내가 했던 말 중에 그 어떤 것이라도 혹여 백인이 흑인이나 기타 다른 인종에 비해 우월하다는 믿음을 합리화하는 것으로 받아들인다면, 그것은 잘못된 생각이다. 그것은 복음을 부정하는 일이다. 구원의 문제에는 흰색이나 검은색, 혹은 갈색이나 기타 어떤 색깔도 전혀 중요치 않다. 오직 붉은 색만 소중한 가치가 있다. 오직 예수님의 붉은 피를 통해서만 온갖 피부색의 죄인들이 하나님 앞에 의롭다 함을 얻을 수 있으며, 지금부터 영원토록 그분의 나라에서 참된 평등을 누릴 수 있는 것이다.

모니크의 이야기

저녁 식사 시간에, 아버지께서 다음과 같은 섬뜩한 말을 내뱉으셨다. "미국을 다시 한번 위대하게 만들자." 충격이었다. 미국 역사는 노예 제도와 사적 제재, 그리고 짐 크로우 등으로 점철되었다. 나는 입양아이다. 나를 입양한 가족은 백인이고 나는 아프리카계 미국인이다. 나에게 미국이라는 나라가 위대했던 적이 단 한 번이라도 있었던가?

내가 성장기를 보냈던 곳은 로스엔젤레스 남부였다. 자라면서 늘 나를 따라다녔던 생각은 "백인들을 절대 믿지 마!"라는 것이었고, 어디를 가나 나는 그런 얄팍한 판단을 항상 붙들고 있었다. 사회학을 전공하면서 어린 시절에 배웠던 그 사상 체계에 어떤 이름표가 붙어 있는지 알게 되었다. 교수님들은 비판적 인종 이론 (CRT: Critical Race Theory)을 신봉했고, 그것은 나에게 있던 편견을 정당화해주는 것이었다. 오직 나와 동일한 외모를 가진 사람들만 내가 했던 경험을 이해할 수 있다고 믿었던 나의 신념은 수업 시간에 비벌리 테이텀(Beverly Tatum)이 쓴 《왜 흑인 아이들은 학교 식당에서 다 함께 모여 앉아 있는가?》(Why Are All the Black Kids Sitting Together in the Cafeteria)라는 책을 읽었을 때 비로소 확증되었다. 이 책은 나의 당파주의를 더욱 굳게 해주었던 것이다. 그 후로 20년 간, 나는 CRT를 전하고 다녔다.

우리 가족은 제도적 인종 차별주의라는 문제에 대해 나와 의견을 달리 했다. 왜 그들은 미국의 모습을 있는 그대로 볼 수 없었던 것일까? 나를 가르쳤던 사회학 교수님의 말이 맞았다. 백인 그리스도인들은 예수의 뒤꽁무니에 숨어 자신들과 생각이 다른 사람들을 인정하지 않기 때문이다. 그날 밤 나는 이렇게 기도했다. "하나님, 우리 가족의 눈을 열어 주시어 그들이 미국 내에서 특권을 누리고 있다는 것과 반면 유색인들은 끊임없는 억압 속에 살아가고 있음을 보게 하여 주옵소서."

내 기도에 대한 응답은 내가 갖고 있던 체계에 엄청난 충격으로 다가왔다. "모니크, 사회 정의를 바라보는 너의 시각을 회개해야 한다." 우리 가족이 사회 정의에 관한 복음을 "받아들이게" 해달라는 기도를 한 직후에, 성령님께서 이것을 내 마음속에 분명하게 말씀하셨다. 나는 뾰로통하여 인정하지 않으려 했다. 주님께서 그런 말을 하실 리가 없다고 확신했다. 하지만 사실이었다. 나는 비판적 인종 이론(CRT)의 그물에 걸려있던 나의 믿음을 풀어내는 고통스러운 작업을 시작했다. 그것은 마치 어린 아이의 손에서 사탕을 빼앗아낼 틈을 보는 것 같았다. 나는 담대히 선한 싸움을 싸워 나가고 있고, 하나님께서는 그런 내게 온화하고 신실하시며 자비를 베푸신다. 비판적 인종 이론에서 해방되기 위한 여정 가운데 나와 함께 하신다.

그 여정의 첫 걸음은 내 믿음이 어디에 뿌리를 내리고 있는지를 먼저 진지하게 살펴보는 것이었다. 그 결과 기독교적 세계관과 비판적 인종 이론 사이에 커다란 충돌이 있음을 발견했다. 비판적 인종 이론은 끊임없이 악한 제도에 초점을 맞추고 있었기에 나는 내 마음속에 있는 악에 대해서는 인식하지 못하고 있었던 것이다. 내가 특권을 누리고 있었던 측면은 보지 못했고, 내 안에 있었던 편견에는 눈이 어두워져 있었다. 비판적 인종 이론은 나로 하여금 당파주의에 마음을 빼앗기도록 부추겼고, 그로 인해 정의에 관한 대화 속에서 백인들의 목소리를 듣지 못하게 만들었다. 나는 그저 미국의 인종 차별적인 제도의 희생자가 아니었다. 나 또한 그토록 증오했던 인종 차별주의를 더욱 깊이 뿌리내리게 했던 것이다.

역사적 기독교에서 말하는 구원은 예수님의 삶과 죽음, 그리고 부활에 관한 기쁜 소식이다. 따라서 그분께서 베푸신 값없는 은혜의 행위를 통해 모든 죄인은 그들의 피부색과 상관 없이 구원을 얻을 수 있는 것이다. 그런데 나는 비판적 인종 이론에 빠져 이 기쁜 소식에서 멀어지게 되었고, 오히려 예수님께서 이미 완성하신 그 일 가지고는 부족하다고 하는 사회 정의의 복음에 빠지게 되었다. 비판적 인종 이론에서 재정의한 "억압"을 종식시키기 위한 행동주의가 복음의 필수 요소가 되어 버린 것이다. 성경에서는 일관되게 우리를 형제와 자매로 규정하고 있다. 하지만 비판적 인종 이론에서는 우리를 교차점이 있는 파당으로 쪼개어 나눈다. 하나님께서 보시기에 인류의 근본적인 문제는 바로 우리 모두가 은혜를 필요로 하는 죄인들이라는 사실이다. 반면에 비판적 인종 이론의 관점에서 바라보는 인류의 근본적인 문제는 백인 됨과 억압이다. 이처럼 비판적 인종 이론의 신념은 "복음의 일부분"조차도 아니었다. 그것은 온전히 다른 복음이었던 것이다. 야고보서의 말씀은 분명하다. 우리는 사람을 차별하여 대하거나 서로 비방하지 말아야 한다. 하지만 흑인 신자들 사이에서는 백인에 대해 경멸적인 말을 하는 것이 전혀 문제 될 일이 아니었다. 그리스도께서는 나에 대해 결코 하지 않으셨을 그런 말들을 나는 백인들에 대해 스스럼 없이 내뱉었다. 비판적 인종 이론의 사상 체계 안에서는 백인들 역시 하나님께서 사랑하시는 그분의 형상이라는 사실과 그리스도께서 그들을 구속하시기 위해 죽으셨다는 사실을 인지하는 것이 거의 불가능했다. 그 때문에 나는 그리스도께서 내게 보여주신 그 사랑과 자비로 사람들을 대하는 일에 굉장히 애를 먹었다.

우리 가족과 나는 계속해서 배우고 있다. 가족들은 이전에는 보지 못했던 어떤 불의들이 실재하고 있음을 더욱 잘 알게 되었다. 그리고 나는 하나님께서 내가 생각하는 것보다 훨씬 더 나은 방법으로 정의와 연합을 이루어 가심을 배우고 있다. 이 모든 것이 우리에게는 은혜일 뿐이다.

-모니크 듀슨(Monique Duson)

모니크는 바이올라 대학교 탈봇 신학대학원에서 공부하고 있으며, 성경적인 관점에서 인종적 정의에 관한 자료와 훈련 프로그램, 그리고 영상 등을 제공하는 성경적 연합을 위한 센터(the Center for Biblical Unity, www.centerforbiblicalunity.com)의 창립자로 섬기고 있다.

개인과 소그룹 스터디를 위한 질문들

1. 미국의 역사에서 일단의 교회들이 노예 제도나 사적 제재, 그리고 분리 정책 등과 같은 비열한 인종 차별주의를 옹호하거나 혹은 그에 연루되어 있었다는 것은 사실이다. 그와 같은 백인 우월주의를 부인하는 성경의 교리를 세 가지에서 다섯 가지 정도 들어보라.

2. 오늘날 '흑인의 생명은 소중하다'(BLM: Black Lives Matter)는 이름표를 단 채 벌이고 있는 세상의 운동보다 그리스도인의 성경적 세계관이 더욱 더 심오하고 포괄적인 방식으로 흑인의 생명도 소중하다는 말을 할 수 있는 이유는 무엇인가?

3. 교회가 교회를 바라보고 있는 세상을 향해 복음 안에 있는 연합의 능력을 증거하는 모든 방언과 민족과 나라의 증인이 되고자 할 때, "백인 됨은 곧 죄악이다"라는 주장과 기타 비판적 인종 이론에서 부각되는 비난들이 바람직하지 못한 이유는 무엇인가?

제9장
복음에 관한 질문

■ ■ ■

: 사회 정의에 대한 우리의 시각은 역사상 가장 기쁜 소식을 왜곡하는가?

어떻게 하면 당신은 가장 불행한 사람이 될까? 어떻게 하면 당신은 가장 비호감인 사람이 될까? 어떻게 하면 당신은 가장 불안에 떠는 사람이 될까?

첫 번째 것과 두 번째 것

얼핏 보면 위의 질문들은 무작위로 던진 질문 같지만, 사실은 사회 정의와 밀접한 관련이 있다. 질문에 대한 답은 간단하다. 가장 불행한 사람이 되려면 당신의 가장 친한 친구, 곧 당신 자신을 행복하게 만들기 위해 밤낮없이 노력하면 된다. 가장 비호감인 사람이 되려면 모든 사람이 당신에게 호감을 갖게 하기 위해 밤낮없이 노력하면 된다. 가장 불안에 떠는 사람이 되려면 불안해하지 않으려고 밤낮없이 노력하면 된다. 마찬가지로 교회가 시대를 따라가기 위해 모든 에너지를 다 쏟아 부으면 가장 시대에 뒤쳐진 곳이 될 것이다.

이 네 가지 답변으로부터 우리는 세상의 인생살이에 대해 많은 것을 설명해주는 깊은 원리들을 발견하게 된다. C. S. 루이스는 자신의 글 "첫 번째 것과 두 번째 것"(First and Second Things)에서 이런 아이러니에 감춰진 다음과 같은 원리들을 우리에게 보여준다. "위대한 것보다 작은 선을 선호하거나 온전한 선보다 부분적인 선을 선호하게 되면 그 작은 선이나 부분적인 선을 위해 희생했던 것들을 잃어버리는 결과를 낳게 된다…. 두 번째 것을 첫 번째 자리에 두어서는 결코 두 번째 것을 얻을 수 없다. 두 번째 것을 얻을 수 있는 길은 오직 첫 번째 것을 첫 번째 자리에 두는 것뿐이다."[1)]

이것을 한 번 생각해보라. 어떤 여성이 자기 자신의 행복을 첫 번째 자리에 두면 결국 그 여성은 점차적으로 자신의 삶에 대해 불만을 느끼게 된다. 어떤 남성이 모든 사람으로부터 호감을 받는 것을 자신의 첫 번째 자리에 둔다면, 그는 꼴불견인 사람이 되고 만다. 불안 발작을 피해가는 일에만 늘 신경을 쓰는 가엾은 사람은 언제나 신경이 곤두서 있을 것이다.

도대체 그 이유가 무엇일까? 왜냐하면 호감을 얻고 행복해지는 일, 그리고 불안에서 벗어나는 일 등은 첫 번째 것이 아니기 때문이다. 그런 일들은 두 번째 것이다. 곧 부산물일 뿐이지 목표가 아니라는 말이다. 두 번째 것과 첫 번째 것을 착각하게 되면 그저 진정한 첫 번째 것만 잃어버리는 것이 아니라 두 번째 것도 함께 잃어버리게 된다. 자신의 삶에 만족을 느끼지 못하는 여성이 만일 하나님을 사랑하고 이웃을 사랑하는 일을 자기 자신의 행복보다 앞에 두었더라면, 결과적으로 훨씬 더 만족스러운 삶을 살게 되었을 것이다. 또한 꼴불견이었던 남성이 자신이 호감을 받는 일보다 주변의 사람들에게 더욱 더 진정으로 마음을 썼더라면, 결국 사람들은 그를 더 좋아하게 되었을 것이다. 만일 사람들이 불안감을 느끼지 않으려고 하는데 쓰는 에너지를 운동을 한다거나, 아니면 하나님께서 지으신 세상 속으로 들어가 다른 사람들에게 진심으로 마음을 쓰는데 사용했더라면, 아마도 불안 증세를 덜 느끼게 되었을 것이다.

그렇다면 이 모든 것은 복음과 사회 정의 사이의 관계와는 어떤 관련이 있는가? 만약 우리가 사회 정의를 첫 번째 자리에 둔다면, 우리는 진정한 첫 번째 것, 곧 복음뿐만이 아니라 사회 정의 마저도 잃어버리게 될 것이다.

성경에서 제시하는 첫 번째 것

성경에서는 무엇을 첫 번째 것의 자리에 두는지 굳이 추측해보려 할 필요는 없다. 고린도전서 15장에서 바울은 1세기 당시 교회에 있었던 가장 초기의 교리 중 하나를 진술하고 있다. "내가 너희에게 전한 복음을 너희에게 알게 하노니···. 내가 받은 것을 먼저 너희에게 전하였노니 이는 성경대로 그리스도께서 우리 죄를 위하여 죽으시고 장사 지낸 바 되셨다가 성경대로 사흘 만에 다시 살아나사."[2]

복음은 헬라어 '엔 프로토이스'인데, 이는 "첫 번째로 중요한", "가장 중요한", 혹은 "첫 번째 의미가 있는" 등으로 번역할 수 있는 헬라어의 표현 방식이다. 즉 C. S. 루이스가 말한 범주 중에 "첫 번째 것"은 바로 복음이다. 그렇다면 이 복음이란 정확하게 무엇을 말하는가? 앞서 언급된 고대의 교리에 따르면, 복음은 하나님께서 승천하신 왕 예수님의 속죄의 죽음과 육신의 부활을 통하여 이루신 기쁜 소식이다. 그것이 바로 성경에서 말씀하시는 첫 번째 것이므로 우리에게도 그것이 첫 번째 것이 되어야 한다.

그럼 복음을 첫 번째 자리에 둔다는 말이 정의(justice)는 우리에게 있어도 되고 없어도 되는 것이란 말인가? 당연히 아니다. 이 점을 분명히 해야 할 필요가 있다. 하나님께서 "정의와 공의를 행하여 탈취 당한 자를 압박하는 자의 손에서 건지라"[3]고 하신 것은 권고가 아니라 명령의 말씀이다. 예수님께서도 다음과 같은 사명 선언문을 가지고 공생애를 시작하셨다. "가난한 자에게 복음을 전하게 하시려고… 포로 된 자에게 자유를, 눈 먼 자에게 다시 보게 함을 전파하며 눌린 자를 자유롭게 하고"[4] (이것은 '사회 정의 B'를 지지하는 이들이 흔히 인용하는 증거 성구이다. 그 내용은 부록 G "가난한 자에게 복음을"에서 자세히 살펴본다). "정의를 구하라"[5]는 말씀은 성경의 분명한 메시지이다. 정의는 첫 번째 것이 아니다. 첫 번째 것은 복음이다. 하지만 그렇다고 해서 그리스도인의 삶에 정의가 있어서 되고 없어도 되는 것은 아니다.

또한 성경은 우리에게 진실을 말하고, 후히 주며, 이웃을 사랑하라고도 명하신다. 이런 명령들은 그 어떤 것도 있어도 되고 없어도 되는 것들이 아니다. 그럼에도 여전히 그런 명령들은 그 어느 것도 복음은 아니다. 이와 같은 명령들을 첫 번째 것과 혼돈해서는 안 되는 것이다. 그렇지 않으면 우리는 복음을 잃어버리게 될 뿐만 아니라 이런 명령들조차도 그 본질은 사라져버린 채 껍데기에만 집착하게 될 것이다. 첫 번째 자리에 복음이 없으면 진실을 말하되 무례하게 될 것이고, 우리의 것을 베풀되 마지못해 주게 될 것이며, 이웃 사랑은 자기 의에 빠진 쇼맨십으로 변질되고 말 것이다. 이처럼 우리에게 복음이 첫 번째 것이 되지 않으면 사회 정의는 본래의 의미와는 전혀 다른 것이 되고 만다.

> 우리에게 복음이 첫 번째 것이 되지 않으면 사회 정의는 본래의 의미와는 전혀 다른 것이 되고 만다.
>
> ■ ■ ■

무엇이 "복음에 관한 사안"인가?

다음과 같은 반응을 생각해 보자. "하지만 당신은 불의에 맞서 싸워야 하는 교회의 본질적인 역할을 폄하하려고 하나의 문제를 복음과 정의의 두 가지로 나눠서 그 사이에 잘못된 딜레마를 부여한 것이다. 정의를 구하는 것은 신자에게 있어도 되고 없어도 될 일이 아니라는 점에는 동의한다. 그러므로 사회 정의는 곧 복음에 관한 사안이다."[6] 이와 같은 반대 의견은 중요한 것이다. 복음이 첫 번째 것이라는 나의 주장을 진지하게 받아들인다면 이런 반대 의견도 무시할 수는 없다. 만약 이 두 가지가 정말로 동일한 것이라고 한다면 복음과 정의를 첫 번째 것과 두 번째 것이라고 할 수는 없기 때문이다.

그렇지만 복음과 정의에 대한 외침이 동일한 것이 될 수 없는 데는 이유가 있다. 복음은 "기쁜 소식"을 의미한다. 그런데 소식은 좋은 것이든 나쁜 것이든 언제나 직설법의 형태를 띠기 마련이다. 즉 어떤 일이 일어난 것에 대해 알려주거나 서술하는 것이다. 역사상 처음으로 굶주림보다 비만이 더욱 큰 문제가 되고 있다. 커비스

[Cubbies, 커비스는 어와나(Awana)에서 5~6세 아이들을 위해 개발한 성경 공부 활동 프로그램이다. 특별히 프로그램 안에 등장하는 여러 캐릭터들 중에 아기곰 캐릭터의 이름이 바로 커비스다.-역자주]는 세계적인 시리즈가 되었다. 과학자들은 암 치료를 위한 새로운 돌파구를 찾아냈다. 이런 것들이 바로 소식이다. 지금은 세상에서 모두 사실이 되어버린 것들을 서술하여 알려주는 진술, 이런 직설법적인 진술을 일컬어 소식이라고 하는 것이다.

그런데 내가 네 살짜리 딸아이에게 "브로콜리 먹어!"라는 말을 했다고 상상해보자. 이것은 소식이 아니다 (특히 그 아이의 관점에서는 좋은 소식도 아니다). 그런 명령은 직설법적인 진술이 아니기 때문이다. 그것은 당신이 무언가를 해야만 한다는 명령법의 진술이지 이미 일어난 어떤 일에 관한 것이 아니다. 하지만 기쁜 소식은 직설법의 형태를 띠어야 한다. "다른 사람이 너의 브로콜리를 먹어버렸네!"라든지 "엄마가 디저트로 아이스크림을 사왔다!" 등과 같은 말이 기쁜 소식이 되는 것이다.

문법에 진심인 사람에게는 직설법과 명령법의 차이는 결코 사소한 문제가 아니다.[7] 이 차이로 인해 영원에 관한 기쁜 소식이 좌지우지될 수 있기 때문이다. 바울이 갈라디아 교회에 편지를 쓸 때 그는 기쁜 소식이 왜곡되어 나쁜 소식, 곧 복음에 반하는 것이 되고 있는 모습을 매우 염려했다. 무엇 때문이었을까? 당시 갈라디아 사람들은 우리가 오직 하나님의 은혜로, 오직 왕이신 예수님을 믿음으로만, 그리고 오직 하나님의 영광을 위하여 구원을 얻는다는 기쁜 소식 대신에 할례와 유대인의 식사법을 "복음에 관한 사안"으로 둔갑시켜 버렸기 때문이다. 복음에 다른 요구 사항들을 추가하면 그것은 기쁜 소식이 아니다. 자신의 존재를 올바로 알고 있는 사람에게는 복음이 오직 그리스도께서 완성하신 구원 역사에 관한 것이 아니라 우리가 지켜야 하는 어떤 계명에 관한 것이 될 때 그 기쁜 소식은 곧 굉장히 나쁜 소식으로 바뀌어 버린다. 나의 구원이 99%는 하나님의 역사에 달려 있고 나머지 1%는 내 자신의 행동에 달려 있다고 한다면, 나는 내 안에 있는 타락과 어리석음으로 인해 그 1%조차 엉망진창으로 만들어 버리고 그로써 정죄를 받게 될 것이다.

따라서 우리가 사회 정의를 그리스도인의 삶에서 자연스럽게 흘러나오는 표지로 여기지 않고 복음 자체의 요구 사항으로 여긴다면 어떻게 되겠는가? 현대 노예 제도의 희생양이 된 수천만 명의 사람들을 한 번 생각해 보자. 그러면 복음에는 "인신매매의 희생자들을 해방시키기 위해 힘쓰라"는 명령이 수반될 것이고, 그와 같은 구도 속에서 구원은 그리스도를 통한 하나님의 은혜에 현대 노예 제도를 종식시키기 위한 본인의 노력이 더해져야만 얻을 수 있는 것이 된다. 여기에는 다음과 같은 실존적 난제가 놓여 있다. 그것은 바로 우리가 이 비도덕적이고 비인간적인 행습을 종식시키기 위해 쏟아 부은 노력이 과연 구원을 얻기에 충분한 것인지의 여부를 어떻게 알 수 있겠는가 하는 점이다. 구원을 얻기 위해 노예 제도의 불의에 맞서 싸우는 것과 구원을 얻었기에 노예 제도의 불의에 맞서 싸우는 것 사이에는 질적인 차이가 있다. 만약 예수님께서 죽으시고 부활하심으로써 우리를 대신해 구원을 이루셨음을 직설법적으로 선언하는 이 복음을 인신매매의 피해자들을 도와야 한다는 명령법과 혼돈한다면 그 기쁜 소식은 더 이상 기쁜 소식이 아니다. 왜냐하면 그로 인해 우리는 행위로 의롭다 함을 얻는 절망적인 상태로 되돌아가는 것이기 때문이다.

1세기 당시의 갈라디아에서는 유대주의에 젖은 사람들이 "할례를 받으라"거나 "율법에 따라 음식을 먹으라"는 명령을 복음에 덧붙였는데, 이에 대해 바울은 "만일 누구든지 너희가 받은 것 외에 다른 복음을 전하면 저주를 받을지어다"[8]라며 정죄의 메시지를 선포했다. 이와 같은 문제는 오늘날 기하급수적으로 늘어나고 있다. 만약 정의를 행하는 것을 복음과 동일시하거나 혹은 그것이 복음의 일부분이라도 된다고 한다면, 이는 단지 복음에 할례를 더하거나 식사에 관한 규제 사항 몇 가지를 첨가하는 정도가 아니다. 이론적으로 보자면, 그것은 셀 수 없이 많은 명령들을 무한히 덧붙이는 것과 마찬가지다. 태국의 성 노예 제도에 반대하는 운동을 펼치라. 코트디부아르의 카카오 씨 농장에서 벌어지는 밀거래에 맞서 싸우라. 인도의 양탄자 베틀을 파괴하라. 이 외에도 21세기에 일어나고 있는 불의는 수없이 많다.[9] 나는 그리스도인들이 이런 불의에 대해 무관심해야 한다고 주장하는 것은 아니다. 오히려 그와는 반대로 우리는 하나님의 형상을 지닌 귀중한 사람들을 비인간적으로 취급하는 일에 깊은 관심을 가져야 하며 보다 정의로운 세상을 만들기 위해 힘써야 한다. 다만 내가 주장하는 것은 그런 불의에 맞서야 싸워야 한다는 명령을 복음과 동일시하거나 복음의 일부로 만드는 일은 도리어 복음을 잃어버리는 일이라는 점이다. C. S. 루이스가 제시한 첫 번째 것의 원리를 생각해보면 복음을 잃는 것은 곧 억압받는 자들을 위한 정의도 잃어버리게 되는 것이다.

이길 수 없는 게임

바울의 논점을 좀 더 깊이 들여다보기 위해 천국을 연상시키는 제목의 NBC 흥행 시트콤 "굿 플레이스"(The Good Place)를 한 번 생각해 보자. 테드 댄슨(Ted Danson)이 연기한 마이클은 초인적인 존재인데, 그는 지난 수 세기 동안 이 땅에 살았던 사람들 중에 "배드 플레이스"(the bad place)의 영원한 고통을 피할 수 있는 충분한 점수를 쌓은 사람이 단 한 명도 없다는 사실에 어리둥절해 한다. 이 시트콤의 신학에는, 적어도 시즌3까지는, 은혜로 얻는 구원이란 개념이 전혀 나타나지 않는다는 점을 기억하라. "굿 플레이스"로 갈 수 있는 유일한 길은 충분한 선행을 쌓는 것뿐이다. 줄거리 자체가 온통 율법적이고 복음이 없는 세상을 배경으로 한다. 왜 그 오랜 세월 동안 굿 플레이스로 갈 만한 자격이 있는 사람이 아무도 없었던 것일까? 마이클은 단지 토마토 하나를 사는 것만으로도 12,368점을 잃게 된다는 사실을 알고 나서야 비로소 다음과 같이 이 문제의 답을 찾게 된다. "굿 플레이스에 들어갈 만큼 선한 삶을 사는 것은 그 누구에게도 불가능한 일입니다…. 요즘에는 상점에 가서 토마토를 하나만 사도 자기도 모르게 유해 농약 사용을 지지하거나, 노동력을 착취하는 것, 그리고 지구온난화에 기여하는 것이 된다는 말입니다."[10] 이에 자밀라 자밀(Jameela Jamil)이 연기한 타하니(Tahani)는 이미 유죄 판결을 받은 등장인물로서 이렇게 불평한다. "이건 절대로 이길 수 없는 게임 같은데."[11]

'사회 정의 B'의 사고방식에 사로잡혀 있는 문화 속에서 살아가는 것은 이처럼 이길 가망성이 없는 게임을 하는 것과 같다. '사회 정의 B'를 옹호하는 리처드 데이(Richard Day) 교수는 우리에게 "무한한 책임"이 있다고 말하는데, 그렇기 때문에 "우리는 결코 할 일을 '다 했다'고 생각해서는 안 되며, '저 바깥에' 혹은 '이 안에', 그리고 우리 각자의 내면과 집단 정체성 안에 존재하는 억압의 현장과 구조와 과정을 다 밝혀냈다고 생각해서는 안 된다"[12]고 말한다. 어떻게 이런 생각으로부터 그 누구도 이길 수 없는 게임이 태어나게 되는지 알겠는가? '사회 정의 B'를 교육하고 있는 오즐렘 센소이(Ozlem Sensoy)와 로빈 디안젤로는 이렇게 말한다. "사회의 기본 출발점은 억압이라는 지식에서부터 시작해야 한다. 거기서 예외인 곳은 없다. 따라서 '그것이 나타나고 있는가?'를 물어서는 안 되고 '그것이 얼마나 나타나고 있는가?'를 물어야 하는 것이다."[13] 만약 모든 불평등을 불의로 해석하는 '사회 정의 B'의 관점과 같이 그렇게 모든 것이 항상 불의하기만 하다면, 결국 우리의 정신 상태는 서서히 피폐해지고 말 것이다. 이에 대해 한 때 급진주의자였던 어떤 이는 다음과 같이 말했다. "무한한 책임은 곧 무한한 죄책감을 뜻한다. 이는 마치 구원 없는 기독교와 같다. 모든 상호 작용 가운데 힘이 있다는 것은 모든 상호 작용 가운데 죄가 있다는 뜻이다. 이 죄책감에서 벗어나기 위해 활동가들이 제시할 수 있는 방안은 죽기 전에는 멈출 수 없는 시지프스의 노고뿐이다. 이디(Eady)는 이것을 더욱 간략히 정리해서 이렇게 말한다. '모든 것이 문제다.'"[14]

어떤 이념 안에 "모든 것이 문제다"는 식의 끝나지 않는 원리들이 담겨 있다면, 그 결국은 패배와 절망의 상태로 치달을 것이고, 마치 밑 빠진 독에 물 붓기와 같이 결코 씻어낼 수 없는 죄만 더하고 또 더하는 삶이 되고 말 것이다.

혹 16세기의 마르틴 루터에 대해 잘 알고 있다면 이 "무한한 죄책감"에 빠져 있는 상태가 무엇을 말하는지 충분히 익숙할 것이다. "모든 상호 작용 가운데 죄가 있다"고 보는 것, "죽기 전에는 멈출 수 없는 시지프스의 노고"를 행하는 것, 그리고 "모든 것이 문제다"라는 결론에 이르는 것 등은 21세기 사회 활동가 집단이 아닌 16세기 초의 수도원에 있었던 젊은 루터에게 꼭 들어맞는 설명이다.

지난 5백 년의 시간 동안 서양의 문화는 거룩하신 하나님 앞에 서 있는 우리의 도덕성에 대해 훨씬 더 무관심해져 버렸다. 하지만 사람들의 인식은 그와 같이 창조주에게서 피조물로 향하게 되었을지라도 그것만으로는 의롭다 함을 얻고자 하는 인류의 필요를 억누르지는 못했다. 루터가 선하고 깨끗하고 거룩하며 의로워지고자 했던 것은 그에게 어떤 선천적인 문제가 있었기 때문이 아니다. 그것은 억누를 수 없는 인간의 본성이다. "우리는 누구나 어떤 식으로든 카타르시스를 찾는다" [카타르시스는 "깨끗해지다"는 뜻의 헬라어 단어 카타이레인(καθαίρειν)에서 온 말]. [15] 갠지스 강에 있는 힌두교도들이나 고해성사 중인 가톨릭 신자들, 혹은 메카를 향해 얼굴을 들고 있는 무슬림들이나 통곡의 벽 앞에 서 있는 유대인들 누구든 붙잡고 한 번 물어보라.

아니면 소셜 미디어라는 벽 앞에 서 있는 사회 정의 활동가의 모습을 한 번 그려보자. 우리 사회의 일상적인 분노를 인터넷 상에 올리는 일은 어떻게 의로움을 찾아 떠난 우리의 여정을 그릇된 길로 인도하게 되는가? 엘리자베스 놀란 브라운(Elizabeth Nolan Brown)은 한 심리학 연구를 인용하는데, 그 연구에 따르면 우리가 흔히 이타적이라고 판단하는 도덕적 분노는 "대개 사회적 해악에 대한 개인적인 책임감을 덜어내기 위한 목적이나 혹은 (자기 자신이나 다른 사람들에게) 자신은 아주 좋은 사람이라는 인식을 더 깊이 심어 주고자 하는 이기적인 목적에서 나오는 행동인 경우가 많다."[16] 이렇게 저들은 꼰대라느니, 저들은 혐오증이 있다느니, 저들은 파시스트라느니 하며 끊임없이 다른 사람에게 책임을 전가함으로써 마치 그리스도께서 복음을 통해 우리에게 주신 것에 가까이 있는 듯한 주관적인 느낌을 얻을 수는 있지만, 실상은 그것으로부터 한없이 멀리 있는 것이다. (이와 같이 우리 자신을 "무죄"로 선언하는 잘못된 방식은 '사회 정의 B'만의 문제가 아님을 주의해서 보아야 한다. 그것은 우파 성향을 띠는 그리스도인들 사이에서도 찾아볼 수 있다. 즉 오직 그리스도를 통해서만 의롭게 되려 하기보다 모든 책임을 좌파 쪽에 전가함으로써 자기 스스로에게 "무죄"의 판결을 내리려는 것이다. 뿌리까지 온전히 부패하여 반복음적 성향을 띠는 대안 우파의 관점에서 의로움은 모든 악을 피부색이 더 짙은 사람들에게 전가할 수 있는 국수주의나 인종 차별주의를 내포하는 것이다.)

이제 우리의 문화 안에서 의로움을 찾아 떠나는 광범위한 여정을 좀 더 잘 이해하기 위해 다시 루터에게로 돌아가보자. 루터는 이렇게 말했다. "비록 나무랄 데 없는 수도승이었을지라도 하나님 앞에 서 있는 나는 양심의 가책을 느끼는 죄인이었으며, 나의 공로로 그분의 노를 덜어드릴 자신이 없었다."[17] 이것을 오늘날의 표현으로 바꿔보면 이렇게 될 것이다. "비록 나무랄 데 없는 활동가일지라도 깨어 있는 사람들 앞에 서 있는 나는 양심의 가책을 느끼는 죄인이며, 나의 공로로 그들의 분노를 덜어줄 자신이 없다." 루터는 자신이 집례한 첫 미사에서 "죄가 가득한 자로서 사랑이 많으시고 영원하시며 참되신 하나님에 대해 이야기하는 일에… 완전히 겁에 질리고 공포에 사로잡혔었다."[18] 하지만 오늘날의 사람들은 창조주 앞에서보다 오히려 피조물 앞에서 더욱 두려움에 사로잡힌다.

여기에 차이점이 있다. 루터는 바울의 로마서 1장에서 다음과 같은 말씀을 읽었다. "내가 복음을 부끄러워하지 아니하노니 이 복음은 모든 믿는 자에게 구원을 주시는 하나님의 능력이 됨이라…. 복음에는 하나님의 의가 나타나서 믿음으로 믿음에 이르게 하나니 기록된 바 오직 의인은 믿음으로 말미암아 살리라 함과 같으니라."[19]

이 말씀에 대해 루터는 이렇게 말했다. "하나님의 정의는 하나님께서 우리를 의롭게 하시는 것인데, 그 의로움은 오직 그분의 은혜와 순전하신 긍휼 가운데 믿음으로 우리에게 주시는 것임을 깨달았다. 그런 깨달음 위에서 나는 다시 태어남을 느꼈고, 열린 문으로 낙원에 들어간 것 같았다."[20] 고통 가운데 신음하던 그의 양심은 복음 안에서 향기로운 안식을 찾게 되었다. 이는 무한하신 하나님께서 예수님 안에서 무한한 은혜를 베푸심으로써 루터의 무한한 죄책을 도말하셨기 때문이다.

반면 '사회 정의 B'에서는 은혜도, 용서도, 낙원을 향해 열린 문도 찾을 수 없다. 이유가 무엇일까? 왜냐하면 그 안에서는 가장 중요하게 구분해야 하는 것, 곧 창조주와 피조물 사이의 이 구분을 무시하기 때문이다. 하지만 기독교적 세계관의 정점에는 창조주로서 우리의 모든 행동을 판단하시는 궁극적인 의의 기준이시자, 동시에 그분께서 지으신 피조물을 또한 의롭게 하시는 분이 계신다.

여호와는 긍휼이 많으시고 은혜로우시며

노하기를 더디 하시고 인자하심이 풍부하시도다

자주 경책하지 아니하시며

노를 영원히 품지 아니하시리로다

우리의 죄를 따라 우리를 처벌하지는 아니하시며

우리의 죄악을 따라 우리에게 그대로 갚지는 아니하셨으니 [21)]

창조주와 피조물 사이의 이런 구분을 도말해버리면 어떻게 될까? 그러면 우리는 속히 용서하시는 창조주 앞이 아닌 나와 동일한 피조물 앞에 서 있게 된다. 우리 대신 십자가에 못박히고자 하시는 하나님이 아닌 계속해서 변화하는 의의 기준에 따라 우리의 모든 죄에 대해 우리를 디지털 십자가에 못 박으려고만 하는 속히 분노하는 폭도들을 마주하게 되는 것이다.

마치 하나의 문화적 현상과 같이 우리는 정의를 이루는 것이 불가능하다는 것과 우리에게는 의롭게 되고자 하는 억누를 수 없는 갈망이 있음을 서서히 깨닫게 된다. 은혜를 경험하기 전의 루터는 자신의 등이 피투성이가 될 때까지 채찍질을 해댔고, 영하로 내려가는 독일의 겨울 밤에 담요도 덮지 않은 채 잠들었으며, 하루에 여섯 시간씩 고해성사실에 앉아 보냈는데, 이 모든 것은 다 "아주 좋은 사람"이라는 자격을 얻고자 함이었다. 오늘날 우리는 자신의 미덕을 과시하고, 서로의 연대감을 해시태그로 표현하며, 신성모독을 범치 않으려고 자기 검열을 하는데, 이것이 바로 21세기 고해성사의 모습이다. 즉 우리는 아주 좋은 사람이 되기 위한 길을 찾아서 말하자면 집단적 형태의 마르틴 루터가 되어버린 것이다. 그러나 나는 진정으로 우리가 루터의 그 향기로운 거듭남을 경험하게 되기를 기도한다. 그리하여 "낙원을 향해 열린 문"으로 걸어 들어가고, 좋은 사람이 되기 위한 우리의 노력들이 덧없음을 깨닫게 되며, 우리에게 필요한 그 모든 선한 것은 오직 예수님 안에만 있음을 신뢰하게 되기를 간절히 기도한다. 우리 스스로는 아무리 정의로운 일을 하려 해도 결코 무죄 판결을 받을 수 없다. 오직 예수님만이 그것을 하실 수 있고 또 그렇게 하셨다. '사회 정의 B'는 이 기쁜 소식을 가려버린다.

일부 기독교계에서는 '사회 정의 B'의 부상에 대해 사뭇 비관적으로 바라보는 시각이 많이 있다. 하지만 만약 하나님의 섭리 가운데 '사회 정의 B'의 부상을 통하여 오히려 그런 암울한 전망이 전화위복의 계기가 됨으로써 복음을 전할 수 있게 된다면 어떻겠는가? 포스트모더니즘 하에서는 사람들이 죄책감을 인식하는 것조차 매우 힘든 일이었다. 포스트모더니즘은 도덕적 상대주의를 가장 중시하고 또한 타인을 판단하지 않는 것을 자랑으로 삼는 사상이었기에 그런 영향 하에서는 사람들이 일말의 죄책감을 인식하는 것 자체가 지극히 힘든 일이었다. 그러나 내가 "포스트 포스트모더니즘"이라고 칭해왔던 행동주의의 새로운 문화적 시대에는 우리는 늘 다른 사람의 도덕적 결점을 판단하도록 길들여진다. 이제 우리는 모두 죄책감이라는 세상에서 살아가고 있다. 지금의 서구 세계는 과거 오랜 세월 동안 느껴보지 못한 "무한한 책임감"과 "무한한 죄책감"에 짓눌려 있는 것이다.

하나님의 율법 또한 "무한한 책임감"과 "무한한 죄책감"을 불러일으킨다. 하지만 거기에는 차이가 있다. '사회 정의 B'에서 제시하는 기준을 만족시킬 수 없다는 사실은 참담한 결과를 낳는다. 구속도, 은혜도, 또한 구원도 없다. 그것은 참으로 우리가 결코 이길 수 없는 게임이다. 하지만 하나님의 기준을 만족시킬 수 없다는 사실은 긍휼을 낳는다. 그로 인해 우리 안에 있는 자기 의가 산산조각 나기 때문이다. 루터는 "하나님께서 우리를 시험하시는 이유는 그분의 율법으로 말미암아 우리의 무능함을 알게 하시려는 것이다"[22]라고 말했다. 어거스틴 역시 다음과 같이 말했다. "율법을 주신 목적은 이것이다. 스스로 큰 자라고 생각하는 당신을 작게 만드시기 위함이고, 또한 당신 안에는 의로움을 얻을 수 있는 힘이 없음을 보여주시기 위함이다. 그리하여 아무런 힘도 자격도 없는 빈궁한 상태의 당신이 은혜를 찾아 나아오게 하시기 위함이다."[23] 그렇다! 은혜를 찾아 나아가라. 십자가로 달려가라. 피조물 앞에서 하는 고해성사 따위는 집어치우고 무한하신 창조주께 당신의 무한한 죄책감을 들고 나아가라. 오직 그분께만 예수님의 죽으심과 부활을 통해 우리에게 무죄를 선언하실 수 있는 권세가 있다. "그러므로 이제 그리스도 예수 안에 있는 자에게는 결코 정죄함이 없나니"[24]라는 말씀이야말로 우리가 수고하고 무거운 짐 진 이 세대에게 첫 번째 것으로 선포해야 할 기쁜 소식이다.

복음 안에 아니면 복음으로부터?

이에 대해 다음과 같은 반론을 충분히 예상해볼 수 있을 것이다. "하지만 그것은 책임을 회피하는 것 아닌가? 복음을 우선시하네 어쩌네 하는 말로 그저 허세만 떨고 있을 뿐 실상은 성경에서 명하고 있는 정의를 모른 체하고 있는 것은 아닌가? 미국 남부의 노예 제도와 기타 수만 건의 불의에 대해 손 놓고 수수방관할 때에도 이와 똑같은 논리를 가져다 대며 변명하지 않았던가?"

혹시 내가 분명하게 전달하지 못했을 수도 있으니 여기서 다시 한 번 명확히 못박을 필요가 있겠다. 그리스도인의 삶에 정의는 있어도 되고 없어도 되는 것이 아니다. 진실을 말하는 것, 부모를 공경하는 것, 혹은 원수를 사랑하는 것 역시 있어도 그만이고 없어도 그만인 일들이 아니다. 하지만 이런 명령들이 아무리 필수적인 것이라 해도 그 자체로 복음이 되지는 않는다. 당신이 이 명령들을 지킴으로써 구원을 얻을 수는 없기 때문이다. 구원은 오직 예수님만이 하실 수 있는 일이다. 따라서 성경 어디에도 이런 것들을 "첫 번째로 중요한" 것으로 밝히고 있지 않다. 내 가족을 예로 들면 나에게는 내 아내가 "첫 번째 중요한" 사람이지만, 그렇다고 해서 아이들을 사랑하는 일은 해도 그만 안 해도 그만인 일이 되는 것은 아니다.

그렇다면 우리는 복음과 사회 정의 사이의 관계를 어떻게 정립해 나가야 할까? (여기서 말하는 사회 정의는 기독교적 세계관과 양립할 수 있는 '사회 정의 A'를 뜻한다.) 단순히 사회 정의가 곧 복음이라고 하거나 혹은 그 복음 안에 담겨있다고 말하는 것보다는, 사회 정의는 복음으로부터 나오는 것이라고 하는 편이 보다 더 유익하다. 사도행전 2장을 통해 이 점을 분명하게 해보자. 오순절에 베드로가 성전에 있던 군중들에게 복음을 전했다. 그것은 바울이 "첫 번째로 중요한" 것이라고 선언했던 바로 그 복음, 곧 예수님의 죽으심과 부활에 관한 기쁜 소식이었다. 이로써 그날에 삼천 명이 구원을 얻었다.

1세기 당시 "로마 제국 내에서는 마을 인구의 약 2% 정도만이 진정으로 유복한 환경에서 살았다. 절대 다수의 사람들은 극빈의 삶을 살았다."[25] 어떤 역사가들은 1세기 당시 로마 제국의 3분의 2 이상이 노예화된 곳이라고 추산한다. 다른 말로 하자면, 베드로가 오순절 설교를 하던 그 당시는 곳곳에 사회 불의가 넘쳐나던 시기라는 뜻이다. 사도행전 2:14-40에서 베드로가 선포한 복음의 내용을 읽어보라. 사회 정의를 행하라는 명령 같은 것은 찾아볼 수 없을 것이다. 베드로의 설교 그 어디에서도 제도적 불평등을 폭로하거나 군중들을 선동해 행동에 나서게 하는 내용은 발견할 수 없다. 만약 사회 정의가 곧 복음이라거나 혹은 복음의 한 부분이라고 믿는다면, 우리는 필연적으로 다음 둘 중의 한 가지 결론에 도달할 수밖에 없을 것이다. 곧 베드로는 (a) 그때 복음을 설교하지 않았다. 그런데도 삼천 명이 구원을 얻었다는 것은 불가사의한 일이다. 혹 베드로는 (b) 잘려 나간 복음을 설교했다. 하지만 본문 말씀에는 복음이 온전히 선포되었음이 분명히 나타나고 있으며, 그로 인하여 놀라운 구원의 결과가 일어났다고 증거한다.

그렇다면 베드로와 초대 교회는 불의에 대해 나 몰라라 했다는 뜻인가? 그렇지 않다. 베드로가 선포한 복음으로부터 놀라운 일이 뒤따라 일어났다. 사도행전 2장 끝부분에 보면, 신자들의 공동체가 새롭게 확장되어 나가면서 그들이 자신의 "재산과 소유를 팔아 각 사람의 필요를 따라 나눠 주는"[26] 모습을 보게 된다. 가난한 이들을 위한 이런 행동은 복음이 아니다. 그것은 복음 안에 있는 것이 아니라 복음으로부터 나온 것이다. 예수님의 죽으심과 부활이라는 기쁜 소식이 곧 첫 번째 것이고, 바로 거기서부터 두 번째 것

이 흘러 나온 것이다.[27]

이와 같은 양상은 교회의 역사 속에서 계속해서 반복된다. 로마인들이 소위 흠 있는 아기들, 많은 경우 단순히 여자 아이라는 이유만으로 아기들을 쓰레기처럼 내버렸을 때, 고대의 우리 형제, 자매들은 쓰레기 더미 속에서 사회가 원치 않았던 아기들을 구해내어 자신들의 소중한 아들, 딸로 키웠다. 그들은 하나님께서 자신들을 구해내시고 자녀로 받아 주셨다는 복음을 알고 있었기에, 그런 기쁜 소식을 실존적으로 적용함으로써 그와 같은 인간 쓰레기 더미가 사라질 때까지 똑같은 일을 멈추지 않았던 것이다.

로마 제국 안에 역병이 창궐했을 때, 대부분의 사람들은 병 들고 죽어가는 사람을 피해 언덕 위로 도망쳤다. 하지만 문화를 거스르는 그리스도인들은 예수님께서 역병과도 같은 자신들의 죄를 지시고 십자가에 달려 돌아가셨다는 기쁜 소식을 믿었기에 병든 사람들에게로 달려가 그들을 존엄하게 돌보아주었고, 그로 인해 그들과 함께 병에 걸리거나 죽음을 맞이하는 사람도 적지 않았다. 이와 마찬가지로 영국의 노예 무역을 폐지하고자 했던 윌리엄 윌버포스, 존 뉴턴, 그리고 클래펌 공동체의 노력은 복음이 아니다. 그것은 하나님께서 예수님의 십자가와 빈 무덤을 통해 우리를 구속하셨다는 기쁜 소식으로부터 뿜어져 나오는 것이다. [28]

백인의 복음?

혹자는 이렇게 말할 수도 있다. "윌리엄스는 그저 유럽 백인의 복음, 즉 루터와 칼빈, 그리고 스펄전의 복음을 마치 유일한 복음인 것처럼 떠받들고 있다. 그는 서구 세계 백인들의 신앙을 밀어붙임으로써 우리의 뇌 속에 백인 우월주의 신학을 이식하려 한다."

하지만 문제는 이것이다. 내가 첫 번째 것으로 붙들고 있는 이 복음은 오늘날 아시아와 아프리카, 남아메리카와 중동에 있는 수백만 명의 사람들에게 생명과 소망, 그리고 기쁨을 가져다주는 바로 그 복음과 동일한 것이다. 그것은 유럽에서 종교개혁이 일어나기천 년도 더 이전에 이미 아프리카 교회의 교부들인 어거스틴과 그의 동료 클레멘트, 터툴리안, 키프리안, 아타나시우스, 그리고 시릴 등이 지켜냈던 바로 그 복음이다. 그것은 1세기에 에티오피아 내시가 아프리카로 가져갔던 바로 그 복음이다.[29] 그것은 다소 출신의 베냐민 지파 사람인 바울이 소아시아 전역에 전파했던 바로 그 복음이다. 무엇보다 가장 중요한 것은 이 복음은 서구 유럽이나 아메리카의 백인이라고는 할 수 없는 예수님께서 신약 성경 안에서 친히 선포하신 바로 그 기쁜 소식이다(부록 G, "가난한 자에게 복음을"을 보라). 루터와 칼빈 같은 서구의 백인들이 이 복음을 명확하고 깊이 있게 전하는데 도움을 주었는가? 그에 대해서는 두 말 할 필요가 없다. 루터가 쓴 "그리스도인의 자유에 대하여"나 칼빈의 《기독교 강요》를 한 번 읽어보라. 그러면 하나님의 은혜 가운데 당신의 짓눌린 영혼이 가벼워짐을 경험하게 될 것이다. 그러나 하나님께서 구원의 은혜를 베푸신다는 이 기쁜 소식을 선포하는 일이 백인 우월주의에서 비롯된 행동이라고 생각한다면, 그것은 역사를 변조하는 일이고 또한 수고하고 절망에 처한 수많은 영혼들이 들어야 할 이 세상 최고의 소식을 정체성 정치라는 제단 위에 희생제물로 던져버리는 일이 될 것이다.[30]

오조의 이야기

요 근래 사회 정의는 온통 분노로 가득 차 있다. 특히 현재의 정치적인 분위기 속에 성인이 되는 젊은이들 사이에서는 더더욱 그러하다. 뉴스나 직장 동료, 혹은 소셜 미디어를 통해 듣게 되는 사회 정의에 관한 소식들은 천편일률적으로 분노를 담고 있다. 한편으로는 근래 들어 사람들이 타인을 위한 정의에 더욱 신경 쓰고 있는 것 같아 반가운 변화라고 할 수도 있다. 과거 소수 민족이나 소외된 집단의 사람들이 찬밥 신세가 되어 사회의 밑바닥으로 내몰리거나 비인간적인 취급을 받던 때보다는 훨씬 더 나아졌기 때문이다.

그런데 밀레니얼 세대나 제트 세대와 함께 사회 정의에 관한 대화를 나누면 나눌수록 나는 더욱 더 낙심하게 된다. 그 이유는 이처럼 사회 정의에 관한 담론이 폭발적으로 급증하면서 냉소주의와 공격성, 그리고 때로는 무언가 "잘못된 방향"으로 생각하는 사람들을 향해 노골적인 증오를 표출하는 일 역시 꾸준히 증가하고 있기 때문이다. 그보다 더 안 좋은 것은 내 나이 또래의 사람들이 안타깝게도 사회 정의에 관한 토론이나 토의를 우리와 적들의 대결 구도, 혹은 제로섬(zero-sum)이나 승자독식의 싸움으로 보기 시작한다는 점이다. 즉 토론의 장에 다양한 시각을 받아들이려 하지 않을 뿐만 아니라, 감히 이념적 경계선을 넘나들며 사고하려 한다면 그것은 "말소될" 위험을 무릅쓰는 일이 되고 있는 것이다. 다시 말해 그런 생각을 완전히 무가치한 것으로 선언하거나 아니면 앞으로의 경력이 지워져버리는 것을 의미한다. 의견 차이는 더 이상 존중할 수 있는 어떤 것으로 여기지 않으며, 오히려 그것은 누군가의 인간성을 거부하거나 공격하는 것으로 받아들인다. 정말로 두려운 것은 이런 일이 그저 세속의 영역에서만 일어나고 있는 것이 아니라 상당수의 교회 안에서도 일어나고 있다는 점이다.

지난 2년 이상의 시간 동안 이런 현실은 특히 내게는 집과도 같은 곳에 생각지도 못한 위험을 초래하고 있다. 나와 가까이 지내는 친구들은 그동안 성경을 굳게 믿는 그리스도인들이었다. 그들은 정의를 행하라는 성경의 부르심을 분명하게 듣고 있었지만, 애석하게도 일부 교회들은 이런 부르심을 무시해왔다. 그간 이 친구들과 대화를 나누는 과정에서 한 가지 주제가 반복적으로 부각되었다. 교회가 명백한 인종 차별과 동성애 혐오, 여성 혐오, 혹은 학대 등의 불의에 대해 침묵을 지켜온 것에 대해 그들은 정의의 문제와 관련해서 교회는 신뢰할 수 없는 곳이라는 크고 뚜렷한 목소리를 내고 있었던 것이다. 서서히 그러나 확실히 젊은 그리스도인들은 자신들이 목도하고 있는 불의에 맞서 싸우기 위해 교회 바깥으로 눈을 돌려 세상에서 그 답을 찾아 나서기 시작했다. 교회가 성경적 정의에 따라 아름답고 힘 있는 삶을 살아내지 못하면 젊은 세대들은 사회 정의를 내세우는 이념주의자들의 손쉬운 먹잇감이 되어버린다.

그 결과는 말 그대로 비극적이다. 진보 정치의 윤리관이 발전해가면서 그것이 서서히 성경적 윤리를 대체하고 있다. 얼마 안 가 성경은 사랑이 풍성하신 창조주께서 하신 생명의 말씀이 아닌 시스젠더이성주의자가부장제(cisheteropatriarchy)의 억압적인 도구로 해체되어 버린다. 문제는 이렇게 일단 성경적 윤리를 내팽개치면 우리에게는 죄에 대한 개념이 사라지고, 그렇게 되면 복음은 더 이상 아무런 의미가 없게 된다. 그러고 나면 진리는 하나님께서 정하시는 것이 아닌 상대적이고 사회적으로 형성되는 것이 될 뿐이다. 여기서 다시 한 번 이처럼 우리가 진리의 절대적인 기준이 되시는 하나님을 잃어버리면 복음도 잃게 되는 것이다. 어떤 경우에는 유일신 사상을 "기독교 지상주의"를 강요하기 위한 억압적인 수단으로 간주하기도 했다. 그러면 만인구원설이 기본적인 출발점이 되고, 그리스도만이 유일한 구원자라는 생각은 설 자리를 잃고 만다. 처음에는 정의를 추구하고자 하는 고귀한 움직임으로 시작했던 것이 결국에는 성경적 세계관을 무너뜨리고, 그로 인해 복음은 사라진다.

하나님의 은혜로 사회 정의에 대한 어떤 친구들의 시각 변화는 그저 일시적인 것에 머물렀다. 사회 정의라는 미명 하에 치명적인 타협이 이루어지고 있음을 깨닫게 된 것이다. 하지만 다른 친구들은 명목상의 그리스도인이 되어버리거나 경우에 따라서는 더 이상 스스로를 그리스도인으로 여기지 않는 이들도 생겨났다. 그 친구들을 생각하면 내 마음에 비통함을 금할 길이 없다. 따라서 나는 그들이 주님께로 돌아오는 길을 찾게 되기를 기도한다. 그 어느 때보다도 나는 교회의 부흥을 위해 기도하며, 또한 교회가 세상의 등대가 되어 정의를 행하고 인자를 사랑하며 겸손하게 하나님과 함께 행하는 일에 다시 헌신하게 되기를 간절한 마음으로 기도한다. 우리가 이 시대의 이념에 굴복하지 않으면서 그런 일을 이루기 위해서는 성경에서 "첫 번째로 중요한" 위치에 두시는 것을 우리의 최우선순위로 삼아야만 한다. 그것은 곧 예수님의 죽으심과 부활에 관한 복음이다.

-오조 오코이(Ojo Okoye)
오조는 아리조나 주립대학교에서 일했으며, 현재는 평생 사역을 위한 훈련을 받고 있는 중이다.

개인과 소그룹 스터디를 위한 질문들

1. 바울은 예수님의 죽으심과 부활을 통해 구원을 이루시는 하나님의 은혜가 곧 복음이며 그것이 "첫 번째로 중요한" 것이라고 가르친다. 또한 하나님의 은혜에 인간의 행위를 더하려고 하는 거짓 복음을 전파하는 자들을 향해 단호하고 강렬한 말로 경고를 보낸다. 그렇다면 어떻게 할 때, 사회 정의가 거짓 복음이 될 수 있겠는가?

2. 정의는 복음에서 흘러나오는 것이지 복음 자체와 동일하거나 복음의 한 부분이 아님을 분명히 하는 것이 중요한 이유는 무엇인가?

3. 우리가 복음을 첫 번째 것으로 삼는다는 것은 무엇을 의미하는가? 우리의 일상 생활 속에서 복음을 첫 번째 것으로 삼기 위해 우리는 어떤 습관을 들일 수 있는가? 지역 교회에 출석하면서 성례에 참여하고 기도 생활을 하는 것, 그리고 우리 자신에게는 물론 다른 사람들에게도 복음을 선포함으로써 우리는 어떻게 "복음 우선주의"를 텅 빈 구호가 되지 않게 할 수 있는가?

그러니까 지금 하신 말씀은…

우리 시대에 뉴먼 효과가 갖는 힘을 생각해보면, 제3부 "죄인인가 아니면 제도인가? 사회 정의와 구원에 관한 세 가지 질문"에서 내가 한 말을 다음의 다섯 가지 내용으로 정리할 수 있다고 생각하는 분들이 있을 수 있다.

1. "그러니까 지금 하신 말씀은 제도적 불의 같은 것은 없다는 말이군요."

2. "그러니까 지금 하신 말씀은 인종 차별은 과거의 일이고, 치안이나 사법 정의, 주거 등 기본적으로 이 시대 우리 사회의 그 어떤 영역에도 우리가 개혁해야 할 인종 차별은 없다는 말이군요."

3. "그러니까 지금 하신 말씀은 마르틴 루터 킹 주니어에 반대했던 백인 그리스도인들처럼 우리는 그저 복음을 설교하고 사람들을 천국으로 인도해야 할 뿐 이 땅에서 일어나는 억압이나 사회적인 불의에 맞서는데 시간을 낭비해서는 안 된다는 말이군요."

4. "그러니까 지금 하신 말씀은 소위 그리스도인이라고 하는 사람들이 '백인 됨'을 정당한 사유로 내세우며 말할 수 없는 폭력과 인간 말살, 그리고 유색인들을 향한 테러 행위를 가한 적이 없다는 말이군요."

5. "그러니까 지금 하신 말씀은 역사상 백인들이 좋은 일을 한 적도 있고 반면에 백인이 아닌 사람들이 못된 일을 한 적도 있으므로 그런 사실이 역사상 백인 우월주의의 이름으로 행해진 악한 일들에 대해 어느 정도 변명거리가 될 수 있다는 말이군요."

아닙니다. 나는 그런 말을 하는 것이 전혀 아닙니다. 그런 생각들을 믿지도 않습니다. 혹시라도 내가 그렇게 말한 것으로 들었다면, 뉴먼 효과가 작용한 것이든지 아니면 내가 너무 전달을 서툴게 했기 때문일 것입니다. 그 점에 대해서는 여러분의 용서를 구합니다.

죄인과 제도를 구속하기 위한 기도

하나님,

하나님께서는 너무도 거룩하시고 또한 죄인을 구속하시는 일에 온 힘을
쏟으시는 분이시므로 우리의 개인적인 죄들뿐만 아니라 우리가 "율례를
빙자하고 재난을 꾸미는" 모든 제도 속에 담아 둔 죄악들에 이르기까지
일체의 죄를 미워하시는 분이시오니, 우리에게도 그와 동일한 일에 온 힘
을 쏟고자 하는 마음을 부어 주옵소서. 우리가 그처럼 타락한 제도를 구속
하고자 할 때 불평등에 대해서 무조건 가장 비난의 여지가 가득한 방식으
로 설명하려 하거나, 우리의 이념을 뒷받침하지 않는 증거들을 묵살하는
것, 혹은 우리 자신의 잇속만을 챙기기 위해 이런저런 다른 이들의 집단을
억압하는 이야기들을 만들어내는 등의 덫에 빠지지 않게 하여 주옵소서.
그리고 그 무엇보다 하나님께서 첫 번째로 여기시는 것을 우리도 첫 번째
것으로 여기게 하여 주옵소서. 하나님께서 말씀하시기를 예수님의 죽으
심과 부활하심의 이 기쁜 소식이야말로 "첫 번째로 중요한" 것이라 하셨
사옵나이다. 우리도 전심으로 이 복음을 위해 싸워 나가게 하시옵고, 예
수님께서 이루신 이 온전하고 충족한 구원의 역사에 그 어떤 것도 더하려
하지 않게 하여 주옵소서. 우리는 복음을 믿는다고 말은 하지만 사람들이
고난 당할 때 나 몰라라 무관심하기가 쉽사옵나이다. 그러하오니 우리를
다그치시어 하나님께서 명하신 정의, 곧 복음 그 자체가 아닌 그 복음에서
아름답게 흘러나오는 정의를 행하게 하여 주옵소서. 아멘.

제4부

진리인가
아니면 집단적 사고인가?

: 사회 정의와 지식에 관한 세 가지 질문

… 네 뜻을 다하여 주 너의 하나님을 사랑하라 하셨으니(마태복음 22:37)

　모든 사람의 생각과 사고 속에는 철학자들이 "인식론"이라 부르는 것, 그리고 프로그래머들은 "운영 체제"라고 부르는 것이 들어 있다. 어떻게 하면 우리는 정당화된 참인 믿음 [미국의 철학자 에드먼스 게티어(Edmund Gettier)가 1963년 "Analysis"라는 학술지에 "정당화된 참인 믿음은 지식인가?"(Is Justified True Belief Knowledge)라는 논문을 게재하면서 촉발된 영미 인식론의 난제에서 기인하는 용어다. 그래서 이것을 게티어 문제(The Gettier Problem) 혹은 JTB(Justified True Belief) 이론이라고도 부른다.—역자주]과 거짓을 가장 잘 판별할 수 있는가? 어떻게 하면 우리는 입력된 삶의 자료를 가장 잘 처리하고 저장할 수 있는가? 진리를 찾기 위해 우리가 해야 할 일은 느끼는 것인가, 추론하는 것인가, 실험하는 것인가, 신뢰하는 것인가, 항거하는 것인가, 아니면 구글로 검색해보는 것인가?

　이것은 가죽으로 제본된 책들이 빼곡히 들어찬 짙은 마호가니색 서재에 틀어박혀 파이프 담배를 뻐끔거리고 있는 철학자들에게 하는 질문이 아니다. 모든 사람은 저마다의 인식론이 있고, 컴퓨터의 운영 체제와 같이 그들 사이에는 더 좋은 것과 나쁜 것이 존재한다. 어떤 이들에게는 새로운 진실에 대해 열려 있는 정신적 운영 체제가 장착되어 있어서 사고의 과정을 통해 그것을 잘 받아들이는 반면, 또 어떤 이들의 운영 체제에는 오류와 바이러스가 난무해서 그로 인해 그들의 신념이 뒤죽박죽 되거나 인지 체계의 충돌이 일어나기도 한다.

만약 우리 정신의 운영 체제가 오류를 일으킨다면, 하나님을 사랑하고 우리의 이웃을 사랑하는 일이 어렵게 될 것이다. 예를 들어 내가 손금을 보거나 타로 카드를 읽는 일, 혹은 오늘의 운세 같은 것을 전적으로 신뢰하여 점집에 가서 진리를 찾고자 한다면, 나의 사고는 하나님께서 만들어 주신 본래의 뜻대로 제 기능을 다 하지 못할 것이다. 그분을 깊이 알 수 있고, 이성적으로 추론할 수 있으며, 증거의 무게를 달아볼 수 있고, 신뢰할 만한 것을 신뢰할 수 있으며, 선전 문구들을 꿰뚫어볼 수 있도록 하나님께서 주신 이 모든 재능과 지적인 잠재 능력이 다 허비되고 말 것이다.

다시 한 번 말하지만, 성경에서는 그저 "정의를 행하라"라고 말씀하지 않고 "참으로 정의를 행하라"라고 말씀한다. 정신적 운영 체제가 부패한 상태에서는 그 안에서 거짓된 믿음이 만들어지고, 그로 인해 우리는 실제로는 다른 사람에게 해를 가하고 있으면서도 오히려 그들을 위해 좋은 일을 하고 있다고 생각하며 쉽사리 거기에 속아넘어간다. 만약 우리가 하나님과 타인에게 각각 합당한 것을 돌려드리는 참된 의미의 정의에 관심을 갖는다면 인식론에 대해서도 관심을 갖지 않을 수 없다.

집단적(TRIBES) 사고

우리는 '사회 정의 B'를 있는 그대로 보아야 한다. 그것은 일종의 인식론이다. 우리가 주변에서 경험하는 세상을 독특한 방식으로 처리하는 하나의 정신적 운영 체제이다. 운영 체제에는 여러 가지 이름이 있다. 맥(Mac)은 마운틴 라이언(Mountain Lion), 하이 시에라(High Sierra), 혹은 모하비(Mojave) 등에서 구동될 수 있는 것과 같다. 인식론에도 마찬가지로 이름이 있다. 경험주의로 작동하는 사고가 있고, 이성주의나 주관주의로 움직이는 사고도 있다. 만약 '사회 정의 B'라는 정신적 OS에도 이름이 있다면 그것은 "집단"이라고 부를 수 있을 것이다. 집단적 사고에 따르면, 현실을 가장 잘 해석하는 방식은 억압하는 집단과 억압받는 집단의 대결 구도를 다룬 이야기로 보는 것이다. 따라서 만일 당신이 당신 주변에 있는 억압을 올바로 보지 못한다면 그것은 눈뜬장님의 삶을 살고 있는 것과 같다. "깨어 있지" 못한 것이다. 결국에는 자기도 모르게 역사의 잘못된 편, 즉 역사 속에서 억압자들의 편에 서 있게 되는 것이다.

이와 같은 사고 체계를 "집단적 사고(TRIBES thinking)"라 부르는 이유는 무엇인가? 왜냐하면 사회 정의의 인식론 안에서 억압에 관한 이야기를 할 때는 대체로 다음의 여섯 가지 방식 중에서 하나를 택하기 때문이다.

T, 신정주의자들(Theocrats)을 조심하라!
억압하는 자들은 강압적인 법의 힘으로 고리타분한 윤리관을 모든 사람들에게 우겨 넣으려고 하는 우파의 그리스도인들이다.

R, 인종 차별주의자들(**R**acists)을 조심하라!

억압하는 자들은 자신들과 피부색이나 민족적 정체성이 다른 사람들을 소외시키거나 비인간적으로 대하는 자들이다.

I, 이슬람 혐오주의자들(**I**slamophobes)을 조심하라!

억압하는 자들은 대부분의 무슬림들이 평화를 사랑하는 이웃이 아닌 증오를 조장하는 테러리스트라고 하며 두려워하는 자들이다.

B, 편견에 빠진 사람들(**B**igots)을 조심하라!

억압하는 자들은 이성애 중심의 힘을 사용하여 성소수자 공동체 사람들의 권리와 인간성을 부정하는 자들이다.

E, 착취하는 이들(**E**xploiters)을 조심하라!

억압하는 자들은 자본주의적 욕망으로 말미암아 자신들의 이기적이고 물질적인 이득을 취하기 위해 가난한 자들을 이용하고 학대하는 자들이다.

S, 성 차별주의자들(**S**exists)을 조심하라!

억압하는 자들은 인류의 절반에 달하는 사람들에게 계속해서 가부장적인 압제를 드리우기 위해 그들에게 동등한 권리와 동등한 기회 및 동등한 소득을 부정하는 자들이다.

이와 같은 운영 체제 하에서 사고하는 이들은 우리 주변의 세상을 가장 잘 설명하기 위해 신정주의자, 인종 차별주의자, 이슬람 혐오주의자, 편견에 사로잡힌 자, 그리고 성 차별주의자라는 위의 여섯 가지 범주의 억압하는 자들을 결합시킨다.

집단적 사고의 올바른 측면

집단적 사고에는 긍정적인 면도 있는가? 물론이다. 대부분의 인식론은 깊이 들어가기 전에는 현실에 대한 통찰에서부터 시작된다. 우리의 오감을 통해 현실을 파악하는데 도움을 얻을 수 있다는 경험주의자들의 말도 옳은 것이고, 마찬가지로 논리와 수학을 통해 현실을 파악하는데 도움을 얻을 수 있다는 이성주의자들의 말 역시 옳은 것이다. 다만 실험실에서 테스트해볼 수 없거나 방정식으로 증명할 수 없는 수많은 진실을 내팽개쳤을 때 그들은 잘못된 길로 들어선 것이다.

따라서 집단적 사고와 관련하여 주목해보아야 할 가장 첫 번째 것은 거기에도 가슴 아프지만 어느 정도의 진실은 담겨 있다는 점이다. 실제로 이 세상에는 정치적 권력을 사용해 위험한 극단으로 치닫는 그리스도인들이나 피부색 때문에 비인간적인 처우를 받는 사람들, 피에 굶주린 성전주의자(聖戰主義者) 취급을 당하는 온건한 무슬림들, 인간 이하의 대우를 받으며 가정에서 내몰리는 남녀 동성애자들, 사람보다 돈을 더 중시하는 자본주의자들, 그리고 여성을 짓밟는 남성들의 예가 적지 않다. 우리는 눈물을 머금고 이 모든 것이 진실임을 인정해야만 한다. 만약 우리가 성경을 진지하게 받아들인다면 이 모든 것이 다 거짓이 되도록 만들기 위해 노력해야 한다. 이론으로만이 아니라 실제 행동으로 세상 모든 사람들의 인간성이 존중되고 소중히 다뤄질 수 있도록 우리가 최선을 다해야만 하는 것이다.

이 점이 바로 집단적 사고의 올바른 측면이다. 물론 익명의 군중이 트위터를 통해 집단적 분노를 표출하며 무언가를 향해 "불의"라고 부른다고 해서 그 모든 것이 자동적으로 그런 집단들에 대한 불의가 되는 것은 아니다. 하지만 그럼에도 현실 세계에서 실제적인 불의로 인해 피를 흘리고 상처 받는 사람들이 있다는 사실만큼은 바뀌지 않는다.

이 사실을 못 본 체한다면, 선한 사마리아인 비유에 등장하는 제사장과 레위인이 되는 것이다. 두들겨 맞고 약탈당해 길가에 쓰러져 신음하고 있는 사람을 보고도 태연하게 차선을 변경하여 지나쳐가는 것이다. 신음하는 사람을 못 본 체하는 것은 우리의 이웃을 사랑하라 하신 예수님의 둘 째 계명을 범하는 죄가 된다. 만일 우리의 정신적 운영 체제가 예수님의 가르침에 따라 기능하고 있다면 우리는 매일의 삶 속에서 혹여 도적떼를 만나 쓰러져 있는 사람은 없는지 길가를 잘 살피며 살아야 한다. 하지만 우리 안에서 작동하는 인식론으로 인해 우리가 늘 그저 앞만 보고 살아간다면, 즉 오직 세부적인 교리나 천국 가는 일에만 신경 쓰거나, 또는 오직 우리가 지지하는 정당이 승리하는 일에만 초점을 맞춘 나머지 길가에 쓰러져 고통 받고 있는 이의 얼굴이 흐릿해 진다면 그 순간 예수님의 비유 속 종교 지도자들이 맡은 악역이 바로 우리 자신이 되는 것이다. 물론 올바른 교리는 매우 중요한 문제이다. 영원한 운명에 관한 문제는 말 그대로 영원한 중요성을 담고 있다. 정치 역시 앞의 두 가지만큼은 아니더라도 굉장히 중요한 문제이다. 결코 못 본 체할 수 없는 문제들이다. 하지만 우리의 신학이나 정치로 인해 좁아진 터널 시야를 갖게 되고, 또 그로써 실제적인 불의로 고통 받는 사람들을 지나쳐버리게 된다면, 더 늦기 전에 우리는 회개해야 한다.

집단적 사고는 정신 없이 달려가는 신앙의 여정 가운데 잠시 고삐를 풀고 길가에 상처 입은 사람은 없는지 더 잘 볼 수 있게, 말 그대로 볼 수 있게 하는데 유익하다고 할 수 있다. 하지만 우리가 피해를 당한 사람들을 위해 참으로 정의를 행하고자 한다면 우리는 다음과 같은 질문들을 해봐야만 한다.

"집단적 사고도 잘못될 수 있을까? 우리의 눈을 열어 불의를 보게 해주고자 설계된 인식론이 오히려 우리의 눈을 어둡게 하여 부지불식간에 세상에 더 많은 불의를 더하게 하는 일도 일어날 수 있을까? 우리는 예수님의 이야기에 등장하는 선한 사마리아인인 것처럼 생각하지만 실상은 거기에 나오는 도적들이 되는 일도 가능한 것일까?"

우리 모두가 집단적 사고를 통해 그런 도적들이 되고자 하지 않는다면 다음의 세 가지 질문을 해봐야 한다.

- 사회 정의에 대한 우리의 시각은 사물을 바라보는 한 가지 관점을 모든 것을 바라보는 유일한 관점으로 삼으려 하는가?
- 사회 정의에 대한 우리의 시각은 사람에게 상처를 입혔던 "생생한 경험"을 더욱 고통스럽게 하는가?
- 사회 정의에 대한 우리의 시각은 진리를 찾기 위한 탐구를 정체성 놀이로 둔갑시키는가?

제10장
터널 시야에 관한 질문

■ ■ ▨

: 사회 정의에 대한 우리의 시각은 사물을 바라보는 한 가지 관점을
모든 것을 바라보는 유일한 관점으로 삼으려 하는가?

정신적 운영 체제가 오류를 일으키는 가장 흔한 경우는 세상 일을 오직 한 방향으로만 처리하려고 할 때이다. 예컨대 사업을 하는 사람은 돈을 버는 것이 좋은 일이라고 믿는다. 이런 믿음은 적정한 선만 잘 지킨다면 향락에 빠지기보다는 더욱 열심히 일하게 되고, 탐욕을 부리기보다는 더욱 관대해지며, 또 충동적으로 행동하기보다는 더욱 부지런하게 행동하는데 도움이 된다. 돈을 버는 것이 좋은 일이라는 믿음이 가장 바람직하게 자리를 잡는다면 그 때문에 하나님과 가족, 우정과 정직, 휴식을 취하는 일과 가난한 이들을 돌보는 일, 기타 삶의 여러 가지 좋은 것들이 설 자리를 잃게 되지는 않는다.

그러나 머지않아 사업가들의 이런 믿음은 우상이 되어버리고 그로 인해 올바른 사고를 할 수 없게 된다. 어떻게 하면 월터 화이트[Walter White, 미국의 케이블 채널 AMC에서 2008년 1월 20일부터 방영된 TV 드라마 시리즈인 "브레이킹 배드"(Breaking Bad)의 주인공 이름. 천재 화학

자인 월터는 폐암 말기 선언을 받자 자신이 죽고 난 뒤에 가족의 생계를 책임지기 위해 마약을 제조, 유통하는 일에 손대기 시작한다. 드라마 상에 그렇게 벌어들인 현금 다발이 퀸사이즈 침대보다 더 큰 면적으로 쌓여 있는 장면이 등장한다. 저자는 이것을 통해 사업가들의 일확천금을 바라는 마음을 비유한 것으로 보인다.-역자주)의 현금이 가득한 침대를 얻을 수 있을까 하는 생각에 온통 정신을 빼앗겨 버리는 것이다. 그래서 다른 사람을 대할 때에도 인간 대 인간의 관계로 다가가지 않고 마치 어리숙한 사람에게서 자신이 원하는 것을 얻을 때까지 탈탈 털어서 가져가려는 태도로 다가가게 된다. 또한 자기 안에 있는 인식론적 터널 시야로 인해 더 이상은 끝없이 펼쳐진 해변의 숨막히는 장관을 볼 수 없게 된다. 망막에 상이 맺히기는 하지만 실제로는 그것이 보이지 않는다. 마치 수백만 개의 작은 카메라 플래시가 터지듯 바닷물결 위에 쏟아져 내리는 햇빛의 향연이 전혀 보이지 않는다. 유리로 만든 얇은 천 같은 물결이 해변으로 밀려와 모래 위에 지글지글 타듯이 부서져 내리는 모습이 보이지 않는다. 하늘의 갈매기들이 바람을 타고 서핑을 즐기는 모습도 보이지 않는다. 그의 눈에 보이는 것이라고는 약간의 투자 정보만 있으면 수조 원의 수익을 낼 수 있는 해변가의 미개발된 토지뿐이다. 자신의 인식론 때문에 세상이 온통 초록색 (미국의 종이 화폐인 달러는 초록색 잉크로 인쇄되어 있다.-역자주)으로만 보이는 것이다.

과거 식민지 개척자들에게는 온 세상이 그저 약탈의 대상이었을 뿐이다. 그리고 포스트모더니즘주의자들에게는 온 세상이 그저 권력 다툼의 장일 뿐이다. 이처럼 인간의 사고 속에는 한 조각의 작은 지식을 찾아내서 그것을 일반화하여 전체를 이해하고자 하는

묘한 성향이 있다. 우리는 "존재하고 있는 모든 것의 기원과 상호 관련성, 그리고 그 운명에 관한 의문이 끊임없이 솟아나기"[1] 때문에 아브라함 카이퍼가 말했던 "통일된 관점"을 필요로 한다. 즉 하나의 원리로 전체를 아우르는 커다란 이야기가 필요하다. 우리네 골치 아픈 인생사를 이해하기 위해 영웅과 악당이 등장하는 장대한 대서사시가 필요한 것이다.

이와 같이 우리가 커다란 이야기에 대한 강렬한 필요를 느끼는 것은 전혀 이상한 일이 아니다. 왜냐하면 우리는 크고 의미 있는 이야기 속에서 살아가도록 만들어졌기 때문이다. 하지만 우리들의 그 커다란 이야기가 생각만큼 그렇게 크지 않을 때 문제가 일어난다. 우리 앞에 열려 있는 세상을 향해 탐구해 들어가기보다는 오히려 작은 상자 안에 그 세상을 꾸겨 넣고 우리를 그 안에 가두어 버리기 때문이다. 하나님께서 총천연색으로 만드신 세상을 흑백 사진으로 뒤바꾸어 버리는 것이다.

실재하지 않는 것을 봄

성경의 가르침은 명백하다. 세상에는 억압이 실재한다는 것이다. 하지만 이런 진실을 믿는 것과 우리의 정신적 OS로 집단적 사고를 다운로드하는 것 사이에는 커다란 차이가 있다. 그 차이를 구분할 수 있는 좋은 방법 한 가지는 우리 스스로에게 다음과 같은 질문을 해보는 것이다. "우리는 이런저런 다양한 경우들을 그저 억압이라는 개념으로만 설명하는 것이 최선은 아닐 수도 있다는 증거를 어떻게 처리하고 있는가?"

어떤 경우에 있어서는 억압이라는 것을 통해 참된 통찰력을 얻을 수 있는 것이 사실이기도 하지만, 그것이 대부분의 경우 혹은 모든 것을 바라보는 관점이 되어버리면 세상에 대한 우리의 이야기는 더 이상 장엄한 대서사시가 될 수는 없다. 잘 나가는 기업가의 눈에는 해변이 잘 보이지 않고 그저 돈만 보이는 것처럼, 우리 역시 그저 억압에만 눈을 돌린다면 세상을 볼 수 있는 능력을 잃고 만다.

성별 간 임금 격차라는 뜨거운 쟁점을 한 번 생각해 보자. 만약 세상을 집단적 사고를 통해서만 처리한다면 그런 현상에 대한 해석은 오직 한 가지밖에 남지 않을 것이다. 그것이 바로 성 차별주의이다. 그와 같은 획일화된 대답에 대해서는 그 외의 여러 가지 중요한 질문들을 전혀 할 수 없게 된다. 예를 들어 성별 간 임금 격차는 여성들이 앞으로 수십 년 동안 야근을 해야 하는 고된 사무직보다 아기를 기르는 일이 훨씬 더 가치 있는 일이라고 생각함으로써 스스로 일자리를 떠나거나 혹은 잠시 동안 파트 타임으로 전환하는 것과 조금이라도 관련이 있는가? 혹시 그런 격차는 평균적으로 남성이 여성에 비해 순응하는 기질이 더 적고 그런 순응적이지 않은 기질이 더 높은 임금을 위한 협상에 반영되어 나타나는 것일 수 있는가? 여러 분야에서 초과 근무 수당까지 고려해 임금을 계산해보면 여성의 임금이 남성보다 더 높다는 사실은 이와 관련이 있는가? 그런 격차에는 열 가지 혹은 스무 가지, 아니면 백 가지 다른 요소들도 원인으로 작용할 수 있는가? 우리는 이런 요소들에 대한 연구를 진지하게 고려해보아도 괜찮은가, 아니면 그런 연구를 진행한 사람들을 그저 여성을 혐오하는 진짜 사나이들의 특권층으로 무시해버려야 하는가?

나는 성별 간 임금 격차가 발생하는 이유가 성 차별주의 외의 다른 요소들 때문이라고 주장하는 것은 아니다. 내가 말하고자 하는 바는 만일 우리의 생각이 집단적 사고로 프로그램화되면, "성별 간 임금 격차를 설명하는데 성 차별주의 이외의 다른 요소도 도움이 되는가?"와 같은 질문은 아예 생각조차 해볼 수도 없게 된다는 점이다. 그런 질문이 생겨나면 우리의 정신적 OS가 작동해서 재빨리 그것을 억눌러 버릴 것이다. 왜냐하면 집단적 사고의 논리 구조 안에서는 성별 간 임금 격차에 대한 원인을 성 차별주의에서 찾는 것을 의심하는 것 자체가 곧 억압받는 이들을 저버리고 도리어 억압하는 이들 편에 서는 용서받을 수 없는 죄를 저지르는 것이기 때문이다. 따라서 만약 어떤 사람이 그런 질문을 하면 우리의 정신적 OS는 그 사람을 성 차별주의자(Sexist)를 뜻하는 파일명 S로, 혹은 여성 혐오자(Misogynist)를 뜻하는 파일명 M으로, 혹은 가부장적 억압자(Patriarchal oppressor)를 뜻하는 파일명 P로 우리의 정신 속에 저장해 둔다. 그런 후에 끝까지 집단적 사고를 받아들이지 않는 사람은 휴지통으로 드래그해서 영구적으로 삭제해버릴 수도 있다. 결국 집단적 사고방식으로 인해 그 사람과 나누었던 의미 있는 관계는 물론 그 사람의 시각을 의미 있게 생각해볼 수 있는 일말의 희망마저도 모두 휴지 조각처럼 내버리게 되는 것이다. 한 마디로 집단적 사고는 우리의 마음과 사고를 모두 닫아버린다.

그렇게 되면, 우리는 넷플릭스 추천작을 검색해 내려갈 때마다 울분이 치밀어 오름을 금할 길이 없게 될 것이다. "브레이브 하트"는 세 시간에 걸쳐 해로운 남성성을 치켜세우는 영화이기 때문이다. "패트리어트"는 미국은 언제나 예외라고 하는 파렴치한 영화이고, "시애틀의 잠 못 이루는 밤"은 이성애적 규범을 선전하는 영화이며, "반지의 제왕"은 유럽 중심의 인종 차별주의를 다룬 영화일 것이다. 그 밖에 "아르고", "제로 다크 서티", "아메리칸 스나이퍼" 등은 초대형 예산을 들여 만든 이슬람 혐오주의 영화이고, "알라딘", "뮬란", "공주와 개구리"는 인종적 편견을 고착화시키는 영화이며, "캡틴 아메리카"는 거의 캡틴 백인이라고 해도 될 정도의 특권의식을 고취시키는 영화이기 때문이다.

물론 다소 과장된 측면이 없진 않지만 꼭 그렇지만도 않다. 실제로 지난 주에는 어린이 만화인 "베지 테일즈"(Veggie Tales)에서 다른 억양으로 말하는 색깔 있는 채소들이 악당 역할을 맡았다는 이유로 그 작품이 인종 차별적이라는 비판을 받기도 했다. 그 이후에는 인문사회과학 연례 학술 대회(the annual Congress of the Humanities and Social Sciences)에서 운동장에서 하는 놀이인 피구가 "억압의 다섯 가지 측면을 강화한다"는 이유로 "비교육적"일 뿐만 아니라 "억압"의 도구가 된다고 하는 비난을 받았다.[2] 어떤 이들에게는 터무니없이 들리는 이런 기사들을 통해 우리의 정신이 어떻게 작용하는지에 관한 통찰을 얻을 수 있다.

우리는 심리학자들이 수많은 연구 자료를 통해 "개념 크리프"(concept creep)[3]라고 칭하고 있는 어떤 현상에 대해 이야기해보고자 한다. 이것은 마치 물이 가득 차 있는 욕조에 잉크를 떨어뜨리면 그것이 서서히 퍼져 나가 결국 욕조 전체가 뿌옇게 되듯이, 하나의 개념이 온 방향으로 확장해 나가 정신을 가득 채우는 현상을 말한다. 어떤 대상을 바라보는 한 가지 적합한 관점이 확장되어 나가서 결국 모든 것을 바라보는 유일한 관점이 되어버리는 것이다. 이처럼 어떻게 하면 사람의 머리속이 그토록 뿌옇게 되어 "베지 테일즈"를 인종 차별적 선전으로 분석하게 되는지 보여주는 것이 바로 개념 크리프이다. 개념 크리프를 통해 우리는 어떻게 하면 J. R. R. 톨킨이 직접 인종 차별주의를 반대하는 목소리를 내고 있음에도 "반지의 제왕"을 유럽 중심의 인종 차별주의로 읽게 되는지를 이해할 수 있다. [4] 사회학자인 멜라니 뒤피(Melanie Dupuis)는 자신의 책 《자연의 완전한 식품: 우유는 어떻게 미국의 음료가 되었나》(*Nature's Perfect Food: How Milk Became America's Drink*)에서 "우유를 완전 식품이라고 선언함으로써 북유럽의 백인들은 자신들의 완전함을 공공연하게 발표했다"[5]고 주장한다. 세상을 획일적으로 바라보는 관점이 우리의 정신을 지배하게 되면 실재하지 않는 것을 보게 되는 일이 종종 일어난다. 채소들이 등장하는 만화에서 인종 차별주의가 보이기 시작하고, 한 잔의 우유에서 백인 우월주의를 맛보게 되며, 크리스마스 캐럴에서 성 차별주의를 듣게 되고, 피구 놀이에서 억압의 영향력을 느끼게 되며, 치킨 샌드위치에서 풍기는 동성애 혐오주의의 냄새를 맡게 된다.

특히 '사회 정의 B'에서 이 개념 크리프 현상을 흔히 볼 수 있다. 즉 성 차별주의나 인종 차별주의, 혹은 그 외의 악한 사상을 가지고 모든 현실을 가장 잘 설명할 수 있다고 믿는 생각에 의문을 품는 것은 억압받는 자들을 저버리고 도리어 억압하는 자들의 편에 서는 것이라고 생각한다는 점이다. 하지만 오히려 그와 정 반대가 되어야 한다. 만약 우리가 정말로 성 차별주의를 종식시키는 일에 관심을 갖고 있다면 성별 간 임금 격차가 실제로 얼마나 성 차별주의의 영향을 받을 수 있는지에 관한 질문을 기꺼이 받아들여야만 한다. 그렇게 하지 않으면, 우리는 실재하는 문제에 맞서 싸우는 것이 아니라 그저 우리의 이념을 투영한 가상의 상대와 섀도복싱만을 하는 것에 불과하다. 이처럼 우리가 해당 문제의 실체가 아닌 투영된 이념과 섀도복싱을 하면 할수록 그것은 곧 실재하는 성 차별주의와 인종 차별주의의 피해자들을 더욱 하찮은 존재로 만들어 버린다. 집단적 사고로 인해 불의에 맞서 싸우는 우리의 유한한 에너지를 일시에 온 방향으로 분산시킴으로써 뜻하지 않게 이미 소외되어 있는 사람들을 더욱 더 소외시키는 결과를 낳게 된다. 거의 모든 문제를 죄다 인종 차별이라고 부름으로써 실제 인종 차별의 희생자들에게 더 큰 상처를 가하는 것이고, 거의 모든 문제를 죄다 성 차별이라고 부름으로써 실제 성 차별의 희생자들에게 더 큰 상처를 가하는 것이다. 그리고 이것은 성 차별과 인종 차별에만 국한되지 않는다.

자동차 정비사가 그저 고객에게 바가지를 씌우는 데만 정신이 팔려 있지 않고 진심으로 차와 운전자를 생각한다면, 최선을 다해 질문을 하고, 진단을 내리고, 그리하여 실제 문제가 무엇인지를 찾아내기 위해 할 수 있는 한 모든 일을 다 할 것이다. 정비사가 차 안 곳곳을 진지하게 들여다보지도 않고 그저 차에다 엔진 오일만 들이붓는다면 그로 인해 더 많은 차들이 고장을 일으키고 운전자들은 오도가도 하지 못한 채 도로 위에서 발만 동동 구르게 될 것이다. 실제 문제는 타이밍 벨트의 마모 때문일 수도 있고, 변속기가 파손되었거나, 아니면 알터네이터가 멈춰 버렸기 때문일 수도 있다. 따라서 실제 문제가 되는 부분을 고치기 위해서는 일차원적인 진단을 내리는 것보다 더 많은 작업이 필요하다. 억압받는 우리의 형제, 자매들을 위해 우리가 할 수 있는 일들 중에 가장 사랑이 필요한 일은 인기 없는 질문일지라도 솔직하게 묻는 것이고, 또 열린 마음으로 사실적인 증거들을 모아서 그것을 바탕으로 판단하는 것이다. 인기를 끄는 생각과는 다를지라도 정말로 성 차별주의와 인종 차별주의, 기타 반성경적인 사상이 실제 해당 사안의 문제점인지, 또 문제라면 어느 정도나 영향을 미치고 있는지 등을 묻는 것이야말로 진정으로 억압받는 자들의 편에 서는 것이다.

물론 그렇게 하면 커다란 위험이 따른다. 아마 표창장을 받거나 인기투표에서 좋은 결과를 얻기는 어려울 것이다. 인터넷 상의 폭도들이 당신을 잡아먹을 듯이 달려들 것이며 당신에게 엄청난 욕을 퍼부을 것이다. 증오 발언의 낙인을 찍어서 당신의 소셜 미디어 계정을 폐쇄시킬 수도 있다. 하지만 정말로 중요한 것은 우리는 이 모든 인터넷 폭도들의 만행을 견뎌낼 수 있을 만큼 참으로 정의를 행하라는 성경의 명령을 진지하게 받아들이고 있느냐는 점이다.

나는 인종 차별이나 성 차별, 혹은 경제적 착취 등의 현실을 부정하려는 것이 아니다. 내가 말하고자 하는 바는 단지 진심으로 정의를 원한다면 진리에 헌신해야 한다는 말이다. 삼각형의 한 쪽 변을 빼 버리고 나서도 그것을 여전히 삼각형이라고 생각할 수 없는 것처럼, 진리를 정의와 분리하는 것도 불가능한 일이다. 집단적 사고 안에서 어려운 질문에 대해 미리 답을 정해 놓고 있으면 있을수록 그만큼 진리는 더욱 가려지게 되고 그로 인해 뜻하지 않게 더 많은 사람들을 고통 가운데 몰아넣게 된다. 만약 열린 마음으로 불편한 질문을 하는 것이 두렵다면, 혹 어려운 질문을 하는 것을 인종 차별이나 고질적인 편견, 혹은 성 차별과 동일시하고 있다면, 그리고 어떤 결론이 나오든 객관적인 증거를 따라 결론에 이르고자 하는 마음이 없다고 한다면, 우리는 스스로에게 이렇게 물어야 한다. "억압받는 자들을 진리 안에서 사랑하는 일과 이념적 장단에 맞춰 행군하며 방관하는 문화를 향해 경례함으로써 T, R, I, B, E, S라는 주홍글씨를 얻지 않는 일, 우리는 진정으로 어떤 것을 더 원하고 있는가?"

실재하고 있는 것을 놓침

우리는 집단적 사고로 인해 실재하지 않는 것을 보기도 하지만, 또한 실재하고 있는 것을 놓치는 일도 많이 일어난다. 만약 우리가 지난 역사 속에서 보존하고 소중히 간직해야 할 미묘한 점들이나 아름다움은 보지 못한 채 오직 소수 집단을 착취하고 약탈하는 억압자들의 잔혹한 이야기들만이 계속 되어 온 것으로 본다면, 우리의 정신적 운영 체제는 어딘가 심각하게 잘못 되어 있는 것이다. 즉 우리는 역사의 많은 부분을 놓치고 있는 것이다. 만약 우리가 위대한 문학 작품들을 읽고도 그것을 오직 과거의 백인 남성들이 가부장적 억압을 강요하기 위해 쓴 이야기들이라고만 본다면 무언가 심각하게 잘못 돌아가고 있는 것이다. 즉 우리는 문학적 진실과 아름다움의 많은 부분을 놓치고 있는 것이다. 길에서 지나치는 어떤 사람을 한 명의 고유한 인간으로 보지 않고 특정한 정체성 집단의 표본으로 보면서 그런 집단이 저지른 역사적 죄악을 실재 우리 앞에 있는 그 사람에게 전부 투영할 때 우리는 그 사람의 실제 모습 속에서 많은 부분을 놓치고 있는 것이다.

집단적 사고로 인하여 우리는 세상에 존재하는 수많은 진실과 선함, 그리고 아름다움을 보지 못하게 될 뿐만 아니라, 동시에 수많은 거짓과 불의, 그리고 추한 모습들조차 볼 수 없게 된다. 즉 존재하지 않는 억압을 보게 할 뿐만 아니라 존재하는 억압은 보지 못하도록 속이는 것이다.

2015년 말에 나는 처음으로 억압자(Oppressor)에 해당하는 O라는 주홍글씨를 받게 되는 일이 있었다. 일전에 가족계획연맹(Planned Parenthood)의 대표자들이 낙태된 태아의 신체 부위를 거래하는 모습을 비밀리에 촬영한 영상이 공개되었다. 내 페이스북 게시물을 살펴보던 중에, 나는 한 학생이 가족계획연맹의 선행을 찬양하는 글을 발견했는데, 해당 단체에서 주장하는 다음과 같은 요점들을 그 학생은 앵무새처럼 그대로 옮겨다 놓은 것이다. 즉 그 단체는 "필수적이고", "유방암 검사를 제공하며", "여성의 건강을 옹호하고", 자신들이 제공하는 서비스 중에 낙태 시술은 "오직 3%"뿐인데, 그것이 "심하게 편집된" "가짜 영상"으로 인해 부당하게 "명예가 훼손되었다"는 것이다. 나는 그 학생의 논점을 팩트 체크하여 그동안 18억 달러 규모에 달하는 낙태 시술로 인해 오랜 세월 동안 여성과 소수자, 그리고 태중의 아이들이 착취당한 역사를 드러내 보여주었다.[6] 그 학생과 나는 활발한, 그러나 동시에 사랑을 바탕으로 한 논쟁을 주고 받았다.

그러던 중, 또 다른 학생이 내게 개인적인 메시지를 보내왔다. 그는 내가 교수와 학생 간의 "권력의 격차"를 이용해 공개적인 글 속에서 태아의 생명보다 여성 개인의 선택을 중시하는 한 학생의 주장을 비판한데 대해 격분했던 것이다. 그는 내가 인터넷 상에서 아무렇지 않게 타인을 억압하는 일을 행하고 있다며 불편함을 토로했다. 그 학생은 자신의 소셜 미디어에 내가 희생양으로 삼았다고 주장하는 그 학생과의 "연대감"을 선언하며, 내가 대변했던 역사적 가부장제의 권력뿐만 아니라 내 자신에 대해서도 반대입장을 표명했다.

하지만 분노에 찬 그 학생은 공개적으로 주고받았던 대화 가운데 다음과 같은 사실들이 드러난 것에 대해서는 결과적으로 조금도 분노를 드러내지 않았다. 즉 가족계획연맹은 매년 300,000명이 넘는 하나님의 형상들을 낙태했고, 역사적으로 소수 인종들을 대상으로 삼았으며, 미성년자의 성 착취에 연루되었고, 사람들의 신체를 통해 폭리를 취했다는 사실과 그로 인한 희생자들에 대해서는 전혀 분노하지 않았던 것이다. 도대체 그가 표현한 분노는 누구를 위한 것인가? 숨쉴 수 있는 폐도 그대로 있고 그 학생의 뇌가 생명공학 연구 회사에 팔려 나간 것도 아닌데, 단지 소셜 미디어에서 어떤 교수로부터 비판을 받았다는 이유만으로 그 대학생 한 명을 위해 이토록 분노하고 있다는 말인가?

집단적 사고는 그것을 옹호하는 이들이 주장하는 것만큼 그렇게 포용적이지도 않을 뿐만 아니라 또한 억압받는 자들에 대해서도 그다지 신경 쓰지 않는다. 그런 사고방식 안에서 연대하고 있는 사람들은 비그리스도인, 유색인들, 무슬림, 성소수자(LGBTQ) 공동체에 속한 사람들, 경제적 빈곤층, 그리고 두 개의 X 염색체를 가진 어떤 사람들인데, 즉 그들은 TRIBES라는 머리글자가 지칭하는 범주에 포함된 사람들이다. 물론 우리는 그런 사람들 역시 모두 하나님의 형상을 지닌 존재로 대해야 한다. 그러나 만약 우리가 어떤 특정한 정치적 이념보다는 억압받는 이들을 더욱 더 생각한다면 스스로에게 다음과 같은 몇 가지 질문들을 해보아야 한다.

우리는 낙태 산업으로 인해 착취당하고 있는 여성들을 생각하고 있는가? 1973년 로 대 웨이드(Roe vs. Wade) 사건에서 일곱 명의 힘 있는 남성들(미국 연방 대법원의 대법관 수는 총 아홉 명인데, 그 중에 일곱 명이 수정헌법 제14조의 적법절차조항에 의거해 여성은 임신 후 6개월까지는 임신중절을 선택할 수 있는 헌법적 권리를 가진다는 판결을 내림으로써 다수의견을 형성했다.–역자주)은 수백만 명에게 영향을 미치게 될 결정을 내렸다. 그와 같은 결정은 여성 해방의 획기적인 지표가 되는 판결이라며 큰 환영을 받았지만, 반면에 낙태를 하려는 여성들의 64%는 타인으로부터 낙태를 행하도록 강요를 받았다고 말했다. 낙태 시도의 절반 이상이 "도덕적으로 잘못되었다"는 뜻이다. 기분이 더 좋아졌다고 답한 사람은 1%도 채 되지 않았으며, 77.9%는 죄책감을 느꼈고, 59.5%는 "자신의 한 부분이 죽었다"고 느꼈다.[7] 14년 간의 광범위한 연구를 통해 발견한 사실은 낙태를 경험한 여성들 중에 81% 정도가 정신 건강 상의 문제를 겪게 될 확률이 더 높다는 것이었다.[8] 거기에는 물론 그들에게 가해진 육체적 고통은 말할 것도 없다. 사회 정의에 대한 우리의 시각은 이런 여성들과 그들이 경험한 비참한 이야기도 진지하게 고려하고 있는가?[9]

우리는 낙태 산업으로 인해 소리 없이 죽어간 아기들을 생각하고 있는가? 세계보건기구(WHO)의 조사에 따르면, 2018년 한 해 동안 전 세계에서 가장 높은 사망률을 기록한 원인은 4천 2백만 명의 희생자를 낸 낙태였다.[10] 즉 4천 2백만 명의 인간이 낙태 산업에서 사용되는 흡입관과 큐렛(curette), 메이요 가위(Mayo scissors)에 의해 희생된 것이다.[11] 다시 말해서 당신이 이 책을 읽고 있는 동안에도 1분에 80명이 생을 마감했다는 말인데, 이는 하나님의 형상을 지닌 사람이 1초에 한 명 이상씩 죽는다는 뜻이다. 아이슬란드 같은 곳에서는 "다운 증후군 진단을 받은 아이들의 경우에는 낙태율이 100%에 육박하고 있다."[12] 미국에서도 다운 증후군 진단을 받은 태아의 90%가 죽임을 당했다.[13] "아시아에서는 성별에 따른 선별적 낙태로 인해 1억 6천만 명의 여성이 "태어나지 못했는데", 이는 미국 내 전체 여성의 인구보다 많은 숫자이다. 최근의 조사에 의하면, 미국 내에서도 특정한 인구 집단 안에서 여자 아이를 선별적으로 낙태하는 경우가 흔히 있는 것으로 나타난다.[14] 뉴욕 같은 도시에서는 흑인의 경우 낙태되는 아기가 태어나는 아기보다 더 많다.[15] 이처럼 태 중에 있는 인간은 자신에게 가해지는 억압에 대해 말 그대로 목소리를 낼 수가 없다. 과연 '사회 정의 B'를 옹호하는 사람들 중에는 자신들이 아무렇지 않게 누리고 있는 신체와 발달, 거주와 호흡의 특권을 조금도 누리지 못한 채 사라져가는 저 수백만 명에 달하는 하나님의 형상들을 위해 목소리를 내고자 하는 의향이 있는 사람이 얼마나 되는가?

우리는 찢어진 가정 안에서 고통받고 있는 어린이들을 생각하고 있는가? 온전한 부모 밑에서 자라나는 것의 장점을 보여주는 연구들은 산더미처럼 많이 있다. 어머니와 아버지가 함께 하는 가정에서는 비록 그들에게 완전하지 않은 점들이 많더라도 아이들은 더 높은 교육 수준과 직업적 성공을 이루게 되며, 동시에 범죄율과 정신 장애를 겪는 비율은 더 낮아진다. 다양성 위원회가 평등을 이룬다는 미명 하에 두 부모를 통해 얻을 수 있는 특권을 박탈하고 깨어진 가정 출신의 후보들에게 더 많은 의석 수를 보장해주는 것이 과연 그들의 할 일이란 말인가? 도대체 스스로 "사회 정의"라는 이름표를 달고 있는 주체들 중에 건강하고 온전한 가정을 정의에 관한 사안으로 인식하고 그것을 쟁취하기 위해 노력하는 이들이 얼마나 있는가? (오히려 세계에서 가장 잘 알려진 '사회 정의 B'에 관한 단체 중에 한 곳에서는 자신들의 사명선언문에서 "서양에서 기원한 핵가족을 붕괴시키는 일"을 "중심 원리"로 선언하고 있다.[16]) 만약 우리가 진심으로 정의를 생각한다면, 1965년부터 2017년 사이에 미혼모에게 태어난 흑인 아이들의 비율이 25%에서 70%로 치솟은 이 가슴 아픈 현실에 대해, 혹은 같은 기간 혼외 관계에서 출생한 백인 아이들이 4%에서 28%로 급증한 사실에 대해 깊은 괴로움을 느껴야 하지 않을까?[17]

우리는 포르노 산업으로 인해 착취당하고 있는 희생자들을 생각하고 있는가? 포르노 산업의 경제적 규모는 97억 달러에 달한다.[18] 2018년 한 해 동안 단 하나의 포르노 사이트에서만 33억 5천만 회의 방문 기록을 통해 55억 시간의 포르노 영상이 소비되었다. 인터넷 감시 재단(Internet Watch Foundation)의 자료에 따르면, 가장 빠르게 성장하는 온라인 산업 분야 중에 하나는 아동 성 착취물("아동 포르노"라고 알려진 것)이었고, 미국에서만 624,000명 이상의 아동 포르노 매매업자들이 적발되었다.[19] 가장 많은 인기를 끌었던 포르노 영상 50개를 분석해본 결과 88%의 장면에서 물리적 폭력을 담고 있었다. 그렇다면 포르노 산업과 인신매매, 강간, 가정 폭력, 뇌 기능 손상, 깨어진 관계, 그리고 우울증 사이에 밀접한 관련이 있음은 명백한 사실이다.[20] 그런데도 "사회 정의"를 외치는 구호 속에 포르노 중독에 대한 회개와 비인간적인 포르노 산업을 붕괴시키기 위한 싸움이 언급되는 일이 거의 없는 이유는 도대체 무엇인가?

우리는 전 세계에서 수백만 명의 그리스도인들이 감옥에 갇히거나 처형되고 있음을 생각하고 있는가? '사회 정의 B'에서 만들어 내는 이야기들 속에는 그리스도인들을 싸잡아서 세상에 존재하는 억압자, 신정주의의 원동력, 인종 차별주의, 이슬람 혐오주의, 편견, 착취, 그리고 성 차별주의의 온상으로 그리는 경우가 많다. 집단적 사고방식에 젖어 있는 많은 이들에게는 억압하는 자와 억압받는 자의 방정식에서 그리스도인이 어느 편에 위치하고 있는 지가 너무도 분명하다.

그런데 2018년 뉴스위크(Newsweek)의 기사에 의하면, "현재 그리스도인에 대한 박해와 집단 학살은 '역사상 그 어느 때보다도' 더욱 심각하다"[21]고 한다. 즉 예수님을 주님으로 고백함으로써 조롱의 대상이 되고, 감옥에 갇히고, 매를 맞으며, 강간 당하고, 교수형에 처해지며, 십자가에 못 박히거나 폭탄 테러를 당하게 되는 것이다. 매월 평균적으로 345명의 그리스도인들이 신앙과 관계된 이유로 살해되고, 105개의 교회나 기독교 건물에 방화나 공격이 가해지며, 219명의 그리스도인들이 재판도 없이 구금되고 있다.[22]

우리는 공산주의나 사회주의 같은 극좌파 제도 속에서 극심한 억압을 당하고 있는 희생자들을 생각하고 있는가? 세계적인 베스트셀러인 공산주의 흑서(The Black Book of Communism)에 따르면, 공산주의와 사회주의 정책을 가지고 빈부 간의 평등을 이루어 내려는 시도 속에서 20세기 단 한 세기 동안에만 1억 명 이상의 피해자가 발생한 것으로 나타났다.[23] 그럼에도 몇몇 연구들을 통해 드러난 바에 의하면, 미국 내에서, 특히 젊은 세대들 사이에서는 사회주의를 지지하는 경향이 커지고 있음을 알 수 있다. 이들은 이오시프 스탈린(Joseph Stalin)보다 오히려 조지 W. 부시 정권에서 더 많은 사람들이 죽임을 당했다고 믿고 있으며, 그들 중 절반 정도는 마오쩌둥이 누군지, 그리고 그가 계획한 경제적 평등 정책 하에서 5천만 명의 희생자가 발생한 사실에 대해서도 "잘 모르는" 세대이다.[24] 사회 정의라는 것이 진정으로 억압을 종식시키는 일에 관한 것이라면, '사회 정의 B'를 옹호한다는 그 많은 사람들이 지난 한 세기 동안 그 어떤 제도보다도 더 많은 사람을 억압하고 살해하면서도 "고통을 나누어 진다"는 고상한 수사법을 사용하는 정치적 환상에 그토록 쉽사리 빠져드는 이유는 무엇인가? 그들은 과연 자신들이 추구하는 사회주의는 과거와 현재의 사회주의 정권들이 야기한 비극적 결말과는 전혀 다른 결과를 낼 수 있는 이유가 무엇인지 명확하게 진술할 수 있는가?

젊은 세대들의 마음을 사로잡은 정치적 좌파에서 두드러지게 나타나는 특징은 "타인"에 대한 돌봄과 연민이다. 하지만 솔직히 나는 그 말을 믿지 않는다. 그들이 말하는 그 "타인"에 억압받는 여성들, 낙태된 아기들, 찢어진 가정의 아이들, 포르노 산업으로 착취당하는 사람들, 종교적 이유로 박해 받는 이들, 혹은 사회주의의 희생자들도 포함되어 있는가? '사회 정의 B'의 터널 시야 속에서는 수백만 명에 달하는 이 사람들이 여전히 음지에 내버려져 있다.

물론 우리는 반대쪽 극단으로 치닫는 똑같은 오류를 범해서는 안 된다. 그런 점을 되새기게 하는 것이 집단적 사고가 가진 긍정적 역할이기도 하다. 성경에서는 우리에게 이웃을 사랑하라고 명하신다. 그리고 그 이웃에는 비그리스도인과 소수 민족, 무슬림, 가난한 자, 그리고 여성들도 당연히 포함된다. 오늘날과 같이 정치적으로 양극화된 시대에서 우리 편은 타인에게 관심을 갖는 사람들이고 반대편은 포학한 사람들이라고 보는 것은 참 쉽고 자기 편

> 그리스도인은 문화를 위해 싸우는 용사의 모습보다는 오히려 고통 당하는 이웃을 위해 가던 길을 멈춰 서는 선한 사마리아인의 모습으로 드러나야 한다.
>
> ■ ■ ■

의적인 일이다. 하지만 그것은 그렇게 흑백논리로 설명할 수 있는 사안이 아니다. 오히려 좌파가 됐든 우파가 됐든 자기들만의 서로 다른 "타인"을 생각하는 경우가 많다. 그러나 만약 우리가 그와 같은 우리 시대의 문화전쟁이 아닌 성경의 가르침을 따라 살아간다면 우리는 길가에 쓰러져 있는 사람을 황급히 지나쳐가는 제사장이나 레위인이 되지는 않을 것이다. 그리스도인은 문화를 위해 싸우는 용사의 모습보다는 오히려 고통 당하는 이웃을 위해 가던 길을 멈춰 서는 선한 사마리아인의 모습으로 드러나야 한다. 그 이웃은 피부가 검거나 희거나 갈색인 사람은 물론, 남성과 여성, 동성애자와 이성애자, 부한 사람과 가난한 사람, 나이가 많거나 적은 사람, 무슬림, 그리스도인, 유대인, 무신론자, 자본주의자, 사회주의자, 공화당원, 민주당원, 가까이 있는 사람, 멀리 있는 사람, 키가 큰 사람이든 작은 사람이든 혹은 땅콩보다 작다 할지라도 결코 예외가 될 수 없다.

집단적 사고는 제 아무리 포용적이라고 주장해본들 가던 길을 멈춰 설 가치가 없는 사람이 누구인지에 대해 명확한 입장을 갖고

있다. 비록 그것을 통해 우리가 상처받는 사람들을 놓치지 않게 해주는 유익이 있기는 하지만, 그럼에도 그 안에서는 "억압"이라는 개념을 재정의함으로써 너무나 많은 이들을 길 가에 쓰러져 피 흘리고 있는 채로 내버려둔다.[25] 하지만 교회는 세상을 향해 늘 더 좋은 길을 보여주어야 한다.

가장 중요한 것을 놓침

마지막으로 집단적 사고가 그 시야에서 놓치고 있는 또 한 가지가 있다. 그것은 가장 중요한 것, 곧 복음이다. 안타깝게도 '사회정의 B'의 길을 계속해서 따라가고 있는 나의 친구들이나 동료들, 그리고 학생들이 공통적으로 도달하는 자리가 있는데, 그것은 그들이 더 이상 복음을 전하지 않는다는 점이다. 그들은 더 이상 사람들에게 하나님은 지극히 거룩하시고 또한 충만하신 분이라는 진리를 말해주지 않는다. 인간의 마음속에 자리잡고 있는 추악한 죄의 실재나 예수님의 십자가와 빈 무덤을 통해서만 얻을 수 있는 향기로운 구속에 대해 이야기하지 않는다. 사람들에게 죄와 자기 의를 회개하고 그리스도의 완전하신 의를 온전히 신뢰하라는 사랑의 외침을 들려주지 않는 것이다. 온 세상에서 가장 기쁜 이 소식이 임금 격차니 시스젠더이성주의자 가부장제의 특권이니 혹은 자본주의의 해악이니 하는 그럴 듯한 말들에 가려져 그 빛을 잃어가는 모습을 지켜보는 것은 참으로 애석한 일이다. 문화 혁명이 지상명령을 잠식해가는 모습을 보는 것은 참으로 슬픈 일이다. 정치적 "깨어 있음"과 그것을 전하는 일만이 그들의 사명이 되어 영적으로 죽어 있는 자들을 성령께서 다시 태어나게 하시고, 성자께서 구속하시며, 성부께서 의롭다 선언하시는 일에 대해서는 갈수록 관심을 갖지 않게 되는 모습을 보는 것은 참으로 개탄스러운 일이 아닐 수 없다.

만약 당신이 지금 '사회 정의 B'를 향해 나아가고 있다면 스스로에게 정직하게 물어보라. "가장 최근에 나는 다른 사람에게 예수님의 죽으심과 부활을 통해 구원을 주시는 하나님의 은혜라는 이 기쁜 소식을 나누었던 적이 있는가? 있다면 언제였던가?" "내가 마음을 쏟고 있는 정의라는 대의명분은 그리스도의 십자가를 전하고자 하는 나의 열망에 기름을 붓는가 아니면 찬물을 끼얹는가?" 물론 인종 차별과 여성 혐오, 그 밖에 죄악에서 비롯된 억압에 저항하는 일은 그리스도인의 삶에 있어서도 중요한 것이다. 기독교는 결코 화재 보험이나 혹은 죽은 뒤에 구름 위로 실려 올라가는 것 따위로 전락해서는 안 되기 때문이다. 하지만 만약 우리가 더 이상 복음을 전하지 않는다면, 그것은 문제가 있는 것이다.

현실을 직시하자. 복음을 전하는 일에는 위험이 따른다. (물론 복음을 전하지 않는 일에 비하면 훨씬 더 적은 위험이기는 하지만 말이다.) 자기 스스로 도덕적 권위가 있다고 믿는 자들의 눈에는 하나님께서 하나님이시라는 진리에 관해 말하는 것이 이단적인 행위로 보일 것이다. 자신의 마음은 타락하지 않았고 신뢰할 만하다고 확신하는 사람들에게는 죄와 죄성에 대해 숨김없이 이야기하는 것이 공격적인 행동으로 여겨질 것이다. 예수님만이 우리 구원의 유일한 소망이심을 선포하는 것은 참으로 거슬리는 말이 아닐 수 없다. 그래서 우리는 안전한 길을 택한다. 최근의 한 연구에 따르면,

"실천적인 밀레니얼 세대 그리스도인들"의 거의 절반 정도는 "나와 신앙이 다른 사람이 언젠가는 같은 신앙을 갖게 되었으면 하는 소망 가운데 그에게 자신의 개인적인 신앙을 전하려고 하는 것은 잘못된 일"이라고 믿고 있다.[26] [역사적 사도들, 짐과 엘리자베스 엘리엇(the Jim and Elizabeth Elliots), 로티 문(Lottie Moon), 에이미 카마이클(Amy Carmichael), 허드슨 테일러, 데이비드 브레이너드, 그리고 윌리엄 캐리 등이 이런 견해를 갖고 있지 않았던 것이 수백만 명의 사람들의 영원을 위해 참 다행스런 일이다.]

또한 같은 연구에서 밀레니얼 세대의 40%는 "만약 어떤 사람이 당신에게 동의하지 않으면 그것은 그가 당신을 판단한다는 뜻"이라고 믿고 있음을 알 수 있다. 이와 같은 문화적 풍토 속에서는 사회 정의에 관한 최근의 시각에 기독교적 용어로 세례를 주는 편이 예수님과 사도들이 선포했던 복음을 그대로 전하는 것보다 위험 부담이 훨씬 덜하다. 결국 예수님과 사도들도 바로 그런 이유 때문에 매를 맞고 사형을 당했던 것이기 때문이다.

그러나 문제는 그런 태도 변화가 아무리 공적인 이미지 쇄신에 기여한다 할지라도 그로 인해 사람들이 여전히 심각한 억압 가운데 놓여 있게 된다는 점이다. 우리가 복음을 전하지 않으면 사람들은 영혼을 짓누르는 이념의 족쇄에서 벗어날 수 없고, 죄의 종으로 살아갈 수밖에 없으며, 어둠의 힘에 포로로 잡혀 있을 수밖에 없다. 세상과 육신, 그리고 사탄이 드리운 억압은 실재하는 것이다. 하지만 집단적 사고에서 비롯된 터널 시야로 인해 우리는 그런 억압을 보지 못한다. 그렇다면 이런 사고방식을 받아들이는 그리스도인들이 결국에는 복음 전하는 일을 멈추고, 또 많은 경우에 복음을 아예 거부하게 된다는 것은 전혀 놀랄 만한 일이 아니다. 만약 사회 정의에 대한 우리의 시각으로 인해 복음 전하는 일을 무례한 일이나 어떤 꿍꿍이속으로 전락시켜버린다면, 우리는 성경에서 우리에게 명하시는 대로 억압받는 이들을 돌아보고 있는 것이 아니다.

닐의 이야기

나는 버클리에 있는 캘리포니아 대학교 대학원에서 이론 화학으로 박사학위 공부를 하던 중에 그리스도인이 되었다. 함께 연구하던 동료들에게 복음을 들고 다가가고자 했던 나는 앞뒤 가리지 않고 변증학의 세계로 뛰어들어 과학과 기독교의 관계, 성경의 신빙성, 그리고 예수님께서 부활하신 증거 등을 전하는 방법을 배웠다. 나는 "정치적 이슈"는 피하려고 노력했는데, 왜냐하면 그리스도인의 믿음은 그 중심이 삶과 죽음, 그리고 예수님의 부활과 성경의 권위 같은 것들 위에 놓여 있어야 한다고 믿었기 때문이다.

그런데 몇 해 전에, 나는 어떤 그리스도인 인사들과 내가 개인적으로 알고 지내던 그리스도인들에게서 새로운 신학적 동향을 보게 되었다. 그런 동향은 "사회 정의"에 대한 관심에서 비롯되었는데, 나는 그것이 성경의 원리를 우리의 법과 제도에 적용하는 것이라고 잘못 생각하고 있었다. 하지만 내가 이해했던 것과는 달리 앞서 언급한 이 그리스도인들은 갈수록 정통적인 교리에서 더욱 더 멀어져가는 다른 생각들을 표현하기 시작했다. 그들은 보수적인 교단에서 진보적인 교단으로 옮겨갔고, 어떤 경우에는 아예 기독교 신앙 자체를 떠나버렸다. 왜 이런 일이 일어난 것일까?

나는 앤더슨과 콜린스(Anderson and Collins)가 쓴 《인종, 계급, 그리고 성별》(Race, Class, and Gender)이라는 책을 읽기 전까지는 이런 현상을 올바로 이해하지 못하고 있었다. 사람들은 단순히 정치에 관한 새로운 신념 몇 가지를 받아들이고 있었던 것이 아니라, 자신들의 기독교적 세계관을 대체하는 새로운 세계관을 받아들이고 있었던 것이다. 관련 서적들을 가리지 않고 탐독한 결과, 나는 현대의 '사회 정의 B'가 "비판 이론"(critical theory)이라고 알려진 분야에서 생겨난 포괄적인 이념에 뿌리를 두고 있다는 사실을 발견하게 되었다. 사회 정의 분야의 학자들은 세상이 인종, 계급, 성별, 성 정체성, 신체적 능력, 그리고 연령 등에 따라 억압받는 집단과 억압하는 집단으로 나뉘어 있다고 본다. 이들은 억압이라는 개념을 단순히 학대와 강압 등의 공공연한 행위를 뜻하는 것만이 아닌 우세한 집단이 자신들의 이념("가부장제", "이성애규범성" 등)을 타인에게 부과하는 방식도 뜻하는 것으로 재정의했다. 억압하는 자들은 자신들의 "사회적 위치", 곧 그들이 누리는 특권으로 인해 눈이 가리워지지만, 억압받는 자들은 사회적 현실에 대해 특별한 통찰을 얻게 된다는 것이다.

이런 사고 체계는 우리의 신학에 치명적인 영향을 미친다. 첫째로, 그리스도인의 핵심 정체성은 인종이나 계급, 성별 등에 있지 않다. 그것은 그리스도와 연합된 관계 속에 있는 것이다. 단지 수적으로 더 많은 집단이라고 해서 우리의 형제와 자매를 "억압하는 자"로 보는 것은 그리스도께서 허물어 뜨리셨던 원수 된 것, 곧 중간에 막힌 담(엡 2:14)을 다시 세우는 일이다. 둘째, 성경적이지 않은 가치는 억압을 가하지만 하나님의 가치는 궁극적으로 해방을 가져다 준다. 하나님께서는 우리의 창조주이시며, 우리를 향한 그분의 계획은 우리에게 자유를 주시는 것이다. 우리는 사회의 지배적인 가치들을 무턱대고 해체하려고 들어서는 안 된다. 그보다는 어떤 가치들이 성경에 부합하는 것이고 어떤 것은 그렇지 않은지를 물어야 한다. 셋째, 그리스도인들은 말 못 하는 이들의 목소리에 관심을 가져야 하지만, 또한 언제나 성경에 있는 하나님의 목소리에 궁극적인 권위를 둬야만 한다. 어떤 사람이 소외된 집단에 속해 있다고 해서 그가 세상을 무오하게 해석할 수 있음을 뜻하는 것은 아니다. 마지막으로, 우리에게 있는 가장 중요한 문제는 죄이며, 그에 대한 해결책은 구속뿐이다. 하나님께서 예수님의 사역을 통해 역사 안으로 들어오셔서 우리의 반역이 낳은 결과로부터 우리를 구원하시고 그분께로 다시 돌아오게 하시는 것이다. 물론 그리스도인들이 성경적 정의에 관심을 가져야 하지만, 그런 관심은 그리스도의 구속 사역과 성령님의 능력을 통해 변화를 입은 개개인의 마음에서부터 흘러나오는 것이다.

필연적으로, 기독교의 기본적인 교리들을 흐트러뜨릴 수밖에 없는 포괄적인 사고 체계를 자기도 모르게 받아들이고 있는 그리스도인들이 많이 있다. 만약 성별과 이성애규범성 등을 억압적인 사회 구조로 바라본다면, 당신은 어떻게 그런 성 정체성의 문제를 온전히 성경적인 관점에서 볼 수 있겠는가? 기독교만이 참되고 다른 종교는 거짓이라는 것이 성경의 가르침이라고 한다면 당신은 어떻게 성경의 권위에 온전히 귀의할 수 있겠는가? 종교개혁을 통해 생겨난 신앙고백들이 어쩔 수 없이 "유럽중심적"인 것에 불과하다면 당신은 어떻게 그 안에 담긴 깊은 진리를 기쁘게 받아들일 수 있겠는가? 해방 신학은 거절하면서도 당신은 어떻게 "유색인의 목소리"를 온전히 중시할 수 있겠는가? 이런 것들은 참으로 중대한 사안이다. 문화적 조류 속에서 변동하는 시대정신을 그저 따라가기만 해서는 안 된다. 범사에 헤아리며 비판적으로 사고하되 또한 성경적으로 사고해야 한다.

-닐 셴비(Neil Shenvi)

닐은 캘리포니아 대학교 버클리(UC Berkely)에서 이론 화학으로 박사 학위를 받았고, 사회 정의와 비판 이론에 관해 기독교적 세계관에 입각하여 광범위하게 연구하며 자신의 홈페이지인 www.shenviapologetics.com에 글을 쓰고 있다.

개인과 소그룹 스터디를 위한 질문들

1. 집단적 사고의 핵심적인 진리로서 그리스도인들이 진지하게 받아들여야 할 통찰에는 어떤 것이 있는가?

2. 집단적 사고로 인해 우리의 정의관이 왜곡되는 경우를 세 가지로 말해보라.

3. 집단적 사고와 성경적 세계관이 충돌을 일으키는 세 가지 영역은 무엇인가? '사회 정의 B'의 관념에 젖어 있을 수 있는 당신의 형제나 자매에게 이런 충돌에 대해 어떻게 하면 잘 설명할 수 있는가?

제11장
고난에 관한 질문

■ ■ ■

: 사회 정의에 대한 우리의 시각은 "삶의 경험"을 통해
상처 받은 사람을 더 아프게 하는가?

　나는 광활한 저 우주 한 가운데서 파랗게 보이는 작은 점 위에 떠있는 한 낱 티끌과도 같은 존재이기에 나의 관점이 완전히 빗나가는 일이 제법 있다. 성급히 잘못된 결론으로 치닫기도 하고, 다른 사람과 그들의 동기에 대해 경솔히 판단하기도 한다. 뿐만 아니라 내가 경험한 것과 그런 경험에 대한 내 스스로의 해석을 실제보다 훨씬 더 권위 있는 것처럼 받아들이기도 한다.

　그렇기 때문에 나에게는 성경이 너무도 중요하다. 성경을 통해 나는 내 자신의 결론과 느낌을 지나치게 과대평가하는 일을 삼가게 된다. 현실에 대한 최종 판단자는 내가 아니라는 사실을 일깨워주는 2천 쪽짜리 경고장이 바로 성경이다. 참으로 나는 이 푸른 점 위에 떠다니는 한 낱 티끌에 불과하다. 그래서 나는 이 작은 티끌과 이 푸른 점을 만드신 분의 말씀을 내 자신보다 더욱 더 진지하게 받아들이는 것이다.

　이와 같은 깨달음을 바탕으로, 우리는 집단적 사고의 두 번째 측

면을 볼 수 있게 된다. 즉 집단적 사고로 인해 우리는 자신의 "삶의 경험"을 권위 있는 것으로 받아들이는데, 이것을 "입장 인식론"(standpoint epistemology)이라고 부른다. 이를 정의에 관한 문제에 적용해보면, 누구든 자신이 신정주의자, 인종 차별주의자, 이슬람 혐오주의자, 편견에 사로잡힌 자, 착취자, 그리고 성 차별주의자로부터 피해를 입었다고 주장하는 사람의 말은 그저 들어주어야 하는 정도가 아니라 권위 있는 것으로 받아들여야 한다는 뜻이다.

결과적으로, 우리는 삶의 경험을 바탕으로 하여 공공 정책이나 학교의 교육 과정에서부터 신학적 체계와 교회의 사역에 이르기까지 모든 것을 다시 세워 나가게 된다. 억압받는 자들의 이야기와 그들이 도출해낸 정책이나 신학에 의문을 품으면 당신도 억압하는 자가 되는 것이다.

듣기

삶의 경험은 물론 중요하다. 성경에서는 우리에게 "듣기는 속히 하고"[1], "짐을 서로 지라"[2], 그리고 "우는 자들과 함께 울라"[3]고 명하신다. 이런 명령들은 서로 맞물려 있다. 다른 사람이 우리에게 자신의 상처를 꺼내 보여줄 때 그들의 이야기를 진정으로, 그리고 진실된 마음으로 듣지 않고서는 그들의 짐을 함께 지는 일은 불가능하다.

창세기 3장 이후부터 수십 억의 사람들이 직접적으로 악을 경험하며 살아가는 이 세상에서 귀와 마음을 열고 다른 이들의 이야기를 듣는 것은 우리 그리스도인의 의무이다. 그 어떤 상황에서도

"기독교"가 귀를 틀어막는다는 것은 그 이름에 결코 합당한 모습이 아니다.

가장 손쉬운 반응은 의심의 눈초리로 다른 이들의 경험을 눈송이들 혹은 마르크스주의의 음모로 취급하는 것이다. 특히 피부색이나 성별, 혹은 신분에 따라 부당한 대우를 받아본 적이 없는 사람이라면 의심의 눈초리를 보이기가 더 쉬울 것이다. 하지만 우리는 그처럼 쉬운 길을 가고자 하는 유혹에 맞서 싸워야 한다. 직접적으로 경험해보지 않고서는 진실로 억압받는 자들이 그 억압을 어떻게 이해하는지 올바로 알 수 없기 때문에 우리가 참으로 정의를 생각한다면 그들의 이런 이해를 결코 소홀히 해서는 안 된다. 솔제니친이 쓴 《수용소 군도》(*The Gulag Archipelago*)나 안네 프랑크가 쓴 《일기》(*Diary*), 그리고 솔로몬 노섭(Solomon Northup)이 쓴 《노예 12년》(*Twelve Years a Slave*)이 없었더라면 우리가 공산주의와 나치주의, 그리고 미국에서의 인종 차별의 참상을 이해할 수 있었겠는가?

힙합 아티스트인 샤이 린(Shai Linne)의 이야기를 생각해 보자.

이것은 미국에서 한 평생 흑인으로 살아간다는 것이 내가 나 자신을 바라보는 시각과 다른 이들이 나를 바라보는 시각에 어떤 영향을 미쳐왔는지에 관한 것이다…. 그것은 대학 시절 길을 걷다가 느닷없이 수갑이 채워져 경찰차 뒷좌석에 내던져졌던 일과 그런 뒤에 어느 백인 부부가 와서 내가 그들에게 범죄를 저질렀던 그 사람인지 여부를 말해줄 때까지 기다려야만 했던 일에 관한 것이다. 만약 그 부부가 나를 범인으로 지목하면 내게는 아무 것도 묻지 않고 곧장 나를 감옥으로 끌고 간다는 것을 알면서도 나는 그저 그렇게 기다릴 수밖에 없었다…. 그것은 처음 보는 어떤 백인들에게 "이봐요! 나는 위험한 사람이 아니에요! 두려워할 필요 없어요. 나를 알게 되면 우리에게 분명히 공통점이 있을 거예요!"라고 말하며 나의 인간성을 주장해야만 할 것 같은 끝없는 강박감에서 오는 피곤함에 관한 것이다…. 그것은 네 살짜리 아들이 백인 아이들이 대다수인 기독교 학교에서 갈색 피부 때문에 놀림을 받고 나서 "아빠, 나는 갈색 피부가 싫어. 나도 하얀 피부였으면 좋겠어."라고 말할 때 그렇게 놀린 아이들이 잘못한 것이라고, 하나님께서는 너를 그분의 형상으로 지으셨다고, 그리고 너의 피부는 정말 아름답다고 설명해야 하는 일에 관한 것이다.[4]

우리는 왜 그와 같은 가슴 미어지는 삶의 경험들을 들어야 하는가? 그런 이야기들을 진지하게 받아들여야 하는 이유는 무엇인가? 왜냐하면 우리는 그리스도인이기 때문이다. 왜냐하면 우리는 불 붙은 떨기나무 가운데서 모세에게 말씀하시기를, "내가 애굽에 있는 내 백성의 고통을 분명히 보고 그들의 부르짖음을 들었다"[5]고 하신 하나님을 경배하기 때문이다. 이 하나님께서는 억압받는 자들에 대해 말씀하시기를 "내가 반드시 그 부르짖음을 들으리라"라고 하셨고, 또한 "그가 내게 부르짖으면 내가 들으리니 나는 자비로운 자임이니라"[6]라고 하셨다. 하나님께서는 들으신다. 고로 우리도 들어야 한다. 이런 점에서 오늘날 많은 그리스도인이 집단적 사고에 대해 매력을 느낀다. 그런 사고 체계에서는 억압받는 자들이 지나온 고통스런 삶의 경험을 함께 나눈다고 스스로를 내세우기 때문이다. 하지만 진정한 기독교적 듣기는 '사회 정의 B'에서 말하듯 "삶의 경험"을 들어주는 일과 동일한 것은 아니다. 그 둘 사이에는 중요한 차이점들이 있는데, 그 중에 두 가지를 살펴보자.

뇌신경세포의 재연결로 인해 초래되는 쇠약

공포증이 어떻게 작동하는지 생각해보라. 뇌의 세 가지 영역, 즉 우리 뇌의 편도체섬(amygdalae insulae)과 전대상피질(anterior cingulate cortexes)은 함께 일하는데, 의사들은 그 부분을 소위 "아, 이런 중추" 혹은 "공포 반사"라고 불러 왔다(어떤 저명한 뇌 연구원은 그것을 "에이, 씨!" 뇌영역이라고 칭한다). 많은 경우 공포증의 처음 발생 단계에서 우리는 삶의 경험이 마치 크리스마스 트리처럼 뇌의 중추에 불을 밝히는 것을 보게 된다. 어린 시절에 앓았던 무서운 질병, 폐쇄된 공간에서의 공황 발작, 또는 사람들 앞에서 수치심을 느꼈던 순간 등을 통해 뇌신경세포들이 재연결되어 세균공포증, 밀실공포증, 또는 사회공포증 등을 만들어낸다.

심리학 연구서들을 보면, 공포증을 치료하는 데 탁월한 효과를 나타내는 것은 노출 요법이라고 명시되어 있다. 그 이유는 무엇일까? 왜냐하면 거미공포증이 있는 사람이 타란툴라를 쓰다듬을 수 있게 되면 세상의 모든 거미가 자기를 죽이려고 존재하는 것이 아님을 알게 되기 때문이다. 세균공포증이 있는 사람이 큰 대접에 담아 놓은 과자를 가져다 먹을 수 있게 되면 에볼라로 인해 죽지 않으리라는 것을 알게 되기 때문이다. 밀실공포증이 있는 사람이 옷장 안에 있을 수 있게 되면 잠긴 방 안에 있다고 해서 심장이 폭발하지는 않는다는 것을 알게 되기 때문이다.

노출 요법과 마찬가지로 합리적인 인지 치료 요법 또한 공포증을 치료하는데 뚜렷한 임상 효과가 있는 것으로 나타나고 있다. 우리 뇌의 '아 이런 중추'가 점화되어 흥분하게 되면 우리 뇌의 판단 중추는 기능을 멈춘다. 판단 중추는 전전두엽 피질의 측면(the lateral prefrontal cortex)에 자리하고 있는데, "그곳은 당신의 '아 이런 중추'에서 만들어내는 반응을 자발적으로 조절하는 일을 맡는다."[7] 인지 치료 전문가들은 사람들이 자신의 판단 중추를 활성화시킬 수 있게 도움으로써 우리의 '아 이런 중추'에서 오는 파멸적인 신호에 제재를 가할 수 있도록 해준다.

유능한 심리학자는 공포증 환자들이 일반화하는 습성을 버리도록 도와준다. 노출 요법을 통해서든 아니면 인지 요법을 통해서든 유능한 심리학자는 사람들이 특정한 트라우마를 일반화해서 마치 온 세상이 그것의 실제 모습보다 더 큰 트라우마를 느끼기 시작하는 것처럼 생각해서는 안 된다는 것을 마음속 깊이 받아들일 수 있도록 돕는다. 이 거미 때문에 트라우마가 생겼다고 해서 모든 거미가 당신을 죽이기 위해 존재한다는 뜻은 아니다. 이 질병 때문에 트라우마가 생겼다고 해서 모든 문 손잡이에 있는 미세한 세균들이 온통 당신을 죽이기 위해 모의하고 있다는 뜻은 아니다. 유능한 심리학자들이 하는 일은 공포증에 사로잡힌 뇌신경세포들을 다시 연결해서 사실은 세상이 뇌의 '아 이런 중추'에서 보여주는 것만큼 그렇게 끔찍하지는 않다는 것을 깨달을 수 있도록 돕는 것이다.

그러나 집단적 사고는 유능한 심리학자들이 하는 일과 정 반대되는 일을 한다. 즉 일반화하는 것이다. 이 거미가 당신을 물었으니 이제 치명적인 독거미에 물린 다른 이야기들도 다 들어보라고 하는 것이다. 모든 거미는, 어쩌면 오히려 신정주의자, 인종 차별주의자, 이슬람 혐오주의자, 편견에 사로잡힌 자, 착취자, 그리고 성 차별주의자들이, 당신을 잡아먹기 위해 존재한다는 사실을 매일 같이 일깨워주는 페이스북 그룹, 팟캐스트, 공개 시위자들, 그리고 대학의 강의들을 제시한다. 이런 사고는 뇌의 판단 중추를 회피해간다. 그래서 거미가 당신을 잡아먹기 위해 존재한다는 사실에 의문을 제기하는 사람들 자체가 곧 그 거미들이라고 말한다! 이렇게 '아 이런 중추'에 불꽃이 점화되면 집단적 사고를 통해 그런 불꽃이 번지는 것을 막을 만한 것들을 다 제거하게 되고 결국에는 그로 인해 뇌 전체가 잿더미가 되어 버린다.

바로 여기에 "삶의 경험"이 관여한다. 어린 남자 아이 하나가 대부분의 거미들이 자기를 잡아먹기 위해 존재한다는 확신을 갖고 있다면, 후에 침대 밑에서 장님거미 한 마리를 발견했을 때 어떤 경험을 하게 될지 한 번 상상해 보라. 그 아이는 거미류에 대한 공포를 경험하게 될 것이고 그것은 그 아이에게는 분명히 실존하는 위협이 될 것이다. 즉 그 아이는 실제로, 진심으로 그것이 자기를 잡아먹기 위해 나왔다고 느낄 것이다. 그런 삶의 경험은 그 아이에게는 현실이 되는 것이다. 하지만 여기서 유일한 문제는 그 아이의 현실은 실제 현실이 아니라는 점이다. 장님거미는 인간에게 해롭지 않기 때문이다.

다음 단계는 확증 편향이다. 내가 내 아들에게 "이 세상의 여자들은 너를 미워할 거야. 왜냐하면 네가 남자니까. 사악한 페미니스트들을 조심하렴!" 이렇게 말했다고 상상해 보라. 사실상 아이들은 자라면서 누구나 한 번쯤은 친구들 사이에서 "나 너 싫어" 혹은

"이 바보야" 하는 말을 듣게 되는데, 만약 내 아들이 어느 날 이런 말을 들으면 어떻게 되겠는가? 이런 말은 어떤 아이에게도 상처가 되지만 내 아들은 이것을 그저 누가 자기를 싫어하거나 바보라고 생각한다는 뜻으로만 듣지는 않을 것이다. 그 아이에게는 이런 말이 "너 싫어. 혹은 너는 바보야. 왜냐하면 너는 남자니까."라는 말로 들릴 것이다. 비록 거기에는 성 차별적인 동기가 없는 그저 아이들의 유치한 말싸움이었을 뿐일지라도 내 아들에게는 그것이 삶의 경험이 되는 것이다. 그 어린 아이가 그 둘을 어떻게 구별할 수 있겠는가? 그런 경험이 지속적으로 반복된다면 그 아이는 결코 그것을 구분할 수 없게 된다. 그러면서 세상에 실재하는 것보다 훨씬 더 많은 남아 혐오를 깊이 느끼게 될 것이다.

어떤 여자 아이가 어려서부터 세상에는 그 아이의 여성성을 짓밟기 위한 악한 가부장제가 존재한다는 생각을 주입 받으며 자랐는데, 마침 그 아이가 놀이터에서 어떤 남자 아이로부터 놀림을 받았다고 생각해 보자. 사실 어린 남자 애들은 그 자체로 걸어 다니는 원죄 덩어리라고 해도 과언이 아니다. 하지만 그 여자 아이가 경험하게 되는 이 남자 아이의 놀림은 그저 타락한 남자 아이들이 하는 짓이나 혹은 타락한 남자 아이가 다른 아이들에게 하는 짓 정도가 아닐 것이다. 그 여자 아이의 경험은 만연해 있는 가부장제를 조심하라고 했던 어머니의 선전 문구를 확증해주는 것이 된다. 그런 이념이 그 여자 아이의 영혼에 뿌리 내리고 있는 만큼 그 아이가 경험하게 되는 남자 아이는 가부장적 억압의 화신일 뿐이며, 또한 서양 문화는 참으로 자신과 자신의 XX 염색체에 대한 거대한 음모라는 주장을 입증해주는 살아 있는, 어리석고 파렴치한, 그리고 모욕적인 증거가 될 것이다. 과연 그 여자 아이는 자신이 겪은 그 못된 짓이 성 차별적인 동기에서 비롯된 것인지 아니면 그저 어디에나 늘 있는 그런 종류의 못된 짓인지 어떻게 구별할 수 있겠는가? 다시 한 번 말하지만, 그런 사상적 주입이 지속적으로 반복되면 그 아이는 그 둘을 구분할 수 없게 된다. 결국 그 아이는 세상에 실재하는 것보다 훨씬 더 많은 여아 혐오를 깊이 느끼게 되는 것이다. 이처럼 세상에 존재하는 여자 아이들에게 이와 같은 사상을 계속해서 주입하게 되면 오히려 모순적인 결과를 초래하게 된다. 즉 이와 같은 이념 속에서는 결국 남자 아이들에 비해 더 많은 여자 아이들이 혐오의 무게를 짊어질 수밖에 없는 것이다. 하지만 그것은 그저 이념 그 자체가 만들어낸 남성 특권의 한 형태일 뿐이다.

개중에는 내가 마치 성 차별이나 인종 차별 따위는 존재하지 않는다고, 그런 것들은 큰 착각이고 좌파 쪽 매체나 마르크스주의에 빠진 이들이 우리를 기만하기 위해 만들어낸 음모라고 말하는 것처럼 생각하는 사람들이 있을 것이다.

하지만 나는 그런 말을 하는 것이 아니다. 세상에는 실제로 치명적인 독을 가진 징그러운 거미들이 있다. 마찬가지로 실제로 여성 혐오주의자나 인종 차별주의자도 존재한다. 그런 사람들이 해를 가할 때 사랑으로 피해 입은 이들의 말을 들어주는 것이 바로 그리스도인의 사명이다. 따라서 내가 말하고자 하는 점은 이처럼 사람을 사랑하는 일을 올바로 행하기 위해, 특히 인종 차별주의나 성 차별주의, 혹은 그 밖의 악한 사상으로부터 상처 입은 사람들을 바르게 사랑하기 위해서는 그들의 트라우마를 일반화하는 이념으로 인해 무심코 그 상처에 소금을 뿌리는 일이 없도록 조심해야 한다는 것이다. 만약 우리가 사람을 생각한다면 그들이 의심과 불안이 가득한 악성 종기로 변하도록 해서는 안 된다.

그러나 나는 그와 같은 가슴 아픈 일을 목격한 적이 있다. 꽤나 행복하고 친구 관계도 좋으며 창의적이고 호기심 많고 친절한 스물 한 살의 여학생이 있었다. 그 학생을 가르치던 교수들은 셰익스피어를 해체하여 마치 가부장제의 선전 도구인 것처럼 보게 하는 집단적 사고를 그 학생의 머리 속에 가득 심어주었다. 얼마 지나지 않아, 그 여학생의 인생에서 모든 남성은 권력에 굶주린 음흉한 이아고[Iago, 셰익스피어의 작품인 오셀로(Othello)에 등장하는 이탈리아 베네치아 출신의 백인 남성으로 성공과 출세를 위해 음흉하고 약삭빠르게 행동하는 인물임-역자주]가 되어 그녀의 파멸을 꾀하는 존재가 되었다. 그녀에게 이런 사상을 주입했던 이들은 자기들이 물러 터진 "쉬운 소녀" 한 명을 용맹한 여전사로 바꾸어 정의를 위한 자신들의 대의에 함께 하게 했다고 믿었을 것이다. 하지만 내 눈에는 그런 용맹한 여전사는 보이지 않는다. 내가 보기에 그 여학생은 더 이상 자신의 아리따운 눈에서 빛을 발하지 못한 채 공포에 질려 있고, 끊임 없이 분노에 차 있으며, 냉소적이고, 화를 참지 못하고, 편집증적이며, 고립되어 살아가는 한 인간으로 밖에는 보이지 않는다. 나는 이 학생의 경우 외에도 더 많은 고귀한 영혼들에게 이와 같은 일들이 일어나는 것을 셀 수 없이 많이 보았다. 한 때 집단적 사고를 신봉하던 어떤 이는 다음과 같이 자신의 경험을 묘사했다.

"우리는 … 모든 사회적 관계 속에 은밀히 작용하는 억압과 착취를 보았다. 그로써 냉소를 담지 않고 다른 사람이나 우리 자신과 관계를 맺을 수 있는 우리의 능력은 억눌리게 되었다. 활동가들은 사람들 사이의 상호 작용을 치밀하게 연구하여 평범한 것들 속에 지배력을 감출 수 있는 길을 찾는다. 이처럼 모든 상호 작용 안에 감춰진 폭력이 담겨 있음을 보기 위해서는 그것의 영구적인 희생자가 되면 된다. 왜냐하면 당신이 온전히 못이 되어버리면 모든 것이 다 망치처럼 보이게 될 것이기 때문이다."[8]

집단적 사고로 인해 우리 자신을 주로 억압받는 자로 인식하게 되면 우리 주변의 거의 모든 것들이 억압으로 보일 것이다. 그러면 매사를 그와 같이 못과 망치의 관계로 보는 사고에 젖은 젊은 급진주의자의 영혼은 어떻게 될까? 그는 "완전히 메말라 인간을 혐오하게 될 것이다. 왜냐하면 어떤 종류의 말과 행동에도 다분히 특권 의식과 미묘한 차별, 혹은 무의식적인 편견을 감추려는 노력이 담겨 있는 것으로 보일 수 있기 때문이다."[9]

그가 사용한 표현들을 주목해 보라. "영구적인 희생자", "완전히 메말라 인간을 혐오함". 한 마디로 집단적 사고는 비열한 짓이다. 불 난 집에 부채질하듯 이미 고난 중에 있는 사람에게 심리적 억압을 더하는 꼴이다. 우리의 현실을 신정주의자, 인종 차별주의자, 이슬람 혐오주의자, 편견에 사로잡힌 자, 착취자, 그리고 성 차별주의자들의 억압을 통해 가장 잘 이해할 수 있다고 생각하면 할수록, 우리 뇌의 신경세포들은 더욱 더 만성적 공포 심리[10], 즉 일종의 "억압 공포증"의 상태로 재연결된다. 이처럼 억압 공포증에 사로잡힌 사람의 뇌는 끊임 없이 "모든 상호 작용 안에 감춰진 폭력이 담겨 있다"고 보게 되는 것이다.

그런 사람은 자신이 생각 없이 말하는 사람들 때문에 또 다시 트라우마를 겪게 된다고 믿는다. 그리고는 그 사람들을 바로 서구의 악이 집약되어 나타난 전형적인 모습으로 볼 것이다. 하지만 그가 날마다 겪는 트라우마의 진범은 애초에 그에게 집단적 사고를 주입했던 자들, 곧 교수와 언론인, 그리고 자신을 해방자라고 포장하는 연예인들이다. 이와 같은 인플루언서(influencers)들은 웬만해서는 자기들이 젊은이들의 뇌에 가로질러 놓은 빗장 너머에서 자신의 제자들이 하나님께서 만드신 세상을 누리기보다는 자기 연민과 공포에 빠져 나뒹굴고 있는 모습을 들여다보려 하지 않는다. 거기에 바로 심리적 억압이라는 것이 존재하는 것이다. 만약 우리가 어디를 가나 그곳에서 억압을 발견하고 "삶의 경험"에 대해서는 절대로 의문을 품지 않도록 우리의 뇌를 훈련한다면, 자칭 해방자인 우리가 오히려 억압자가 될 뿐이다. 사회학자 무사 알 가르비(Musa al-Gharbi)의 다음과 같은 통찰을 한 번 생각해보라.

> 인종적 우월 의식과 그에 바탕을 둔 차별과 폭력과 불평등에 대한 과도한 인식이 어떠한 폐해를 초래하는지 보여주는 연구는 굉장히 많다. 유색인들이 인종적 우월 의식과 그에 따른 불평등과 차별을 더 많이 인식하게 될 때 그로 인해 그들의 심리적 (그리고 심지어 신체적) 건강은 매우 뚜렷하고 부정적인 영향을 받게 된다…. 우리는 사람들이 이와 같은 "부당함"을 더 잘 인식하고 거기서 더 큰 상처를 받게끔 그들을 예민하게 만들어가는 것이 오히려 더 큰 해가 되리라고 믿는다.[11]

알 가르비의 논점을 이해하겠는가? 만약 우리가 로빈 디안젤로의 주장과 같이 "사회의 기본 바탕은 억압이다. 그로부터 자유로운 공간은 없다", 따라서 우리는 "'그것이 여기에 나타나는가?'가 아니라 '그것이 여기에 어떻게 나타나는가?'를 질문해야 한다"[12]라고 가르친다면, 그것은 억압받는 자들을 보호하기는 커녕 오히려 그 수를 더하는 행위가 된다는 말이다. 우리는 의도치 않게 이 세상 가운데 불안과 우울, 그리고 분노와 공포를 배가시키는 일을 하고 있는 것이다.

심리적 억압을 조심스럽게 살펴야 하는 것은 좌파 쪽 사람들만의 일이 아니다. 우파 쪽에 있는 그리스도인들 역시 정 반대의 입장에서 잔혹한 행위를 하지 않도록 주의해야 한다. 우리의 다음 세대들이 사악한 "세속주의자", "자유주의자", "마르크스주의자", "진화론자", "이민자", "동성애자" 기타 어떤 것이든 그에 대한 고질적인 두려움 속에서 살아가도록 양육해서는 안 된다. 그리스도인인 우리는 이것을 뛰어넘어야 한다. 기독교적 정의를 철저히 행하는 데 있어서 어떠한 경우에도 두려움이 주된 동기가 되어서는 안 된다. 우리는 좌파든 우파든 타임스 스퀘어의 불을 밝히기 위한 목적으로 사람들의 이런 중추에 전력을 불어넣고자 하는 이념을 가르쳐서는 안 된다. 그것은 참으로 비열한 짓이며 우리의 이웃을 사랑하는 일이 아니다. 그것이야말로 곧 억압이다. 특히 양 방향 모두 두려움에 의존하는 소셜 미디어 시대 속에서 그리스도인은 철저히 문화를 거스르는 사람들이 되어야 한다.

그런 두려움을 성경적으로 생각해보라. 성경의 가르침은 억압을 반대하는 만큼 또한 두려움도 반대한다. 하나님께서는 우리에게 "두려워 말라"라고 골백번도 더 말씀하셨다. 하나님께서는 정의를 원하실 뿐만 아니라 또한 두려워하지 않는 것도 원하신다. 따라서 우리도 그러해야 한다. 단지 억압받는 자들의 편에 서는 것만으로는 충분하지 않다. 만약 우리가 억압받는 이들의 편에 선다고 하면서 두려움을 반대하지 않는다면, 그것은 오히려 이념을 가지고 사람들의 고통스러운 경험을 일반화하고, 고질적인 분노에서 헤어나지 못하게 하며, 그들의 '아 이런 중추'에 불을 붙이는 것과 다를 바 없는 일이다. 우리는 그런 일을 하면서 마치 성경에서 명하시는 정의를 행하고 있는 냥 행동해서는 안 된다.

성경의 가르침은 억압을 반대하는 만큼 또한 두려움도 반대한다.
■ ■ ■

쓰라린 경험과 유익한 증거

이제 삶의 경험을 끄집어내서 결국에는 뜻하지 않게 우리가 마음을 쓰는 사람들에게 도리어 상처를 주게 되는 두 번째 경우를 생각해 보자. 책의 서두에서 언급했던 것처럼, 불의를 행하는 일에 찬성하는 사람은 아무도 없다. 그 누구도 "정의야 물러가라!"느니 "억압 만세!" 따위의 팻말을 흔들어 대지는 않는다. 우리는 너나 할 것 없이 모두가 "역사의 올바른 편"에 서 있다고 믿고 싶을 것이다. 물론 모두가 정답일 수는 없다. 정의를 행하는 사람과 그저 그렇게 한다고 생각하는 사람 사이의 차이점은 결국 진실의 문제로 귀결될 뿐이다.

대통령이 테러리스트들의 본거지로 의심되는 한 집단 거주지에 폭격을 승인할 수도 있다는 시나리오를 한 번 상상해보자. 백악관 상황실에 모인 사람들 중에 절반은 그 안에 테러리스트들이 있다고 확신한다. 반면에 나머지 절반은 그곳은 무고한 학생들로 가득한 학교라고 믿는다. 이쪽 절반은 "날려버립시다!"라고 주장하고, 반대쪽 절반은 그에 강력하게 반대한다. 과연 이들 중에 정의를 행하고 있다고 믿는 사람들은 어느 쪽일까? 양쪽 모두다. 또 만약 자기들의 뜻을 관철할 수 있게 된다면, 둘 중에 어느 쪽이 실제로 정의를 행하는 것이 될까? 그것은 사실과 증거, 그리고 그 현장의 실제 상황에 따라 다를 것이다. 만일 알고 보니 그곳이 학교였다면, 폭격을 주장했던 사람들은 자기들의 행동이 아무리 정당한 것이라고 믿었을지라도 끔찍한 불의를 저지르는 일이 될 것이다. 반대로 만일 알고 보니 그곳이 테러리스트들의 본거지였다면, 폭격을 반대했던 사람들은 자기들이 정의라고 믿었던 것과는 전혀 상관 없는 일을 하게 되는 셈이다. 결국 이 문제를 좌우하는 핵심은 사실에 달려 있는 것이다.

어쩌면 우리는 소위 역사의 올바른 편에 선다고 하는 일에는 그다지 마음을 두지 말아야 할 것이다. 왜냐하면 그런 말은 스스로를 합리화하고 상대방을 악마로 만들기 위해 너무도 쉽게 가져다 쓸 수 있는 도구가 되기 때문이다. 그보다는 오히려 진리의 올바른 편에 서기 위해 더욱 더 마음을 써야 할 것이다. 만약 우리가 진리에 비추어 그릇된 편에 서 있다면 우리 스스로 아무리 우리가 고결하다고 믿는다 한들 결과적으로 우리는 세상에 더 많은 불의를 더하고 있을 뿐이다.

바로 여기에 집단적 사고의 문제점이 자리하고 있다. 우리에게 있는 삶의 경험은 틀릴 수 있다. 내 경우도 결코 예외가 아니다. 바로 오늘 아침에도 나는 아내가 나에게 짜증을 내는 삶의 경험을 했다. 나는 억울했지만 이내 그것이 나와는 상관없는 일 때문이었음을 알게 됐다. 결국에는 사건의 진상이 다 드러났지만, 처음에 나는 나의 기분에만 지나치게 집중하느라 진지하게 사실을 들여다보는데 오랜 시간이 걸린 것이다 (그 사실이라 함은 우리의 세 살짜리 아이가 다섯 살짜리 아이의 손가락을 물었던 것과 우리의 여덟 살짜리 아이가 청결에 좀 더 신경 쓰라는 말을 여러 차례 무시했던 것이었다).

기분과 사실, 그리고 삶의 경험과 객관적 현실 사이에는 커다란 차이가 있는 경우가 많다. 바로 그런 차이점이 굉장히 중요한 것이며, 만약 정의를 좇는 우리의 여정이 진정한 정의에 도달하기를 원한다면 우리는 두 가지 모두를 진지하게 살펴보아야 한다.

그러나 '사회 정의 B' 쪽의 학자들은 이와는 사뭇 다른 이야기를 한다. 객관적 진실, 사실, 조사, 그리고 증거 등의 개념은 억압적인 것이며, 따라서 억압받는 자들의 삶의 경험은 이 모든 것들 위에 가장 높은 권위를 가져야 하며, 또한 그 둘이 서로 상충할 때는 삶의 경험을 더 우선시해야 한다는 것이다.

샤이—아킬 맥린(Shay-Akil McLean)은 다음과 같이 말한다. "서구의 지성적 전통 가운데 있는 객관성이라는 발상은 여러 가지 점에서 문제가 있다…. 또한 보편적 진리가 존재한다는 생각을 통해 신체 건강한 백인 시스젠더 남성이라는 특정한 계층의 논리가 영구적으로 고착화하게 된다."[13]

주디스 카츠(Judith Katz)의 다양성 프로그램은 세계 최대 규모의 몇몇 기업들이 사용하고 있는데, 그 중에 "반 인종 차별주의"에 관한 중요한 글에서 그녀는 "객관적, 합리적, 순차적 사고", "절제된 감정", "과학적 방법론", 그리고 "수량화된 조사" 등은 모두 인종 차별적인 "백인 문화"를 보여주는 결정적인 지표라고 주장한다[카츠는 그 밖에도 "개인에게 주된 책임이 있다", "열심히 일하면 성공한다", "미래를 위한 계획", "만족 지연(Delayed gratification)", "가치 지속적인 향상과 진전", "기록된 전통", "재화, 공간, 재산을 소유하는 것", "핵가족이 사회의 이상적인 단위이다", 그리고 "기독교 신앙" 등을 "백인 문화"의 요소에 포함시킨다][14] 또 다른 교수는 억압의 증거를 요구하는 것 자체가 "인식론적 착취", "인식론적 불의", 그리고 "인식론적 억압"의 한 형태라고 주장한다.[15] 그뿐 아니라 억압적인 이념으로부터 해방되기 위해서 "우리는 우리 자신의 감각, 느낌, 그리고 경험을 신뢰해야 하며, 그런 것들에 권위를 부여해야 한다"고 덧붙이는 이도 있다.[16]

이와 같은 사고는 서구의 대학 사회를 휩쓸었다. 지금의 젊은 세대는 만화의 등장 인물들과 대중가요 스타들을 통해 "언제나 너 자신을 믿으라"라는 한결 같은 사운드 트랙과 "네 마음을 따르라"라는 노래를 들으며 성장했다. 그렇게 자란 젊은이들의 상당수가 대학에 가게 되는데, 이들은 이미 자신의 느낌과 경험을 권위 있게 여기되 사실과 증거, 그리고 객관적 진실에 대한 조사 등은 백인 시스젠더 인종 차별주의적 남성들이 억압을 위해 사용하는 도구로 의심하라고 하는 교수들의 가르침에 마음이 활짝 열려 있는 상태이다.

조너선 하이트(Jonathan Haidt)가 지적한 것처럼, 이와 같은 현상은 고등 교육의 현장을 "진리의 대학"에서 "사회 정의의 대학"으로 변화시키게 된다. 진리의 대학은 열린 마음으로 지식을 추구하기 위해 존재한다. 그곳은 "흠 있는 개인들이 서로의 편향되고 불완전한 논리에 도전하는 과정"을 거치면서 공통의 목표인 진리를 향해 나아감으로써 "다 함께 조금씩 더 현명해지는" 공간이다. 반면에 사회 정의의 대학이 존재하는 궁극적인 이유는 "권력 구조와 특권을 뒤엎어서 세상의 일부를 변화시키는 것이다."[17] 전자의 대학에서는 학생들에게 자신에게 있는 삶의 경험에 의문을 제기하고 그에 반대되는 증거를 적극적으로 찾으라고 장려한다. 다양한 관점들을 환영하는 것이다. 왜 그런가? 그곳에서는 온전히 진리에 전념함으로써 우리의 이해와 경험이 얼마나 편향되어 있고 불완전하며 또한 뒤틀려 있는지를 알게 되기 때문이다.

우리는 다음과 같은 중요한 질문들을 해볼 수 있다. 진리의 대학과 사회 정의의 대학 중에 어느 곳에서 우리는 두려움과 의심, 그리고 원한의 소용돌이 속으로 빨려 들어가는 학생들을 더 많이 볼 수 있겠는가? 둘 중에 어느 대학의 학생들이 셰익스피어의 문학적 아름다움과 도스토옙스키의 인간 본성에 대한 깊은 성찰, 혹은 18세기와 19세기의 전 세계적인 노예 제도에 맞서 서구 사회에서 이뤄낸 힘겨운 승리를 통해 더 많은 영감을 받을 수 있겠는가? 우리는 어느 대학의 학생회에서 열린 마음이나 겸손이라는 가치를 더 많이 발견할 수 있겠는가?

이번 장에서 다루는 내용과 관련해서, 우리는 좀 더 깊은 질문을 해보아야 하겠다. 둘 중에 어느 대학에서 세상에 나가 그곳을 보다 정의로운 곳으로 만드는데 일조하는 학생들이 더 많이 배출될 수 있겠는가? 정의를 행하는 것과 그것을 행하고 있다고 그저 생각만 하는 것을 구분하는 결정적인 요소는 진리이므로 어느 대학의 학생들이 세상에 더 많은 정의를 이루어 낼지는 자명한 일이다.

억압받는 자들의 삶의 경험을 권위 있는 것으로 만들고 그에 반대되는 증거들은 억압적인 것으로 치부해버리면 세상에는 더 많은 억압이 더해진다. 어쩌면 가장 도움이 되는 것은 반대의 증거일 수 있다. 한 가지 예를 들어보자.

당신이 1970년대의 칠레에 있다고 가정해보자. 사회주의자임을 공공연히 밝히는 살바도르 아옌데(Salvador Allende)가 대통령 선거에 나선다. 사회 문제에 관심을 갖고 있는 교회 지도자들이 이에 가담한다. 산티아고 교구의 신부들은 아옌데를 지지하는 성명을 발표하여 "사회주의는… 모든 사람, 특히 가장 소외된 사람들의 이익을 위해 국가적인 발전 가능성을 가져옵니다"[18]라고 말한다. 노동자 가톨릭활동운동(Workers' Catholic Action Movement)의 대표들이 아옌데를 지지한 이유는 "사회주의는 더욱 굳건한 사회적 연대와 형제애를 가능케 하는 새로운 가치를 창출해낸다"[19]는 그의 주장때문이었다. 그들이 아옌데의 사회주의에 그토록 몰두했던 이유는 무엇이었나? "우리가 이토록 몰두하는 근원적인 이유는 예수 그리스도에 대한 우리의 믿음 때문이다."[20]

당신은 이에 의문을 제기하지만 오히려 당신이 서구 자본주의 억압자들의 편을 들며 가난한 이들의 삶의 경험을 짓밟고 있다는 말을 듣게 된다. 이것이 참으로 어려운 문제다. 결국 아옌데가 승리한다. 그는 사회주의 정책을 실시하여 토지와 농지를 공영화함으로써 부당한 빈부의 격차를 줄이고자 한다. 하지만 물가상승률이 600%로 치솟고 빈곤율도 50%로 급증한다. 그의 정책이 초래한 현실은 "모든 사람, 특히 가장 소외된 사람들의 이익을 위한 국가적인 발전"이 아니라 더욱 극심한 빈곤과 결핍이며, 오히려 더 많은 사람들이 소외된 계급이라는 서글픈 자리로 내몰리게 되었다.

"더욱 굳건한 사회적 연대와 형제애"는 없었고, 더 많은 항의와 갈등만이 남게 되었다.[21]

사람들의 비극적인 삶의 경험을 이용해서 특정한 정치적 포부를 밀어붙이고, 또 연대, "소외된 사람들"에 대한 연민, 그리고 심지어 "예수 그리스도에 대한 믿음" 등의 그럴 듯한 말로 그런 포부를 선전하는 것은 흔히 있는 일이다. 그렇게 한 뒤 자신들의 정치적 포부를 받아들이지 않는 사람은 누가 됐든 연대를 반대하고, "소외된 사람들"을 반대하며, 그리고 "예수님에 대한 믿음"을 반대하는 사람으로 낙인 찍는다. 이것이 바로 문제다. 어떤 부모는 이민국 요원이 자신의 가족들을 뿔뿔이 갈라 놓는 삶의 경험을 견뎌내야 한다. 이런 일들이 실제로 일어나고 있으며 참으로 끔찍한 일이다. 그런가 하면 또 어떤 부모는 불법 이민자들이 저지른 살인으로 인해 자신의 가족을 잃게 되는 삶의 경험을 겪기도 한다. 이 또한 실제로 일어나고 있는 일이며 역시 끔찍한 일이 아닐 수 없다. 나는 지금 이민과 관련된 논쟁에서 어느 한 쪽 편을 들고자 하는 것이 아니다. 내가 말하고자 하는 바는 위의 두 경우 모두 부모들이 겪은 삶의 경험을 이용해 상대방과 반대되는 정치적 견해를 내세울 수 있다는 점이다. 양측 모두 자신의 주장을 포장하기 위해 얼마든지 품위 있는 표현을 사용할 수 있다. 또한 양측 모두 자신들의 견해에 의문을 품는 사람을 "소외된" 이 부모들과 연대하지 않고 "예수님에 대한 믿음"을 드러내지 않는 사람으로 비난할 수도 있다. 하지만 우리가 이쪽이든 혹은 저쪽이든 관련된 공공 정책을 통과시키기 위해 저 부모들의 경험을 사용하고자 한다면, 도대체 어떤 부모가 겪은 삶의 경험이 다른 쪽보다 더 큰 권위를 갖는다고 할 수 있겠는가? 어느 한 쪽을 버리지 않고 다른 한 쪽을 돋보이게 하기란 결코 쉬운 일이 아니며, 어느 쪽을 택하든 반대쪽의 폭도들은 당신을 동정심 없는 사람으로 비난하며 달려들 것이다.

결론적으로 다시 처음으로 돌아가보면, 사람은 다 자기가 역사의 올바른 편에 있다고 생각한다. 실제로 더 나은 세상을 만들어가고 있는 사람과 그렇게 하고 있다고 그저 생각만 할 뿐인 사람 사이를 구분 짓는 차이는 사실 관계에 달려 있다. 삶의 경험도 물론 중요하다. 알렉산드르 솔제니친과 안네 프랑크, 솔로몬 노섭, 기타 수많은 이들의 예가 증명하듯 사회적으로 중요한 변화를 이뤄내는 데 삶의 경험은 큰 역할을 한다. 우리는 사람들의 고통을 묵살해서는 안 되며 그들의 이야기를 귀를 열어 듣고 "우는 자와 함께 울어야"[22] 한다. 하지만 억압받는 이들의 삶의 경험을 이용하여 듣기에만 그럴 듯한 사회 정의관을 밀어부치려 할 뿐 사실에 근거한 비판에는 귀를 닫으려 한다면 그것은 연민이 아니다. 그것은 오히려 억압받는 자들에게 가혹한 일이다. 그들의 고통을 악용하는 것이며 고통 받는 이들의 수를 늘리는 것이다. 다시 한 번 말하지만, 그리스도인들에게는 참으로 정의를 행하라 명하셨으니 우리는 이것을 뛰어넘을 수 있어야 한다.

벨라의 이야기

기독교 가정에서 자라난 나는 내가 복음을 원하기 전부터 그것을 알고 있었다. 하지만 나는 내가 원하는 방식으로 살고 싶었다. 내가 감당할 수 있는 사랑을 원했다. 대학에 들어갈 무렵, 하나님은 내 인생에서 거의 "지워져 버렸다." 나는 사랑이라는 신기루를 좇아 남학생들의 클럽 하우스를 전전하며 술잔을 기울였고, 낯선 이들의 침대로 찾아 들어갔다. 이내 나는 공허함과 두려움, 그리고 고통에 사로잡혔다. 그러던 중 한 친구를 알게 됐는데, 그는 나의 고통을 "해결"해줄 수 있다고 했다. 그 방법은 분노로 불의와 싸우는 것이었다. 나는 남성들은 모두 약탈자라는 것, 종교는 억압적이라는 것, 그리고 "진리"와 "도덕"은 그저 만들어낸 개념일 뿐이라는 것을 알게 되었다. 만약 내가 두려움을 분노로 바꿔내고 이 모든 제도화된 개념들을 거부한다면 자유를 얻게 되리라 생각했다.

그러나 나는 분노를 동력으로 삼는 인생은 두려움의 지배를 받을 수밖에 없다는 사실을 알지 못했다. 남성들이 두려워졌고 그들의 폭력이 있지나 않을까 늘 마음을 졸여야 했다. 사회적 불의는 어디에나 있음을 알게 되었고, 그것이 승승장구하는 것처럼 보였다. 그리고 무엇보다 가장 무서웠던 것은 나는 내 자신의 존재 가치를 어디에서 찾아야 할 지 몰랐다. 도덕이 존재하지 않는데 어떻게 "좋은" 사람이 되기를 바랄 수 있단 말인가? 2년 정도 이런 삶을 살고 나니 나는 폐인이 되어 있었다. 내게는 삶을 다시 가다듬을 시간이 절실히 필요했고 그래서 1년 동안 휴학하기로 결정했다.

나는 독일로 가서 반성매매 단체에서 주관하는 인턴십 과정에 참여했다. 그곳은 기독교 단체였지만 상관하지 않았다. 나는 이 여성들을 구해내는 데 도움이 되고 싶었지만 실상은 이 거대한 악에 상대가 되지 않았다. 물건처럼 팔려 나가 소비되는 여성들, 비인간적인 학대에 중독된 남성들, 그리고 성을 무기처럼 사용하는 포주들 앞에 나는 무기력한 존재였다. 절대악이라는 것이 실재하고 있었고, 나는 그것을 목도하고 있었다. 함께 일하던 그리스도인 동료들은 나와 다르게 어떻게 이 짙은 어둠 속에 잠식되지 않고 그것을 견뎌낼 수 있었을까? 그렇게 곰곰이 생각에 잠겨 있던 내게 작은 속삭임이 들려왔다. 그 목소리는 이 어둠이 끝이 아니라고 말했다. 선하신 하나님이 없다면 이것이 전부이겠지만, 하나님은 결코 지워질 수 있는 분이 아니라고 말이다. 예수님이 다시 떠올랐고 그분께서 이 병든 세상을 치유하겠다고 하신 약속이 비로소 이해되었다. 결국 어느 추운 봄날 아침, 나는 밖으로 나가 그분께 목놓아 울었다. 순식간에 마음의 변화가 찾아왔다. 하나님께서 나를 분노와 두려움으로부터 놓아주신 것이다. 지난 수 년간의 삶에 대한 수치심이 내게서 떠나갔고 나는 깨끗해졌다. 나는 여전히 죄인이었지만 그리스도께서 죽으심으로써 나의 마음을 사셨고, 이제 나는 온전해졌다.

나는 하나님을 찾기 위해 바이올라 대학으로 편입했다. 캘리포니아에서 어떤 고통이 나를 기다리고 있었는지 전혀 알지 못했다. 이사하고 한 주쯤 지나, 나는 새로운 룸메이트들과 춤을 추러 가기 위해 캠퍼스 밖으로 나가 로스엔젤레스로 향했다. 젊은 남성 한 무리가 다가와 나에게 약을 먹이고 다음날 아침 다섯 시까지 나를 윤간했다. 잠에서 깼을 때 내 몸을 뒤덮고 있는 검은 멍자국들과 잔인한 폭력의 순간들은 부인할 수 없는 것이었다. 룸메이트들에게 이 사실을 말했고 그들은 나와 함께 눈물을 흘리며 경찰서까지 같이 가주었다.

경찰서로 가는 차 안에서 나는 절망에 빠지고 더럽혀지고 돌이킬 수 없는 감정을 느끼게 될 줄 알았다. 하지만 오히려 나는 완전한 평화를 느꼈다. 나의 아버지께서 나를 그분의 품 안에 품고 계셨고, 나는 그것을 느낄 수 있었다. 나는 "오직 그리스도 안에서" 기도했고, 한 없는 기쁨으로 하나님께 찬양과 경배를 돌렸다. 그날 내가 깨닫게 된 그분의 사랑은 말로 이루 다 표현할 수 없다. 내가 노력하여 얻을 수 있는 것이 아님에도 그분은 내 마음에 그것을 가득 부어 주셨다. 나는 그분의 사랑을 받는 소중한 딸이다. 어떤 악도 그것을 바꿀 수 없다. 비록 그때의 끔찍한 기억이 문득문득 떠오르고 불안 증세로 발작을 일으킬 때도 있지만, 그럼에도 이와 같은 나의 확신은 흔들리지 않는다. 내 삶의 마지막 장은 이미 완성되어 나를 기다리고 있다. 그것은 아버지의 넓은 품으로 달려가는 나의 모습으로 결말을 맺게 된다. 그 어떤 지옥의 권세나 인간의 책략도 나를 그분의 손에서 빼앗아갈 수 없다. 이제 내 마음은 새로워졌다. 이 마음을 통해 나는 모든 인간을 하나님께서 사랑으로 지으신 고귀한 피조물로 볼 수 있게 되었다. 나는 그 누구도 미워하지 않는다. 심지어 나를 강간했던 사람들조차도 말이다. 물론 그들은 자신의 잘못된 행동에 대해 책임이 있다. 하지만 나는 하나님께서 나의 마음이 되돌아오기를 강렬히 원하셨던 것처럼 이제 그들의 마음도 되돌아오기를 원하신다는 것을 알고 있다. 십자가 위에서 예수님께서 나의 모든 죗값을 치러 주신 것처럼 누구든 예수님께로 돌아오는 사람은 그의 죗값도 다 치러 주신다. 나는 여전히 그 어느 때보다도 성폭력 피해자들에게 정의가 행해지는 것에 깊은 관심을 갖고 있다. 그러나 더 이상은 증오와 두려움을 복수의 동력으로 사용하지 않는다. 그 대신 회복시켜 주시는 하나님의 완전한 사랑에 의지한다. 두려움은 두려움을 쫓아낼 수 없고, 미움도 미움을 쫓아낼 수 없다. 오직 사랑만이 그렇게 할 수 있다. 하나님의 사랑은 이 세상의 고통을 치유하실 수 있고 또 그렇게 하실 것이다. 나에게 하셨던 것처럼 이 세상을 향해서도 얼마든지 그렇게 하실 수 있다.

-벨라 대누씨어(Bella Danusiar)
벨라는 바이올라 대학교의 학생이며 현재는 평생의 복음 사역과 정의와 관련된 일을 위해 훈련을 받고 있다.

개인과 소그룹 스터디를 위한 질문들

1. 삶의 경험은 중요하다. 사람들의 이야기를 우리가 동의하지 않는 정치적 이념과 직접적으로 연결시킨다면 그것을 묵살하기가 쉬울 것이다. 우리는 어떻게 이와 같은 충동을 억누르고 고통 중에 있는 사람들과 더 가까이 할 수 있는가? 우리는 어떻게 고통 중에 있는 그들에게 복음을 전할 수 있는가?

2. 하나님께서는 우리에게 두려워하지 말라고 명하신다. 그런데 어떻게 하면 우리가 "사회 정의"라는 미명 하에 뜻하지 않게 사람들에게 더 큰 두려움을 심어주고 더 쉽게 분노에 휩싸이게 할 수 있는가?

3. 성경적 정의를 추구하는데 있어서 진리를 좇는 것이 필수적인 이유는 무엇이며, 우리가 그와 같은 정의 추구의 길에서 탈선하도록 하는데 집단적 사고는 어떤 영향을 미치는가? 우리가 진지한 사고와 연구를 통해 얻은 결론이 비록 오늘날의 정치적 정설과 반대되는 결론에 이른다 하더라도 우리는 그것을 통해 어떻게 억압받는 이들을 사랑하는 일에 더 많은 열매를 맺을 수 있는가?

제12장
관점에 관한 질문

■ ■ ■ ■

: 사회 정의에 대한 우리의 시각은 진리를 찾기 위한 탐구를
정체성 놀이로 둔갑시키는가?

우리가 집단적 사고에 젖어 있으면 실재하지 않는 것을 보게 되고 실재하는 것은 놓치게 된다. 삶의 경험을 꺼내 들어 억압을 가중시킬 수도 있다. 또한 진리를 향한 탐구를 정체성 놀이로 둔갑시켜서 스스로 내린 결론에 대해 누구도 반증불가능한 것으로 만들어버린다.

먼저 우리는 철학자들이 말하는 반증불가능성이라는 이 골치 아픈 용어가 무엇을 의미하는 것인지 이해해야만 한다. 어떤 종류의 논리나 증거, 경험, 혹은 성경의 구절을 아무리 많이 가져다 댄다 하더라도 우리의 세계관이 전혀 변하지 않는다면 그때 우리의 신념은 반증불가능한 것이다.

기차 안에서 당신 옆에 앉은 어떤 남성이 당신의 팔을 끌어당기며 "KGB가 나를 좇고 있소."라고 속삭인다고 가정해보자. 당신은 소련의 정보기관은 1991년에 해체되었다고 친절하게 설명해준다. 그러자 그 사람은 "당신이 그렇게 생각하도록 하는 것이 바로 비밀

조직이 원하는 것이요"라고 대답한다. "저 악마 같은 자들의 가장 큰 속임수는 세상으로 하여금 자기들이 존재하지 않는다고 믿게 하는 것이요. 나를 믿으시오. 붉은 악마들이 곳곳에 숨어 있소!" 그러면서 그는 통로 반대편 자리에 앉아 신문을 읽고 있는 남성을 눈짓으로 가리키며 "저기도 한 놈이 있군" 이렇게 속삭인다.

이에 당신은 "내가 보기엔 그냥 양복 입은 회사원처럼 보이는데요"라고 답한다.

"그렇게 변장을 한 거지, 참 멍청하긴! 당신 같으면 우샨카 (Ushanka, 동물의 모피를 이용해 머리와 양쪽 귀 전체를 덮게 만든 방한용 모자의 일종으로 여기서는 소련에서 육군 장교용 방한모로 사용되었던 것을 지칭한다.-역자주)를 쓰고 공산당 선언문을 읽으며 소련의 국가를 흥얼거리겠소?"

바로 그때 통로 저편에 있던 낯선 남자가 이렇게 말을 걸어온다. "실례합니다. 식당칸이 어느 쪽에 있나요? 카페인이 필요해서요. 무슨 말인지 아시죠?"

당신은 오른쪽으로 가라고 알려준다. 그리고 옆에 앉은 남성에게는 "러시아 억양이 거의 없는데요"라고 말한다.

"당연하지, 이 양반아! 해외 공작원들은 침투하는 국가의 언어를 완벽히 구사하도록 훈련을 받는단 말이요. 틀림없소, 자기 동료에게 내가 여기에 있다는 것을 알리러 간 것일 게요. 아마 암살자겠지."

기차 옆자리에 앉은 이 남성의 과대망상증은 스스로 반증불가능한 신념에 온통 사로잡혀 있기 때문에 나타나는 현상이다. 당신이 아무리 많은 반대 증거를 제시해도, 그는 그 증거들을 자신의 이론에 꿰어 맞추는 길을 찾아낼 수 있다. 당신은 결국 애처롭게 그를 바라보며 말할 것이다. "저기요, 저 사람은 지금 커피를 들고 오잖아요. 암살자가 어디 있어요? 아무 일도 없다니까요."

그러자 옆 자리에 앉은 그 남성는 팽팽한 긴장감 속에 몸을 돌이키며 충격과 배신의 눈빛으로 당신을 쩨려본다. 그렇게 긴 침묵의 시간이 흐른 뒤 그의 떨리는 목소리는 이내 분노로 가득 차 이렇게 말한다. "다..다…당…시이이인. 당신도 한 패거리군! 당신이 바로 저 붉은 악마의 암살자였어!" 당신이 그의 음모론에 의문을 제기했다는 이유만으로 당신도 그 음모에 가담자가 되어버린 것이다. 아무 것도 모르는 사람을 어르고 달래서 거짓된 안도감과 친근함에 빠지게 하는 일은 오직 영리한 KGB 요원만 할 수 있는 일이기 때문이다.

앞에서 살펴본 불쌍한 여행자의 생각과는 달리 선량한 신념 체계는 그 안에 오류가 있는 것으로 밝혀질 수 있는 길을 명확하게 제시한다. 예컨대 기독교를 생각해 보자. 고린도전서 15장에서 바울은 만약 예수님께서 죽으신 후에 그대로 무덤에 머물러 계셨더라면, 즉 그분의 육체적 부활이 그저 전설이나 날조에 불과한 것이었다면, 기독교 신앙은 거짓 나부랭이로 전락할 것이라고 말한다.

그와 반대로 집단적 사고 안에는 체제를 붕괴를 꾀하며 반증을 제시하는 일체의 바이러스로부터 자신들의 핵심 신념을 수호하기 위해 프로그램된 답변들이 완벽하게 장착되어 있다. 만약 어떤 남성이 태중의 아기가 그저 세포 덩어리에 불과한 것이 아니라는 말을 한다면, 집단적 사고로 프로그램된 OS에서는 재빨리 "여성이 아니면 말하지 말라(No womb, no say)"는 답변을 생성한다. 어떤 백인 여성이 화해에 관한 컨퍼런스에 참석했는데, 거기서 그녀는 자신의 "백인 됨이 악이다"라는 말을 듣게 된다. 만약 그 여성이 그런 생각에 동의하지 않는다면 집단적 OS는 그녀가 "백인의 취약성"을 앓고 있다고 말한다. ("백인의 취약성"이라는 용어는 베스트 셀러 작가이자 인종 교육가인 로빈 디안젤로가 만든 것으로 "판단 받는" 느낌을 받거나 "부정하는" 행동을 취하거나, 혹은 "내 생각은 좀 달라."라고 말하는 것 등은 백인의 취약성을 포착할 수 있는 결정적인 요소들이라고 밝힌다.[1] 한 마디로 "내 생각은 달라"라고만 말해도 그것은 백인의 취약성에 대한 증거라는 것이다.)

어떤 백인 학자가 '사회 정의 B'에서 주장하는 광범위한 제도적 인종 차별에 의문을 제기한다고 치자. 그것은 그 자체로 자신의 인종 차별주의를 증명하는 것이고, 자신의 특권을 보호하려는 것이며, 혹은 백인 우월주의에 가담하는 것이다. 만약 논리나 증거를 가져다 댄다 하더라도 그것은 그저 유색인들을 억압하거나 말살하기 위해 논리니 증거니 하는 백인들이 만들어낸 개념을 사용하는 것일 뿐이다.

흑인 학자들이 철저한 증거를 통해 '사회 정의 B'에서 주장하는 이야기들을 반박하기 위해 쓴 책들도 수십 권에 달한다. 하지만 집단적 OS에서는 그런 책들에 "내재화된 인종 차별주의"라는 딱지를 붙여 교묘하게 그것들을 배제시켜 버리며, 심지어 겉은 흑인이지만 속은 백인이라는 뜻의 "인종 배반자들", "미국너구리"(coon, 본래 너구리를 가리키는 racoon에서 유래한 말이지만 검은색 털과 하얀색 털이 뒤섞여 있는 너구리처럼 흑인과 백인 사이에서 정체성 혼란을 일으키는 흑인을 비하하는 맥락에서 사용됨. 일반적으로 그저 흑인을 경시하며 사용하는 말이기도 하므로 사용에 대단한 주의가 필요한 표현임—역자주), "오레오 쿠키", 혹은

"코코넛"이라는 이름을 붙이기도 한다.

이와 같은 모든 예들은 허구이거나 가뭄에 콩 나듯 어쩌다 일어나는 일이 전혀 아니다. 소셜 미디어라는 디지털 전쟁터에서 많은 시간을 보내 보면 (별로 추천할 만한 일은 아니지만) 최근 몇 년 동안 이런 사고 방식이 급증한 것을 알게 될 것이다. 60년 전 모더니즘이 주류를 이루고 있을 때 서구 세계에서는 증거가 부족한 발상들이 주로 비판을 받았다. 10년에서 20년 전 즈음 포스트모더니즘이 그 주류의 자리에 올라 섰을 때에는 증거가 부족하다는 이유보다는 "관용"이 부족하다는 이유로 이런저런 발상들을 비판했다. 어떤 관점을 그저 하나의 진리가 아닌 유일한 진리라고 주장하면 그것을 편협한 생각으로 일축했던 것이다. 나는 오늘날 우리가 살고 있는 이 시대를 "포스트 포스트모더니즘"[2]이라고 칭했는데, 여기서는 증거의 부족이나 관용의 부족이 아닌 멜라닌 색소의 부족이나 X 염색체 하나가 부족한 것이 곧 어떤 발상이 잘못됐다고 비난하는 결정적인 요소가 된다.

공로보다 위에 있는 피부색

비평가들은 내가 제시하는 생각들을 공격하기 위해 나의 피부색, 성별, 성적 지향성, 경제적 지위, 혹은 신앙 등을 지적할 것이다. 나의 취약성 때문에 희생자들을 탓하고 내가 가진 특권을 지키려 든다고 비난할 공산이 크다.

사람의 생각 자체가 아닌 그의 개인적인 특성이나 체감된 동기를 바탕으로 그 사람을 공격하는 것은 인신공격적(ad hominem) 오류라는 것은 웬만한 논리학 기본서 어디에나 나오는 내용이다. 우리가 동의하지 않는 어떤 생각을 진지하게 들여다보는 일에는 정신적인 에너지가 들기 때문에 우리는 그저 초점을 사람에게 돌려서 그의 피부색이나 성별에 관한 언급을 하거나 아니면 나쁜 동기가 있을 것이라고 추측을 하는 것이다. 왜냐하면 이런 일에는 정신적인 에너지 소비가 전혀 없기 때문이다. "내 생각에 동의하지 않는다고요? 당신의 마음속에는 증오, 편견, 혐오, 백인 우월주의, 혹은 백인의 취약성이 있는 것이 분명하군요." 이렇게 말이다.

하지만 이런 집단적 사고의 문제점은 그로 인해 창조주와 피조물 사이의 구분이 지워져 버린다는 것이다. 이는 마치 다른 이들의 마음을 들여다볼 수 있는 X-레이 시력이라도 가진 것처럼, 그래서 그들의 진실된 동기를 다 알고 있는 양 행동하는 것인데, 그것은 오직 하나님만이 하실 수 있는 일이기 때문이다.

우리가 집단적 사고에 젖어 들어가면 갈수록 우리는 인신공격의 오류를 저지르며 논리적 법칙들을 위배하고 있다는 사실은 안중에도 두지 않을 것이다. 왜 그럴까? 왜냐하면 그와 같은 사고 속에서는 "객관적이고 합리적이며 순차적인 사고"는 "백인 됨"의 지표라고 말할 뿐만 아니라, "오직 합리적 사고를 통해서만 객관성을 가장 잘 확보할 수 있다는 생각이야말로 서양의 남성 중심적인 사고방식"[3]이라고 말하기 때문이다.

어떤 활동가는 "유색인 교수들의 고충은 두말 않고 수락해야"[4] 한다는 말을 하기도 한다. 그런데 만약 당신이 의문을 제기하면 어떻게 될까? "우리가 증거를 요구하는 것은 해를 가하는 일이다. 인종 차별의 증거를 요구하는 것은 인종 차별 중의 인종 차별이다."[5]

이제 '사회 정의 B'에서 스스로를 반증불가능한 존재로 만드는 방법을 알겠는가? 우리의 초점을 "사상"에서 "사상가"로, 생각에서 사람으로, 증거에서 사람의 외적인 정체성 표지로 옮기는 것이다.

많은 이들이 이런 방식에 매료된다. 왜 그럴까? 그렇게 하면 지극히 복잡한 사안에 대해 반박할 수 없는 권위를 부여할 수 있기 때문이다. 우리는 그저 백인의 취약성, 백인의 특권, 남성의 특권, 남성성의 해악, 내재화된 인종 차별, 인식론적 착취 등의 비난적 어조를 담고 있는 용어들 몇 개만 외우고 있으면 된다. 그러면 우리의 세계관과 충돌하는 증거들은 어떤 것이 되었든 진지하게 들여다보는 수고를 전혀 하지 않아도 되는 것이다. 어떻게 그런 일이 가능한가? 왜냐하면 누구든 우리에게 도전하는 사람은 그 자체로 처음부터 억압자가 되는 것이므로, 그렇다면 애초에 우리의 교리에 대해 합리적으로 도전하는 일 같은 것은 아예 있을 수 없기 때문이다. 한 마디로 집단적 사고는 참으로 쉬운 길이다. 어떤 생각이 참인지 거짓인지를 판단하는 기준이 순전히 공로보다는 피부색, 설득력보다는 사적인 부분, 그리고 증거에 입각한 실체보다는 경제적 지위에 있기 때문이다.

그런데 문제는 생각 안에는 멜라닌이나 사적인 부분, 혹은 은행 계좌 같은 것이 없다는 점이다. 그런 것들은 사람에게 있는 것이다. 예수님은 유럽의 백인이 아니었고 갈색 피부의 중동인이셨다. 그분께서는 "진리에 대하여 증언하려"[6] 이 땅에 오신 그분의 명시적인 사명을 이루어가시는 방법의 일환으로 긍정 논법(modus ponens), 귀류법(reductio ad absurdum), 아포르티오리 논증(argumentum a fortiori, 전에 인정한 것이 진실이라고 한다면 현재 주장되고 있는 것은 한층 더 강력한 이유에 의하여 진실일 수 있다는 가정에 입각한 논법.) 등과 같은 논리적인 규칙들을 사용하셨다. 또한 그분의 주장들을 실증하시기 위해 다시 회복하신 육신과 비어 있는 무덤, 그리고 못 자국 난 손 등의 경험적인 증거들도 사용하셨다.

도로시 호지킨(Dorothy Hodgkin)은 논리와 증거를 통해 X-레이, 페니실린, 비타민, 그리고 인슐린 등으로 셀 수 없이 많은 생명에게 유익을 가져다주는 선구자적인 일을 했다. 미항공우주국 나사(NASA)의 "숨은 인물들"인 캐서린 존슨(Katherine Johnson), 도로시 존슨 보건(Dorothy Johnson Vaughan), 그리고 메리 잭슨(Mary Jackson)은 논리와 증거를 통해 우주 탐험의 장벽을 무너뜨렸다. 야마나카 신야(Yamanaka Shinya)는 성숙 세포의 전분화능 방법을 발견함으로써 인간의 배아를 파괴하지 않고 줄기 세포를 연구하여 수많은 생명을 살릴 수 있는 초석을 놓았다. 찰스 옥타비우스 부스(Charles Octavius Boothe)는 성경 해석에 관한 예리한 시각으로 신학적으로 위대한 약진을 이루었다. 이곳에 언급된 사람들은 하나님께서 주신 지성을 사용해 세상을 더 나은 곳으로 만들기 위해 애썼던 수백만 명의 사람들, 하나님의 형상을 지닌 각양각색의 사람들 중에 그저 아주 적은 일부에 불과하다. 그런데 무엇 때문에 그런 논리와 증거를 백인 됨의 악한 상징적 표시로 전락시켜야 한단 말인가?

혹시 지난 역사 속에서 억압을 정당화하기 위한 수단으로 논리와 증거가 사용되었음을 주장하고자 하는 것이라면, 그에는 얼마든지 동의한다. 비극적인 일이지만 그것은 사실이었다. 따라서 우리는 다음 세대를 위해서 그것이 거짓이 되도록 만들어가야 한다. 고작 백 년 전에 허버트 조지 웰스(Herbert George Wells), 조지 버나드

쇼(George Bernard Shaw), 줄리언 헉슬리(Julian Huxley), 그리고 네빌 체임벌린(Neville Chamberlain) 같은 영국 사회의 고명한 지식층에서는 인종 차별과 유전적으로 "바람직하지 못한" 사람들에 대한 비자발적인 불임 수술을 정당화하기 위한 수단으로 의사(擬似, 사이비) 과학(pseudoscience)인 우생학을 지지했다. 미국에서는 이와 같은 사이비 과학이 대학가에서 커다란 유행을 일으킨 적이 있었고[7], 가족계획연맹(Planned Parenthood)의 설립 이념에 포함되기도 했는데, 그것은 특히 흑인 공동체에 치명적인 결과를 낳았다. 이처럼 과거 미국 역사에서 노예주들이나 분리주의자들이 성경을 들먹였던 것처럼 유전적 열성에 관한 억압적 시각 또한 논리와 증거를 자신들의 편의대로 사용했던 것이 사실이다.

이와 같은 억압적 사이비 과학과 인종 차별적 신학에 대한 해독제는 더 나은 과학, 더 나은 성경 해석, 그리고 더 나은 논리와 증거이다. 우리가 더 많은 진리를 발견하면 할수록 인종 차별적 이념은 더 이상 숨을 곳을 찾지 못하게 될 것이다.

과거의 죄를 되풀이하지 않기 위한 길은 그것이 무엇이든 진리를 담고 있는 모든 근원으로부터 그런 진리가 뿜어져 나와 빛을 발하도록 하는 것이다. 그것은 진리를 집단 정체성의 문제로 비화해서는 이룰 수 없는 일이다. 내가 이 책에서 제시한 주장들을 생각해보라. 사실상 나와 상관 없는 모든 종류의 사회적 집단에서 그와 같은 주장들을 하는 사상가들이 있다는 사실을 어렵지 않게 발견할 수 있다. 로사리아 버터필드(Rosaria Butterfield), 시드니 캘러핸(Sidney Callahan), 엘리자베스 코리(Elizabeth Corey), 월터 윌리엄스(Walter Williams), 글렌 로우리(Glen Loury), 보디 바우컴(Voddie

Baucham), 셸비 스틸(Shelby Steele), 닐 셴비(Niel Shenvi), 기타 많은 사상가들이 내가 제시했던 논점들을 훨씬 더 훌륭하게 표현해냈다.

어떤 주장을 다른 사람의 입 속에 가져다 넣으면 그것이 마법처럼 사실이 되거나 혹은 거짓이 되는가? 아니다. 피부색 때문에 누군가의 관점을 묵살해버린다면, 그것이야말로 우리가 인종 차별주의자가 되는 길이다. 성별 때문에 누군가의 주장을 일축해버린다면 그것이야말로 우리가 성 차별주의자가 되는 길이다. 어떤 이의 생각 그 자체가 아니라 그 사람의 성적 정체성 때문에, 경제적 지위 때문에, 혹은 생활 수준이 어떠하다는 이유 때문에 그의 생각을 표현하지 못하게 하는 것은 소외된 사람들을 위한 정의가 아니다. 그것이야말로 참으로 편견에 휩싸인 행동이다.

항공학의 법칙들을 예로 들어보자. 우리는 항공 산업에 수많은 획기적 기여를 했던 라이트 형제의 선구적 역할에 큰 빚을 지고 있다. 그들의 발상 덕분에 인간이 하늘을 나는데 커다란 추진력을 얻게 되었다. 하지만 이것이 가능했던 이유는 라이트 형제가 백인이었기 때문이 아니라 그들의 생각이 옳았기 때문이다. 설사 그들이 라이트 가문의 형제가 아닌 전혀 다른 집안의 형제나 자매이고, 또 그들의 피부색이 달랐다 할지라도 그들이 개발해낸 신기술은 여전히 옳았을 것이다. 뿐만 아니라 그들이 발견한 항공학 법칙들을 거부했던 지역의 상공을 비행한다 하더라도 갑자기 하늘에서 뚝 떨어지지는 않을 것이다. 왜 그런가? 왜냐하면 항공학 법칙들은 객관적으로 옳기 때문이다. 그런 법칙에 동의하지 않는 이들이 있어도, 또한 그 법칙을 주장한 사람의 피부색이나 성별, 혹은 그의 조상이 누구인지와 상관 없이 그런 법칙은 변함없이 옳은 것이기 때문이다. 이것이 바로 물리 법칙이 작용하는 원리이다. 당신이 페니실린의 효능에 대해 어떻게 생각하든 그것의 효과에는 변함이 없는 것도 바로 이런 이유에서이다. 만약 정의의 법칙이 자연의 법칙과 같다면, 만약 정의가 실재하는 것이고 상상 속의 관념이 아니라면, 우리는 정의에 대한 진술 역시 그것을 주장하는 이의 피부색이나 성별 혹은 사회적 지위와 상관 없이 언제나 옳다고 생각해야 할 것이다. 우리는 특정 항공학 기술자의 피부색이 어떠하다는 이유 때문에 그의 연구를 묵살하지는 않을 것이며, 마찬가지로 우리가 다 함께 보다 더 옳은 정의를 찾아 나갈 때에도 그와 같은 정체성 놀이에 의존해서는 안 될 것이다.

집단적 사고는 그런 정체성 놀이에 심취함으로써 심각하게 왜곡된 정의관을 드러내 보이고 있다. 예를 들어 제임스 콘(James Cone)은 다음과 같이 말한다. "과거 수 세기 동안 백인의 억압을 통해 흑인들이 배운 한 가지 냉철한 사실이 있다면 그것은 백인들은 인간의 존재에 대하여 그 어떤 합당한 판단도 내릴 수 있을 만한 능력이 없다는 것이다."[8] 굳이 아이작 뉴턴이나 표도르 도스토옙스키, C. S. 루이스, 존 칼빈, 도로시 세이어스(Dorothy Sayers), 윌리엄 윌버포스, 플래너리 오코너(Flannery O'Connor), 제인 오스틴(Jane Austen), J. K. 롤링(J. K. Rowling), 기타 피부색소에 문제가 있는 이들의 책은 읽어볼 필요도 없다. 거기서는 "인간의 존재에 대하여 합당한 판단"을 찾아볼 수 없을 것이다. 왜냐하면 그들 역시 "수 세기 동안 백인의 억압"을 자행한 이들과 똑같이 창백한 피부를 가진 사람들이므로 그런 그들에게 그것은 전혀 불가능한 일이기 때문이다. 역사적으로 동일한 피부색을 가진 사람들이 전 세계의 노예 제도를 근절한 것이나 소아마비를 치료한 것 등은 아무런 상관이 없는 일이다. 정체성 정치 놀이를 계속해 나가기 위해서는 그저 "백인의 억압"에만 초점을 맞추면 된다. 그런 다음에는 템플로 마요르나 칭기즈칸, 마오쩌둥, 이디 아민, 파블로 에스코바르, 탈레반 등 기타 수없이 많은 억압의 예들 속에서 백인이 아닌 희생자들에 대해서는 그렇게 심각하게 생각해서는 안 된다.

그와 관련하여 집단적 사고의 또 다른 문제점이 있다. 만약 나이 든 백인 남성이 우리가 철폐해야 할 억압적 가부장제를 대표하는 인물이라면 우리는 다음과 같은 질문들을 해볼 수 있을 것이다. 즉 '사회 정의 B'에서 주장하는 수많은 교리들은 왜 그렇게도 마르크스와 엥겔스 혹은 버니 샌더스(Bernie Sanders)의 경제 이론들과 닮아 있는 것인가? 왜 그들은 인간의 타락한 마음이 아닌 제도가 악의 근원이라고 한 장자크 루소의 시각을 추종하는가? 왜 그들은 검은색 법복을 입고 권력을 휘두르는 일곱 명의 남성들이 내린 낙태에 관한 판결을 그토록 자주 옹호하는 것이며, 왜 그들은 헤르베르트 마르쿠제(Herbert Marcuse)와 빌헬름 라이히(Wilhelm Reich)가 만든 표현적 성 윤리를 받아들이는 것이며, 왜 그들은 안토니오 그람시(Antonio Gramsci)와 온통 백인 남성들로 가득한 프랑크푸르트 학파에서 쟁취해낸 억압하는 자와 억압받는 자의 대결구도를 신봉하는 것이며, 왜 그들은 푸코(Foucault)와 데리다(Derrida)가 창안한 해체주의적 전술을 사용하는 것이며, 또한 왜 그들은 사울 알린스키(Saul Alinsky)의 정치적 전술을 활용하고 있는 것인가?

집단적 사고를 설계한 이 사람들에게는 참으로 기가 막힌 공통점이 있다. 그것은 그들이 다 유복한 집안의 백인 남성들이었다는 점이다.[9] 인식론적 색깔 놀이는 오직 한 방향, 즉 '사회 정의 B'에 의문을 제기하는 밝은 피부색의 사람들에게 대항하는 방향으로만 나아간다.

바로 여기에 우리가, 특히 그리스도인으로서 더욱 깊이 관심을 가져야 하는 바가 있다. 그것은 우리가 어떤 생각을 그 생각 자체를 통해 이룰 수 있는 공로보다는 그것을 주장한 사람의 피부색에 따라 무게를 부여하기 시작한다면, 성경에서 명하신 대로 우리가 우리의 마음을 다해 하나님을 사랑하는 일이 더욱 더 어려워질 수밖에 없다는 점이다. 만약 우리가 성경의 가장 큰 계명과 진리를 추구하는 일에 진심으로 마음을 쓴다면 집단적 사고에서 비롯된 정체성 놀이는 적극적으로 거부해야만 한다. 어떤 생각이든지 그것을 말한 이의 사회적 지위가 아닌 성경에 입각하여 그것을 판단해야 하는 것이다.[10]

절대 무오한 빈곤층

집단적 사고는 양 방향으로 작용한다. 앞에서 본 것처럼, 당신이 어떤 의미 있는 식견을 제시할 수 있는지 여부를 결정하기 위해 집단적 사고를 하는 이들이 알고 싶어하는 것은 사실상 당신의 외모뿐이다. 만약 당신이 어쩌다 저들이 규정한 억압자 집단에 속한 사람들과 조금이라도 공통적인 정체성 지표를 가지고 있는 경우에는 당신이 아무리 무신론자와 소수 인종, 무슬림들이나 동성애자들, 혹은 빈곤층이나 성별이 다른 사람들을 진심으로 사랑한다고 표현할지라도 그런 것은 거의 고려대상이 되지 못한다. 당신은 그저 토머스 소웰이 지칭한 "시점 간 추출", 혹은 셸비 스틸이 지칭한 "하찮은 부속품"이나 "당신이 속한 집단의 몰개성적인 구성원"과 같이 취급될 뿐이다.

그런데 집단적 사고는 그와 정 반대 방향으로도 작용한다. 즉 반대편의 억압받는 집단에 속한 사람들에게 덮어놓고 권위를 부여하는 일이 종종 일어나는 것이다. 이런 집단적 사고의 한 양상은 흔히 "하나님께서는 가난하고 억눌린 자의 편에 서신다"[11]고 하는 주문과도 같은 말과 함께 기독교 안으로 스며들어온다. 그 말은 어떤 의미로 사용하느냐에 따라서는 물론 사실이기도 하다. 아마 다음 두 가지 의미 중에 하나일 것이다. 첫째, 그것은 2주 전에 나의 여섯 살짜리 딸 아이가 벌에 쏘였을 때 내가 가졌던 마음과 같은 의미일 수 있다. 나와 아내는 이 아이에게 특별한 관심을 보였는데, 그것은 다른 아이들보다 그 아이를 더 사랑했기 때문이 아니라 그 아이의 통증과 고통이 유별나게 심했기 때문이다. 성경에는 이처럼 가난한 이들을 향한 특별한 돌봄이 곳곳에 나타나 있다. 하나님께서는 궁핍한 자들의 고통을 함께 하시는데, 이것을 잠언에서는 "가난한 사람을 학대하는 자는 그를 지으신 이를 멸시하는 자요" 또한 "가난한 자를 불쌍히 여기는 것은 여호와께 꾸어 드리는 것이니"[12]라고 말씀하신다. 하나님께서는 가난한 자들을 속이는 자에게 심판을 말씀하시며[13], 그분의 율법에는 과부와 고아를 특별히 보호하라는 명령이 담겨 있다. 이와 같이 성경 말씀에 따르면 참된 신앙의 정수는 곧 "고아와 과부를 그 환난 중에 돌보는 것"[14]이다. 철학자 니컬러스 월터스토프(Nicholas Wolterstorff)는 성경의 이 말씀을 다음과 같이 잘 요약해준다. "정의를 향한 하나님의 사랑은 불의에 희생된 이들을 향한 그분의 사랑 위에 기초하고 있다. 그리고 불의에 희생된 이들을 향한 그분의 사랑은 세상의 작은 자들을 향한 그분의 사랑 안에 들어 있다. 세상의 작은 자들이란 약한 자들, 무방비 상태에 있는 자들, 밑바닥에 있는 자들, 소외된 자들, 부랑자들, 내버려진 자들, 그리고 외인들을 말한다."[15]

"가난하고 억눌린 자의 편에 서는 것"은 또 다른 의미로도 이해될 수 있다. 집단적 사고 안에서는 가난한 자의 편에 선다는 것이 때로는 성경을 해석하는 일에서부터 공공의 정책을 세우는 일에 이르기까지 모든 면에 있어서 가난한 이들의 삶의 경험을 권위 있는 것으로 받아들이는 것을 뜻하기도 한다.

그러나 하나님께서 가난하고 억눌린 자들과 함께 하신다는 성경의 말씀은 결코 그분께서 그들의 시각을 성스럽고 의문의 여지가 없는 자리에 끌어올려 놓아 주신다는 의미는 아니다.[16] 가난한 자나 부한 자나 모두가 죄로 인해 고통을 받으며, 따라서 그 둘 다 구원을 받아야 한다. "모든 사람이 죄를 범하였으매 하나님의 영광에 이르지 못하더니"[17]라는 말씀에서 "모든 사람"에는 부한 자, 가난한 자, 특권을 누리는 자, 혜택을 누리지 못하는 자, 가진 자, 가지지 못한 자 할 것 없이 말 그대로 모두가 다 해당된다. 애굽에서 억압받던 사람들이라고 해서 절대 무오할 리는 없다. 그들도 금송아지에 대고 절하지 않았던가. 누가복음 5장에 있는 중풍병자는 부유함과는 거리가 멀었으나 그럼에도 예수님은 그에게 "이 사람아 네 죄 사함을 받았느니라"[18]라고 말씀하신다. 하나님께서는 "아무도 멸망하지 아니하고 다 회개하기에 이르기를 원하시느니라."[19] 억압받는 자들도 여기서 말씀하신 "아무도"와 "다"에서 결코 예외가 아니다. 우리는 모두 회개해야 한다. "가난한 자의 송사라고 해서 편벽되이 두둔하지 말지니라"[20]라는 하나님의 말씀은 제안이 아니라 명령이다. 성경에서는 불의에 대해 고소하기 위해서는 높은 수준의 증거가 필요하다고 말씀하신다.[21] 억압의 희생자가 되었다고 주장하는 사람들의 말을 곧이곧대로 받아들여서는 절대 안 된다고 하신다. 성경은 인간 안에 잠재되어 있는 기만에 대해 지극히 현실적인 입장을 취하고 있기에 그와 같은 불안정한 기반 위에서 정의를 세우려 하지 않는다. 성경에서 추구하는 정의는 진리를 사회적 지위와 피부색, 혹은 성별의 문제로 삼고자 하는 '사회 정의 B'의 정체성 놀이와는 전혀 양립할 수 없는 것이다.

앤서니 에반스(Anthony Evans)는 흑인들의 경험은 "실제적이지만 계시적이지는 않으며, 중요하지만 영감되지는 않은"[22] 것으로 보아야만 한다고 주장한다. 톰 스키너(Tom Skinner)도 다음과 같이 그의 생각에 동의한다. "개중에는 판단의 기준이 되는 틀을 순전히 흑인들의 경험에만 국한하려고 하는 흑인 신학자들이 있다. 하지만 이는 흑인의 경험을 절대적으로 도덕적이고 절대적으로 의로운 것으로 가정하는 일인데, 그것은 사실이 아니다. 흑인의 경험도 판단을 받을 수 있는 도덕적 준거틀이 있어야만 한다."[23]

이에 대해 다음과 같은 반대 의견이 나올 수 있다. "윌리엄스는 우리에게 억압받는 자들을 심문하라고 요청하는 반면에 억압하는 자들은 무사통과 하는 것처럼 보인다." 그렇지 않다. 우리 주님께서는 가난한 자들에게 구원의 복음을 선포하셨을 뿐만 아니라, 부유한 자들에게도 동일한 메시지를 선포하셨다.[24] 우리는 모두 타락한 존재들이다. 또한 우리는 모두 여전히 오류에 빠질 수 있다.

따라서 우리는 모두 은혜를 필요로 한다. 나를 포함해 그 어떤 이의 시각도 진리를 흐리게 하는 죄의 능력으로부터 자유롭지 못하다. 오직 하나님의 시각만이 그러할 뿐이다. 가난한 자들이나 억압받는 자들, 혹은 하나님의 말씀이 아닌 그 어떠한 것이라 할지라도 거기에 의문을 제기할 수 없는 절대적 지위를 허락하는 것은 창조주와 피조물 간의 구별을 지워버리는 일이다. 그렇게 하나님과 그분의 피조물 사이의 차이를 지워버리면 우리가 "정의"라고 부르는 그것은 반드시 불의가 되어버리고 만다.

프레디의 이야기

내가 태어난 곳은 미국 동부 애팔래치아의 시골 마을이었다. 전기도 깜빡깜빡했고 상수도도 없었던 곳이다. 우리 가족은 19세기에 사용하던 철제 목욕통에서 회색 빛이 감도는 차가운 흙탕물에 목욕을 하곤 했다. 그리고 집 밖으로 나가야 두 사람이 같이 쓸 수 있는 화장실이 있었는데, 마치 TV에서나 볼 법한 서부 개척시대 당시처럼 지극히 원시적인 것이었다. 사람들이 이런 말을 하는 것을 들은 적이 있다. "우리는 가난하게 자랐지만 어렸을 때는 그것을 전혀 몰랐어요." 흠, 우리 가족은 그것을 잘 알았다. 그리고 절대로 그것을 잊을 수 없다.

홀어머니 아래서 자란 우리 형제는 "혼혈"이었다. 적어도 우리는 그런 말을 듣고 자랐다. 솔직히 나는 내가 누구인지 잘 몰랐다. 그저 다르다는 것 밖에는. 내 안에 지배적인 유전자는 멜라닌 색소를 더 많이 생성시켰다. 테네시의 험준한 산간마을에서 내 쌍둥이 형제와 나는 유일한 유색인종이었다. 우리는 가난하고, 아버지 없고, 피부색이 짙은 사회적으로 폐물 취급 받는 세 가지 요소를 다 갖추고 있었다.

이런 요소들은 나의 옷 매무새나 차림새, 사용하는 어휘나 사교성 등에서 즉각적이고 가시적으로 드러났다. 나는 매일 같이 조롱을 당했고, 나이 어린 폭력배들로부터 공격을 받는 일도 잦았으며, 어른들도 언어적인 폭력을 가했다. 따가운 시선과 경멸적인 반감을 담은 고갯짓, 그리고 존재하는 모든 종류의 인종 폄하적인 말들을 듣는 것은 그저 나의 일상이었다. 그들이 사용한 그 용어들의 대부분이 정확하지 않은 것이었음에도 그들은 전혀 개의치 않았다.

십대 초반, 이런 폭력이 더욱 가중되던 시기에 나는 그리스도를 만났다. 이혼한 백인 여성 한 분이 일주일에 두 시간 씩 이 년 동안 나를 가르쳐 주시기 위해 오셨다. 그 일은 그분의 사회 생활에 종말을 고하는 일이었다. 그 후에는 파트타임으로 일하시는 젊은 백인 목사님께서 나를 가르쳐 주셨고, 다시 그 후에는 나이 많으신 백인 목사님이 오셨다. 그리고 내가 궁색한 상황에 처했을 때에는 부유한 백인 교인분께서 내게 꼭 필요한 옷들을 보내주셨다. 너그러운 교회의 백인 미망인들은 내가 기독교 여름 수련회에 참여할 수 있도록 비용을 지불해주었다.

결국 하나님께서 나를 목회의 길로 부르셨다. 백인들이 주를 이루고 있고 근본주의 성향으로 잘 알려진 기독교 대학에 진학하게 된 나는 거의 모든 방면에서 전폭적인 지지를 얻었다. 높은 수준의 과업을 달성해야만 했고 그에 합당한 성과를 내리라는 기대를 받았다. 장학금이나 혹은 동등한 기회를 허락하는 특전 같은 것은 받지 못했지만, 그 대신에 존엄성과 공동체, 그리고 책임감을 얻게 되었고, 그로 인해 나는 비로소 자존감을 얻을 수 있었다. 하나님께서는 늘 신실하셨다. 나는 우리 가족 중에서 처음으로 대학에 간 사람이 되었다. 20년 간 목회 사역을 감당했고, 박사 학위를 받아 대학의 목회학부와 신학대학원에서 학장으로 봉사하고 있다. 나는 저자이고, 좋은 아버지이며, "기가 막힌 남편"이다(내 아내에게 물어보라). 그 중에서도 단연 최고의 것은, 나는 예수님과 개인적이고 친밀하게 동행하고 있다는 사실이다.

지난 몇 년 간, 내가 종합적으로 깨닫게 된 사실은 나에게 상처를 주었던 그 사람들은 그들이 백인이었기 때문에 인종 차별주의자나 편견에 휩싸인 사람들이 아니었다는 점이다. 그들은 그저 인종 차별주의자이고 편견에 휩싸인 사람들인데 어쩌다 보니 백인들이었을 뿐이다. 나는 진정한 인종 차별은 죄악된 마음의 산물이지 피부색과는 아무런 상관이 없다는 것을 알게 되었다. 사람의 정체성은 그리스도 안에 뿌리를 내려야지 민족이나 유산, 혹은 문화에 뿌리내려서는 안 된다는 것을 알게 된 것이다.

안타깝게도 나의 이런 신념과 '사회 정의 B'에 잠식되어 있는 문화적 방향성 때문에 나는 몇 차례 모순적인 경험을 한 적이 있다. 집단적 정체성으로 인해 사회가 오염되고 있을 뿐만 아니라, 기독교 대학을 위시한 수많은 기독교 단체 안에도 그 영향력이 시나브로 침투해 들어오고 있다. 대부분의 기독교 학자들은 기독교의 통합이라는 난제를 제대로 감당해내지 못하고 있다. 그 결과, 많은 사람들이 성경적이지 않은 사회 정의에 현혹되고 있는 실정이다. 그런 현실 속에서 내가 경험한 충격적인 모순은 바로 이것이다. 나는 한 때 지독한 인종 차별을 겪었던 소수 인종임에도 불구하고, 지금은 많은 집단에서 내쳐진 자가 되었다. 그 이유가 무엇일까? 왜냐하면 나는 오늘날 유행하는 이념적 정의를 거부하기 때문이다. 정체성 기반의 집단주의를 거부하는 사람들에게 거센 공격이 가해짐으로 인해 수많은 기독교 단체 내에서 영적인 병리 현상이 발생하고 있는 것이다. 그렇지만 우리는 성경적인 정의를 통하여 오늘날의 사회 정의가 그저 소리 나는 구리와 울리는 꽹과리에 불과한 것임을 알 수 있다. 주님, 우리의 명성과 생계에 그 어떤 위협이 닥쳐온다 할지라도 우리가 주님의 정의를 위해 맞서고, 거짓 정의에 항거할 수 있는 용기를 부어 주옵소서. 주님을 위해 그렇게 하시옵소서!

-프레디 카르도자(Freddy Cardoza)

프레디는 그레이스 신학대학원(Grace Theological Seminary) 학장으로 봉사하고 있고, 다양한 저작 활동을 하고 있으며, www.freddycardoza.com에서 여러 개의 팟캐스트를 운영하고 있다.

개인과 소그룹 스터디를 위한 질문들

1. 하나님께서는 우리에게 슬퍼하는 자들과 함께 슬퍼하라고 명하신다. 그런데 누군가의 고통에 귀를 기울이지 않는다면 그의 슬픔을 함께 느끼는 일은 불가능하다. 그리스도인인 우리가 우리의 형제와 자매들의 고통뿐만이 아니라 아직 하나님을 "아버지"라 부르지 못하고 있는 이들의 고통에도 귀를 기울이기 위해서는 어떤 과정을 거쳐야 할까?

2. 성경에서는 우리에게 "진정으로 정의를 행하라"라고 명하시는데, 이

는 정의를 행하는 참되지 않은 길도 있음을 뜻한다. 참된 정의를 행하는 일과 관련하여 어떤 생각의 무게를 가늠할 때 피부색보다는 그 생각을 통해 이룰 수 있는 공로를, 염색체보다는 그 생각을 주장하는 이의 신뢰성을, 그리고 그 사람의 사회적 지위보다는 영적인 충성도에 더욱 무게를 두는 것이 중요한 이유는 무엇인가?

3. 성경에 보면 하나님은 가난한 자들에 대한 친밀한 연대를 드러내시며, 우리에게 그들을 돌보라고 명하신다. 이런 성경 말씀에 따라 살아가기 위해 우리가 가져야 할 세 가지 실제적인 습관은 무엇인가?

그러니까 지금 하신 말씀은…

우리 시대에 뉴먼 효과가 갖는 힘을 생각해보면, 제4부 "진리인가 아니면 집단적 사고인가? 사회 정의와 지식에 관한 세 가지 질문"에서 내가 한 말을 다음의 다섯 가지 내용으로 정리할 수 있다고 생각하는 분들이 있을 수 있다.

1. "그러니까 지금 하신 말씀은 현대 세계에 억압이 있다는 말은 대부분 망상일 뿐 실제적인 증거는 전혀 없다는 말이군요."

2. "그러니까 지금 하신 말씀은 기독교인이 아닌 사람들, 유색인종, 무슬림, 성소수자 공동체에 속한 사람들, 가난한 이들과 여성들에게 가해지는 억압에 관심을 갖는 사람은 '사회 정의 B'를 인정하는 죄가 있다는 말이군요."

3. "그러니까 지금 하신 말씀은 현대 세계에서는 악한 차별로 인해 발생하는 격차가 전혀 없다는 말이군요."

4. "그러니까 지금 하신 말씀은 사람들의 삶의 경험은 중요하지도 않고, 사람들이 겪는 불의는 도외시해야 하며, 슬퍼하는 자들과 함께 슬퍼해서도 안 된다는 말이군요."

5. "그러니까 지금 하신 말씀은 우리는 하나님께서 하신 것처럼 가난하고 억압받는 자들의 편에 서서는 안 된다는 말이군요."

아닙니다. 나는 그런 말을 하는 것이 전혀 아닙니다. 그런 생각들을 믿지도 않습니다. 혹시라도 내가 그렇게 말한 것으로 들었다면, 뉴먼 효과가 작용한 것이든지 아니면 내가 너무 전달을 서툴게 했기 때문일 것입니다. 그 점에 대해서는 여러분의 용서를 구합니다.

집단적 사고가 아닌 진리를 추구하기 위한 기도

하나님,

하나님께서는 우리에게 우리의 뜻을 다해 하나님을 사랑하라고 명하십니다. 하나님께는 정의와 진리가 함께 있으며, 따라서 우리에게 그 둘을 다 찾으라고 말씀하십니다. 우리가 성경 외적인 인식론으로 진리를 추구하는 일을 대신할 때 우리는 실재하지 않는 억압이 보이게 되고, 반대로 실재하는 것은 간과하게 됩니다. 두려움을 불어넣는 이야기들을 밀어붙임으로써 이미 아파하고 있는 이들에게 고통을 가하게 됩니다. 또한 우리는 다른 사람의 생각을 평가할 때 그 생각의 공로보다는 피부색을 더 중시하여 우리의 생각에 동의하지 않는 사람들에게는 최악의 동기를 투영하고 우리의 이념을 반증하는 증거는 무시합니다. 오직 하나님과 하나님의 말씀에만 있는 권위를 사람들의 삶의 경험에 부여하기도 합니다. 우리를 도우시어 "그의 눈에 보이는 대로 심판하지 아니하며 그의 귀에 들리는 대로 판단하지 아니하며 공의로 가난한 자를 심판하며 정직으로 세상의 겸손한 자를 판단"[25]하시는 예수님과 같이 되게 하여 주옵소서. 우리의 지각을 단련하시어 "외모로 판단하지 말고 공의롭게 판단하라"[26]라고 명하신 그리스도께 순종하게 하여 주옵소서. 우리가 정의를 찾는 일과 함께 진리를 찾는 일에도 힘쓰게 하시어 우리를 지켜보는 세상을 향해 하나님께서 어떤 분이신지를 밝히 드러내게 하시옵고 참으로 정의를 행할 수 있도록 하여 주옵소서. 아멘.

에필로그
사회 정의 A와 B 사이의 12가지 차이점

이제 우리가 12가지의 질문을 다 해보고 나니 '사회 정의 A'와 '사회 정의 B'는 그저 다른 종류의 정치적 신념이 아닌 서로 근본적으로 다른 두 개의 종교라는 것이 분명해졌으리라 본다. 다음의 표를 통해 그들 사이의 12가지 상충되는 교리들을 정리해보고자 한다.

	사회 정의 A	사회 정의 B
1.	지고하신 여호와 앞에 우리의 무릎을 꿇게 하며 정의를 찾는 일은 하나님께 합당한 것을 드리는 일에서부터 시작된다. '사회 정의 A'는"너는 나 외에는 다른 신들을 네게 두지 말라"는 말씀에서 출발한다.	창조주와 피조물 사이의 구분을 지워버리며 모든 사람 안에 있는 하나님의 형상을 축소시킨다. 고대 이스라엘 백성으로 하여금 거짓 신들을 향해 돌아서게 했던 이세벨과 같이 이 또한 우리를 자신, 국가, 그리고 사회적 용납이라는 거짓 신들 앞에 굴복하게 만든다.
2.	아담 안에서 우리가 함께 죄인이라는 사실과 "그리스도 안에" 있는 우리의 새로운 정체성을 인정함으로써 연합을 이룬다. 예수님께서는 유대인과 이방인 사이에 원수 된 것, 곧 막힌 담을 허시고 그분을 위해 "한 사람"을 만드사, 모든 언어와 민족과 나라에서 온 사람들이 하나로 연합하게 하심으로써 그들을 화해의 대사가 되게 하셨다. 집단 간의 싸움이 아닌 가족과 화해의 개념이 성경에서 말씀하시는 기독교적 삶의 모범이다.	우리를 소란스런 상황 속에 남겨 두고, 사람들을 집단 정체성에 따라 나누며, 특정한 집단에 대해 가장 비난의 여지가 있는 편집된 역사를 이야기하고, 그 집단의 모든 개인을 그런 악의 모범으로 만들며, 그리하여 현재 우리에게 있는 문제들을 그들의 탓으로 돌린다. 이로써 집단 간의 싸움이 일어나게 될 것은 불을 보듯 뻔한 결과이며, 이는 인류 역사에서 최악의 발상이자 엄청난 희생자를 내게 된다.

3.	우리에게 희락과 화평과 오래 참음과 자비와 양선과 온유와 절제 같은 성령의 열매를 맺게 한다.	상호 간에 의심과 적대감과 두려움과 낙인 찍기와 원망 같은 마음이 생겨나게 한다.
4.	"쉽사리 상처 받지 않는" 사랑을 이루게 한다.	그 추종자들로 하여금 재빨리 남에게 상처를 주게 만든다.
5.	"제도" 안에서만 악을 찾으려 하지 않는다. 물론 거기서도 정의를 찾아야 하겠지만, 그런 제도를 불의하게 만드는 이들의 비뚤어진 마음 안에서도 찾아야 한다. 우리에게 거듭남이 필요하다는 사실과 복음 안에 담겨 있는 하나님의 사랑의 역사를 간과한다면 세상의 외적 행동주의만으로는 지속적인 정의를 이룰 수 없다.	모든 악을 외적인 제도에서 오는 억압의 탓으로 돌리고, 어떤 형태의 격차도 차별의 증거로 여기며 비난하는 경우가 많다. 그러고 나서는 그런 차별에 저항하는 것을 "복음에 관한 사안"으로 만들어 우리에게 회개와 구원의 은혜가 필요한 점은 경시하는 일이 많이 있다.
6.	"아담 안에" 있는 우리의 집단적 정체성으로 인해 모든 민족의 모든 사람을 죄인으로 판단한다. 이와 같은 죄책은 억압받는 이들과의 결속을 통해 지울 수 있는 것이 아니며, 오직 "둘째 아담"이신 예수님 안에 있는 우리의 새롭고 온전한 집단 정체성을 발견함으로써만 가능하다. 민족이나 성별에 따른 집단 정체성을 바탕으로 사람을 비난하기보다는 "이제 그리스도 예수 안에 있는 자에게는 결코 정죄함이 없나니"(롬 8:1)라는 말씀을 받아들여야 할 것이다.	사람의 피부색에 죄의 원인을 돌리며 그들의 집단 정체성에 따라 사람들을 비난한다. 따라서 개개인은 자신의 특권을 고백하고 '사회 정의 B'의 지도자들이 정의하는 "억압"을 종식시키기 위해 그들의 사명에 가담함으로써 자신의 "무한한 죄책"을 갚아야 한다.

7.	우리 스스로 얻을 수 있는 의는 더러운 누더기와 같으며, 그리스도만이 우리에게 의로움을 주시는 유일한 근거가 된다고 하는 뼈아픈 현실을 우리에게 제시한다.	자기 의를 불어넣는다. 즉 "나는 편견에 사로잡힌 사람이 아니야. 왜냐하면 나는 사회 정의에 대해 이와 같은 특정한 견해를 갖고 있기 때문이고, 혹은 이런저런 문화적 정체성 집단에 속해 있기 때문이지."라고 생각하게 만든다.
8.	우리에게 온 뜻을 다해 하나님을 사랑하라는 소명을 부여한다. 여기에는 일체의 발상을 성경적인 가치와 진리 값에 근거해 판단하는 일도 포함된다. 뿐만 아니라 하나님께서 지으신 모든 세상을 단순히 억압하는 자와 억압받는 자의 권력 다툼으로 해석하는 것을 거부함으로써 진정한 억압을 밝혀내고 경청하는 일 또한 포함된다.	진리와 이성, 그리고 논리 이 모든 것들을 단순히 억압하는 계층이 만들어 낸 개념으로 해석하며, 다른 이의 피부색과 성별, 혹은 경제적 지위에 따라 그 사람의 관점을 묵살하게끔 장려한다.
9.	창조주께서 우리의 텔로스(telos)를 정의하신다고 가르친다. 그와 같은 텔로스 안에서 살기를 거부하기 때문에 우리 자신에게는 물론 우리 주변의 다른 사람들에게도 억압이 가해진다. 진정한 정통성과 자유는 스스로 자신을 정의하고 "자기 마음을 따름"으로써 얻을 수 있는 것이 아니며, 하나님께서 자신을 정의하시게 하고 그분의 마음을 따름으로써 얻을 수 있는 것이다.	인간의 텔로스(즉, 궁극적인 목적과 의미)는 피조물인 우리가 정의하는 것이며 우리가 스스로 정의한 텔로스에 도전하는 사람은 억압하는 자라고 가르친다.

10.	남성과 여성의 차이를 "매우 좋은" 것으로 그려준다. 따라서 이런 구분을 지워버리면 소중한 것을 잃어버리게 된다. 또한 인간의 성적 표현이 온당하게 받아들여지고 생명을 낳는 본래의 역할을 감당할 수 있는 유일한 현장은 남성과 여성이 오직 혼인의 언약 안에서 성적으로 연합하는 것뿐임을 강조한다.	"이성애규범적"인 성과 성별의 구분을 억압적인 것으로 보며 일체의 성적 행위와 성에 관한 표현을 그와 같은 "시스젠더 개념"에서 해방시키려고 한다.
11.	태 중에 있는 하나님의 형상들이 완전한 인간이며 가치 있는 존재라고 인정한다. 따라서 우리에게 낙태 산업을 통해 착취당한 여성들과 죽임을 당한 아기들을 사랑하고 보호해야 한다는 소명을 부여한다.	낙태를 가부장적 억압으로부터 여성을 해방하는 수단으로 보고 찬양한다. 이것은 태아를 정의의 테두리 밖으로 밀어내 버리는 일이다.
12.	가족을 찬양하며 가족 안에서 서로를 위한 자기 희생을 지지한다. 왜냐하면 그것은 하나님께서 예수님과 교회의 관계를 보여주기 위해 세우신 아름다운 길잡이이기 때문이다.	핵가족을 불의한 가부장제의 억압으로 해석하며 폐지되어야 할 개념으로 본다.

위의 표를 통해 분명하게 알 수 있는 것은 '사회 정의 A'와 '사회 정의 B' 모두 억압받는 자들에 대해 관심을 갖고 있지만, 그 방식에 있어서만큼은 매우 다르다는 점이다. 어떤 사람이 흑인이나 여성들이 받는 대우에 관심을 보인다고 하더라도 우리는 즉각적으로 그 사람을 '사회 정의 B'의 범주에 몰아넣지 않도록 각별한 주의를 기울여야 한다. 이 책 전반에 걸쳐 계속해서 언급한 바와 같이, 세상에는 실제로 죄악 가득한 인종 차별주의와 성 차별주의가 존재한다. 따라서 어떤 형제나 혹은 자매가 그와 같은 불의에 대하여

우리의 관심을 끌고자 한다고 해서 그들을 '사회 정의 B'를 옹호하는 사람으로 간주하는 것은 교회의 하나 됨이나 세상에서 참된 정의를 실현하는 데 전혀 도움이 되지 않는다.

그런가 하면 개중에는 앞에서 언급한 '사회 정의 B'의 교리들 중에 어쩌면 한두 가지 정도를 인정하고 받아들이는 그리스도인들이 있는 것도 사실이다. 이런 경우에도 우리는 우리의 형제와 자매들에게 '사회 정의 B'라고 하는 전체적인 체제를 뒤집어씌우지 않도록 주의해야 한다. 왜냐하면 그들 역시 몇 가지 점에 있어서는 망설이고 있을 수도 있기 때문이다. 따라서 그런 행동은 도움이 되지 않는다. 반면에 한 가지 예측해볼 수 있는 일은 '사회 정의 B'의 어떤 교리 하나가 또 다른 것과 연결되고, 그것이 다시 다른 교리와 연결되어서 결국에는 많은 그리스도인들이 자신의 신앙을 버리게 되는 것이다. 나는 기억하고 싶지 않을 만큼 이런 일이 자주 일어나는 것을 목격했다. 우리는 정치적 싸움에서 이기겠다는 생각보다는 오직 사랑의 동기로 동료 그리스도인들에게, '사회 정의 B'가 우리가 함께 성경의 말씀대로 살아가는데 큰 걸림돌이 된다는 사실을 알려주어야만 한다.

'사회 정의 B'에서 제시하는 경배에 관한 관점은 "나 외에는 다른 신들을 네게 두지 말라"[1]라고 하신 제1계명을 따르는데 커다란 걸림돌이 된다.

공동체를 바라보는 저들의 시각은 다음과 같은 아름다운 진리의 말씀에 따라 살아가는 일에 더더욱 커다란 걸림돌이 된다.

> 너희는 유대인이나 헬라인이나 종이나 자유인이나 남자나 여자나 다 그리

스도 예수 안에서 하나이니라 [2]

그는 우리의 화평이신지라 둘로 하나를 만드사 원수 된 것 곧 중간에 막힌 담을 자기 육체로 허시고 [3]

모든 사람과 더불어 화목하라 [4]

주의 종은 마땅히 다투지 아니하고 모든 사람에 대하여 온유하며 [5]

너희가 부르심을 받은 일에 합당하게 행하여 모든 겸손과 온유로 하고 오래 참음으로 사랑 가운데서 서로 용납하고 평안의 매는 줄로 성령이 하나 되게 하신 것을 힘써 지키라 몸이 하나요 성령도 한 분이시니 이와 같이 너희가 부르심의 한 소망 안에서 부르심을 받았느니라 주도 한 분이시요 믿음도 하나요 세례도 하나요 하나님도 한 분이시니 곧 만유의 아버지시라 만유 위에 계시고 만유를 통일하시고 만유 가운데 계시도다 [6]

구원을 바라보는 저들의 시각은 다음과 같은 말씀을 진지하게 받아들이는데 커다란 걸림돌이 된다.

모든 사람이 죄를 범하였으매 하나님의 영광에 이르지 못하더니 그리스도 예수 안에 있는 속량으로 말미암아 하나님의 은혜로 값 없이 의롭다 하심을 얻은 자 되었느니라 [7]

그러므로 너희가 회개하고 돌이켜 너희 죄 없이 함을 받으라 [8]

만일 우리가 우리 죄를 자백하면 그는 미쁘시고 의로우사 우리 죄를 사하
시며 우리를 모든 불의에서 깨끗하게 하실 것이요[9]

지식을 바라보는 저들의 시각은 다음과 같은 하나님의 명령에
순종하는데 걸림돌이 된다.

예수께서 이르시되 네 마음을 다하고 목숨을 다하고 뜻을 다하여 주 너의
하나님을 사랑하라[10]

가난한 자의 송사라고 해서 편벽되이 두둔하지 말지니라[11]

내 형제들아 사람을 차별하여 대하지 말라[12]

외모로 판단하지 말고 공의롭게 판단하라[13]

그리스도인 형제와 자매들이 '사회 정의 B'에 빠져들면 들수록
이와 같은 성경의 아름다운 말씀에 따라 사는 것이 더욱 더 어려워
진다.

세상을 자멸의 길에서 구원하라

그렇다면 이제 마지막 한 가지 질문이 남게 된다. '사회 정의 B'
에 휩쓸려 가고 있는 이들의 마음을 돌이킬 수 있는 가장 좋은 방
법은 무엇일까? 이와 관련하여 우리에게는 지난 수천 년 간 교회

가 사용해온 검증된 방법이 있다. 그것은 "성도에게 단번에 주신 믿음의 도"[14]를 전하는 것이다. 인간의 존재 목적이 무엇인지 규정하는 것은 우리가 할 수 없는 일이지만, 오직 예수님만은 그것을 지극히 의미 있는 방법으로 하실 수 있다는 이 기쁜 소식을 알리는 것이 우리가 할 수 있는 일이다.

우리는 더 이상 마치 우리가 완벽한 존재인 것처럼 가장할 필요도, 또 남들에게 그렇게 가장하게 할 필요도 없다는 기쁜 소식을 전하는 것이다. 예수님은 완전하시다. 그리고 그분께서는 우리의 죄를 지시고 대신 죽으심으로써 이제 우리가 하나님의 영원한 사랑을 받는 아들과 딸이 되었다는 새로운 정체성을 부여하신다. 우리는 그분께서 육체로 부활하심으로써 온전한 샬롬과 정의를 가지고 다시 오실 그 나라의 문을 열어 주신 기쁜 소식을 전한다.

우리는 1세기 당시 유대인과 이방인들 사이에 실제적인 인종 간 화해를 이루고 미국과 영국의 역사 속에서 실제적인 노예 해방을 이루어 낸 바로 그 복음을 전한다. 우리는 하나님을 알고 그분 안에서 복락을 누리도록 창조된 우리 세대에게 실제적인 의미를 제시해주는 유일한 복음을 전한다. '사회 정의 B'에 짓눌려 헐떡이고 있는 이들에게 우리는 이 복음을 전하는 것이다.

그러나 그것이 전부는 아니다. 우리의 형제와 자매들이 '사회 정의 B' 때문에 복음을 버리는 일이 갈수록 더 많이 일어나는 것을 보지 않으려면, 사회 정의를 행하되 하나님의 방식대로, 그분의 은혜를 따라, 그분의 능력을 통해, 그분의 영광을 위해, 그리고 그분의 형상을 지닌 자들의 유익을 위해 행할 때 그것이 얼마나 강력하고 아름다우며 또한 자유를 주는 것인지를 우리의 말과 행동을 통해 그들에게 보여주어야만 한다. 그저 '사회 정의 B'를 때려 눕힌 뒤에 팔짱을 끼고 앉아서 할 일을 다 한 것처럼 있어서는 안 된다. 행동을 취해야 하며 그렇게 함으로써 우리의 형제와 자매들은 물론 우리를 지켜보는 세상을 향해서도 "참으로 정의를 행하는 것"이 무엇인지 보여주어야 한다.

마지막으로 T. S. 엘리엇의 말로 마무리하고자 한다.

"세상은 문명화되었지만 기독교적이지는 않은 사고 방식을 형성하고자 하는 실험을 하고 있다. 그런 실험은 실패할 것이다. 하지만 우리는 그것이 무너져 내릴 때까지 참고 기다려야만 한다. 그렇게 기다리는 동안 우리는 세월을 아껴야 한다. 즉 우리 앞에 놓인 이 암흑기를 지나는 동안 믿음이 온전히 살아 남을 수 있도록, 그리하여 문명을 새롭게 다시 건설하여 이 세상을 자멸의 길에서 구원해야만 한다."[15]

부록 A
낙태와 태아의 생존권[1]

2018년 한 해 동안 낙태로 인한 희생자는 4천 2백만 명에 달했고, 이는 전 세계적으로 가장 주요한 사망 원인이었다.[2] 나치의 유대인 학살인 홀로코스트에서 희생되었던 사람의 대략 일곱 배에 달하는 수가 단 한 해 동안 희생된 것인데, 1초에 한 명 이상이 "선택"이라는 제단에 제물로 바쳐진 셈이다. 많은 이들이 진보적 유토피아라고 여기는 아이슬란드에서는 "다운 증후군 진단을 받은 아이의 낙태율이 100%에 육박한다."[3] 미국에서는 다운 증후군 진단을 받은 태아의 90%가 죽임을 당하며[4], 뉴욕 시에 사는 흑인들의 경우에는 태어난 아이보다 낙태 당한 아이의 수가 더 많다.[5] "아시아에서는 성별에 따른 낙태가 만연되어 있어 이로 인해 '사라진' 여성이 1억 6천만 명에 달하는데, 이는 미국 내 전체 여성의 인구 수보다 더 많은 것이다. 최근의 증거를 보면, 미국 내에서도 성별에 따른 여아의 낙태가 보편적임을 알 수 있다."[6]

이처럼 원하지 않는다는 이유로 죽임을 당하는 하나님의 형상들이 수백 만에 달하고 있지만, '사회 정의 B'를 옹호하는 많은 이들은 이 태아들을 자신들이 말하는 "억압받는 자"의 정의에 포함시키지 않는다. '사회 정의 B'를 받아들이지 않는 많은 이들에게는 이와 같은 냉정한 "체형 차별"과 "공간 차별"(우리에게 생존권이 있는 이유는 우리가 더 크고 더 발달되었기 때문이라고 하거나 공간적으로는 우리가 자궁 밖으로 나왔기 때문이라고 믿는 생각)로 인해 약한 자를 생각한다고 하는 '사회 정의 B'의 주장이 공허하게만 들린다.

그렇다면 선택을 중시하는 '사회 정의 B'의 활동가들은 그와 같이 커다란 모순처럼 보이는 현상을 어떻게 해결하는가? 낙태를 찬성하는 가장 보편적인 주장 여섯 가지를 CHOICE(선택)라는 단어의 철자로 머리글자를 만들어 살펴보자.

코트 걸이(Coat Hangers)

이 첫 번째 주장은 제기된 지 50년 이상이 된다. 낙태를 합법화하지 않으면 여성들은 로 대 웨이드(Roe vs. Wade) 판결이 있기 전의 위험한 현실로 되돌아갈 수밖에 없을 것이라는 주장이다. 그래서 전문적인 면허가 있는 의료 종사자의 안전한 돌봄을 받지 못하고 뒷골목 도축업자들의 손을 통해 코트를 걸어 두는 철제 옷걸이로 낙태 시술을 받다가 죽어가게 된다고 말한다.

이에 대한 나의 대답은 두 가지이다. 첫째, 코트 걸이와 관련된 주장은 사실을 부풀린 것이다. 가족계획연맹의 이전 이사장인 메리 캘더론(Mary Calderone)에 따르면, 1973년에 있었던 로 대 웨이드 판결 이전에는 불법 낙태 시술의 90%가 "뒷골목 도축업자들"이 아닌 합법적인 면허를 갖고 의료업에 종사하고 있던 의사들이 행한 것이었다.[7] 미국의 인구동태통계조사국(the US Bureau of Vital Statistics) 발표에 의하면, 로 대 웨이드 판결 전 해에 불법 낙태 시술로 인해 사망한 여성의 수는 수천 명이 아닌 39명(1968년에는 133명, 1966년에는 120명)이었다.[8] 미국에서 여성의 선택권을 중시하는 프로 초이스(pro-choice) 운동의 아버지이자 전국낙태권리행동연맹(the National Abortion Rights Action League)의 공동 창시자인 버나드 나단슨 박사[후에 태아의 생명을 중시하는 프로 라이프(pro-life)를 지지하는 입장으로 바뀜]는 자기 자신을 위시한 초기 프로 초이스 운동의 지지자들이 의도적으로 숫자를 조작했음을 인정한다. 나단슨 박사는 이렇게 말한다.

> 낙태가 불법이던 당시 우리가 이야기했던 사망자 수는 얼마였던가? 전국낙태권리행동연맹(N.A.R.A.L)에서 우리는 일반적으로 전체 통계보다는 개별적인 사안을 극적으로 다루는 일을 더욱 강조했다. 반면 그런 통계를 발표할 때, 그 숫자는 언제나 "매년 5,000에서 10,000명"이었다. 이제와 고백하건대, 나는 그 숫자들이 완전히 거짓이라는 사실을 알고 있었고, 아마 다른 사람들 역시 잠시만이라도 그것에 대해 생각해보았다면 그 사실을 알았을 것이라고 본다. 하지만 혁명이라는 "도덕률" 안에서 그것은 널리 용인되는 유용한 숫자였으니 굳이 왜 그 길에서 벗어나 정직한 통계를 제시하겠는가. 당시의 최우선 관심사는 해당 법률을 폐지하는 것이었으므로 그것을 위해 할 수 있는 일이라면 무엇이든 상관 없었다. [9]

둘째, 코트 걸이와 관련된 주장은 핵심을 놓치고 있다. 즉 그것은 태아가 사람인지 아닌지에 관한 것이다. 만약 태아도 사람이라면, 이런 주장은 사회가 사람을 안전하고 합법적으로 죽일 수 있도록 해야 한다는 그릇된 결론에 이르고 만다. 만약 태아도 사람이라고 한다면, 1973년 이후 매년 약 150만 명이 사망하고 있다는 이야기가 된다. 프로 초이스 쪽에서 부풀린 것을 인정한 연간 5,000에서 10,000명의 숫자가 설사 맞는다고 하더라도, 이는 그것과는 비교조차 되지 않는 숫자다. 프로 초이스의 지지자인 메리 앤 워렌은 다음과 같이 시인한다.

"낙태의 기회를 제한함으로써 비극적인 부작용이 발생한다는 사실 그 자체만으로는 그런 제한이 정당화될 수 없는 것임을 보여주는 증거가 되지는 않는다. 왜냐하면 살인은 그것을 금지함으로써 나타나는 결과와 무관하게 그 자체로 잘못된 것이기 때문이다."[10] 이처럼 코트 걸이에 관한 주장은 가장 본질적인 질문을 무시하고 있다. 그것은 바로 태아는 사람인가 하는 것이다.

고생(Hardships)

낙태를 찬성하는 이들의 두 번째 주장은 유전적으로 장애가 있는 아이들은 결국 극심한 고생과 불행의 삶으로 전락하게 될 것이 뻔한데도 여성들에게 그런 아이를 낳으라고 강요하는 일은 있을 수 없다는 것이다.

이에 대해서는 다음의 네 가지 답변을 제시하고자 한다. 첫째, 장애를 가진 사람들은 이런 주장에 격렬히 반대한다. 장애를 갖게 될 지도 모르는 사람에 대한 낙태를 찬성하는 장애우들의 단체는 단 하나도 없다. 어떤 단체는 이를 다음과 같이 표현한다.

여러분, 우리는 탈리도마이드(Thalidomide) 처방이 아닌 다른 원인으로 인해 장애를 갖게 되었습니다. 우리 중 첫 번째는 두 팔과 손을 쓸 수 없고, 둘째는 두 다리를 쓸 수 없으며, 또한 셋째는 두 팔과 두 다리 모두를 쓸 수 없습니다. 우리는 운이 좋은 편입니다… 그래도 살수 있게 되었으니 말입니다. 누구도 우리를 쓸모없는 불구자로 여기며 파멸시키려 하지 않았던 것에 대해 정말 너무나 감사하고 있음을 분명히 말하고자 합니다. 데바루(Debarue) 뇌성마비 학교는 전국 뇌성마비 협회에 소속된 학교인데, 여기서 우리는 가치 있고 행복한 삶을 발견하였으며 우리의 미래 역시 자신감을 갖고 마주합니다. 비록 우리에겐 장애가 있지만 삶은 여전히 우리에게 더 많은 희망을 안겨주고 있으며, 따라서 우리도 미래를 향하여, 비록 비유적인 표현일지라도, 힘차게 달려나가고자 합니다. 이로써 우리는 탈리도마이드아(兒)를 둔 부모들에게 위로와 희망이 되기를 바라고, 또한 동시에 팔이나 다리가 없는 아기를 죽이려는 생각을 했던 사람들을 규탄하고자 합니다.[11]

둘째, 고생에 대한 주장을 하는 것은 기형과 불행이 서로 연관되어 있다고 하는 잘못된 상관관계를 형성하는 일이다. 전직 의무총감(Surgeon General)을 지냈던 C.에버렛 쿱은 필라델피아 아동 병원에서 소아 외과의로 재직하며 수년 간 심각한 기형을 갖고 태어난 영아들을 진료했다. 그는 이렇게 말한다.

나는 장애와 불행이 반드시 함께 가는 것은 아니라는 사실을 끊임없이 경험해왔다. 내가 알고 있는 아이들 중에는 신체와 정신의 능력은 온전한데도 가장 불행한 삶을 사는 아이들도 있고, 그와는 반대로 어떤 젊은이들은 내 자신조차 차마 감당하기 어려운 짐들을 지고 있으면서도 가장 행복한 삶을 살기도 한다. 그런 상황에서 우리가 해야 할 일은 환자들이 직면해 있는 문제에 대해 대안을 찾아내는 것이다. 그러나 나는 그 중에서도 죽음은 받아들일 만한 대안이라고 생각하지 않는다. 우리에게 있는 기술력과 창의력이라면 교육적인 측면에서나 그런 젊은이들을 위한 여가 활동 분야에서 우리가 할 수 있는 일들이 훨씬 더 많이 있다. 사실 사람마다 행복이라고 느끼는 것은 제각각 다 다르지 않겠는가? [12]

이에 대해 스티븐 크레이슨 역시 다음과 같이 말한다. "장애를 가진 사람들이 장애를 갖지 않은 사람들에 비해 죽임을 당하거나 혹은 스스로 목숨을 끊는 것을 더욱 원한다는 것을 보여주는… 연구 결과는 전혀 없다…. 볼티모어 시체 공시소에 보관되어 있는 최근 200구의 자살한 사체들 중에… 선천적 기형을 가진 사람은 하나도 없었다."[13]

셋째, 우리가 누구이기에 다른 이의 생명이 어느 시점에 살 만한 가치가 없어지는지를 결정할 수 있단 말인가? 1982년에 인디애나 주에서는 다운 증후군과 치료 가능한 이분척추를 가진 아기인 "아기 도우"(Infant Doe)가 태어났다. 부모들의 요구에 따라 의사는 아기 도우가 죽을 때까지 음식과 물을 주지 않았다. 이런 절차는 인디애나 주법원에서도 승인되었다. 조지 윌은 이 사건에 대해 다음과 같이 평가한다.

어떤 사안에 대해 비평가 자신이 직접적인 이해관계를 갖고 있다면 그와 같이 말하는 것이 당연하다. 나와 가장 가까운 친구들 중에는 다운 증후군을 갖고 있는 시민들이 있다. (시민들이라 함은 다운 증후군을 가진 아이들이 병원에서 집단 학살의 희생자가 되지 않았을 때를 말한다.) 초등학교 4학년이고 볼티모어 오리올스의 팬인 10살짜리 소년 조너선 윌은 다운 증후군을 갖고 있다. 하지만 그 아이는 다운 증후군을 "앓고" (신문에서 흔히 말하듯) 있지는 않다. 오리올스의 성적이 저조한 것에 대해 걱정하는 일 외에는 아무런 증상을 앓고 있지 않다. 감사하게도 그 아이는 잘 지내고 있다. 다만 세상과의 관계 속에서 충분히 많은 문제들을 안고 살아갈 수밖에 없다. 예컨대 공감을 얻는 것은 차치하고 정당한 권리를 행사하는 것도 결코 쉬운 일이 아니다. 그 아이는 아기 도우의 부모 같은 사람들 없이도 잘 살 수 있다. 또한 자신과 같은 사람은 온전한 인간이 아니라는 원리를 행동으로 천명한 인디애나 주 법원 같은 것 없이도 살아가는데 문제가 없다. 여러 증거를 통해 우리는 다운 증후군을 갖고 있는 시민들은 아기 도우의 죽음에 대해 책임져야 할 사람들 같은 인간에 대해서는 배울 것이 거의 없다는 사실을 알 수 있다.[14]

넷째, 고생에 대한 주장은 중요한 논점을 놓치고 있다. 곧 태아는 사람인가 아닌가 하는 점이다. 만약 장애가 있는 태아가 사람이라면 이런 주장으로는 이미 출생한 장애인을 처형하는 일을 막을 길이 없다. 그렇게 하려면 물론 신체적 불구가 있는 성인을 인간 이하의 존재라고 주장해야만 한다. 생화학자인 프랜시스 벡위드는 "만약 태아가 완전한 인간이라고 한다면 사람이 끔찍한 짐을 덜 수 있다는 이유만으로 살인을 저지르는 것은 정당화될 수 없다"[15]고 말한다.

인구 과잉과 빈곤

낙태를 옹호하는 세 번째 주장은 다음과 같다. 낙태를 금지하는 것은 가난한 여성들에게는 임신 기간 중 견디기 힘든 재정적 부담을 강요하는 일이며, 동시에 인구 과잉의 문제를 가중시키는데 기여하게 하는 일이라는 것이다. 이에 대해 나는 다음의 세 가지 답변을 제시한다.

첫째, 이런 주장은 낙태는 모든 여성이 아홉 달 임신 기간 내내 갖고 있는 본질적인 권리라고 하는 프로 초이스의 입장과 상충하는 것이다. 만약 인구 과잉 현상이나 경제적 고충이 없다면 이와 같은 권리는 사라지는 것인가? 이렇게 주장한다면, 그나마 인구 과잉 현상이나 재정적 압박이 있을 때에만 낙태를 정당화할 수 있다는 말이 된다. 낙태를 무조건적으로 허용할 수 있는 백지위임 따위는 없다는 말이다.

둘째, 이런 주장은 "해결책을 찾는 것"과 "문제를 없애 버리는 것"을 혼동한 결과이다. 우리는 빈곤의 문제를 없애 버리기 위해 가난한 자들을 처형할 수도 있고, 혹은 아프리카의 에이즈(AIDS) 위기를 없애 버리기 위해 그 병에 걸린 사람들을 집단 학살할 수도 있을 것이다. 하지만 그런 방법들은 인간에게는 위대한 가치가 있으며 따라서 어떤 상황에서도 그에 합당한 존엄한 대우를 받아야 한다는 우리의 도덕률을 훼손하는 것이고, 결국에는 문제에 대한 해결책을 찾는 일은 실패하고 마는 것이다.

셋째, 인구 과잉과 빈곤에 대해 주장하는 것은 태아는 사람인가 하는 문제를 간과하는 일이다. 오직 태아가 사람이 아니라고 전제

할 때에만 이런 주장은 조금이라도 신빙성을 갖게 된다. 결국 태아가 사람임을 인정하면서도 인구 과잉의 위협 때문에 그 사람의 목숨을 빼앗는 일이 합리화될 수 있다고 한다면, 그것은 영아 살해(출생한 아기들을 죽이는 일)는 물론이거니와 재정적으로 부담이 될 만한 사람이나 지구의 인구 밀도를 높이는데 기여할 만한 사람은 누구든 제거해도 무방하다는 말이 된다. 생명윤리학자인 스콧(Scott)은 "태아를 없앨 수 있는 기준으로 재정적 부담을 논하려면, 오직 태아가 사람이 아니라고 할 때만 가능하다"[16)]라고 말한다. 이에 대해 베일러 대학교(Baylor University)의 바루흐 브로디(Baruch Brody)는 다음과 같이 첨언한다.

> 매우 위험한 범죄자에 대해서조차 사형의 정당성을 의심하고 있는 이 시대에 아무런 해악도 가하지 않은 태아를 그저 앞으로 있을 지도 모를 문제를 피하기 위해 죽이는 행위는 완전히 불의한 일인 것 같다. 물론 사회적 문제를 일으키거나 야기하는 사람들을 제거하기만 하면 그런 문제들이 사라져버리는 경우가 많이 있는 것이 사실이기는 하지만, 그럼에도 그것은 사회의 가치 자체에 반하는 일이다. 그렇다면 한마디로 말해서 만약 태아가 사람이라는 점을 인정한다면 그저 원하지 않는다는 이유만으로는 낙태를 정당화할 수 없다.[17)]

근친상간과 강간

낙태를 옹호하는 이들의 네 번째 주장은 대중적으로 큰 호응을 얻고 있는 것이다. 즉 여성이 근친상간이나 강간 등의 매우 심각한 성폭력을 당한 경우에 원치 않았던 임신을 끝까지 지속함으로써 그로 인한 트라우마를 감내하도록 강요해서는 안 된다는 것이다.

첫째, 우리는 여성들이 근친상간이나 강간 등의 폭력을 당하게 되면 그로 인해 엄청난 고통을 겪는다는 점을 인정해야 한다. 그것은 참으로 비통하고 극악무도한 일이다. 우리는 우는 자와 함께 울어야 하며, 누군가의 이기심과 죄악으로 인해 임신하게 된 여성들을 돕기 위해 힘이 닿는 데까지 우리가 할 수 있는 모든 일을 해야 한다.

둘째, 낙태를 지지하는 진정한 이유가 무엇인지 명확하게 분별할 수 있는 시각을 가지는 것이 중요하다. 전체 낙태 건 수 중에 위와 같은 가슴 아픈 사례들은 약 1% 정도밖에 되지 않는다.[18] 프로 초이스 지지자들에게 "그렇다면 나머지 99%의 낙태는 도덕적으로 잘못된 것이라는 점에 동의한다는 의미인가?" 하고 물어보라. 아마 그들은 동의하지 않을 것이다. 그것은 결국 위와 같은 비극적인 사례는 그들이 낙태를 지지하는 근본적인 이유가 아님을 분명히 드러내 주는 것이다. 이미 이용당하고 능욕 당한 여성들을 정치적 주장을 관철시키기 위한 도구로 사용해서는 안 된다.

셋째, 그런 주장을 통해 원하면 언제든지 낙태할 수 있는 지위가 정당화되는 것은 아니다. 즉 낙태를 마치 모든 여성이 아홉 달 임신 기간 내내 가지고 있는 본질적인 권리로서의 "번식 권리"의 문제로 내세울 수는 없다는 말이다. 앞서 살펴본 세 가지 주장들과 마찬가지로 이 또한 자기 편한 대로 가장 근본적인 질문을 회피하는 일이다. 이에 대해 레이(Rae)는 "어떻게 임신이 되었는지의 문제는 태아가 사람인가에 대한 핵심적인 질문과는 무관한 것이다"라

고 지적한다.[19]

내 몸을 위한 선택

다섯 번째 주장은 아마도 가장 흔히 제기되고 또 많은 이들에게 가장 설득력 있는 것이 아닐까 한다. 즉 여성은 자신의 몸에 대해서는 어떤 일이든 스스로 선택하여 할 수 있는 권리가 있으며, 이런 권리는 정부나 다른 사람의 도덕적 신념으로 인해 방해를 받아서는 안 된다. 따라서 낙태는 합법화되어야 한다는 주장이다.

첫째, 태아는 여성의 몸의 일부가 아니며 단지 생물학적으로 매우 긴밀하게 그 몸에 부속되어 있을 뿐이다. 과학적으로 말하면, 태아는 마치 종양과 같은 세포 덩어리가 아니다. "태아를 '한낱 세포 조직'이나 '모친의 일부'라고 말하는 것은 생물학적으로는 완전히 틀린 말이다."[20] 출생 전의 태아는 고유의 유전자 부호와 심장, 순환계, 뇌 등의 기관을 갖고 있는 별개의 인간이다. 다음과 같은 몇 가지 간단한 질문들을 해보면, 이 사실을 분명히 이해할 수 있다. 임신한 여성의 다리와 발과 팔은 네 개가 되는가? 그 여성은 뇌와 심장과 간이 두 개씩 있는가? 대략 임신 중기 즈음이 되면 그 여성에게 음경이 생겨나는가? 이 세 가지 질문에 대한 대답은 모두 '아니다'이다. 왜냐하면 단지 다른 몸의 한 부분이 되는 것과 자신의 독자적인 몸을 갖는 것 사이에는 커다란 차이가 있기 때문이다. 출생 전의 태아는 바로 자신의 몸을 갖게 되는 것이다. 물론 그 두 몸은 매우 밀접하게 연결되어 있어서 서로 간에 생사가 달린 영향을 미치기도 한다. 그렇지만 태아가 단지 여성의 몸의 한 부분이라는 생각은 과학적으로 전혀 사실이 아니다.

둘째, 법적인 측면에서 보자면 우리는 우리 몸에 대해 절대적인 권리를 갖고 있지 않다. 대부분의 주에서 매춘은 불법이며, 미국 내 그 어디에서도 신체의 자유를 행사한답시고 합법적으로 자신의 몸에 마약을 들이부을 수 있는 곳은 없다. 신체의 자유를 행사함으로써 당신 자신과 타인에게 명백한 해를 끼치게 될 때, 그런 권리는 인정되지 않는다.

셋째, 내 몸을 위한 선택이라는 주장에는 흔히 "여성이 아니면 말하지 말라"는 구호가 함께 따라오곤 한다. 즉 남성들은 낙태 문제에 관여할 자격이 없다는 말이다. 하지만 우리가 앞서 제12장에서 보았던 것처럼, 어떤 사람의 생각을 평가할 때는 그 사람의 사적인 부분이 아닌 그 생각 자체의 신빙성을 바탕으로 해야 한다. 왜냐하면 사적인 부분이라 함은 그것을 주장하는 사람과 관련된 문제이지 그 주장 자체에 내재되어 있는 것이 아니기 때문이다. 그럼에도 그와 같은 입장을 고수하겠다고 한다면, 나는 저명한 프로 라이프 페미니스트 학자인 시드니 캘러핸(Sidney Callahan)의 글을 적극 추천한다. 그녀는 낙태로 인해 여성들이 육체적으로나 심리적으로, 그리고 정치적으로도 큰 상처를 입는다는 점을 나보다 훨씬 더 잘 입증하고 있다. 그녀의 글을 처음 읽는 분들에게는 굉장히 유명한 논문인 "낙태와 성에 대하여: 프로 라이프 페미니즘의 입장에서"(Abortion and the Sexual Agenda: The Case for Pro-Life Feminism)가 입문서로 매우 좋다.

넷째, "선택"이라는 말은 사실 뚜껑을 열어 보면 생각보다 그다지 자율이나 해방의 의미를 담고 있지 못하다. 낙태를 시도했던 여성들의 64%는 다른 이들로부터 압박을 느꼈다고 말했고, 절반 이상은 낙태가 "도덕적으로 잘못된 것"이라고 생각했다. 오직 1% 미만의 여성들만이 기분이 더 좋아졌다고 말한데 반해 77.9%는 죄책감을 느꼈다고, 그리고 59.5%는 "자신의 일부가 죽었다"는 느낌을 받았다고 답했다.[21]

다섯째, 내 몸을 위한 선택이라는 주장은 수백 만의 생명이 달려 있는 중대한 질문을 놓치고 있다. 곧 태아는 사람인가 하는 것이다. 낙태의 경우, 대략 태아의 절반 정도는 남성이다. 낙태가 오직 여성들만의 문제라고 말하려면 태아의 인간성에 관한 질문을 회피할 수밖에 없는 것이다.

경제적 차별

이제 낙태를 옹호하는 여섯 번째이자 마지막 주장으로 넘어가 보자. 낙태가 합법화되기 이전에는 돈 많은 여성들이 다른 나라에 가서 합법적으로 낙태 수술을 받았다. 반면 가난한 여성들은 자신들이 처해 있는 경제적 형편 때문에 오히려 낙태가 더더욱 필요한데, 낙태를 금지하게 되면 이런 여성들에게는 아무런 선택의 여지가 없어진다는 주장이다.

첫째, 이런 주장은 이미 아파하고 있는 이들에게 고통을 가중시킬 뿐이다. 다음 달 집세가 없어서 혹은 다음 끼니를 어떻게 해결해야 할 지 걱정하며 가난 중에 살아가는 일은 끔찍한 고통이 아닐 수 없다. 그리스도인이라면 지난 역사 속에서 교회가 했던 것처럼 그런 곤경 가운데 처해 있는 여성들을 돕는 일에 함께 해야 한다.

그렇지만 낙태가 그와 같은 역경에 대한 해결책이 된다고 보기는 어렵다. 14년 간의 방대한 연구를 통해 밝혀진 바에 따르면, 낙태 수술을 받은 여성의 81%는 정신 건강 상의 문제를 경험할 가능성이 훨씬 큰 것으로 나타났다.[22] 그것은 수십 억 달러의 수익을 창출해내는 낙태 산업으로 인해 여성들에게 가해지는 육체적 피해는 논외로 한 것이다. 이미 빈곤의 괴로움을 겪고 있는 여성들에게 더 큰 고통과 트라우마를 더하고자 하는 이유가 무엇인가?

둘째, 이런 주장에는 그것이 증명하고자 하는 바, 곧 낙태는 도덕적으로 선한 것이라는 명제가 전제되어 있다. 부유한 여성은 살인 청부업자를 고용할 만한 여유가 있는 반면 가난한 여성들은 그런 "전문가"의 서비스를 받을 수 있는 재정적 여유가 없다고 한 번 생각해보라. 그렇다면 이와 같은 불평등을 해결하기 위해서는 살인 대행업을 합법화해야 한다는 것이 논리적으로 합당한 주장이라고 할 수 있겠는가?

셋째, 이런 주장은 태아가 사람이라는 사실을 심각하게 간과하고 있다. 만약 태아가 인간임을 인정한다면, 이와 같은 주장은 부자나 가난한 자 할 것 없이 모두가 공평하게 살인의 기회를 얻을 수 있어야 한다는 말과 동일한 것이다.

지금까지 우리는 낙태를 정당화하고자 하는 주장들 중에 가장 흔히 제기되는 것 여섯 가지를 살펴보았다. 물론 그 외의 다른 주장들도 있고 이 부록 안에 다 다룰 수 없는 이야기들도 훨씬 더 많이 있다. 이 주제와 관련하여 좀 더 깊이 있게 들여다보고자 하는 분들께는 시중에 나와 있는 책들 중에 두 가지를 추천하고자 한다. 찰스 캐머시(Charles Camosy)가 쓴 《낙태 전쟁을 넘어서》(*Beyond the*

Abortion Wars)는 양극화를 넘어서 낙태 산업에 희생당하는 태아와 산모의 권리를 증진시키기 위해 탁월하면서도 또한 연민 가득한 주장을 잘 펼쳐내고 있다. 다음으로 프랜시스 벡위드가 쓴 《생명의 수호》(*Denfending Life*)는 비록 굉장히 학문적이기는 하지만 "인간의 포용성"에 관해 매우 뛰어난 기술을 담고 있다. 이 책은 참으로 훌륭한 역작이다. 벡위드는 전 세계에서 내로라하는 프로 초이스 철학자들과 활동가들의 주장에 맞선다.

프로 라이프의 주장

이제 우리는 다음의 네 가지 간단한 단계를 통해서 생명을 중시하는 입장을 살펴보고자 한다.

제1단계. 인간의 생명을 빼앗는 것은 잘못된 일이다. 왜냐하면 사람에게는 생존의 권리가 있기 때문이다.
제2단계. 태아는 생존권을 갖고 있는 사람이다.
제3단계. 낙태는 태아의 생명을 빼앗는 일이다.
제4단계. 그러므로 낙태는 잘못된 일이다.

프로 초이스와 프로 라이프 논쟁의 분수령이 되는 곳은 제2단계, 즉 태아가 생존권을 가진 사람인가 하는 부분이다. 프로 초이스를 옹호하는 사람들은 낙태가 제1단계에서 전제되어 있는 도덕률과 모순되지 않도록 하기 위해 태아가 어느 시점부터 사람이 되는지에 대해 수많은 설명을 제시한다. 프로 라이프를 옹호하는 이들이나 프로 초이스를 옹호하는 이들 모두 윤리적인 관점에서 볼때, 사람의 생명을 빼앗는 것은 잘못된 일이라는 점에 동의하고 있음을 인식하는 것이 중요하다 [피터 싱어(Peter Singer), 주디스 자비스 톰슨(Judith Jarvis Thomson), 데이비드 부닌(David Boonin), 그리고 에일린 맥도너(Eileen McDonough) 등은 예외이다]. 대부분의 사람들이 같은 생각을 갖고 있는 것이다. 따라서 이것은 생명을 중시하느냐 아니면 살인을 중시하느냐의 논쟁이 아니다. 단지 사람이 되는 시점이 언제이냐를 묻는 비도덕적 질문에 관한 논쟁이다. 그렇다면 생존권이 개입되는 "결정적 순간"은 언제인가? 이 질문에 대한 프로 초이스 측의 대표적인 답변 네 가지는 다음과 같다.

1. 출생(40주): 태아가 생명에 대한 완전한 권리를 갖는 사람이 되는 시점은 산모의 자궁에서 밖으로 나오는 그 순간이다.

그러나 이는 출생 5초 전의 아기와 출생 1초 후의 아기 사이에 존재하는 유일한 차이점은 단 한 가지, 곧 장소뿐이라는 말인데, 이는 사람 됨을 결정하기에는 다분히 자의적인 기준처럼 보인다. 프로 초이스를 옹호하는 피터 싱어와 헬가 쿠즈(Helga Kuhse)는 다음과 같은 점을 지적한다. "프로 라이프 진영의 생각은 한 가지 점에서 옳다. 즉 아기가 있는 장소가 자궁의 안쪽이냐 바깥쪽이냐 하는 것만으로 그와 같은 중대한 도덕적 차이가 생겨나는 것은 아니라는 점이다…. 그렇지만 그 문제를 해결하기 위해 태아가 나와 여러분과 동일한 도덕적 지위를 갖고 있는 사람이라고 하는 프로 라이프의 견해를 받아들일 수는 없다. 오히려 진정한 해결책은 그와는 정 반대 방향에 있다. 즉 모든 인간의 생명이 동등한 가치를 갖고 있다는 생각을 버리는 것이다."[23]

2. 생존 능력(24-26주): 태아가 생명에 대한 완전한 권리를 갖는 사람이 되는 시점은 산모의 몸에서 독립하여 생존할 수 있게 되는 순간이다.

하지만 생존 능력은 기술의 발전에 따라 달라지는 것이다. 따라서 새로운 기술이 더욱 발달하게 되면 독자적인 생존 능력은 더 앞당겨질 수 있다. 그렇다면 어떤 사회가 보유하고 있는 기술력 수준에 따라 사람이 되는 시점이 다를 수 있다는 말인데, 이는 매우 이상한 기준일 수밖에 없다. 게다가 한 가지 강력한 논거가 되는 것은 사람이 보다 의존적일수록, 보다 약할수록, 보다 의지할 곳이 없을수록 사회는 그런 사람을 더욱 더 보호해야 한다는 점이다. 이에 대해 로저 마호니(Roger Mahony) 추기경은 다음과 같은 말을 했다. "모든 사회와 국가는 그 안에서 살아가는 가장 연약한 자들, 가장 소외되고, 가장 보잘것없고, 가장 작은 자들을 어떻게 대우했는지에 따라 판단을 받게 될 것이다."[24]

3. 뇌 기능과 감각 능력(6-14주): 태아가 생명에 대한 완전한 권리를 갖는 사람이 되는 시점은 뇌가 기능하기 시작하고 고통을 경험할 수 있는 능력이 생기는 그 순간이다.

"결정적 순간"을 이와 같이 보게 되면 낙태는 여성이 아홉 달 임신 기간 내내 갖고 있는 근본적인 권리라는 입장과 충돌한다. 또한 이것은 인간이 수면 중이거나 혼수상태에 빠져 감각 능력이 없는 상태에도 생존의 권리를 갖고 있다는 점을 인정하지 않는 것이다.

4. 불가지론적 개인주의(?): 우리는 태아가 언제 사람이 되는지 정확히 알 수 없으므로 그것은 여성 개인이 각자 알아서 결정하도

록 내버려두어야 한다.

태아가 언제 사람이 되는지 모른다는 점은 프로 초이스를 정당화하는 것이 아니다. 오히려 그와 반대이다. 만약 당신이 숲 속에서 사냥을 하고 있는데 풀숲에서 바스락 거리는 소리를 들었다고 해보자. 그 소리가 당신의 친구인지 아니면 사슴인지 확실하지 않다면 만에 하나라도 있을 수 있는 살인을 피하기 위해 방아쇠를 당기지 말아야 한다는 것이 도덕과 상식이 당신에게 외치는 바이다. 프랑스의 유전학자인 제롬 르죈(Jerome Lejeune)은 이것을 다음과 같이 잘 요약해준다. "수정이 이루어진 후에 새로운 인간이 생겨나게 된다는 사실을 인정하는 것은 더 이상 취향이나 의견의 문제가 아니다. 수정이 된 순간부터 노년에 이르기까지 인간으로서의 본성이 존재한다는 점은 형이상적인 논쟁의 주제가 아니라 실험을 통해 밝혀진 명백한 증거이다."[25]

결론적으로 자궁 안에 있는 인간은 그들에게 가해지는 억압에 대해 말 그대로 목소리를 낼 수 없다. 우리는 우리와 동일한 크기, 발달 단계, 장소, 혹은 호흡의 특권을 누리지 못하고 있는 수백만의 목소리를 대변할 의향이 있는가? 만약 우리가 수십억 달러에 달하는 낙태 산업으로부터 착취를 당하는 자그마한 하나님의 형상과 그들의 모친을 위해 목소리를 내지 않는다면, 억압받고 소외된 사람들을 위해 정의를 생각하는 척하는 가식적인 행동을 멈춰야 한다.

부록 B
흑인과 백인

기독교는 진리에 관한 것이다. 아버지의 "말씀은 … 다 순전하며" 사람들이 "진리" 안에서 그분을 예배하기를 바라신다.[1] 예수님께서도 자신을 "곧 진리"라고 표명하셨으며, 빌라도에게는 그분께서 성육신하신 목적이 "진리에 대하여 증언하려 함"[2]이라고 하셨다. 또한 예수님께서는 "진리가 너희를 자유롭게 하리라"[3]고도 말씀하셨다. 그뿐 아니라 성령님은 "진리의 영"[4]이시다. 성경에서는 우리에게 진리를 찾고 그 안에서 말하고, 걷고, 기뻐하라고 명하신다.[5] 따라서 교회는 "진리의 기둥과 터"[6]가 되어야 한다. 진리를 뜻하는 헬라어 '알레데이아'(ἀλήθεια)는 우리가 진리라고 느끼는 것이나 혹은 유행하는 정치적 이념이 진리라고 말하는 것과는 다른 의미이다. '알레데이아'는 하나님께서 규정하시는 객관적인 현실을 가리킨다. 진정한 기독교는 기만이나 선전, 혹은 소원 성취가 아닌 실제 현실에 관한 것이다.

이처럼 기독교는 현실의 중요성을 깊이 인식하고 있기에 오랜 역사 속에서 단어와 단어의 정의를 지극히 진지하게 받아들인다. 예컨대 도서관에 가보면 '호모우시아'와 '호모이우시아'(동일 본질 대 유사 본질), 칭의, 자유 의지, 왕국, 기타 수많은 단어들에 대한 정의를 밝히기 위한 기독교 문헌들이 가득 한 것을 볼 수 있을 것이다. 이것은 과연 지난 역사 속의 그리스도인들이 말꼬리 잡는 사람들이거나 사전에 집착하는 사람들이었기 때문일까? 아니다. 그 이유는 기독교가 진리의 종교이기 때문이다. 말에는 진리를 밝혀줄 수도 있고 반대로 혼란스럽게 할 수도 있는 엄청난 힘이 있기 때문에, 단어의 정의를 바로 세우는 것은 그리스도인들에게는 매우 중요한 일일 수밖에 없다.

재정의

단어를 재정의하는 것은 '사회 정의 B'에서 발견되는 대표적인 특징들 중의 하나이다. 내가 살아오는 동안에도 저들은 수많은 단어의 의미를 용케도 잘 바꾸어 놓았다.

관용과 불관용: 관용이란 당신이 설사 어떤 사람의 의견에 동의하지 않더라도 그 사람에 대해서는 존엄과 존중으로 대하는 것을 의미했다. 그런데 '사회 정의 B'에서는 이 관용을 특정한 관점에 동의하거나 그 관점을 찬양하는 의미로 재정의한다. 따라서 이와 같은 새로운 정의에 의하면, 다른 사람이 잘못되었다고 생각하거나 혹은 그렇게 말하는 것은 불관용이 되는 것이다. 하지만 관용을 이렇게 달리 정의하면 앞뒤가 맞지 않게 된다. 왜냐하면 현실적으로 누군가에게 진실로 관용을 베푼다는 함은 그 사람이 잘못되었다고 생각하지만, 그럼에도 그를 존중하며 대하는 것 외에는 다른 길이 있을 수가 없기 때문이다. 예를 들어보자. 만약 당신이 캘리포니아 남부에서는 인앤아웃(In-N-Out)에서 파는 햄버거가 가장 맛있다고 믿는다면 내가 당신에게 관용을 보이는 것은 불가능하다. 왜 그런가? 왜냐하면 나는 당신의 그 의견이 맞다고 생각하는데, 이처

럼 동의하는 것은 관용을 베푸는 것과는 전혀 다르기 때문이다. 하지만 만약 당신이 '파이브 가이즈'(Five Guys)나 '더 해빗'(The Habit), 혹은 '맥도날드'(McDonald's)를 꼽는다면, 그때는 비로소 내가 당신에게 진정으로 관용을 보이는 것이 가능해진다. 다시 말해서 당신이 비록 질 낮은 햄버거들을 더 좋아한다 할지라도 나는 계속해서 당신을 존중하며 대할 수 있고 당신의 이야기를 잘 들어줄 수 있기 때문이다.

결혼: 결혼은 한 남성과 한 여성이 한 평생 배타적인 성적 연합 가운데 함께 살아가는 것을 의미했다. 하지만 일부다처제나 개방 결혼(배우자를 포함하거나 포함하지 않는 복수의 파트너와 성관계를 갖는 것), "3인 한 쌍"(세 명의 연합), "혼인 계약"(만료 시점이 있고 그 후에는 갱신이 가능할 수도, 가능하지 않을 수도 있음), 그리고 동성 결혼(남편이 없거나 아내가 없는 사이에서의 연합) 등의 개념들이 등장하면서 역사적인 정의가 담고 있는 핵심 요소들이 다 바뀌었다.

편협한 자: 편협한 사람이란 "자신의 의견이나 선입견에만 집착하는 고집스럽거나 옹졸한 사람을 의미했다. 특히 어떤 (인종이나 민족) 집단에 속한 사람들을 증오심과 불관용으로 바라보거나 대하는 사람을 뜻하는 말이었다."[7] 그런데 이 말이 '사회 정의 B'의 교리와 정책에 의문을 제기하는 사람을 뜻하는 말로 재정의되었다. 같은 생각을 품지 않는 사람이 합리적인 반대 논거를 제시한다거나 혹은 상대방을 진정으로 사랑한다는 것은 상상도 할 수 없는 일이 된 것이다. 한 마디로 편협한 자란 다른 시각을 가진 사람을 바라보는 기본적인 출발점이 되었다. 만약 사람들이 우리와 다른 생각을 갖는 이유를 오직 그들의 편협성에서만 찾으려고 한다면 아

마 우리야말로 참으로 편협한 사람일 것이다.

이 외에도 단어의 의미를 새롭게 정의한 예는 한없이 많이 있다. 하나님의 형상을 지닌 태아에게 생존의 권리가 있다고 믿는 것은 "여성에 대한 전쟁"으로 재정의되었다. 남성과 여성은 서로 다르다는 생물학적이고 성경적인 사실을 표현하는 것도 "성전환 혐오"라는 말로 재정의되었다. 뿐만 아니라 '사회 정의 B'에서 재정의한 단어들에 동의하지 않는 것 또한 "증오 발언"으로 재정의되었다. 토마스 소웰은 하나의 이념이 "기발한 표어나 고매한 미사여구로 가장 받아들이기 힘든 사실들을 허공으로 흩어버림"[8]으로써 다양성, 특권, 폭력, 그리고 변화와 같은 단어들의 본래 의미를 강탈해가는 과정을 주의 깊게 추적해보았다.

인종 차별주의의 재정의

1970년대에 들어 인종 차별이라는 말이 새롭게 정의되면서, 인종에 대한 갈등을 일으키는 주된 원인이 되어 왔다. 그때 이후로 이 새로운 정의는 주류가 되어 버렸고, 여러 대학의 사회 과학과 인문학 분야에서는 이 정의를 의문의 여지가 없는 것으로 전제하게 되었다. 또한 이것은 그리스도인들이 인종 차별에 관한 대화를 나눌 때에도 논란의 여지 없는 출발점이 되었는데, 이로 인해 불필요한 혼란과 분열이 많이 야기되었다. 인종 차별은 한때 인종을 바탕으로 사람을 차별하는 것을 뜻하는 말이었다. 오늘날에도 많은 사람들이 여기저기서 그 말을 듣게 되는데, 여전히 그 의미는 동일하다. 즉 "당신은 흑인이니까 사람이 아니라 재산일 뿐이요. 당신은 버스에서 맨 뒷자리에 앉아야 하고, 여기서는 밥을 먹거나, 투표를 하거나, 학교에 가는 일, 혹은 집을 사는 일도 할 수 없소." 이렇게 말하는 것이다. 예수님께 헌신했다고 주장했던 많은 이들이 그와 같은 인종 차별을 자행한 역사적 사실은 우리가 결코 반복해서는 안 될 수치이자 비극이다. 인종을 바탕으로 하여 그런 차별을 행하는 것은 참으로 끔찍한 일이며 기독교적 세계관과 정면으로 배치되는 일이다.

그런데 우리 사회의 힘 있는 어떤 영역에서 인종 차별에 대한 역사적 정의에 매우 의미심장한 무언가를 첨가했다. 그들은 인종 차별을 편견 더하기 힘으로 정의했는데, 이런 정의는 1970년 백인 사회 과학자인 패트리샤 비돌-패드바(Patricia Bidol-Padva)가 만들어낸 것이다.[9] 그에 따르면, 오직 "힘을 가진" 사람만을 올바른 의미의 인종 차별주의자로 볼 수 있다. 따라서 유색 인종은 인종 차별주의자가 되는 것이 아예 불가능하다. 왜냐하면 그들에게는 힘이 없기 때문이다. 결국 진정한 의미의 인종 차별주의자가 될 수 있는 것은 오직 백인들뿐인데, 그 이유는 백인들이 모든 권력을 다 쥐고 있기 때문이라고 그들은 주장한다.

2014년에 개봉한 '디어 화이트 피플'(Dear White People)이라는 영화에서 우리는 "인종 차별은 인종에 바탕을 두고 제도적인 불이익을 가하는 것"이라고 묘사하는 것을 보게 된다. "흑인들은 그런 제도로부터 이익을 얻을 수 없으므로 인종 차별주의자가 될 수 없다."[10]는 말이다. MTV에서 방영된 토크쇼 '디코디드'(Decoded)에서 프란체스카 램지(Franchesca Ramsey)는 미국의 젊은이들에게 "인종 차별을 이해하고자 한다면 사회학에 대한 이야기를 해야 하는데, 사회학에서는 인종 차별을 편견과 힘의 조합이라고 설명한다"[11]라고 이야기한다. 실제로 사회학자인 마이클 에릭 다이슨은 다음과 같이 말한다. "인종 차별은 사람들의 삶에 법이나 계약 등을 통해 제재를 가하여 인구의 상당 부분을 경제적, 정치적, 그리고 사회적으로 통제할 수 있는 능력을 전제로 한다. 하지만 흑인들은 그렇게 할 수 있는 능력이 없다. 우리는 편협한 자들에게 희생될 수 있는가? 그렇다. 우리는 편견의 희생양이 될 수 있는가? 그렇다. 우리는 인종 차별주의자가 될 수 있는가? 그렇지 않다."[12]

비돌-패드바가 재정의한 개념을 의문의 여지 없는 전제로 받아들여 저술된 책들이 바로 로빈 디안젤로가 쓴 《백인의 취약성》(White Fragility)과 비벌리 테이텀(Beverly Tatum)이 쓴 《왜 흑인 아이들은 학교 식당에서 다 함께 모여 앉아 있는가?》(Why Are All the Black Kids Sitting Together in the Cafeteria) 등의 베스트 셀러들이다. 그가 재정의한 개념이 기독교 베스트 셀러[13]와 주요 기독교 대학의 사회 과학 분야에도 들어와 있는 것이다.

이와 같은 새로운 정의가 생각만큼 그렇게 충분한 지지를 얻지 못하자 돌연 비돌-패드바의 재정의를 증명할 만한 확실한 근거를 들어보지도 못한 수백만 명의 사람들이 "인종 차별주의"라는 비난을 뒤집어쓰게 된다. 예상했던 대로 새로운 정의를 만들어내어 수백만 명의 동료 그리스도인들에게 비난의 화살을 돌리는 것은 결국 진정한 인종 간 화해가 아닌 오히려 그리스도의 몸을 더욱 심각하게 분열시키는 결과를 낳는 것이다. 새로운 정의가 이전의 것보다 더 좋다고 한 번 가정해 보자. 만약 우리가 교회의 하나 됨을 생각한다면, 우리는 최선을 다해 우리의 형제자매들에게 이 새로운 정의가 기존의 일반적인 정의보다 더욱 더 합리적이고, 사실에 부합할 뿐만 아니라 더욱 더 성경적이라고 호소해야 할 것이다. 하지만 애석하게도 현실의 모습은 전혀 그렇지 않다. 오히려 그 새로운 정의는 충분한 근거도 없이 교회 위에 강요되고 있으며, 그로 인해 균열과 분노만 생겨나고 있다. 이것은 결코 바람직한 모습이 아니다.

그렇다면 이와 같은 새로운 정의에도 올바른 것이나 유익한 부분은 있는가? 그렇다. 인종 차별은 단순히 개개인의 사적인 의사 표현이 아니며, 그저 '깜둥이'라는 말을 쓴다거나, 나와 다른 사람에 대해 개인적으로 반감이나 두려움을 갖는 것, 혹은 특정한 피부색을 가진 사람들이 그 외의 사람들보다 더 우월하다고 믿는 것 정도로 축소시킬 수 있는 것이 아니다. 우리가 나치주의나 아파르트헤이트, 그리고 미국의 노예 제도와 분리주의에서 배울 수 있었던 것처럼 인종 차별의 죄악은 강력한 억압적 제도를 통해 괴물 같은 모습으로 극대화될 수 있다. 이처럼 단지 인종에 대한 편견에 그치던 것도 제도의 힘을 빌면 끔찍한 지경에까지 치달을 수 있기 때문에, 그런 점에서 비돌-패드바의 새로운 정의는 우리가 그것에 주의를 기울이게 해주며 나아가 교회가 이런 인종 차별적 죄에 보다 당당히 맞설 수 있게 해준다는 점에서 옳다고 볼 수 있다.

혹시 이와 같은 새로운 정의에는 문제점도 있는가? 아니면 그리스도인은 그것을 전면적으로 받아들여야 하는가? 만약 우리가 그리스도의 몸인 교회 안에서 다양한 민족 구성원들 간의 지속적인 하나 됨을 이루고자 한다면 우리는 인종 차별을 '편견 더하기 힘'으로 보는 견해에 껄끄러운 질문을 하는 것을 두려워해서는 안 된다.

새로운 인종 차별에 대한 네 가지 질문

1. 인종 차별을 이와 같이 새롭게 정의하면 잘못된 결론이 도출되는가? 비돌−패드바의 생각대로, 인종 차별에 있어서 권력이 필수적인 조건이라고 한 번 가정해 보자. 그렇다면 어떤 일이 발생하겠는가? 만약에 그러하다면 독일의 제3제국이 부상하기 전에 아무런 권력도 갖지 못한 채 감옥 안에서 반유대주의적 성격의 자서전인 '나의 투쟁'(*Mein Kampf*)을 쓰고 앉아 있었던 히틀러는 인종 차별주의자가 아니었다는 결론에 이르게 된다. 권력을 인종 차별의 핵심적인 요소로 여긴다면 연합군이 제3제국의 권력을 해체했을 때 나치에게는 놀라운 일이 발생한 것이다. 즉 그런 정의에 따르면, 연합군의 승리가 늘어가면서 나치의 권력이 줄어드는 만큼 나치의 인종 차별주의적 성격도 줄어든 것이기 때문이다. 결국 최후의 집단 수용소에서 해방을 맞이했을 때, 히틀러의 베를린이 무너졌을 때, 총통 스스로 자신의 머리에 방아쇠를 당긴 바로 그때, 나치에는 정말 마법 같은 일이 일어났다. 뉘른베르크 전범 재판소에 섰던 자들과 남미로 도주했던 이들은 자신들의 반유대주의를 전혀 후회하지 않고 있음에도 그들은 기적처럼 더 이상은 인종 차별주의자가 아닌 것이다.

오늘날의 쿠 클럭스 클랜(Ku Klux Klan)은 그들이 아무리 숲 속의 헛간 집회에 모여 백인 우월주의 선전 구호를 토해낸다 하더라도 우리 시대에 있어서는 예컨대 의회 내 흑인 의원 모임인 CBC(Congressional Black Caucus)보다 제도적인 권력이 적기 때문에 인종 차별주의가 아니다. 새로운 정의에 의하면, "인종 차별은 권력의 문제"인데 "대부분의 영향력은 백인들이 갖고 있어서" 그로 인해 "흑인들은 인종 차별주의자가 될 수 없다"고 하기 때문에, NOI[Nation of Islam, NOI는 극단적 수니파 이슬람 원리주의 무장단체인 이슬람 국가(The Islamic States)와는 다른 단체이다. NOI는 미국 내에서 이슬람교 선교 활동을 하는 단체로 한 때 흑인들만을 회원으로 받아 백인과 흑인을 분리하는 것을 주장했던 단체이다. 이들은 기독교를 서구 백인들의 종교로 몰아세워 적대시하고 이슬람교를 흑인들의 종교인 것처럼 선전하기도 하였다. 1975년부터는 인종에 상관없이 회원을 모집하였다. 현재 이 단체의 수장은 과거 수장직을 맡았던 말콤 X의 권유를 받아 가입한 루이스 파라칸이다-역자주]의 지도자 루이스 파라칸(Louis Farrakhan)이 다음과 같이 선언할지라도 그는 인종 차별주의자가 아니다. "백인들은 몰락하고 있다. 그리고 사탄도 몰락하고 있다. 그러나 파라칸은 신의 가호로 사탄적인 유대인들의 가면을 벗겨냈고, 이제 나는 여기서 당신들의 시간은 지나갔노라, 당신들의 세상은 끝났노라고 선언하는 바이다!"[14]

무엇을 말하고자 하는 것인가? 죄를 죄로 여기기 위해 제도적 권력이라는 것이 꼭 필요한 것은 아니라는 말이다. 인종 차별을 죄로 여기는데 그와 같은 권력이 무엇 때문에 꼭 필요하단 말인가? 조지(George)는 탐욕스러운 사람이다. 그는 깨어 있는 내내 자신을 위해 더 많은 돈과 더 많은 사치품을 모으는 데만 온통 정신이 팔려 있다. 우리는 조지의 그와 같은 탐욕의 죄를 어떻게 치료해줄 수 있을까? 그를 십자가에 매달 필요까지는 없다. 그저 사회주의 정권 하에서 "경제적 평등"을 이루기 위해 제도적 권력을 휘두르는 2020년의 사회주의 국가 베네수엘라에 데려다 놓으면 된다. 조지는 지배 권력의 제도 속에서 자신의 탐욕을 표현할 수 없을 테니 그의 탐욕은 더 이상 탐욕이 아니다. 어쩌면 그는 단지 지나친 재정적 야망이나 혹은 물질에 대한 집착으로 인해 힘겨운 시간을 보내고 있는 것일 뿐이다.

당신이 다른 인종의 사람들에 대해 적대감을 표현하면서도 인종 차별주의자가 되지 않을 수 있다고 한다면, 우리는 소설《1984》에 나오는 신어(Newspeak, 조지 오웰이라는 필명으로 알려진 에릭 아서 블레어의 소설인《1984》에 등장하는 가상의 언어로서 지배층의 통치 방식을 구현하기 위해 구어와는 다른 새로운 구조와 어휘의 언어를 만들어낸 것임–역자주)의 세계로 들어선 것이나 다름없다.

2. 인종 차별을 이와 같이 새롭게 정의하면, 그 단어의 의미가 완전히 바뀌어 우리가 이야기하고 있는 현실은 그와는 전혀 다른 것이 되는가? 폭력이라는 단어를 생각해 보자. 대부분의 사람들은 이 단어를 "물리적 힘을 사용해 상해나 손상을 입히는 것" 혹은 "상해, 학대, 손상, 또는 파괴를 목적으로 물리적 힘을 사용하는 것"을 의미한다고 받아들일 것이다. 이런 정의에 따르면, 교회는 과거의 굴곡진 역사 속에서 폭력에 대한 책임을 면할 수 없다. 로마 가톨릭 교회가 종교 재판과 십자군 전쟁에서 폭력에 의존했기 때문이다. 또한 북아일랜드에서는 수십 년간 로마 가톨릭과 개신교도 사이에 서로를 향한 폭력이 자행되었다. 교회의 역사 속에 실존하고 있는 그와 같은 피로 물든 순간들은 우리의 원수를 사랑하라고 하신 예수님의 명령과 화해를 이루기는 어려운 일이다.

물론 오늘날의 기독교 교회 역시 완전함과는 거리가 멀다. 그럼에도 지난 역사에서 교회가 승인한 폭력과 오늘날의 교회 사이에는 극명한 차이가 있다. 다른 이들에게 상해와 학대를 입히고 손상과 파괴를 일삼은 일에 대해 진정한 회개와 생각의 변화, 그리고 돌아섬이 있었기 때문이다. 하지만 일단의 시위대가 "언어는 폭력이다!"라는 팻말을 흔들고 있는 모습을 보았다고 생각해 보라. 리사 펠드먼 배럿(Lisa Feldman Barrett)은 뉴욕 타임즈에 기고한 "언제 언어가 폭력이 되는가?"라는 글에서 다음과 같이 주장한다. "만약 말 때문에 스트레스를 받게 된다면, 그리고 그 스트레스가 지속되어 몸에 이상이 생긴다면, 그런 말은 (적어도 특정한 형태의 말들은) 일종의 폭력이 될 수 있다."[15]

미국 내 교회들에서는 스트레스를 급증하게 할 수도 있는 말을 사용하는데, 예를 들어 "당신은 죄인입니다", "하나님께서는 의로우시기 때문에 죄인들에게 거룩한 진노를 부으십니다", 혹은 "죄를 해결하시기 위해 하나님께서 보내신 구원자 예수님을 거부하는 사람들은 영원히 죽지 않는 고통 가운데 던져질 것입니다." 등과 같은 말들이다. 최근에 새롭게 정의된 폭력의 개념에 따르자면, 미국의 교회는 폭력이다!라는 비난을 피할 수 없다. "폭력적인 교회는 구원을 얻을 수 있는가?"와 같은 제목의 책들이 시장에 출간될 수도 있다. 교회가 아무리 타인에 대한 물리력 행사를 결사 반대하더라도, 혹은 제아무리 말과 행동으로 비폭력주의를 증명한다 할지라도 그것은 문제되지 않는다. 새로운 정의에 의하면, 교회는 "폭력"일 뿐이다.

교회의 역사 속에서 가장 피비린내 났던 시기를 향해 떠난다고 한 번 상상해보자. 너무도 잔혹한 그 사건들 앞에서 그리스도인이라면 눈물을 흘리지 않거나 피가 끓어오르지 않을 수 없는 그런 순간들을 상상해 보라. 그런 다음에는 폭력의 새로운 정의를 배포하되 그것이 과거의 정의보다 더 좋은 것이라는 주장을 하지는 않는 것이다. '사회 정의 B'를 옹호하는 사람들은 폭력은 단지 변형되고, 개조되고, 새로운 형태로 변모할 뿐 사라지지 않는다고 말한다. 그렇다면 새로운 정의 하에서 정죄를 받는 그리스도인은 누구든 이전의 정의 하에서 죄를 지은 사람들에게 향했던 비난을 떠 앉게 될 뿐만 아니라, 자신의 조상들이 저지른 폭력과 오늘날의 교회가 후원하는 "폭력"에 가담한 것에 대해 회개하라는 요청을 받게 된다.

이처럼 선한 의도를 가진 그리스도인들이 인종 차별에 대한 새로운 정의를 먼저 면밀히 살피지 않고 받아들이면 이와 같은 일들이 일어난다. 그들은 이전의 정의 하에서 과거의 소름 끼치는 인종 차별의 예들을 제시한다. 이는 그와 같은 끔찍한 죄들이 오늘날 또다시 반복되어서는 안 된다는 사실을 상기시켜준다는 점에서는 도움이 된다. 하지만 그 후에는 유인 판매 전략이 뒤따라 온다. 즉 인종 차별이라는 말에 교묘하게 새로운 정의를 채워 넣은 뒤에 이 죄는 과거의 죄와 같은 것이라고, 그저 1750년대나 1950년대와 그 생김새만 다른 것이라고 말하는 것이다.

이와 같은 방법으로 우리는 새로운 정의를 사용하여 이전 정의 하에서 행해졌던 과거 인종 차별의 책임을 현대를 살아가는 우리의 그리스도인 형제, 자매들에게 덮어씌운다. 이로 인해 그리스도의 몸 된 교회의 지체들이 "그러므로 이제 그리스도 예수 안에 있는 자에게는 결코 정죄함이 없나니"[16]라는 말씀을 함께 찬양하기보다는 서로를 할퀴고 물어 뜯게 만든다.

3. 인종 차별을 이와 같이 새롭게 정의하면, 권력의 의미가 흐릿해지는가? 권력을 쥐고 있는 사람이 누군지, 혹은 얼마나 많은 권력이 있어야 한 사람의 편견이 선을 넘어 인종 차별이 되는지 등을 누가 결정하는가? 버락 오바마가 8년 동안 자유세계의 지도자로 있을 때 흑인들이 갑자기 인종 차별주의가 되는 일이 가능했던가? 트럼프가 백악관 집무실을 차지하고 나서야 마법처럼 그들을 인종 차별주의자라고 하는 것이 불가능해졌는가? 타네히시 코츠(Ta-Nehisi Coates)는 언론의 단골손님이자 미국의 사회학 교과 과정에 빠짐 없이 등장하는 인물로 엄청난 권력을 휘두르고 있으며, 이는 제시 잭슨(Jesse Jackson), 알 샤프턴(Al Sharpton), 맥신 워터스(Maxine Waters), 카멀라 해리스(Kamala Harris), 코리 부커(Cory Booker), 기타 수많은 흑인 인플루언서들도 마찬가지다. 그렇다면 그들도 인종 차별주의자라고 하는 것이 가능한가? 흑인 힙합 산업에는 문화를 형성하는 어마어마한 힘이 있다. 때문에 그들이 음악을 통해 전하고자 하는 가치가 자녀들에게 미치는 부모의 영향력을 능가하는 일이 굉장히 많을 것이라고 주장하는 사람도 있을 수 있다. 이런 것이 바로 힘이다. 소위 미국 내의 흑인 투표권은 전국적인 선거에서 무기력한 결과를 낸 적이 거의 없다.

그러나 나는 이 사람들이 인종 차별주의자라고 주장하는 것은 아니다. 다만 저런 사람들도 힘이 없는 것이 아니라는 점을 지적하고자 할 뿐이다. 저들에게도 권력이 있다는 현실을 감안한다면, 백인들이 모든 권력을 쥐고 있기 때문에 인종 차별이 오직 백인들만의 문제라는 주장을 뒷받침하기는 어려운 일이다.

여기서부터 이해할 수 없는 역설적 현상이 생겨난다. 인종 차별에 대한 이와 같은 새로운 정의를 퍼뜨리는 사람들은 서구의 제국주의와 유럽 중심주의, 그리고 미국 우월주의를 비난하는데 주저함이 없다. 백인이 "중심"이 되어 행해지는 담론을 비판하는 것이다. 하지만 인종 차별에 대한 새로운 정의가 바로 그와 같은 일을 일으키고 있지 않은가? 남미에는 피부색이 좀 더 밝은 사람들과 상대적으로 좀 더 어두운 사람들, 즉 스페인의 피가 더 많이 섞인 사람들과 마야인의 피가 좀 더 섞인 사람들 간에 오랫동안 이어져온 갈등이 존재한다. 북미의 역사에서도 흑인 사회 안에 피부색이 좀 더 밝은 사람들과 어두운 사람들 사이에 많은 긴장이 있어왔다.[17] 전 세계 많은 곳에서 얼굴색이 하얀 사람들의 수가 많고 적음에 따라 뚜렷한 인종 차별이 존재한다. 역설적이게도 인종 차별에 대한 새로운 정의로 인해 다른 모든 이들이 서구의 개념을 뒤집어 쓰게 되는 것이다. 이것을 소웰은 다음과 같이 잘 표현하고 있다. "인종에 관한 죄악과 오류에 대해 논하자면, '유럽 중심적'인 세계관을 가장 비판하는 바로 그들이 가장 유럽 중심적인 때가 자주 있다."[18]

인종 차별에 대한 새로운 정의를 통해 권력을 쥔 사람이 누구인지, 따라서 누가 인종 차별주의자인지를 결정하는 방식에는 또 다른 문제점이 있다. 그것은 그런 방식이 지극히 정치화되어 있다는 점이다. 하나님의 형상을 지닌 수십만 명의 흑인 아기들을 말살한 가족계획연맹과 같은 모금 기관에 수백만 달러를 쏟아붓고 있는 권력자들을 한 번 생각해보라. 새로운 정의에 호소하는 사람들에 따르면, 가난한 산모들을 겨냥하여 그들의 아이들을 제거하면서 그와 동시에 수십억 달러의 이익을 내는 일은 인종 차별이 될 만큼 충분한 권력이라고 할 수 있는가? 만약 우리가 가족계획연맹의 모금을 후원하는 후보자에게 투표한다면 우리도 제도적 인종 차별에 가담하는 것인가? 한 부모 가정에 재정적인 지원을 하는 복지 제도는 어떤가? 미국의 복지 제도가 기하급수적으로 성장하기 전인 1965년에는 흑인 아이들 중에 약 네 명 중 한 명은 한 부모 가정에서 태어났다. 그런데 2017년에는 가슴 아프게도 그 숫자가 거의 세 배로 껑충 뛰어 70%에 달하는 아이들이 혼인 관계없는 부모에게서 태어났다. 그렇다면 이와 같은 복지 제도는 흑인 사회에 끼친 악영향을 놓고 볼 때, 인종 차별이 될 만한 충분한 힘이 있다고 할 수 있는가? 그런 복지 제도를 가장 앞장서서 지켜내는 이들이 바로 인종 차별의 개념을 재정의한 사람들이라는 사실로부터 우리는 그와 같은 새로운 정의에는 정치적 편견이 스며들어 있음을 알 수 있는 것이다.

4. 인종 차별을 이와 같이 새롭게 정의하면 복음을 가리게 되는가? 나는 이것이 인종 차별을 편견 더하기 힘으로 보는 견해에 대해 우리가 제기할 수 있는 가장 중요한 질문이라고 믿는다. 간단한 실험적 사고를 한 번 해보자. 흑인에 대한 편견을 품고 있는 한 무리의 백인들이 있다고 상상해 보라. 그들은 우간다로 향하는 비행기에 타고 있다. 그런데 그 비행기가 활주로에 닿는 순간, 그들은 더 이상 백인의 제도적 권력이 통용되지 않는 곳에 있다고 할 수 있으므로 그들이 갖고 있던 편견은 더 이상 인종 차별로 볼 수 없게 되는 것인가? 그렇다, 그들에게 여전히 편견에 대한 책임을 물을 수 있을지는 몰라도, 다행히 전혀 새로운 곳에 와 있는 지금, 그

들은 더 이상 자신의 창조주께 인종 차별에 대한 고백을 할 필요는 없는 것이다. 하지만 이런 논리는 그저 핑계일 뿐이다. 우리는 예수님의 십자가 앞에 일체의 인종 차별을 내려 놓고 고백해야만 한다. 권력이라는 것을 인종 차별의 필수 요소로 만들어 버림으로써 우리는 수많은 형태의 인종 차별을 있는 그대로 끄집어 내어 하나님의 은혜의 빛 앞으로 가져오는 일을 가로막고 있는 것이다. 곧 죄인들에게 예수님의 십자가가 아닌 지리적 위치를 바탕으로 하여 무죄 선고를 획득할 수 있는 길을 열어주는 것이다.

마지막으로 한 가지 예를 더 생각해 보자. 〈뉴욕 타임즈〉 사에서 "백인들을 쓸어버려" 등의 트윗을 올린 아시아계 미국인 사라 정(Sarah Jeong)을 편집부에 고용했을 때, 그녀를 지지하던 사람들은 사라 정에게 아무 잘못도 없음을 증명하기 위해 인종 차별에 대한 새로운 정의를 가져다 댔다. 즉 백인 남성 위주의 사회 속에서 살아가는 아시아계 여성은 인종 차별이라고 할 만한 행위를 하기에는 힘이 부족하다는 주장이었다.

그러나 미국에서 가장 영향력 있는 언론사들 중 한 곳의 편집부에서 일하는 것은 대부분의 사람들이 결코 가져보지 못할 힘이라는 사실, 혹은 아시아인들은 미국 내에서 경제적으로 최상위 계층에 속하는 사람들이라는 사실은 누구나 쉽게 알 수 있는 내용이다. 또한 그녀를 정치적 문화 전쟁이라는 사고방식으로 걸러 내어 좌파적 위선행위의 본보기로 삼아 이념적 점수를 올리는 일은 훨씬 더 쉬운 일일 것이다. 하지만 우리가 그녀의 적대감을 권력이나 정치의 렌즈가 아닌 성경적 세계관을 통해 해석한다면 어떻게 되겠는가?

그렇게 한다면, 우리는 사라 정을 우리 자신과 마찬가지로 죄로 인해 타락한 하나님의 형상으로 생각하게 될 것이다. 성경적인 렌즈를 통해 그녀를 바라보면 우리는 그녀가 모든 인간에게 주어진 단 하나의 가장 큰 기쁨과 의미, 그리고 완성을 경험하게 되기를 간절히 기도해야 한다. 그것은 곧 그녀를 창조하신 분과 생명의 관계를 회복하는 특권이다. 우리의 창조주께서는 거룩하신 분이다. 따라서 그분을 알고 그분 안에서 기쁨을 누리기 위해서는 우리의 불경함을 정직하게 고백하고 우리의 죄에서 돌이킴으로써 그분의 값없는 죄 용서를 받아야 한다는 것을 분명히 하셨다. 우리에게 이 죄 사함의 은혜를 값없이 주시는 이유는 우리가 받아야 마땅한 형벌을 예수님께서 십자가에서 대신 다 받으셨기 때문이다.

사라 정을 지으신 분은 "외모로 사람을 취하지 아니"[19]하시고, "모든 방언과 족속과 나라"를 돌보신다. 그녀가 이런 창조주 안에서 기쁨을 얻기 위해서는 자신의 죄를 회개해야 한다.[20] 사람들의 피부색과 성별을 싸잡아서 낙인을 찍고 그들을 쓸어버리라고 하는 것은 그녀가 경험할 수 있는 최고의 의미와 기쁨, 곧 자신을 지으신 분과의 관계를 누리지 못하도록 막는 죄인 것이다.

비돌−패드바가 인종 차별에 대해 내린 재정의 하에서 우리가 "무죄" 선고를 받을 수 있는 길은 더 이상 그리스도 안에 있는 것이 아닌 이런 저런 민족 집단 안에 소속되는 것뿐이다. 이는 그리스도와 상관 없는 칭의인데, 안타깝게도 그것은 거짓 복음이다. 백인이 아니어야만 무죄하다는 식의 거짓 복음은 사람을 구원할 수 없다. 오히려 그것은 의롭다 함을 입을 수 있는 참되고 유일한 길, 곧 하나님의 값없는 은혜로 말미암아 예수님의 죽으심을 통하여 주시는 구원의 길에서 수십억 명의 사람들이 길을 잃도록 만드는 것이다. 당신이 여성이라는 사실은 당신을 무죄하게 할 수 없으며, 당신이 한국인이라는 사실도 당신을 무죄하게 할 수 없다. 이는 백인 됨이나 남성 됨이 당신을 무죄하게 할 수 없는 것과 마찬가지다. 새로운 정의로 인해 인종 차별주의자들은 너무도 손쉬운 면죄부를 손에 넣게 된다. 하지만 피부색을 막론하고 모든 죄인이 참된 죄 용서, 심지어 인종 차별의 죄에 대해서도 온전한 죄 사함을 얻을 수 있는 길은 오직 예수님의 보혈뿐이다. 의롭게 되는 일에 있어서는 검은색도 흰색도 아닌 오직 붉은 색만이 의미가 있다.

부록 C
자본주의와 사회주의

1978년에서 1995년 사이에 태어난 8천7백2십만 명의 미국인들, 소위 "밀레니얼 세대"라고 불리는 이들과 1996년에서 2016년 사이에 태어난 8천2백1십만 명, 소위 "우리 세대"라고 불리는 이들 사이에서는 정의에 대한 관심이 크게 일어나고 있다.[1] 포브스(Forbes)지에 따르면, 우리 세대는 앞선 밀레리얼 세대와 같이 "평등과 온갖 종류의 정의에 대해 열정이 가득하다"[2]고 한다. 이들의 가치가 베이비붐 세대(1945년에서 1964년 사이에 태어난 7천9백2십만 명의 사람들)나 X세대(1965년에서 1977년 사이에 태어난 6천3백4십만 명의 사람들)와 어떻게 다른지를 보여 주는 연구 결과들도 있다. 개인의 풍요를 추구하던 개인주의에서 모든 사람을 위해 더 나은 세상을 만들고자 하는 보다 집단적 시각으로 변모한 것이다.[3] 우리 세대 중에서 "77%는 기업들이 '선을 행하는 것'을 중심적인 부분으로 삼아야 한다고 느끼고 있으며" 76%는 인간이 지구에 미치는 영향을 염려하면서 자신들이 변화를 일으키는 일에 앞장설 수 있다고 믿는다.[4]

패스트푸드 지식

이처럼 정의에 대한 관심이 커지고 있는 점은 그 자체로만 보면 고무적인 일이다. 하지만 그런 현상이 생각만큼 고무적이라고는 할 수 없는 또 다른 요소가 있다. 그것은 우리가 "패스트푸드 지식"이라고 부르는 것 때문이다. 지난 일요일에, 나는 가족과 함께 맥도날드 드라이브스루(당신에게 도덕적 불쾌감을 덜 주기 위해)에 갔다. 미소를 띠며 창가에 서있던 직원은 음식이 나올 때까지 내 차를 6미터 정도 옆으로 띄워 세우게 했다. 약 3분 동안 두 대의 차가 지나갔고 이에 나는 우리가 겪은 부당한 대우에 대해 항의했다.

패스트푸드 지식이란 우리가 빅맥을 주문할 때와 동일한 속도와 편리함으로 세상에서도 그와 같은 최상의 결과가 일어나기를 기대하는 것을 말한다. 우리는 지금 당장 무언가를 얻고 싶어한다. 그래서 전통적인 진리 추구의 방식을 건너뛰어 버린다. 인류의 역사에서 거쳐온 위대한 사상적 전통에 몰두하는 일은 거의 없다. 상대방이 제시하는 최고의 주장을 생각해보기 위해 씨름하는 일도 거의 없다. 존 스튜어트 밀의 말처럼, "어떤 일이든 자기 편 밖에 모르는 사람은 그 마저도 제대로 알지 못하는 것이다."[5] 커다란 사안을 마주했을 때 그 안에 담겨 있는 뉘앙스나 난해함 등을 곰곰이 생각해보기 위해 조용한 장소에서 시간을 보내는 일도 거의 없다. 그저 모든 것을 상자에 넣어서 창문을 통해 우리에게 전달해주기를 바라거나, 혹은 반짝이는 화면에 몇 초 안에 결과가 뜨기를 원한다. 물론 구글 시대를 살아가는 우리가 얻을 수 있는 "지식"의 양과 그것에 대한 접근성은 과거 그 어느 시대보다 풍성하고 편리하다는 점에는 의심의 여지가 없다. 하지만 미리 포장되어 있고 손쉽게 얻을 수 있는 답은, 특히나 그것이 인간의 심오한 측면에 관한 질문을 담고 있는 것이라면, 그런 답을 통해 우리의 지성이 얻을 수 있는 영양가는 매일 같이 빅맥을 먹을 때 우리의 심장에 미칠 영향과 다를 바 없을 것이다.

이 두 가지 요소들, 즉 더 나은 세상을 만들기 위한 열정의 증가와 필요한 지식을 얻기 위해 요구되는 지적 수양에 대한 만연해 있는 거부감을 하나로 합쳐 보면 당신은 엄청나게 비극적인 앞날을 맞이할 재료를 다 갖추고 있는 셈이다. "평등과 온갖 종류의 정의에 대해 열정이 가득한" 세대들 가운데,

> … 4분의 1은 이오시프 스탈린보다 조지 W. 부시가 더 많은 사람을 죽였다고 생각한다. [6]
> … 42%는 5천만 명 이상의 사람을 죽인 20세기 최악의 집단 학살자인 공산당 지도자 마오쩌둥에 대해 "잘 모른다." [7]
> … 49%의 밀레니얼 세대들은 홀로코스트 당시 설치되었던 4만 개가 넘는 강제 수용소와 유대인 빈민가들 중에 그 이름을 알고 있는 것이 단 한 개도 없었다. 그리고 3분의 2는 아우슈비츠가 무엇인지도 몰랐다. [8]
> … 22%의 밀레니얼 세대들은 홀로코스트에 대해 들어본 적이 없거나 혹은 들어본 적이 있는지 잘 모르겠다고 답했다. [9]

불의에 대한 우리의 지식에 실질적인 영양가가 부족하다면 우리가 어떻게 더 나은 세상을 만들 수 있겠는가? 전국의 청소년과 종교에 관한 연구(A National Study of Youth and Religion)에 따르면, 밀레니얼 세대의 60% 정도는 그저 "무엇이 옳은 것인지 느낄" 수 있으리라고 믿는다. [10] 그러나 옛 말에 "지식 없는 욕구는 선하지 않다."는 말이 있다. [11]

대충만 추산해 봐도 공산주의와 사회주의 정책으로 경제적 평등을 이루고자 했던 시도는 20세기 단 한 세기 동안에만 1억 명의 희생자를 내는 참혹한 결과를 가져왔다. 그런데도 몇몇 연구에 의하면 미국 내에서, 특히 젊은 세대들 중에 사회주의에 대한 선호도가 높아지고 있는 추세임을 알 수 있다. 우리에게 더 나은 세상을 만들고자 하는 욕구가 있다면 사회주의와 자본주의를 더욱 깊이 살펴봄으로써 그런 욕구에 올바른 지식을 더하는 일이 필요하다.

사회주의의 매력과 점박이 올빼미

사회주의적 사고에 새로운 열의를 보이는 것은 그저 일반 대학 학생들만의 일이 아니라 특별히 기독교 대학에도 그런 학생들이 많이 있다. 그 학생들과 여러 차례 긴 대화를 나누어 본 결과 나는 그들의 핵심 동기가 가난한 이들을 돌보아야 한다는 사회주의와 성경적인 명령 사이의 공통적인 외침에서 기인하고 있음을 알게 되었다. 그 논리는 다음과 같다. (1) 성경에서는 내게 가난한 이들을 돌보라고 말씀하신다. (2) 사회주의는 탐욕적인 자본주의와는 달리 가난한 이들을 돌본다. (3) 그러므로 나는 사회주의가 좋다.

첫 번째 전제는 지극히 기독교적이다. 우리는 가난한 이들을 사랑하라는 하나님의 명령을 진지하게 받아들여야 한다. 두 번째 전제는 가장 중요한 연결 고리인데, 이런 명제의 근거에는 몇 가지 문제점들이 있다. 하지만 넓은 마음으로 가난한 이들을 생각하는 많은 그리스도인들은 이 부분을 심각하게 고려하지 못하고 있다. 간단하게 말해서, 사회주의가 인간의 본성에 대해 슬며시 전제로 하고 있는 내용은 성경 안에서 하나님께서 인간에 대해 정의하시는 내용과 근본적으로 양립할 수 없다는 점이다. 사람에 대하여 잘못된 생각을 갖고 있으면 사람에게 잘못된 결과를 낳게 된다. 우리가 인간의 본성을 잘못 이해하고 있으면, 아무리 훌륭하고 고귀한 의도를 갖고 있을지라도 사람을 돕기 위해 마련한 우리의 정책이 오히려 그들에게 상처를 입히게 되는 것이다.

미국 서북부 숲 속에 서식하는 점박이 올빼미를 돕고자 하는 좋은 의도의 노력들을 한 번 예로 들어보고자 한다. 환경 관련 법률들은 올빼미들의 자연 서식지를 보존하고자 하는 목적 하에 벌목 산업을 엄격하고 제한했다. 이에 따라 벌목공들은 실업 문제로 힘겨운 시간을 보내는 동안 그들이 배어 냈던 숲은 다시 울창해졌다. 그런데 날개 폭이 평균 1미터 80센티미터에 달하는 점박이 올빼미들은 빽빽한 나무 숲 사이를 날아 바닥으로 내려 앉기가 갈수록 어려워졌고, 그로 인해 그들의 주요 먹잇감인 숲쥐들은 자유롭게 뛰어다닐 수 있게 되었다. 먹을 것을 구하기 어려워진 점박이 올빼미들은 그들의 번식을 위해 조성했던 숲에서 오히려 그 수가 계속해서 줄어들기 시작했다.[12] 점박이 올빼미의 번식을 돕고자 했던 노력이 어떻게 그와 같은 역설적인 결과를 가져오게 되었을까? 정답은 점박이 올빼미에 대한 이해 부족 때문이다. 잘못된 "올빼미 지식"으로 인해 올빼미의 번식에 대한 잘못된 개념을 갖게 되었고, 그로써 잘못된 정책이 마련되어 결국 사람들이 돕고자 했던 그 동물에게 오히려 해를 끼치게 된 것이다.

이런 예를 통해 , 이제 우리가 사회주의에 대해 어떠한 생각을 가져야 할 지는 분명하다. 좋은 경제 정책을 세우기 위해 반드시 필요한 조건은 인간에 대한 올바른 지식이라는 것이다. 그렇다면 사회주의는 어떤 점에서 인간의 본성을 잘못 이해하고 있는가?

나는 그리스도인들의 생각을 점점 더 지배해가고 있는 사회주의 이념의 주문을 깨뜨릴 수 있기를 바라는 마음으로 아래에 다섯 가지 문제점들을 간단히 정리하고자 한다. 앞으로 이야기하고자 하는 점은 자본주의에는 아무런 문제도 없다는 것이 아니다. 대표적인 자본주의의 문제점에는 다음과 같은 것들이 있다. 비성경적이다.[13] 즉 부를 축적하지 말라는 성경의 명령과 충돌한다. 억압적이다.[14] 즉 부유한 자들은 더욱 부하게 하고 가난한 자들은 더욱 가난하게 한다. 탐욕적이다.[15] 즉 무자비한 이기심이 더 많은 수익을 남긴다. 그리고 영혼을 갉아먹는다.[16] 즉 끊임없는 물질의 소비가 존재의 핵심이자 목적이 된다. 이 책은 사회 정의에 관한 것이고, 사회 정의는 사회주의와 동의어로 사용되는 경우가 많기 때문에, 우리는 바로 이 점에 주목하려는 것이다.

다섯 가지 문제점

1. 사회주의는 가난한 이들을 돕는 일에서 얻을 수 있는 기쁨과 사랑, 그리고 인류애를 빼앗는다. 하나님은 즐겨 내는 자를 사랑하신다.[17] 구약 성경에 따르면, 우리는 "반드시 그에게 (가난한 우리 형제에게) 줄 것이요, 줄 때에는 아끼는 마음을 품지 말 것이니라…. 너는 반드시 네 땅 안에 네 형제 중 곤란한 자와 궁핍한 자에게 네 손을 펼지니라"[18]라고 말씀하신다. 신약 성경에서도 우리에게 명하시기를 "가난한 자들을 기억하도록" 하고 "성도들의 쓸 것을 공

급하며 손 대접하기를 힘쓰라"[19]라고 하신다.

사회주의 체제 하에서는 정부가 강제적으로 부를 재분배하는 것을 중시한다. 궁핍한 형제나 자매를 돌아보고 그들의 짐을 덜기 위해 자신이 가진 것을 희생하는 인류애를 몰인격적인 제도를 통해 대체해버린다. 가난한 이들에게 자원하는 마음으로 손을 펴는 대신 법에 따라 감옥에 갈 수도 있다는 협박에 못 이겨 손을 벌릴 수밖에 없는 것이다. 만약 정부가 당신의 옆구리에 총을 겨눈 채 당신의 지갑을 벌린다면 그것은 사랑에서 우러나온 것이 아니다. 강압적으로 주는 것은 즐겨 내는 것과 정 반대의 일이다. 즐겁게 세금을 내는 사람이 얼마나 되겠는가? 선한 마음에서 우러나와, 즐거움으로, 진정한 측은지심에서 그렇게 세금을 내는 사람이 얼마나 있겠는가?

바나 그룹[Barna Group, 1984년 조지 바나(George Barna)가 설립한 기업으로 시장 조사, 여론 조사, 미디어 마케팅 등을 전문으로 하는 회사이다.-역자 주]의 설문 조사에 따르면,[20] 미국 내에서 기독교 신앙을 가진 사람들 중에 36% 정도가 마르크스주의를 지지하고 있는 상황에서 어쩌면 우리는 성경의 가르침에 따라 즐거운 마음으로 거저 주는 것과 정부의 강압에 의한 부의 재분배 사이의 차이점을 좀 더 진지하게 고려해볼 필요가 있다. 우리는 가난한 이들을 돌본다고 주장하지만 실상은 성경의 명령을 훼손하는 이념을 그대로 받아들여서는 안 된다. 왜냐하면 성경에서는 거저 주라고 말씀하시기 때문이다.

2. 사회주의는 가난한 이들을 돕는 방법에 있어서 자기들만의 방식과 올바른 방식을 혼동하는 일이 종종 일어난다. 그리스도인

들이 가난한 이들을 돕고자 마련된 정부의 대규모 프로그램을 지지하지 않으면 그것은 실상 가난한 이들을 신경 쓰지 않는 일이라는 말을 흔히 듣게 된다. 사실 나는 오늘도 그와 같은 비난을 들었다. 이런 비난은 그리스도인들은 사람의 영혼을 천국으로 데려가는 일에만 너무 집착하여서 이 땅을 살아가는 사람의 몸이 어떠한 곤궁에 처해 있는지에 대해서는 신경 쓰지 않는다는 주장과 함께 제기될 때가 많다. 하지만 그것이 정말로 사실일까?

2018년 세계 빈곤에 관한 바나(Barna) 그룹의 연구에 따르면, 우리는 다음과 같은 사실들을 알게 된다.

··· 미국 내에서 가난한 사람이나 가족에게 음식을 제공한 경험이 있는 사람은 기독교 신앙을 가진 사람이 75%였던 반면 전체 성인 중에서는 58%에 불과했다.

··· 가난한 이들에게 의류나 가구 같은 자원들을 직접적으로 기부한 경험이 있는 사람은 그리스도인이 72%였던 반면 전체 성인 중에서는 64%에 불과했다.

··· 가난한 사람들을 위해 상당 시간 기도해본 경험이 있는 사람은 그리스도인이 62%였던 반면 전체 성인 중에서는 33%에 불과했다.

··· 자신이 속한 지역 사회에서 궁핍한 사람들을 위해 봉사하는 일에 개인적인 시간을 사용해본 경험이 있는 사람은 그리스도인이 47%였던 반면 전체 성인 중에서는 29%에 불과했다.

··· 다른 나라의 가난한 사람들을 돕기 위해 자발적으로 봉사 활동에 참여하거나 불우한 사람을 돕기 위해 미국을 떠나본 경험이 있는 사람은 그리스도인이 미국 내 전체 성인의 거의 두 배에 달했다.[21]

2010년의 한 연구에서는 필라델피아에 소재한 열 두 개의 신앙 공동체를 조사했는데, 그 중에 개신교 교회가 열 곳, 로마 가톨릭 교구가 한 곳, 그리고 유대인 회당이 한 곳이었다. 이 조사에서는 총 54점의 측정 기준을 사용하여 위의 단체들이 주변의 지역 사회에 미치는 경제적 영향력을 분석하였다. 결과는 매우 놀라웠다. 이 열 두 개의 종교 단체에서 단 한 해 동안 그 지역 사회에 가져다 준 경제적 이익은 $50,577,098에 달했다. [22]

가난한 이들을 돌보지 않는 것과 정부의 강압적인 부의 재분배가 가난한 이들에게 좋은 방법이 아니라고 생각하는 것 사이에는 엄청난 차이가 있다. 이 둘을 동일시하는 것은 우리는 천사들의 편에 서있고 여기에 동의하지 않는 사람들은 악마와 결탁해 있는 것으로 몰아가는 아주 손쉬운 방법이다.

우리는 가난한 이들을 위해서 정부의 강압적인 부의 재분배에 반대하는데, 이것이 과연 가능한 일인가? 복지 국가에는 가난한 이들을 돕는다는 그럴듯한 목적이 있었다. 그렇지만 온전한 가구에 대해서는 정부 차원의 보조를 거부했는데, 그로 인해 결혼 관계를 통해 이루어지지 않은 가정을 장려하는 결과를 낳게 되었고, 그리하여 결국에는 이미 어려움 가운데 있는 지역 사회의 빈곤을 더욱 악화시키게 되었다. 지난 25년 간 12억 5천만 명의 사람들이 극빈의 상태에서 벗어났다. 이 수치는 당신이 이 책을 읽고 있었던 지난 5분 간 약 475명의 사람들이 극빈 상태에서 헤어났다는 뜻이다. [23] 경제학자들에 의하면, 이처럼 역사적으로 유례가 없었던 빈곤 탈출이 가능했던 주요한 원인은 자유 시장 경제의 확산 때문이었는데, 특히 인도와 중국, 그리고 나이지리아 같은 국가에서 더욱 그러했다. "아시아의 네 마리 용"인 싱가포르, 대한민국, 타이완, 그리고 일본은 천연 자원이 부족함에도 자유 시장을 권장하여 큰 번영을 이룬 반면, 자원이 풍부한 러시아와 브라질은 가난한 이들을 돕기 위한 것이라고 주장하는 정부의 대규모 제도 속에서 오히려 가난을 면치 못하고 있다. 정부 주도의 부의 재분배를 허용하는 것은 가난한 이들을 돌보는 것과 전혀 다른 것이다.

3. 사회주의는 세상 일의 복잡다단함을 간과한 채 듣기에만 그럴듯한 단순한 해결책을 제시하여 예상치 못한 해를 입히는 경우가 종종 있다. 사회주의에서 제시하는 청사진에 흥분하는 그리스도인 친구들의 말을 들어보면 뻔한 흐름의 논리를 발견하게 된다. 그것은 다음과 같다. (1) 여기에 문제가 있으니 우리가 무언가를 해야만 한다. (2) 이것은 매우 그럴듯한 해결책처럼 들린다. (3) 그러므로 우리는 이것을 해야만 한다. (4) 당신이 이것에 반대한다면 당신은 정의를 반대하는 것이다. (5) 당신이 이것에 반대한다면 당신은 예수님의 왕국을 이해하지 못하고 있는 것이다.

이와 같은 사고의 흐름이 문제가 되는 이유는 그 안에는 우리가 살아가는 타락한 세상의 복잡다단함, 즉 어떻게 하나의 해결책이 예상치 못한 또 다른 문제를 낳을 수 있는지 등에 대한 생각을 담을 만한 공간이 거의 없다는 점이다. 이처럼 의도치 않은 결과가 일어날 수 있는 가능성을 보여주는 간단한 예를 세 가지 정도 제시해보고자 한다.

사례 1: 탄자니아의 부채 면제

여기에 문제가 있다. 그것은 탄자니아의 처참한 빈곤이다. 우리가 무언가를 해야만 한다. 탄자니아의 국가 부채를 면제해주는 것은 매우 그럴듯한 해결책처럼 들린다. 그러므로 우리는 탄자니아의 국가 부채를 면제해주어야 한다. 만약 당신이 이 생각에 반대한다면 당신은 정의를 반대하는 것이며 이는 또한 예수님의 왕국과도 어울리지 않는 일이다. 하지만 경제학자인 디어드리 맥클로스키(Dierdre McCloskey)는 다음과 같이 묻는다. "누구에게 이익이 돌아가는가? 만약 시골에 사는 가난한 이들이 그 이익을 얻는다면 그것은 좋은 일이다. 하지만 만약 정부를 손에 쥐고 있는 도적들이 그 이익을 가져간다면 가난한 사람들은 도움을 얻지 못하게 된다. 그렇게 되면 채무를 면제해줘 봤자 의도했던 윤리적 목적은 이루지 못할 수도 있다…. 채무를 면제해주면 커다란 은행들이 가난한 나라에 계속해서 대출을 해주려 하겠는가? 국제 자본 시장에 접근성이 약해지는 것은 탄자니아의 가난한 이들에게 좋은 일인가?"[24]

사례 2: 나이지리아를 위한 나이키

나이지리아의 처참한 빈곤 역시 또 다른 문제이다. 우리가 무언가를 해야만 한다. 이번 주일에 교회에 새 신발을 신고 가자. 그러고 나서 우리가 가난한 이들과 함께 한다는 연대감을 보이기 위해 신발은 벗어 두고 양말만 신고 돌아오자. 우리는 우리의 새 나이키(Nike)와 컨버스(Converse) 신발을 나이지리아로 가는 화물에 실어 보낼 수 있다. 이것은 매우 그럴듯한 일처럼 들린다.

많은 역경과 쇄신을 거쳐 나이지리아의 구두 수선공들은 지역

사회에 신발을 제공할 수 있게 되고 그로 인해 자신의 가족도 부양할 수 있게 되었다. 그런데 바로 그곳에 수만 켤레의 빨갛고 하얗고 파란 색의 신발이, 그것도 무료로 배포된다. 그러자 나이지리아 신발의 시장 가격이 순식간에 곤두박질 친다. 누군가를 돕는다는 생각에 들뜬 마음으로 양말만 신은 채 차로 걸어가고 있는 미국인들은 자신들의 행동으로 인해, 비록 의도는 좋았을지라도, 도리어 나이지리아의 구두 수선공들과 그들의 가족들은 다시 10년 전으로 되돌아간 삶을 살게 된다는 것을 상상도 하지 못한다.

사례 3: 모두를 위한 달걀 품질

여기 세 번째 문제가 있다. 그것은 가난한 사람들이 달걀을 살만한 돈이 없다는 점이다. 우리가 무언가를 해야만 한다. 마음씨 좋은 어떤 정치인들이 딱 맞는 제안을 들고 나온다. 달걀 가격을 현행 시장 가격보다 1달러 정도 낮은 열두 개에 1달러로 제한하는 법을 통과시키자는 것이다. 이제 가난한 사람들도 다른 사람들처럼 오믈렛과 키슈(프랑스의 달걀 요리 일종)를 즐길 수 있다. 달걀을 생산하는 중소 업체 관계자들이 다음 날 잠에서 깨어보니 사료값과 전기료, 연료비, 기타 운송비 등이 수익보다 더 많이 들어 적자가 나고 있음을 보게 된다. 이들 중 상당수는 닭들을 더 큰 업체에 팔아 넘기고 밑바닥부터 새로운 일을 다시 시작해야할 지경이다. 달걀 사업에서 손을 떼는 양계업자들이 늘어날수록 달걀 공급은 이 모든 "정의로운" 노력들이 시작되기 이전보다 더 부족해진다.[25] 만약 그 마음씨 좋은 정치인들이 다시 개입하여 가난한 양계업자들, 혹은 더 정확히 말하자면 그들이 가난하게 만든 그 양계업자들을 돕는답시고 닭의 사료 가격을 제한한다면, 이번에는 사료 농장의 농부들이 양계업자들이 겪은 것과 동일한 곤경에 처하게 될 것이다. 그러면 자애로운 정부 관료들은 저들의 빈곤을 완화시키기 위해 더 많은 경제적 규제들을 통과시킬 것이고, 그러다 보면 우리는 국가가 산업 전반을 완전히 통제하고 사람들은 계속해서 더욱 가난해지기만 하는 상황에 이르고 말 것이다. 후에는 의도하지 않았던 결과들이 생겨나게 되고, 그럴듯했던 우리의 의도는 "경제적 정의"를 시행하기 이전보다 더 많은 사람들을 빈곤으로 몰아넣게 된다.

위와 같은 예들을 통해 얻을 수 있는 교훈은 분명하다. 어떤 제도가 제 기능을 하지 못할 때 우리가 그것을 뜯어 고치려 하다 보면 자기도 모르게 바보 같은 짓을 저지르는 경우가 종종 있다는 점이다. 고장난 제도들은 대부분 엄청나게 복잡한 구조로 이루어져 있으며, 그것을 바로 잡으려면 단순히 좋은 의도나 듣기에 그럴 듯한 해결책 이상의 것이 필요한 법이다.[26]

물론 이와 같은 식견이 결코 비굴한 패배자의 변명이 되어서는 안 될 것이다. 우리는 이와 같은 행동주의적 착오의 반대편에 있는 오류에 대해서도 알고 있어야만 한다. 그것은 곧 무관심의 착오이며 다음과 같은 모습으로 나타난다. (1) 극도로 복잡한 문제가 있다. (2) 무언가를 하려고 하면 상황이 더 악화될 수 있다. (3) 그러므로 우리는 어떤 일도 해서는 안 된다.

만약 마르틴 루터 킹 주니어가 "미국의 인종 차별적 제도에는 유동적인 요소들이 많이 있다. 어쩌면 내가 여기서 이걸 조금 고쳐보려 하다가는 저기서 더 큰 문제가 일어날 수 있을 지도 모른다. 그

러니 차라리 낮잠이나 자는 편이 더 낫다."라고 말했더라면, 우리
가 살고 있는 지금의 이 세상은 더욱 나빠져 있을 수 있다. 만약
노예 제도에 맞서 싸우던 윌버포스가 그것은 영국의 경제와 연결
되어 있는 문제이기에 자칫 예상치 못한 온갖 결과들이 발생할 수
있다는 이유로 그런 저항을 포기하기로 결정했다면 어떻게 되었
겠는가?

행동하지 않는 것은 잘못된 행동보다 올바른 답이라고 할 수 없
으며, 열정이 없는 지식 또한 지식 없는 열정에 대한 해결책이라고
할 수 없다. 진정한 해결책은 우리가 성경에서 정의를 행하라고 하
신 명령만큼이나 분별력을 가지라고 하신 명령 역시 진지하게 받
아들이는 것이다. 교회 역사 안에서 정의를 행했던 위대한 예들을
보라. 초대 교회의 성도들은 버려진 아이들을 구해냈고, 18,9세기
의 영국과 미국에서는 노예 제도를 폐지했으며, 20세기의 신자들
은 백인 우월주의를 타도하는 등 그 외에도 수많은 예들이 있다.
그들이 위대했던 이유는 단지 정의를 행하라는 성경의 명령에 순
종하기 위해 문화를 거스를 수 있는 용기가 있었기 때문만이 아니
라 피상적인 정의에 안주하지 않으려고 하는 의지가 있었기 때문
이기도 하다. 그들은 문제의 실체를 보려고 했다. 단순히 호기롭기
만 했던 사람들이 아니라 겉으로 드러나 있는 사안의 핵심이 무엇
인지를 분명히 보았던 사람들이다. 우리가 가난한 이들을 사랑하
고자 한다면 이들의 예를 따라가야 할 것이다.

4. 사회주의는 인간을 호모에코노미쿠스(*homo economicus*), 즉 경
제인으로 전락시키려 하며, 이로써 정부를 하나님의 자리에 올려

놓는다. 이제 마지막 두 가지 문제점들은 특별히 세속적 형태의 사회주의에 초점을 맞추고 있다. 사회주의적 관념에 끌리는 그리스도인들은 사회주의 사상이 역사적으로 무신론적 전제 위에 기반하고 있음을 즉각 부정하려 들 것이다. 하지만 나는 그런 현상을 수도 없이 많이 보아왔다. 그리스도인들은 원대한 포부를 갖고 사회주의적 관념들을 신앙의 문 안으로 맞아들이지만, 그로 인해 결국 그들의 내면에 자리하고 있던 성경과 죄, 그리고 구원의 교리와 같은 기독교적 세계관이 뿌리 뽑히는 결과를 낳게 된다.

마르크스와 엥겔스의 사상에 바탕을 둔 역사적 사회주의에 따르면 인간은 하나님께서 친히 창조하신 피조물이 아니며, 따라서 우리가 그분의 형상을 지니고 있다거나 그분께서 그리스도 안에서 우리에게 구원을 주시거나 하는 것도 아니다. 이처럼 하나님의 존재를 부인하면 인간은 그저 호모에코노미쿠스에 불과하다. 사회주의는 인간을 물질-경제의 범주로 끌어내림으로써 우리의 가장 근원적인 문제를 우리를 창조하신 분과의 관계가 깨어진 데서 오는 것으로 보지 않고 그저 물질 경제의 문제로만 진단한다. 이렇게 되면 마치 사회-정치-경제 등의 외부적인 치료책에만 구원의 능력이 있는 것처럼 부풀려 강조하는 반면, 인간 안에 죄로 기우는 성향이나 이기심 같은 내부적 요인들은 발견하지 못하게 됨으로써 결국 문제를 올바로 치료할 수 없게 되는 것이다.[27]

그렇다면 이와 같이 경제라는 이름의 새로운 복음 안에서 "구원"의 주체는 누가 되는 것일까? 체스터턴(Chesterton)에 따르면 "일단 우리가 하나님을 제거하고 나면 정부가 하나님이 된다."[28] 과거 소련의 공산주의는 잘못된 경제 정책으로 인해 빈곤의 문제를 급격하게 악화시키기 이전부터 이미 인간의 본성에 관한 보다 근원적인 질문에서 잘못된 길을 가고 있었다. 뿐만 아니라 그처럼 인간 본성에 관해 잘못된 길을 가게 된 이유는 우리를 정의하시는 하나님의 존재를 부인함으로써 정부를 하나님의 자리에 올려 놓고 또 질병의 원인을 오인하게 하는 경제적 평등이라는 거짓된 복음을 받아들였기 때문이다.

역사적으로 그와 같은 거짓 복음은 진정한 복음에 대해 극단적인 무관용 정책을 펴게 된다. 이오시프 스탈린의 통치 하에 있던 소련에서 "신(神) 없는 자들의 모임"(일명 "전투적 무신론자 연맹")이 형태를 갖추게 되었다. 러시아의 교회와 회당은 처참하게 짓밟혔으며 무신론은 국가가 강요하는 교리가 되었다. 이로써 소련의 지도자들이 꿈꾸었던 유토피아, 곧 신 없는 세상에서의 평화와 경제적 평등이 이루어졌을까? 그와는 정 반대로 사람들은 새로이 신의 자리에 오른 스탈린을 경배해야 했고, 반면 그 신 앞에 절하기를 거부했던 수천만 명의 이단들은 굶어 죽거나 처형당하고 말았다. 우리는 오늘날에도 중국과 북한에서 이와 유사한 일들이 일어나고 있는 것을 볼 수 있다. 이에 대해 로저 트리그(Roger Trigg)는 다음과 같이 논평한 바 있다. "전체주의 정권은 언제나 종교를 타겟으로 삼는다…. 앞으로 독재자가 될 이들에게 초월적인 존재를 향해 호소하는 일과 이생 너머에 있는 초자연적 권위는 위험한 것들이다."[29]

5. 하나님이 안 계신다면 우리는 우리 자신의 도덕적 능력이나 그 부족함 여부를 정확하고 겸손하게 평가하기 위해 필요한 도덕

의 초월적 기준점을 잃어버린다. 해리 쉐퍼(Harry Schaffer)에 따르면, "모든 형태와 종류의 사회주의자들과 공산주의자들은 온 인류가 완전해질 수 있음을 믿는다. 사람은 기본적으로 선하고 자신의 운명을 주관할 수 있는 능력이 있다."30) 이와 같이 인간을 죄 없는 존재로 보는 사상에서 도출되는 결론은 인간의 노력에 올바른 경제 정책이 결합한다면 이 땅에 천국을 가져올 수 있다는 것이다. 하지만 대럴 코스덴(Darrell Cosden)은 다음과 같이 지적한다. "합리적인 노동과 기술의 발전으로 이 땅에 새로운 종류의 낙원이 이룩됨으로써 우리를 종교의 필요에서 해방시켜 주리라 믿었다. 하지만 이와 같은 현대적 구원은 결국 세상의 수많은 사람들에게 오히려 지옥을 안겨다 주는 일이 훨씬 더 많았다."31)

사회주의는 인간의 타락상을 과소평가함으로써 가짜 복음이 되어 버렸다. 부패한 인간의 권위에 의존하고 마음을 새롭게 하시는 하나님의 은혜를 저버린 것이다. 또한 사회주의는 그리스도의 나라를 추구는 하되 거기서 그리스도를 빼 버림으로써 결국에는 하나님의 샬롬을 파괴하는 모조품이 되어 버렸다. 그런 사상 하에서는 아무리 이 땅에 천국을 이루기 위해 노력해본들 오히려 지옥의 문만 더욱 크게 열릴 뿐이며, 특히나 성경에서 우리에게 사랑하라고 명하신 가난한 이들에게는 그 지옥의 문이 더더욱 크게 느껴질 수밖에 없다.

부록 D
섹슈얼리티(Sexuality)에 대한 정의

섹슈얼리티와 관련하여, 나는 여러분에게 중요한 질문을 하나 하고 싶은데, 그 전에 먼저 실제 있었던 이야기를 하나 소개하고자 한다. 2세기 당시 로마 제국에 기이한 전염병이 발생하는 일이 있었다. 그 병으로 인해 제국 내 여러 지역에서 인구의 3분의 1가량이 몰살되는 비극적인 일이었다. 대부분의 로마인들은 전염병을 피해 멀리 언덕 위로 도망쳤다. 대중들의 마음속에는 "내게 있는 것이 이생의 목숨뿐이라면 당신이 그것을 내게서 빼앗아갈 때 나는 파멸할 것이다."라는 생각뿐이었다. 그런데 하나님께서 십자가 위에서 전염병보다 무거운 그들의 죄를 다 지셨고 음부의 권세를 이기셨음을 믿었던 그리스도인들은 다른 모습을 보였다. 사람들은 병들고 죽어가는 이들을 피해 달아나고 있을 때 2천 년 전 우리의 형제와 자매들은 그들을 돌보기 위해, 하나님의 형상을 지닌 이들을 존엄하게 대하기 위해 그들 곁으로 다가갔으며, 그로 인해 그들과 함께 병들거나 죽음을 맞이하기도 했다. 그들의 돌봄은 병에 걸린 사람들이 먼저 성경적 세계관이나 기독교의 성 윤리를 받아들일 것을 조건으로 한 것이 아니었다. 그것은 하나님께서 우리에게 주신 사랑과 같이 거저 주는 사랑이었다.

이제 2세기에서 20세기로 시간을 빨리 감기 해보자. 알 수 없는 전염병이 발생한다. 면역 체계가 붕괴되고 의사들은 손쓸 길이 없어 혼란에 빠진다. 이 새로운 질병은 특히 남성 동성애자들에게 치명적인 것으로 나타난다. 에이즈(AIDS)가 닥쳐 왔을 때, 20세기 후반의 교회는 어디에 있었는가? 이 질문 앞에 우리는 무릎을 꿇을 수밖에 없다. 2세기 당시 교회에 속하지 않았던 사람들이 있었던 그곳, 즉 병들고 죽어가던 이들을 피해 도망쳐 달려갔던 바로 그 언덕 위에 20세기의 교회가 있었기 때문이다.

내가 이처럼 비극적인 이야기를 함께 나누는 이유는 우리가 이 문제를 진공 상태에서 다루지 않는다는 점을 우리 모두에게 상기시키기 위해서이다. 즉 그런 대화에는 가슴 아픈 배경이 있다는 말이다. 우리가 사람을 하나님의 형상으로 여기지 못하고 또한 복음을 실천하지 못한 것에 대해 우리는 사과해야만 한다. 동시에 섹슈얼리티라는 주제에 대하여 우리와 의견을 달리 하는 사람들은 우리가 그들을 사랑하고 있음을, 너무도 사랑하여 2세기의 우리 형제와 자매들이 했던 것처럼 21세기를 살아가는 우리도 그들 곁에서 함께 죽을 수 있음을 알아야만 한다.

"고함치는 동성애 혐오자들"

우리가 사랑으로 앞장서 나아가야 함을 깨닫게 되었다면, 이제 내가 여러분에게 묻고 싶었던 그 중요한 질문을 할 준비가 된 것이다. 과연 섹슈얼리티에 관한 당신의 견해는 예수님과 바울에게서 더 큰 영향을 받은 것인가, 아니면 이름조차 한 번도 들어본 적이 없었을 커크와 매드슨이라는 두 사람에게서 영향을 받는가?

1987년 신경정신과 의사인 마샬 커크와 광고 홍보 컨설팅에 종사하던 헌터 매드슨은 한 잡지에 "이성애적 미국의 전면 수리(The Overhauling of Straight America)"라는 글을 함께 기고했다. 후에는 이 글을 증보하여 《파티가 끝난 후: 어떻게 미국은 90년대 동성애자들에 대한 공포와 증오를 극복할 것인가》(*After the Ball: How America Will Conquer Its Fear and Hatred of Gays in the 90s.*)라는 제목으로 무려 400쪽에 달하는 책을 출간했다. 여기서 커크와 매드슨은 여섯 단계의 전략을 제시한다.

첫째, "동성애자와 동성애적 성향을 가능한 한 크게 그리고 자주 이야기하라." 그 이유는 무엇인가? 왜냐하면 "웬만하면 대부분의 행위는 그것에 충분히 노출되면 갈수록 평범하게 보이기 때문이다…. 동성애에 대한 거친 민감성을 무덤덤하게 만드는 방법은 많은 사람이 그 주제에 대해 중립적이거나 혹은 지지하는 입장에서 이야기하게끔 하는 것이다."[1]

둘째, "동성애자를 공격적인 도전자가 아닌 피해자로 그리라."[2]

셋째, "후원자들에게 정당한 근거를 제공하라."[3] 커크와 매드슨은 "우리의 연대는 동성애적 행위에 대한 직접적인 지지를 요구하는 것이 되어서는 안 되며, 오히려 차별 반대를 그 핵심 근간으로 삼아야 한다."[4]라고 명시해준다.

넷째, "동성애자를 좋은 모습으로 포장하라." 즉 "동성애자들이 사회의 보다 우월한 기둥인 것처럼 색칠해야 한다."[5] 다섯째, "피해를 입히는 사람들을 나쁜 모습으로 비치게 하라."[6] 이는 그들의 전략에 있어서 매우 중요한 단계이다. 그들은 다음과 같이 설명한다.

동성애자의 인권을 위한 언론 캠페인의 후반부에서는… 여전히 남아 있는 반대자들을 강하게 밀어붙일 시간이다. 솔직히 말해서 그런 사람들에게는 비난을 퍼부어야 한다. 여기서 우리의 목표는 두 가지다. 첫째, 우리는 동성애를 혐오함으로써 자기 의를 내세우려고 하는 주류 집단의 자긍심을 수치와 죄책감으로 바꾸어 놓고자 하는 것이다. 둘째, 우리는 동성애를 반대하는 사람들을 너무도 구역질나는 인간처럼 보이게 함으로써 평균적인 미국인들이 그런 사람들과 관계를 끊고 싶은 마음이 들도록 하려는 것이다…. 대중들에게 고함치는 동성애 혐오자들의 모습을 보여주어 미국의 중산층 사람들이 그들의 이차적 특질과 신념을 역겨워 하도록 만들어야 한다. (그들을 마치) 병적인 증오심에 침을 줄줄 흘리며 편견에 가득 차 있는 남부지방의 시녀들처럼 보이게 해야 한다.[7]

저들의 전략 중 마지막 여섯 번째 단계는 간단하다. "자금을 모으라. 나머지는 우리가 알아서 한다."[8]

나는 섹슈얼리티에 관한 우리의 이해가 예수님과 바울에게서 더 큰 영향을 받은 것인지 아니면 커크와 매드슨의 영향을 받았는지에 대해 보다 정직하게 대답할 수 있도록 다음과 같은 여섯 개의 질문을 제시한다.

1. 섹슈얼리티에 대한 우리의 견해는 창조주를 경배하는 것인가, 아니면 피조물을 경배하는 것인가? 바울 사도가 성적인 죄와 우상 숭배를 연결시킨 것은 우연이 아니다.[9] 모든 종류의 성적인 결합은 동시에 경배의 행위이기에 그렇다. 따라서 성은 본질적으

로 신앙과 종교의 문제이다. 즉 그것에 대한 우리의 견해와 우리가 성적인 행위를 갖는 방식은 우리가 그 사실을 의식하든 못하든 근본적으로 창조주나 혹은 피조물에 대한 경배의 표현이 된다. 이에 대해 필립 얀시는 다음과 같이 말한다. "만약 인간됨을 당신의 종교로 삼는다면, 성관계는 경배의 행위가 된다. 그와는 반대로 만약 당신이 하나님을 종교의 대상으로 삼는다면, 낭만적인 사랑은 우리가 이 땅에서 들을 수 있는 그 어떤 소문보다도 크게 들려오는 초월성에 대한 소문임을 보여주는 분명한 지표가 된다."[10]

그리스도인이 아닌 사람들 사이에서는 교회에서 흔히 하지 않는 방식으로 성과 경배를 결합시켜 나가는 일이 갈수록 늘어나고 있다. 크리스 힝클(Chris Hinkle)은 "동성애는 단순히 시민사회적 권리로서만이 아닌 그것의 도덕적 정당성이 입증되어야 한다. 즉 동성애적 사랑의 깊은 영성을 보일 수 있어야 한다."[11]라고 주장한다. 폴라 에텔브릭은 여기에 다음과 같이 덧붙인다. "퀴어(queer)가 된다는 것은 그저 집을 마련해서 같은 성별의 사람과 잠을 자고 그렇게 할 수 있는 정부의 승인을 구하는 것 이상을 의미한다…. 퀴어가 되는 것은 성(sex)과 성적 취향(sexuality), 그리고 가족의 한계를 넓혀가고, 또 그렇게 해 나가는 과정에서 사회의 구조 자체를 변형시키는 것을 뜻한다."[12] 이처럼 동성애를 영적인 구원의 능력이 있는 어떤 것으로 찬양하고 있는 현실은 놀랄 만한 일이 아니다. 바울 사도가 창조주를 경배하는 일에서 피조물을 경배하는 일로 옮겨가는 것에 대해 설명할 때 그와 같은 자기 파괴적인 변화가 가장 먼저 일어나는 곳 중의 하나는 바로 성적인 영역이었다.[13]

우리가 하나님의 하나님 되심을 인정할 때 성을 바라보는 우리의 시각은 창조주에게서부터 시작된다. 하나님께서는 손수 지으신 이 우주 안에 "심히 좋은" 차이점들을 가득 채워 넣으셨다. 그분의 놀라운 예술적 광채를 통하여 낮과 밤을 구분하시고, 궁창 위의 물과 궁창 아래 물을 나누셨으며, 바다와 육지를 분리하셨을 뿐만 아니라, 각각의 동물과 식물 등 온 우주의 무수히 많은 것들을 아름답게 구별해 놓으셨다. 창조의 과정을 설명하고 있는 창세기에 보면 무려 여섯 번에 걸쳐 하나님께서 이렇게 구분하여 지으신 것들에 대해 "보시기에 좋았더라"라고 선언하신다. 전에 어디선가에서도 언급했던 것처럼 이것은 어떤 아이가 엄마 맘을 듣고 야채를 먹어서 "좋았다"고 하거나, 혹은 대헌장(the Magna Carta)이 사회를 위해 "좋았다"고 하는 것, 또는 하드론(Hadron) 입자 가속기가 양자 연구에 "좋았다"고 말하는 것과는 다른 것이다. 하나님께서 선언하신 것은 어떤 이가 티치아노의 그림이나 태평양 위로 기우는 석양을 보며 "좋다"라고 말하는 것과 같다. 그것은 바로 아름다움에 대한 선언이다. 도덕이나 법, 정치, 혹은 세심한 분별에서 나오는 주장이 아닌 미학적인 주장인 것이다.

여섯 번째 "좋았더라"와 하나님께서 그분의 피조물을 "심히 좋았더라"라고 부르신 것 사이의 차이는 그분의 위대한 작품에 한 가지를 더 첨가하신 것에 있다. 그것은 바로 남자와 여자 사이의 경이로운 구별을 담고 있는 성이다. 그러므로 성에 대한 궁극적인 의미를 결정하는 일은 회의실이나 침실, 혹은 법정에서 할 일이 아니며 오직 그것이 처음 만들어지고 "심히 좋았더라"라고, 곧 지극히 아름다운 것으로 여기신 그 동산 안에서만 가능한 일이다.

하나님께서 선하게 창조하신 다른 모든 것과 마찬가지로 이와 같은 아름다운 구별 역시 왜곡될 수 있고 또한 지금껏 그래 왔다. 즉 뒤틀리고 훼손되어 젠더 혼란이나 성 차별과 같은 죄로 발전할 수 있고 또한 지금껏 그래 온 것이다. 하지만 그렇다고 남성과 여성의 차이를 없애 버리는 것은 그에 대한 해결책이 될 수 없다. 오히려 남성과 여성 사이의 사랑의 관계 안에 담겨 있는 본래의 성스러운 아름다움을 다시금 확증하는 것이 문제를 참으로 해결하는 길이다. 성별의 구분은 하나님께서 주신 선물이므로 기쁘게 찬양해야 할 것이지 지워야 할 흔적이 아니다. 남성은 여성을 대체할 수 없고, 마찬가지로 여성도 남성을 대체할 수 없다. 그렇게 되면 반드시 심히 아름다운 것을 상실할 수밖에 없다.

우리가 '사회 정의 B'에 잠식되어 버리면 섹슈얼리티에 대한 우리의 이해는 갈수록 성경의 가르침에서는 멀어지고 이념의 설계자들과 성 혁명의 선구자들에게 더욱 더 가까이 다가가게 된다. 대부분의 사람들은 헤르베르트 마르쿠제(Herbert Marcuse), 폴 굿맨(Paul Goodman), 노먼 브라운(Norman Brown), 미셸 푸코(Michel Foucault), 그리고 주디스 버틀러(Judith Butler)라는 이름을 들어본 적이 없을 것이다. 우리 역시 마르쿠제의 에로스와 문명(Eros and Civilization), 굿맨의 바보 어른으로 성장하기(Growing Up Absurd), 브라운의 사랑의 몸(Love's Body), 푸코의 성의 역사(The History of Sexuality), 혹은 버틀러의 젠더 허물기(Undoing Gender)에 대해 들어본 적이 없을 수 있다. 하지만 스마트폰이나 넷플릭스 계정이 있는 사람이라면, 혹은 지난 십 년간 땅속에 머리를 처박고 산 것이 아니라면 우리는 이미 저들의 생각에 익숙해져 있다. 이는 오늘날 성에 대한 보편적인 이해가 바로 저들에게 기초해 있기 때문인데, 그것은 예수님에 대한 우리의 이해가 마태, 마가, 누가, 그리고 요한의 복음서 위에 기반을 두고 있는 것과 마찬가지다. 비록 성경을 읽는 이들이 많지는 않지만 그것은 우리에게 권위가 있는 것이다.

오늘날 섹슈얼리티에 대하여 새로운 정설을 확립한 이 선구자들의 공통점은 그들 모두 확고한 무신론자들이라는 사실이다. 하지만 깊이 들여다보면 그렇다고 그들이 아무 것도 경배하지 않았다는 말일까? 그렇지 않다. 저들 중 어느 누구도 자신만의 경배 대상이 없었던 이는 없다. 단지 저들은 창조주가 아닌 피조물을 경배했을 뿐이다. 이것은 우리에게 시사하는 바가 크다. 만약 우리가 하나님의 하나님 되심이 성의 의미에 아무런 영향도 미치지 않는다고 생각하는 것이 아니라면, 우리는 그저 시류를 따라서는 안 되며 그보다는 우리 시대가 믿고 있는 성에 관한 교리에 의문을 제기해야 한다는 것이다. 이것을 필립 얀시는 다음과 같이 표현한다. "나는 성에 대한 환원주의적 접근법에 더욱 매력을 느낄 수도 있다… 만약 내가 성 혁명으로 인해 성별 간에 서로에 대한 존중이 더 증가하고, 아이들에게 보다 사랑이 넘치는 환경이 조성되며, 혼자 된 외로움의 고통이 경감되고, 친밀감이 촉진된다는 느낌을 받는다면 말이다. 하지만 나는 그런 일들이 일어나고 있음에 대한 증거를 보지 못했다."[14]

2. 섹슈얼리티에 대한 우리의 견해는 사랑과 증오의 개념을 재정의하는가? 웨스트보로 침례교회를 제외하면 드러내 놓고 증오를 옹호하는 팻말을 흔들어 대는 사람은 거의 없다. 모든 사람이 자신은 사랑을 중시한다고 생각하는 것이다. 이렇듯 대개 자기

편에서는 사랑을 위해 싸우고 있고 상대편은 증오를 조장한다고 생각하지만 상대편에서는 또 그와 정 반대로 생각하는 것이 현실이다.

우리는 이와 같은 희한한 대치국면을 이해할 수 있는 신학적 단서를 아브라함 카이퍼에게서 발견할 수 있다. 사랑과 증오에 대한 우리의 정의는 양자 진공(quantum vacuum)에서 뿜어져 나와 존재하게 되는 것이 아니다. 그것은 우리가 몰두하고 있는 보다 근원적인 세계관에서 나오는 것인데, 카이퍼는 이것을 "절대적으로 다른 두 가지 출발점"[15]이라고 부른다. 이 둘의 차이점은 우리가 "사람의 현재 상태를 정상적인 것으로 보느냐, 아니면 죄로 타락한 상태, 그리하여 비정상적인 것으로 보느냐"[16]의 문제로 귀결된다. 예레미야, 솔로몬, 그리고 바울 등 그것을 비정상적인 것으로 보는 입장에서는 인간의 마음은 절망적으로 병들어 있고, 도덕적 광기에 사로잡혀 있으며, 죄와 허물 가운데 죽어 있는 상태이다.[17] 그와 같은 비정상성을 받아들이는 사람들은 "오직 기적을 통해서만 그런 비정상을 회복할 수 있다고 주장한다. 그 기적은 거듭남의 기적이고, 성경에서 말씀하시는 기적이며, 그리스도 안에 있는 기적이다. 하나님이신 그리스도께서 이 땅에 내려오심으로써 그분의 생명을 우리에게 주시고, 따라서 우리는 이와 같은 비정상에서 거듭남을 통해 자연적인 상태가 아닌 삼위 하나님 안에서 이상적인 정상의 모범을 계속해서 발견해가는 것이다."[18]

그러나 만약 우리가 타락하지 않은 상태에 있다면 인류는 "끝없는 진화의 과정을 통해 현재의 가능성에서 보다 이상적인 상태로 움직여간다."[19] 이것이 바로 "사랑은 사랑이다" 그리고 "사랑이 이긴다." 등의 말들이 어떻게 '사회 정의 B'의 슬로건이 되었는지를 분명히 보여주는 것이다. 즉 여기에는 인간의 본성은 정상적이라는 입장이 전제되어 있는 동시에 또한 강요되어 있다. 나는 현재 타락하지 않은 완전한 상태에서의 행복을 상상하고 있으므로 당신은 나의 행복을 지지하고 축하해줘야만 한다. 이 일에 부족함이 있으면 그것은 모두 편견에서 비롯되는 것이다. 이와는 대조적으로 인간의 본성을 비정상으로 보는 시각에서는 사랑을 언제나 "현재의 네 모습 그대로"는 한 마디로 축약할 수 있는 것은 아니다. 필요한 경우에는 그것을 "본래의 네 모습을 향하여"라고도 말할 수 있다. 열정과 열심을 다해 사랑하는 사람의 구속과 번영을 추구하는 것은 바로 사랑 때문이다. 이는 하나님의 사랑이 그와 같기 때문에 그렇다. 사랑이 구속을 가져다주는 것은 오직 우리가 그 구속을 필요로 할 때뿐이다.

카이퍼가 말한 정상과 비정상의 구분을 통해 우리는 현대인들이 믿고 있는 것 가운데 가장 커다란 간극 한 가지, 즉 왜 우리는 서로를 지나쳐 이야기할 때가 종종 있는가에 관한 이유를 포착하게 된다. 20세기 중반의 진화론적 동물학자인 알프레드 킨제이(Alfred Kinsey)의 중요한 논지를 생각해 보자. 그는 사람에게 있는 일체의 성적 욕구와 행위는 "정상적인 포유류의 행위로서" 정당화된다고 했다. 과학계에서는 킨제이의 잘못된 연구를 결국에는 받아들이지 않았다. 하지만 인간의 성과 관련하여 정상성을 가정한 그의 세계관은 지난 반 세기를 지나며 계속해서 성장하여 서구의 주류 사회 안에서 가장 중요한 교리로 자리매김했다. 그리고 그 일은 주로 20세기 사상가들인 마르쿠제와 굿맨, 그리고 브라운의 기여를 통해

가능하게 되었다. 마르쿠제와 굿맨, 그리고 브라운을 연구한 한 학자는 말하길 "우리는 그들의 복음이 근본적으로 성에 관한 것임을 알고 있었다. 성(sex)은 모든 인간 관계의 방향을 재설정하기 위해 그들이 사용한 쐐기였다."[20]라고 했다. 만약 피조물이 우리의 기준이라면 우리 안에 어떤 성적 욕구가 생겨나더라도 그것은 다 "정상"이며, 따라서 이에 대해 우리가 해야 할 바람직한 일은 그 욕구를 찬양하는 것이다. 반면 그 기준이 우리의 창조주시라면 우리 안에서 생겨나는 성적 욕구는 결코 완전하지 않은 것이다. 그것은 깨어졌고, 따라서 그에 대해 우리가 해야 할 바람직한 일은 하나님의 은혜를 의지하여 구속을 이루기 위해, 그리고 우리의 성에 담겨 있는 아름다움을 하나님께서 그것을 지으신 본래의 모습대로 회복하기 위해 힘쓰는 것이다.

이와 동일한 일이 우리가 증오를 정의하는 일에 있어서도 일어난다. 본서의 서론에서 언급했던 분노의 기계를 떠올려보라. 그것은 우리 안에 있는 일련의 핵심적인 신념이라고 할 수 있는 것이었다. 그 기계의 한쪽 편에 "증오가 무엇인가?"라는 질문을 넣으면 반대쪽에서 대답이 튀어나온다. 만약 우리에게 있는 이 분노의 기계가 내 자신의 주권을 중심으로 해서 만들어졌다면, 다시 말해서 내가 곧 진리의 기준이고, 내 감정에는 의문을 제기할 수 없으며, 그리고 나의 쾌락이 곧 내가 존재하는 주된 목적이라고 한다면, 결국 다음과 같은 대답이 튀어나올 것이다. "누구든 나의 성에 대해 의문을 제기한다면 거기에는 오직 한 가지 동기 밖에는 없다. 그것은 바로 증오이다." 하지만 만약 우리의 세계관이 하나님의 주권을 중심으로 해서 형성되어 있다면 이와는 사뭇 다른 결론이 튀어나올 것이다. "성적으로 타락한 사람들에게 은혜와 구속, 그리고 치유가 필요하다는 말을 해주지 않는다면 그것은 사랑이라고 할 수 없다."

3. 섹슈얼리티에 대한 우리의 견해는 호의를 가장한 세계관 강압에 의지하는가? 나는 하나님께서 은혜를 베푸사 나를 그분의 아들로 입양하셨음을 믿는다. 예수님께서 나를 대신하여 이루신 일 덕분에 내가 하나님의 가족으로 받아들여진 것이다. 이것은 무슨 피상적인 의견이 아니다. 성경의 가르침을 통해 알 수 있는 나의 가장 핵심적인 정체성이다.

그런데 내가 사람들에게 나를 부를 때는 "하나님께서 입양하신 아들 타데우스 윌리엄스"로 불러 달라고 하면 어떨지 한 번 상상해 보라. 여기서 문제는 그런 호칭은 성경을 통해 형성된 기독교적 세계관을 갖고 있는 사람들 중에서만 이해가 된다는 점이다. 반면에 내가 교제하는 사람들 중에 다수는 온 우주의 창조주께서 나를 그분의 아들로 입양하셨다는 주장을 이해할 수 있는 나의 신념 체계를 공유하고 있지 못하다. 그와 같은 개념은 무슬림이나 불교 신자, 무신론자, 그 외에 여러 가지 다른 세계관을 가진 사람들에게는 터무니없는 소리에 불과하다. 무슬림과 불교 신자, 그리고 무신론자들에게 나를 하나님께서 입양하신 아들로 불러 달라고 요구하는 것은 일종의 세계관 폭행이 될 수도 있다. 그것은 사실상 나와 다른 시각을 가진 사람들에게 나와 대화하려면 나의 세계관을 받아들이라고, 그래서 나의 신념이 그들의 것보다 더 옳은 듯이 행동하고 말하라고 요구하는 일이며, 그렇게 하지 않으면 비열한 말로 그들을 욕할 것이라고 겁박하는 일이기 때문이다. 그러면 그리스도인이 아닌 사람들은 그와 같은 나의 요구에 이렇게 답할 지도 모른다. "죄송하지만 그렇게 해드릴 수는 없습니다. 당신은 당신 자신에 대해 그것이 사실이라고 믿을 수 있습니다. 하지만 저는 당신의 세계관에 동의하지는 않습니다. 또한 당신은 제게 당신의 세계관이 제가 가진 것보다 더 옳다는 말을 하라고 강요해서도 안됩니다. 저는 타인을 그와 같이 강압하는 행위에 부응하지 않겠습니다." 비록 저들이 내가 이해하고 있는 나의 핵심 정체성을 받아들이기를 거부하고 그로 인해 내가 아무리 기분이 나쁘더라도 저들의 말이 맞을 수도 있다.

성전환 수술을 한 하나님의 형상들에게 그들이 선택한 대명사를 사용하도록 하는 요구가 증가하고 있고, 때로는 그것이 법으로 강제되는 경우도 있다. 이 사안의 배후에 있는 쟁점은 다음과 같다. "나의 성별은 나의 의지대로 결정할 수 있다."는 주장은 오직 특정한 세계관 안에서만 말이 된다. 그런 세계관은 오직 성별(gender)과 생물학적 성(sex)은 별개의 것이라고 생각하는 세계관이고, 성별은 순전히 사회가 만들어낸 개념이라고 믿는 세계관이며, 또한 개인의 주관적인 느낌을 권위 있고 의문의 여지가 없는 것으로 여기는 세계관이고, 남성과 여성 사이에는 중요하거나 아름다운 구별 따위는 전혀 존재하지 않으므로 대명사 논쟁은 아무런 문제도 되지 않는다고 믿는 세계관이다. 따라서 "제가 원하는 대명사로 저를 불러 주세요."라는 요청의 이면에는 다음과 같은 요구가 내포되어 있는 것이다. "당신의 세계관을 부정하세요. 그리고 나서 성과 성별, 그리고 주관적인 느낌이 갖는 권위에 대해 저의 생각을 받아들이세요." 이와 같은 논리는 결혼을 아내가 있어도 되고 없어도 되는, 혹은 남편이 있어도 되고 없어도 되는 단순한 제도적 결합으로 재정의하는 것에도 동일하게 적용된다. 그런 재정의 역시 오직 특정한 세계관을 전제로 할 때만 말이 되기 때문이다. 오늘날 기독교 학교나 기업, 그리고 교회들이 수많은 입법과 소송에 직면해 있는 것은 바로 그 배후에 이처럼 특정한 세계관을 강요하는 일이 놓여 있기 때문이다. 하지만 이렇게 무언가를 강요하는 일은 이웃을 대하는 기독교의 관점과는 어울릴 수 없는 것이다.

4. 섹슈얼리티에 대한 우리의 견해는 자기 신격화를 담고 있는가? 어떤 사람이 스스로 신학적 혁신자로 자처하며 다음과 같은 말을 했다고 생각해 보자. "나는 하나님께서 선하시고, 자비로우시며, 사랑과 용서가 넘치시는 분이라는 것을 다 믿는다. 하지만 그런 하나님께 온 우주를 다스리시는 최고의 권력 같은 것이 있다고는 믿지 않는다." 우리가 이른바 신학적 혁신자라 부른 이 사람은 오히려 무–신학적 혁신자가 더 맞을 것이다. 그는 어떤 측면에서는 하나님의 존재 그 자체를 부정했기 때문이다. 그 이유는 무엇인가? 왜냐하면 하나님께서 실제로 존재하신다면 그분은 참으로 온 우주의 궁극적 권력이실 수밖에 없기 때문이다. 하나님의 절대 권력을 부정하는 것은 하나님께서 실제로 존재하심을 부정하는 것과 동일한 행위이다. 이에 대해 A. W. 핑크는 논하길, "현실적으로 그런 사람들은 그저 무신론자일 뿐이다. 왜냐하면 절대 권력의 하나님과 존재하지 않는 하나님 사이에는 그 어떤 대안도 있을 수 없기 때문이다."[21]라고 했다. 다시 말해서 하나님에게서 그분의 최고 권

력, 혹은 그런 의미의 어떤 속성이든 그것을 빼앗아버리면, 당신이 생각하는 것은 더 이상 하나님이 아니라 그저 당신이 상상 속에서 만들어낸 존재에 불과하다는 말이다.[22] 하나님의 신적 속성은 마치 우리가 샌드위치 가게에서 우리의 입맛대로 고기나 야채, 혹은 소스 등을 골라 넣듯이 그렇게 쫙 펼쳐 놓고 취사선택할 수 있는 것이 아니다.

이것은 창조주이신 하나님과 피조물인 우리 사이에 있는 커다란 차이점이다.[23] 그분은 창조주이시므로 하나님에 관한 그 어떤 진리라도 부정하면 그것은 곧 그분의 존재 자체를 부정하는 것이다. 하지만 우리는 하나님이 아니다. 그럼에도 '사회 정의 B'의 사고방식 속에서는 만약 어떤 사람이 용기를 내어 우리가 스스로 선택한 성적 정체성이나 성적인 행위에 대해 의문을 제기하면 이것을 "당신은 나의 존재를 부정하고 있소!"라는 말로 듣는다. 물론 이 시나리오에 등장하는 사람은 마치 누군가가 자신의 존재를 지워버리려고 하는 듯 진정으로 거부당한 느낌을 받을 것이다. 하지만 그와 같은 깊은 불쾌감의 이면에는 창조주와 피조물 사이의 구분을 부정하는 생각이 숨겨져 있는데, 이는 우리에게 우리 자신에 관한 것을 주권적으로 결정할 수 있다는 믿음이 있기 때문이다. 콜린 캠벨(Colin Campbell)은 이런 교리를 다음과 같이 명확하게 포착하고 있다.

실상 "자아"는 사람이 복종할 수밖에 없는 굉장히 개인적인 신이나 정신이 된다. 그래서 "경험하기"는 그 안에 온갖 만족감과 자극적인 느낌들이 함축되어 있기에 윤리적인 활동이 되는데 이는 하나의 의무적인 측면이다. 이것은 그 사람에 관한 근본적으로 다른 교리이다. 더 이상은 그를 원죄라는 이름의 절망적인 원료로 고통스럽게 만들어진 "성품"을 통해 인식하지 않고, 경험과 강렬한 느낌을 통해 사회적 관습의 제약으로부터 해방된 "자아"로 인식하게 된다.[24)]

캠벨의 논지를 명확하게 부연하자면 다음과 같다. 어떤 사람이 하나님께서 나를 그분의 자녀로 입양하셨다는 나의 정체성을 부정하는 것, 그들이 나를 그와 같이 부르기를 거부하는 것은 괜찮다. 나는 내 자신의 정체성에 대해 완전하거나 권위를 갖고 있지 못하며, 이는 그 정체성을 거절하는 사람 자체도 마찬가지다. 우리는 모두 "원죄라는 이름의 절망적인 원료로" 만들어졌다. 하나님만이 내가 누구인지에 대한 기준이시다. 그분께서 나에 대해 내리시는 판단이 내가 내 자신에 대해 느끼는 것이나 다른 이들이 나에 대해 말하는 것에 비해 한없이 더욱 신뢰할 만한 것이다. 이것이야말로 얼마나 참된 해방이란 말인가!

그러나 만약 내가 나의 "자아"를 일종의 "내가 복종할 수밖에 없는 굉장히 개인적인 신이나 정신"으로 바꾸어 버린다면, 만약 내 자신의 느낌과 선택을 권위 있는 것으로 만들어 버린다면, 내 스스로 정의를 내린 자아에 대해 어느 한 부분이라도 부정하는 사람은 나의 존재 자체에 대한 공격과 위협이 될 것이며, 나의 주권을 거스르는 죄를 짓는 편협한 사람이거나 증오에 찬 사람일 테니 그런 사람의 목소리는 소거해야만 하는 것이다.

전통적인 신학에서 하나님의 느낌은 그분의 본성을 표현하는 방식인 것처럼 우리의 느낌도, 특히 우리의 성적인 느낌은 우리의 정체성을 결정하는 것이다. 다른 곳에서 이야기했던 것처럼 인류 최초의 조상들이 동산에서 "하나님과 같이 되리라"는 뱀의 유혹에 빠져 저지른 첫 번째 죄는 우리에게 현실을 정의할 수 있는 권위가 있다고 말하는 죄였다.[25] 일단 우리가 그 열매를 따고 나면 모든 사람에게 우리가 자주적으로 정의한 우리의 성을 받아들이고 찬양하게 하는 것은 이제 사회 정의의 문제가 되어 버린다. 따라서 우리는 스스로 정의 내린 자아를 위협하는 시스젠더와 이성애규범적인 문화의 억압에 맞서 싸워야 한다. 하지만 그런 "사회 정의"는 이중적인 불의가 된다. 우선 그로 인해 우리는 하나님께 합당한 것을 드리지 않는 것이고, 다른 측면으로는 피조물인 우리에게 합당하지 않은 신적 지위를 부여하는 것이기 때문이다. 그리고 거기서부터 곧바로 세 번째 불의가 나타나는데, 이로써 우리 스스로 신적 존재가 된 듯한 착각에 빠져 우리 주변에 있는 사람들에게 폭군이 되어버리는 것이다.

5. 섹슈얼리티에 대한 우리의 견해는 사람들을 혼돈에 빠뜨려 거기서 헤어날 수 없게 만드는 그런 종류의 진정성과 자유를 장려하는가? '사회 정의 B'에서는 자기 자신에게 진실한 것, 특별히 자신의 성적 욕구와 느낌에 진실한 것을 진정성과 자유의 표지로 본다. 이와 같은 대중적인 사고의 흐름은 그 무엇보다 픽사(Pixar)에서 제작한 인크레더블(The Incredible)이라는 영화에서 도전을 받는다.

범죄에 맞서 싸우는 사람이 되고자 하는 포부를 가진 버디 파인(Buddy Pine)은 자신의 슈퍼 히어로 우상인 미스터 인크레더블에게 다음과 같은 심오한 말을 한다. "당신은 언제나 '네 자신에게 진실하라'라고 말하지만, 네 자신의 어떤 부분에 진실해야 하는지에 대해서는 결코 말하지 않는다!" 이야기가 전개되면서 버디는 유명세를 타기 위해서는 결코 멈추지 않는 신드롬(Syndrome)이라는 이름의 슈퍼 악당이 된다. 과대망상증에 사로잡힌 악당이 되어 가는 과정에서 버디는 실제로 미스터 인크레더블의 조언을 따르게 된다. 그는 자기 자신에게, 더 정확하게 말해서는 자신의 어떤 부분(우리 모두 안에 있는)에 진실하게 되었는데, 그것은 바로 남의 불행을 기뻐하는 마음과 자기 중심적인 마음이었다. 우리 자신에게 진실하고 우리의 마음을 따르라는 조언은 오직 우리의 자아는 철저히 선하고, 따라서 우리의 마음속에는 어둡고 뒤틀린 욕망이 전혀 없다는 전제 하에서만 실행 가능한 것이다.

C. S. 루이스는 《인간폐지》(*The Abolition of Man*)에서 다음과 같이 지적했다. "우리에게 본능을 따르라고 말하는 것은 '사람들'을 따르라고 말하는 것과 같다. 사람들은 저마다 다른 말을 하는데, 이는 본능도 마찬가지다. 우리 안에 있는 여러 본능들은 서로 대결 구도 속에 있다…. 만약 당신이 어느 하나의 본능에 귀를 기울이면 나머지 본능들은 다른 것을 버리고 자신을 충족시키라고 외칠 것이다."[26]

버디 파인의 경우와 C. S. 루이스의 논점을 종합적으로 판단해 보면 "네 마음을 따르라"는 조언은 참으로 서툰 조언이다. 왜냐하면 우리의 마음은 그렇게 단순하지가 않기 때문이다. 사분오열되어 있다. 사람의 마음은 제국주의적인 욕망과 서로 충돌하는 본능들 사이의 거대한 전쟁터이다. 도대체 그 중에 무엇을 따르란 말인가?

자기 영혼의 주인이 되라, 자신의 삶을 스스로 이끌어 가라, 그리고 진정한 자기 자신이 되어 자유를 누리라 등의 외침은 오히려 정 반대의 결과를 낳는다. "네 마음을 따르라"는 말은 실제로는 다른 이들의 이념에 맹목적으로 몰두하라는 외침일 뿐이다. 이렇게 설명해보자. 북아일랜드에 살고 있는 존(Jon)이라는 이름의 한 청소년을 상상해 보라. 그는 1970년대 북아일랜드공화국군(IRA)이 밀집한 벨파스트의 한 지역에서 성인이 된다. 그런 배경 하에서 존의 마음에는 영국인들을 향한 공격성을 표출하고 싶은 욕망이 끓어오를 수 있다. 특히 영국 낙하산 부대의 총격으로 열세 명의 가톨릭 시민 운동가들이 죽임을 당한 "피의 일요일" 사건 이후에는 더더욱 그러하다. 그렇다면 존은 자신의 마음을 따라야 하는가? 이번에는 존을 들어 올려다가 2018년 미국의 한 대학에 그를 떨어뜨려보자. 이곳에서의 존은 이른바 "해로운 남성성"이라는 이름표가 붙은 위험 요소에 대해 권력자들로부터 거듭된 경고를 듣게 된다. 그는 한 때 군인이 되는 것이 모험적인 삶을 사는 것이라고 여겼는데, 여기서는 그의 마음속에 자신의 내면을 춤으로 표출해보고 싶은 새로운 욕망이 치고 올라오는 것을 보게 된다. 이 욕망은 그의 젠더학 교수가 강력히 추천한 것이었다. 존은 자신의 마음을 따라야 하는가?

무엇이 문제인지 알겠는가? 벨파스트의 거리에서든 혹은 젠더학과 앞 복도에서든 이 두 시나리오 중의 어느 것에서도 존에게 자신의 마음을 따르라고 말하는 것은 소위 말하듯 속박을 벗어나 자기 자신을 정의하는 것이라고 할 수 없다. 만약 그가 이런 조언을 받아들인다면 그는 결국 다른 사람이 치는 북소리에 맞춰 행진하

면서도 자유롭게 걷고 있다고 생각하는 걸어 다니는 모순 덩어리
가 되고 말 것이다.

이것을 가정 안으로 좀 더 가까이 가지고 들어와보자. 십대 소녀
한 명이 성적으로 실험을 해보고 싶은 욕망과 성을 혼인을 위해 예
비된 성스러운 것으로 지켜내고 싶은 욕망 가운데 싸우고 있다면,
그 여자 아이에게 자신의 마음을 따르라고 말하는 사람들은 어떤
욕망이 그 아이의 참된 마음이라고 생각할 지는 불을 보듯 뻔하
다. 그 아이는 자기 자신에게 진실하며 사회적 제약으로부터 자유
롭다고 믿겠지만, 실상 그 아이는 그저 이름도 한 번 들어본 적 없
는 알프레드 킨제이, 헤르베르트 마르쿠제, 주디스 버틀러와 그
외의 이념가들이 만들어낸 성에 관한 의제들 안에 볼모가 되어 있
을 뿐이다.

당신이 젊은이들에게 해줄 수 있는 말 중에 가장 잔인한 것은 자
기 자신의 마음을 따르라고 하는 것이다. 서서히 그렇지만 확실히
우리 시대를 이끌어가는 도덕은 바뀌었다.[27] 더 이상은 백설공주
의 마녀나 피터팬의 후크 선장, 혹은 알라딘의 자파나 라이온킹의
스카와 같이 자기 중심적인 삶을 살아서는 안 된다는 등의 말은 통
하지 않는다. 그보다는 몬스트로와 대결을 펼친 피노키오나 용을
처단한 차밍 왕자와 같이 다른 사람을 위해 용기를 내라고 말한
다. 신데렐라나 백설공주처럼 악한 마음을 버리고 친절한 마음을
가지라고 한다. 그와 같은 만고불변의 진리들은 네 자신에게 진
실하라, 네 마음을 따르라, 그리고 누구도 너에게 어떤 사람이 되
라거나 그렇게 되기 위해서는 어떻게 하라는 등의 말을 하게 하지
말라와 같은 거짓된 복음으로 대체되었다. 예수님께서는 "누구든

지 나를 믿는 이 작은 자 중 하나를 실족하게 하면 차라리 연자 맷돌이 그 목에 달려서 깊은 바다에 빠뜨려지는 것이 나으니라"**28)**라고 말씀하셨으니, 그 깊은 곳에서는 피노키오도 당신을 구해줄 수 없을 것이다.

다른 이에게 합당한 것을 주는 것이라는 정의의 개념을 다시 한 번 생각해보라. 아이들에게 합당한 것은 무엇인가? 아이들에게는 그저 자신이 느끼는 것보다 더 커다란 도덕적 현실을 볼 수 있는 풍성하고 아름다우며 설득력 있는 시각이 필요하다. 그들에게는 난데없이 자신의 정체성을 빚어내라는 제안이 아닌 자신보다 한없이 더 지혜롭고, 강하고, 사랑이 많은 어떤 분의 작품이 되라는 제안이 더욱 더 합당하다. 성 정체성을 비롯하여 어떤 정체성을 만들어내고 그것을 지속해가는 일은 창조주만이 할 수 있는 일이다. "성적 자유"나 "성 정체성" 등의 말을 사용해 젊은 피조물들의 어깨에 그와 같은 짐을 지움으로써 창조주의 작품이 되는 기쁨을 빼앗는 것은 사회 정의가 아니다. 그것은 잔인한 일이다. 이와 관련하여 마지막 여섯 번째 질문으로 넘어가보자.

6. 섹슈얼리티에 대한 우리의 견해는 모든 이들이 들을 수 있는 그 무엇보다 가장 기쁜 소식을 훼손하는가? J. I. 패커는 성경의 모든 내용을 통해 복음을 정의하려고 한다. 그는 마스힐 교회에서 아테네의 철학자들에게 복음을 선포했던 바울을 예로 들며 다음과 같은 예리한 언급을 한 적이 있다. "복음은 피조물인 우리는 절대적으로 하나님께 의존하는 존재라는 사실과 창조주이신 하나님께서는 우리에 대해 절대적인 주권을 갖고 계심을 가르치는 것에서

부터 시작한다. 우리가 이것을 알게 될 때에만 우리는 죄가 무엇인지 볼 수 있고, 죄가 무엇인지 볼 수 있을 때에만 우리는 죄로부터의 구원이라는 기쁜 소식을 이해할 수 있게 된다. 우리는 하나님을 창조주로 부르는 것이 무슨 의미인지를 올바로 알아야만 비로소 그분이 구속자가 되신다는 것의 의미도 제대로 이해할 수 있다.”[29]

우리가 복음을 하나님의 신성과 떼어내는 순간 그것은 그저 의미 없는 헛소리로 전락할 뿐이다. 만약 우리가 문화의 흐름을 따라 마치 피조물의 성적 욕망을 권위 있는 것이나 의문의 여지가 없는 것으로 여기며 찬양한다면 그것은 하나님의 신성을 인정하는 것이 아니다. 그것은 피조물이 곧 성적 진리의 척도가 된다는 거짓말에 동조하는 것일 뿐이다. 성에 대한 우리 시대의 정설에 발맞추기 위한 목적으로 재정의된 사회 정의라는 명목 하에 우리는 이중의 불의를 저지르는 것이다. 창조주께 합당한 명예를 갈취하는 일이며, 또한 피조물에게서 복음을 빼앗는 일이다. 왜냐하면 이 복음은 성을 비롯한 모든 생명 위에 최고의 권세를 쥐신 하나님을 떠나서는 아무런 의미가 없기 때문이다. 우리가 가장 사랑이 넘치는 일을 하고 있다고 생각하는 그 순간에 사실 우리는 우리가 사랑한다고 주장하는 그 사람들에게서 이 세상에서 가장 온전한 자유와 생명을 주는 소식을 박탈하고 있다는 것을 알게 되면 이 얼마나 끔찍한 일이 아닐 수 있겠는가?

이상의 여섯 가지 질문을 통해 성에 대한 우리의 시각이 커크와 매드슨에게서 더 많은 영향을 받았는지, 아니면 성경의 가르침을 통해 형성되었는지 더욱 잘 분별할 수 있는 계기가 되기를 바란다.

또한 그 질문들을 통해 과거에 우리가 사랑하지 못했던 사람들을 더욱 잘 사랑하는데 도움이 되기를 바란다. 이 부록 안에 다 담을 수 없는 내용이 훨씬 더 많이 있다. 예컨대 성경에서 남녀의 동성애적 행위를 지지한다고 주장하는 사람들은 어떤가? 혼인의 개념에 대한 재정의는 어떤가? 우리는 동성에게 끌리는 성향이나 성별 불쾌감 등으로 고통 당하는 이들을 어떻게 하면 가장 잘 사랑할 수 있는가? 좀 더 깊은 내용을 살펴보고자 하는 분들이나 혹 현재 고통 중에 있는 분들에게는 '사회 정의 B'에서 제시하는 거짓된 성적 자유와 정체성에서 벗어나 그리스도 안에서 참된 자유와 정체성을 발견한 이들이 쓴 가장 좋은 자료들을 좀 추천하고자 한다.

내가 추천하고자 하는 책들은 베켓 쿡(Becket Cook)의 《애정의 변화: 동성애자의 믿을 수 없는 구속 이야기》(*A Change of Affection: A Gay Man's Incredible Story of Redemption*), 로사리아 버터필드의 《뜻밖의 회심》 등이 있다. 또한 낸시 피어시의 《네 몸을 사랑하라》, 피터 존스(Peter Jones)의 《성의 하나님: 영성을 통하여 당신의 성을 정의하기》(*God of Sex: How Spirituality Defines Your Sexuality*), 그리고 프레스턴 스프링클(Preston Sprinkle)의 《사랑받아야 할 사람들: 동성애가 그저 하나의 논쟁거리가 아닌 이유》(*People to Be Loved: Why Homosexuality is Not Just an Issue*)도 큰 도움이 된다.

부록 E
문화 전쟁의 종식

나는 교회 안에서 자라났는데, 그곳에서 "문화 전쟁"이라는 말은 교회와 교회 밖 세상의 관계를 가장 잘 보여주는 비유적인 표현이었다. 우리는 교활한 광신도들, 증오에 찬 동성애자들, 거짓 자유주의자들, 그리고 사악한 진화론자들에 맞서 싸움을 벌이고 있는 용감하고 도덕적인 하나님의 군대인 것이다. 기독교 방송이나 서적들, 기독교 블로그나 그리스도인들의 대화를 귀 기울여 잘 들어보면 우리 그리스도인들이 전쟁의 용어를 굉장히 좋아하고 있음을 분명히 알게 된다.

지난 30여 년간 전쟁과 관련한 이런 표현은 우리의 언어생활을 가득 채우고, 우리의 정치를 형성했으며, 또한 우리의 세계관을 잠식할 정도로 우리가 살고 있는 문화와의 관계를 표현하는 지배적인 비유가 되었다. 하지만 문화 전쟁이라는 말이 과연 유익한 것일까? 그것은 성경적인가? 우리는 예수님을 위한 해병대원이 되어야 하는 것일까?

나는 교회가 앞을 향해 나아가면서 문화 전쟁이라는 비유를 완전히 버려야 하는 이유 두 가지를 다음과 같이 제안하고자 한다.

1. 문화 전쟁이라는 표현으로 인해 악과 관련된 중요한 성경적 구분이 희미해지고, 그로써 우리는 잘못된 "대적"과 싸우게 된다.

만약 제2차 세계 대전의 연합군이 네덜란드를 향해 선전포고한 후 빌헬미나 여왕을 폐위시키기 위해 헤이그로 진군해 들어가는 반면 베를린의 폭군은 아무런 저항도 받지 않은 채 잔혹한 공격을 계속해 나갔다면 어떻게 되었겠는가? 연합군이 그와 같은 어처구니 없는 실수를 저질렀더라면 그로 인해 엄청난 변화가 있었을 것이다. 손자병법의 지피지기면 백전불태라는 말과 같이 먼저 "지피(知彼)", 곧 상대가 누구인지를 아는 것은 정말 중요하다.

성경적인 렌즈를 통해서 보면, 우리는 단색이 아닌 세 가지의 어두운 색조로 악을 바라보게 된다. 거기 보면 우리가 소위 "반삼위일체"라고 부르는 세력들이 숨어서 기회를 보아 세상을 향한 삼위 하나님의 선한 사명을 공격하는 것을 볼 수 있다. 먼저 삼위일체 안에는 빛의 아버지이신 하나님이 계시지만, 반삼위일체 안에는 거짓의 아비인 마귀가 있다. 삼위일체 안에서 우리는 말씀이 육신이 되신 예수님을 발견하지만, 반삼위일체 안에서는 우리의 내적인 죄의 소욕, 곧 바울이 일컫는 바 "육체"와 마주하게 된다. 삼위일체 안에서 우리는 진리의 영이신 성령님을 만나지만, 반삼위일체 안에는 세상 혹은 "시대의 정신"이 있다. 이상의 중요한 구분을 다음과 같이 표로 정리하였다.

삼위일체		반삼위일체	

성부 하나님	"빛의 아버지"	"거짓의 아비"	마귀
약 1:17 엡 4:6 벧전 1:3 마 5:45 요 4:23 요 10:29–38	성부는 하나님이시며, "빛의 아버지"로서 그분의 영광을 위하여 세상을 구속하시는 사명을 이루어 가신다. 이런 진리에만 지나치게 초점을 맞추면 신학적으로 아리안주의에 빠지게 되며 실천적으로도 성자와 성령을 예배하고 그분들 안에서 기쁨을 누리는 일을 할 수 없게 된다.	마귀는 악하며, "거짓의 아비"로서 자신의 영광을 위하여 세상을 파괴하는 일을 사명으로 삼는다. 이런 진리에만 지나치게 초점을 맞추면 스스로 초래한 실수를 마귀의 탓으로 돌리고, 귀신에 대한 건강하지 못한 집착이나 두려움에 빠지게 되는 일이 종종 있다.	요 8:44 벧전 5:8 요 17:15 엡 6:10–16 요 10:10 약 4:7
성자 하나님	"육신이 되신" 하나님	"육체"	죄의 본성
요 1:1, 14 사 9:6–7 히 1:3–13 골 1:15–17 롬 9:5 요 20:28	성자는 "육신이 되신" 하나님이시며, 흠 없는 삶을 사시고 우리를 대신하여 죽으셨다가 육신으로 살아나셔서 우리에게 생명을 주신 분이다. 이런 진리에만 지나치게 초점을 맞추면 "오직 예수"라는 신학에 빠지게 되며 실천적으로도 성부와 성령을 예배하고 그분들 안에서 기쁨을 누리는 일을 할 수 없게 된다.	죄의 본성은 악하며, "육체"는 이기적인 행동으로 이끌어가고 하나님을 떠나게 함으로써 결국 사망에 이르게 하는 내적인 소욕이다. 이런 진리에만 지나치게 초점을 맞추면 자기 자신을 들여다보는 일에 병적으로 집착하게 되고 영적 전쟁의 필요를 무시하는 방향으로 나아갈 수 있다.	롬 8:1–17 갈 5:16–25 시 51:1–12 벧전 2:11 골 3:5–10 마 15:8–20

성령 하나님	"진리의 영"	"시대의 정신"	세상
요 14:16–17 에 36:26–27 행 5:3–9 벧후 1:21 갈 5:22–23 요 16:8–14	성령은 하나님이시며, 사람들이 하나님과 그분의 영광을 더욱 깊이 깨달을 수 있도록 이끌어 가시는 "진리의 영"이시다. 이런 진리에만 지나치게 초점을 맞추면 "은사주의"에 빠지게 되며 실천적으로도 성부와 성자를 예배하고 그분들 안에서 기쁨을 누리는 일을 할 수 없게 된다.	세상은 악하며, 사람들이 자기 자신을 신으로 착각하여 자신의 영광을 좇는 일로 더욱 깊이 이끌어가는 "시대의 정신"이다. 이런 진리에만 지나치게 초점을 맞추면 우리와 저들을 구분하는 외국인 혐오증에 빠지게 되고 내면의 죄악을 인정하거나 그에 맞서 싸우는 일도 할 수 없게 된다.	고전 2:12 롬 12:2 약 4:4 딛 2:12 요일 2:15–17 엡 2:1–5

우리는 과연 문화 전쟁을 치러야 하는가라는 질문에 답하기 위해서는 성경에 나타나는 세상, 육체, 그리고 마귀 사이의 구분을 올바로 알고 있는 것이 굉장히 중요하다. 우리는 마귀에 맞서 전쟁을 해야 하는가? 그렇다. 바울은 우리에게 기도하며 "마귀의 간계를 능히 대적하기 위하여" 전신 갑주를 입고 "악한 자의 모든 불화살을 소멸하라"라고 하는데, 이는 하나님의 말씀을 무기로 삼아 그분의 불구대천의 원수를 무찌르라는 뜻이다.[1] 이에 대해 칼빈은 고린도후서 10장에 대한 자신의 주석에서 다음과 같이 말했다. "그리스도인의 삶은 끊임 없는 싸움인 것이 사실이다. 왜냐하면 누구든지 하나님을 섬기는 사람은 결코 사탄과 휴전을 맺을 수 없기 때문이다."[2]

우리는 육체, 곧 하나님을 거스르고 우리의 "영혼을 거슬러 싸우는"[3], 그리하여 "죄의 법으로 나를 사로잡는"[4] 내면의 성향에 맞서 전쟁을 해야 하는가? 이에 대해서도 성경에서는 "빛의 갑옷을 입자… (그리고) 오직 주 예수 그리스도로 옷 입고 정욕을 위하여 육신의 일을 도모하지 말라"[5]라고 하심으로써 전쟁을 치러야 함을 말씀하신다. 바울은 매우 폭력적인 용어를 사용하여 성령님의 능력으로 육체를 "죽이라"거나 혹은 그것을 처형하거나 "십자가에 못 박으라"고 말한다. [6]

그러니 기독교는 전쟁의 종교인가? 만약 우리의 적이 육체와 마귀라면 그렇다. 전진하라 그리스도의 군사들이여! 그러나 만약 세상을 우리의 적으로 생각한다면 성경에서는 전혀 다른 말씀을 하고 있다. 첫째, 우리는 세상에 대한 두려움을 갖고 있는 부족처럼 우리들만의 거품 안에서 살아가는 것이 아니라, 세상을 향해 나아가 그곳에 예수님의 기쁜 소식을 전하라는 사명을 받았다.[7] 둘째, 우리는 세상에 들어가 마치 카멜레온처럼 그리스도 없는 세상의 광범위한 문화적 색채를 흡수하는 것이 아니라, 오히려 세상에 동화되거나 물들지 않으면서 어그러지고 왜곡된 세대 가운데 빛을 비추어야 한다.[8] 우리는 탐욕적인 소비와 극단적인 자기 영광 추구, 그리고 뇌에 끊임없이 쾌락 중심의 자극을 주는 것을 미덕으로 삼는 억압적인 제도의 노예나 희생자, 혹은 그것의 친구나 그것과 사랑에 빠진 자가 되기를 거부하는 것이다.[9] 셋째, 성경에서는 우리가 그렇게 살아가는 동안 세상은 그 가치에 순응하기를 거부하는 이들에게 공격적인 증오심을 퍼부을 수 있다고 경고하신다.[10]

그와 같은 증오가 닥쳐올 때 교회는 보습을 쳐서 칼을 만들어 문화 전쟁으로 그것을 받아 쳐야 하는가? 오히려 그와 정 반대로 예수님께서는 우리에게 그에 대해 보복하거나 혹은 그것을 그저 용납하는 것이 아니라 우리의 "원수를 사랑하라"[11]라는 명령(제안이 아닌)을 주셨다. 예수님께서는 자신의 손목에 대못을 박고 있던 바로 그 사람의 구원을 위해 기도하셨고, 또한 우리가 그분께서 사랑하시는 아버지에 맞서 전쟁을 치르고 있을 때에도 우리를 위해 피를 흘리셨다. 바울 역시 이처럼 원수를 사랑하라 하신 참으로 획기적이고 문화를 거스르는 말씀을 따라 (자신도 세상의 잔혹함을 모르는 바가 아님에도) 박해하는 사람을 축복하고, 모든 사람과 더불어 화목하며, 친히 원수를 갚지 말고, 굶주린 원수에게 음식을 베풂으로써 선으로 악을 이기라고 명령하였다.[12] 예수님이나 바울은 물론 기타 성령님의 영감으로 성경을 기록한 그 누구도 마귀나 우리 마음 가운데 있는 죄의 소욕을 사랑하고 축복하라거나 그것과 더불어 화목하라거나 그것에 음식에 베풀라고 명하지 않으셨다는 점이 중요하다.

그러므로 전쟁에 대해 생각할 때 그리스도인은 내가 맞서 싸워야 할 대상이 육체나 마귀인가 하는 점을 자문해보아야 한다. 만약 그렇다면 싸워 나가야 한다. 그러나 만약 교회를 공격하는 대상이 호전적인 문화인 것 같다면, 우리는 본성적으로 내재되어 있는 투쟁-도피 반응을 잠시 멈추고 사랑의 힘으로 증오의 힘을 상대하라는 예수님과 바울 사도의 비본성적인 명령을 충분히 생각해보아야 한다. 뿐만 아니라 그와 같이 문화를 거스르라는 불가능한 명령에 따라 살아가기 위해 우리에게 꼭 필요한 사랑을 초자연적으로 불어넣어 달라고 기도해야만 한다.

2. 문화 전쟁이라는 표현으로 인해 전투원과 포로 사이의 성경

적인 구분을 놓치게 되고, 그로써 해방의 사명을 말살의 사명으로 오인하게 된다. 문화 전쟁을 치르고 있는 그리스도인 중에는 이에 반대하며 다음과 같이 말하는 사람이 있을 수 있다.

"물론 성경에서 말씀하시는 전쟁은 사탄에 맞서는 것이다. 하지만 '이 세상의 임금'[13]인 사탄은 인간 병사들을 끌어 모아 자신의 사악한 명령을 수행하게 한다. 그러므로 영적인 전쟁을 치르는 것은 곧 동시에 문화 전쟁을 치르는 것이기도 하다." 나 역시 성경의 가르침에 입각하여 문화 속에는 단순히 인간의 악 그 이상의 것이 작용하고 있다는 것을 믿는다는 점에서는 이와 같은 반대 의견에 동의한다. 나는 노예 식민지나 집단 수용소 같은 곳에 사탄이 아무런 힘도 발휘하지 않는다거나 혹은 그런 곳에 아무런 관심조차 없는 구경꾼의 위치에 있다고 믿지 않는 것이다.

그러나 사탄에 대한 전쟁에서부터 문화에 대한 전쟁을 주장하는 것은 성경에서 말씀하고 있는 또 하나의 중요한 구분을 간과하는 것이다. 다음과 같은 바울의 말을 생각해보라. "주의 종은 마땅히 다투지 아니하고 모든 사람에 대하여 온유하며 가르치기를 잘하며 참으며 거역하는 자를 온유함으로 훈계할지니 혹 하나님이 그들에게 회개함을 주사 진리를 알게 하실까 하며 그들로 깨어 마귀의 올무에서 벗어나 하나님께 사로잡힌 바 되어 그 뜻을 따르게 하실까 함이라"[14]

바울은 자신을 거역하는 사람을 치명적인 힘으로 짓눌러야 하는 사탄의 군사로 그리고 있지 않다. 오히려 그들을 말살의 대상이 아닌 해방의 대상, 즉 친절과 온유한 훈계와 희망으로 대해야 하는 사로잡힌 포로로 묘사한다.[15] 베드로 역시 세상을 향한 예수님의 사역을 한 마디로 사탄의 군사를 쳐부수는 것이 아닌 "선한 일을 행하시고 마귀에게 눌린 모든 사람을 고치셨으니"[16]라고 정리했다.

군인은 전쟁을 일으키지만, 바울은 우리에게 "모든 사람과 더불어 화목하라"[17]라고 말한다. 군인은 적군의 피를 흘리지만, 바울은 자신을 거역하는 사람을 위해 눈물을 흘린다.[18] 군인은 적군을 향해 냉정한 마음을 가지지만, 바울은 그 마음에 자신을 반대하는 사람들을 위한 "그치지 않는 고통"이 있었다.[19] 군인은 적군보다는 자기 자신의 생존을 더욱 중시하지만, 바울은 믿지 않는 자신의 형제들을 위해 본인이 "저주를 받아 그리스도에게서 끊어지는 것"을 원했다.[20] 바울은 감옥에 갇히고 굶주림에 처했으며, 매를 맞아 죽을 뻔 하였고, 결국에는 네로에게 참수형을 당했다. 이 모든 고난은 다 자신의 사명을 감당하기 위한 것이었다. 그것은 대적의 눈에 낙인을 찍는 것이 아닌 "그 눈을 뜨게 하여 어둠에서 빛으로, 사탄의 권세에서 하나님께로 돌아오게 하고 죄 사함을 얻게"[21] 하는 것이었다.

이와 같은 성경적인 구분을 통해 알 수 있는 것은 사탄에 대한 전쟁이 반드시 문화에 대한 전쟁을 수반하는 것은 아니라는 점이다. 마귀에게 대항하는 우리의 적극적인 전쟁 행위는 역사상 가장 오래된 인신매매범의 억압적인 손아귀에 붙잡혀 있는 우리의 이웃들을 놓아주기 위한 연민의 행동과 함께 가야 하는 것이다.

비유의 중요성

그렇다면 여기서 내가 주장하는 바는 문화 전쟁을 넘어서는 그리스도인은 더 이상 문화를 형성하는 해롭고 비인간적인 이념에 대해 유의미한 비평을 하지 않는다거나, 정치에 대해서는 신경 쓰지 않는다거나, 혹은 자신이 속한 영적인 집단 밖에 있는 사람들에 대해서는 이의를 제기하거나 대화를 나누지도 않는다는 것일까? 물론 아니다. 예수님의 부르심은 마치 사이비 교주들이 사람들을 꾀어 내어 사회를 떠나서 총기나 금을 사게 하고, 외딴 숲 속의 집단 거주지에 모여 쿨에이드를 마시며 세상의 문제들을 외면하며 살게 하는 그런 것이 아니다. 예수님께서는 우리에게 세상으로 들어가라는 사명을 주신다. 내가 주장하고자 하는 바는 문화 전쟁이라는 비유는 우리가 어떻게 예수님께서 부여하신 사명에 순종해갈 것인가 하는 문제에 대해 매우 심오하고 또 많은 경우 잠재의식적인 영향을 미친다는 점이다.

우리가 걸어가는 길은 제자를 삼는 것인가 아니면 원수를 학살하는 것인가? 문화는 추수할 것이 많은 들판인가 아니면 무찔러야 할 군대인가? 우리는 사슬에 묶인 사람들을 해방시키는 사명을 받은 자들인가 아니면 적군을 수색 소탕하는 작전에 투입된 특수부대원들인가? 그렇다면 "그리스도 이후의 시대"를 살고 있는 우리의 삶은 어떠해야 하겠는가? 해병대처럼 살아야 하는가 아니면 예수님처럼 살아야 하는가? 원수를 죽여야 하겠는가 아니면 원수를 위해 죽어야 하겠는가? 비유는 참으로 중요하다.

부록 F
취약성과 반취약성

　병원에서나 유치원에서는 물론, 침실에서나 사회 정의의 영역 그 어디에서도 한결같이 적용되는 한 가지 원리가 있다. 그것은 당신이 아무리 어떤 대상이나 사람을 돕기 위해 최선의 노력을 다 한다 할지라도 그 대상이나 사람의 본질을 올바로 이해하지 못한다면 그와 노력들은 거의 대부분 오히려 그 대상이나 사람에게 해를 입히게 된다는 사실이다. 우리가 제대로 알지 못하는 대상이나 사람을 위해 보다 열정을 다해 일하면 일할수록 그들의 종말을 더욱 더 재촉하게 되는 일이 흔히 일어난다. 게다가 우리의 의도가 좋으면 좋을수록 그 피해는 더욱 더 커지기도 한다. 왜냐하면 우리가 고귀하고 고결한 일을 한다고 마음속 깊이 굳게 믿으면 우리의 "돕는 행위"가 초래하는 피해를 보지 못하게 되기 때문이다. 이와 같이 본질에 대한 오해와 열정적인 행위, 그리고 고귀한 의도에 네 번째 요소, 즉 특정한 이념의 지배 하에 동일한 행동을 하는 수많은 사람들까지 더해지면 그야말로 이 땅에서 지옥을 맛볼 수 있는 완벽한 준비가 갖춰진 것이다.

　조너선 하이트(Jonathan Haidt)는 땅콩 알레르기를 통해 이에 대해 아주 적절한 예를 제시한다. 1980년대에는 5천 명에 한 명 꼴로 나타날 정도로 매우 드물었던 땅콩 알레르기가 2000년대 들어 급격히 증가하기 시작했다. 그 원인은 무엇일까? 인간의 본성에 대한 오해, 문제 해결을 위한 열정적인 행위, 가장 좋은 의도를 갖고 있다는 굳건한 믿음, 그리고 동일한 행위를 하는 수많은 사람들이 다 더해져서 결국 땅콩 알레르기로 고생하는 사람의 수가 5,000%나 증가하게 된 것이다.

나심 니콜라스 탈레브(Nassim Nicholas Taleb)는 자신의 베스트셀러 저서인 《반취약성》(Antifragile)에서 취약성과 반취약성 사이의 중요한 구분점을 제시한다. 예를 들어 와인잔은 취약한 물체이다. 그것은 매우 조심성 있게 다루지 않으면 산산조각 나서 쓸모없는 유리 조각들이 되어버린다. 그에 반해 반취약성이라는 매우 흥미로운 특성이 나타나는 것들도 있다. 예컨대 만약 당신이 근육에 무거운 압박을 가해 근섬유들이 찢어진다 하더라도 그렇다고 당신이 쓸모 없는 하나의 지방 덩어리로 변해버리는 것은 아니다. 오히려 당신의 근육에는 반취약성이 있어서 운동을 통해 근섬유들이 찢어질 때마다 그 근육은 더욱 더 강해진다. 어떤 의미에서는 오랜 운동을 통해 근육들이 외상을 입으면 입을수록 그것은 본래의 속성대로 더욱 더 멋지게 커지고 성장하는 것이다. 자, 그렇다면 문제는 인간의 영혼은 취약한 것인가 아니면 반취약한 것인가 하는 점이다.

이 질문에 대해 '사회 정의 B'에서 어떤 식으로 답할 지는 명확하다. 우리가 불쾌하게 여기는 시각에 굴복하지 말라. 우리에게는 보다 안전한 장소가 필요할 뿐이다. 하지만 성경에서는 이 질문에 대해 어떻게 답하고 있는가? 하나님께서 우리를 지으실 때 취약성과 반취약성 중에 어떤 모습을 담아두셨는지 그분의 말씀에 귀를 기울여보라.

내 형제들아 너희가 여러 가지 시험을 당하거든 온전히 기쁘게 여기라 이는 너희 믿음의 시련이 인내를 만들어 내는 줄 너희가 앎이라 인내를 온전히 이루라 이는 너희로 온전하고 구비하여 조금도 부족함이 없게 하려 함이라[1]

다만 이뿐 아니라 우리가 환난 중에도 즐거워하나니 이는 환난은 인내를, 인내는 연단을, 연단은 소망을 이루는 줄 앎이로다 소망이 우리를 부끄럽게 하지 아니함은 우리에게 주신 성령으로 말미암아 하나님의 사랑이 우리 마음에 부은 바 됨이니[2]

이러므로 우리에게 구름 같이 둘러싼 허다한 증인들이 있으니 모든 무거운 것과 얽매이기 쉬운 죄를 벗어 버리고 인내로써 우리 앞에 당한 경주를 하며 믿음의 주요 또 온전하게 하시는 이인 예수를 바라보자 그는 그 앞에 있는 기쁨을 위하여 십자가를 참으사 부끄러움을 개의치 아니하시더니 하나님 보좌 우편에 앉으셨느니라[3]

그러므로 우리가 낙심하지 아니하노니 우리의 겉사람은 낡아지나 우리의 속사람은 날로 새로워지도다 우리가 잠시 받는 환난의 경한 것이 지극히 크고 영원한 영광의 중한 것을 우리에게 이루게 함이니[4]

그리스도를 위하여 너희에게 은혜를 주신 것은 다만 그를 믿을 뿐 아니라 또한 그를 위하여 고난도 받게 하심이라[5]

그러므로 너희가 이제 여러 가지 시험으로 말미암아 잠깐 근심하게 되지 않을 수 없으나 오히려 크게 기뻐하는도다 너희 믿음의 확실함은 불로 연단하여도 없어질 금보다 더 귀하여 예수 그리스도께서 나타나실 때에 칭찬과 영광과 존귀를 얻게 할 것이니라[6]

형제와 자매들이여, 우리는 취약하지 않다. 하나님께서 우리를 반취약성을 지닌 그분의 형상으로 지으셨으니 다 함께 정의를 추구하자.

부록 G
"가난한 자에게 복음을"

사회 정의를 옹호하는 많은 이들이 가장 좋아하는 본문은 누가복음 4장이다. 물론 내가 가장 좋아하는 본문 중에 하나이기도 하다. 예수님께서 공생애를 시작하실 때 회당에 들어가서서 다음과 같이 이사야서가 펼쳐진 성경을 읽으셨다.

> 주의 성령이 내게 임하셨으니
> 이는 가난한 자에게 복음을 전하게 하시려고
> 내게 기름을 부으시고
> 나를 보내사 포로 된 자에게 자유를,
> 눈 먼 자에게 다시 보게 함을 전파하며
> 눌린 자를 자유롭게 하고
> 주의 은혜의 해를 전파하게 하려 하심이라 하였더라[1]

이 부분은 그대로 예수님에 관한 말씀이다. 예수님께서 전하신 복음은 가난한 자들에게 기쁜 소식이 되고, 포로 된 자들에게는 자유가 되며, 눌린 자들에게는 놓임을 얻는 것이 된다. 이런 복음을 편집하여 거기서 사회 정의를 끌어내면 예수님께서 선언하신 복음이 아닌 기껏해야 "잘려 나간 복음"이나 "불완전한" 복음만 남게 될 것이고, 최악의 경우에는 영지주의나 개인주의, 혹은 백인 우월주의 복음이 되어버릴 것이다. 우리는 이와 같은 점들을 경계해야 한다. 아래의 여섯 가지 항목들은 누가복음 4장을 그와 같이 해석하는 데 대해서 우리가 제기해야 할 유익한 질문들이다.

1. 성경을 읽을 때 우리 개인의 정치적 견해와 성경에 대한 관점은 삼가는 것이 중요한가? 미국의 노예 소유주들은 아프리카인들을 하나님의 형상을 지닌 자들이 아닌 재산처럼 취급하는 것을 정당화하여 자기들의 잇속만 채우기 위해 성경에서 함에게 내려진 저주나 바울이 빌레몬에게 했던 지시, 그리고 종(δοῦλος)과 같은 단어들의 본래 의미를 왜곡하였다. 백인 우월주의를 합리화하기 위해 하나님의 말씀을 자기들 멋대로 취사선택한 것이다. 교회 역사를 통해 알 수 있는 것처럼 성경은 너무도 쉽게 "이현령비현령(耳懸鈴鼻懸鈴)"[2], 즉 어떤 추악한 이념에 따라 얼마든지 그 모양을 달리할 수 있는 것이 되기도 한다. 그렇다면 우리는 특정한 정치적 혹은 개인적 이념이 아닌 본문의 문맥 속에서 그 말씀의 의미를 결정하도록 주의를 기울여야 하는가? 물론이다.

2. 누가복음 4장에 있는 예수님의 이 말씀을 문맥에서 떼어내어 다루면 가난하고 눌린 자들에게 상처가 될 가능성이 있는가? 하나님께서 부와 건강을 약속하셨다며 번영 복음의 교리를 주장하는 TV 전도자들을 생각해보라. 누가복음 4장은 이 TV 전도자들이 가장 선호하는 본문 중에 하나이다. "보라, 성경에 기록되어 있지 않은가. 복음은 '가난한 자에게 기쁜 소식'을 전하는 것이고 '눈 먼 자에게 보게 함'을 회복하는 것이다. 만약 이 복음에서 재정적 축복

과 육체적 치유를 빼 버리면 남는 것은 불완전한 복음이다. 예수님께서는 단지 당신의 영혼만 둥둥 떠서 천국으로 오기를 원하지 않으신다. 그분께서는 바로 지금 병들고 가난한 자들에게 건강과 부를 베풀고자 하신다!"

이와 같은 본문 왜곡은 매우 위험한 일이다. 나는 이 분야에서 일해오는 동안 전 세계의 가난한 이들로부터 베니 힌(Benny Hinn)이나 케네스 코플랜드(Kenneth Copeland), 프레드 프라이스(Fred Price), 크레플로 달러(Creflo Dollar), 기타 여러 종교 사기꾼들에게 착취를 당했다는 편지를 수백 통이나 받았다. 그 편지들은 정말 눈물 없이는 볼 수 없는 것들이며, 그와 같이 건강과 부를 약속하는 거짓된 복음은 특히나 가장 약하고 가난한 자들에게는 더없이 끔찍한 결과를 안겨주는 것이다.

우리는 예수님의 말씀을 그분께서 뜻하지 않은 방향으로 읽어가는 일을 극도로 주의해야 한다. 그렇게 하지 않으면 우리는 결국 바울이 이른 바 "다른 복음"³⁾에 도달하게 될 것이다. 이것을 샘 챈(Sam Chan)은 다음과 같이 표현한다. "로마서 1:1에서 사도 바울은 우리에게 복음은 '하나님의 복음'이라고 말하고 있다. 그렇다, 그것은 하나님의 복음이다. 이 말은 그 복음이 하나님의 이야기라는 뜻이다. 우리가 만들어 내거나 수정하거나 혹은 각색할 수 있는 우리의 이야기가 아니다."⁴⁾

우리는 성경 전반에 있어서는 물론 이 부분의 특정 본문 역시 그것을 왜곡함으로써 복음을 거짓 이념으로 뒤바꾸는 것이 가능하다는 것과 따라서 그렇게 하지 않기 위해서는 문맥을 진지하게 생각해야만 한다는 사실을 믿는가? 우리 모두가 이에 동의하기를 바란다.

3. 만약 누가복음 4장의 말씀이 복음은 사회적 불의에 맞서는 것이라는 뜻이라면, 그 당시 예수님께서는 어떤 종류의 사회적 불의에 맞서셨는가? 본문의 직접적인 문맥을 살펴보자. 예수님께서는 두루마리에서 이사야서를 읽으신 직후에 "이 글이 오늘 너희 귀에 응하였느니라"[5]라고 말씀하셨다. 그리고 나서는 계속해서 사람들의 병을 고치시고 귀신을 내쫓으셨다. 만약 정의라는 것이 단순히 복음을 통해 변화된 삶에서 흘러나오는 결과가 아니라 복음 그 자체에 내재적인 것이라고 한다면, 우리는 이런 의문이 들 수 있다. "그 날 예수님께서 하신 일 중에 사람들이 '사회 정의'라고 부르는 것과 비슷한 것은 도대체 무엇인가?" 물론 예수님께서 이사야서의 두루마리를 읽으셨던 그 당시에도 사회적 불의가 적지 않았다. 몇 가지만 예를 들어보아도 조직적인 영아 살해, 노예 제도, 여성 혐오 등이 있었다. 만약 우리가 사회 정의를 이루는 것이 곧 복음이나 복음의 일부라고 믿는다면 예수님 자신이 바로 그 날에 잘려 나간 복음을 선포하셨다는 결론에 이를 수밖에 없다.

그렇다면 이 말은 그리스도인들에게 사회 정의는 있어도 그만 없어도 그만이라는 뜻인가? 그래서 우리가 영아 살해나 노예 제도, 혹은 여성 혐오 등을 마주칠 때에도 그저 나 몰라라 할 수 있다는 의미인가? 물론 그렇지 않다. "정의를 행하라"고 하신 말씀은 단순한 제안이 아니라 성경의 명령이다. 다만 내가 이 본문을 통해 주장하고자 하는 바는 "정의를 행하라"는 성경의 명령을 지키는 것은 진실을 말하라, 배우자에게 신실하라, 이웃을 사랑하라 등의 거룩한 명령을 이행하는 일들과 마찬가지로 그 자체로 복음과 동일한 것은 아니라는 점이다.

4. 예수님께서 가난한 이들에게 실제로 전파하셨던 것은 무엇인가? 예수님께서 "가난한 자에게 복음을 전하시는" 것이 그분의 사명이라고 선언하신 것은 그분께서 공동체인 우리에게 기쁜 소식을 전해주시고자 한 것이지 그 기쁜 소식의 내용 자체를 뜻하신 것은 아니다. 이는 마치 회사의 최고 경영자인 프랭크가 "이사회에 좋은 소식을 알려드립니다."라고 말하거나, 대학의 교수인 질이 "학생들에게 좋은 소식을 알려드립니다."라고 말하는 것, 혹은 축구팀의 감독인 빌이 "우리 팀에게 좋은 소식을 알려주겠다."라고 말하는 것과 같다. 우리는 이들이 알려주고자 하는 내용에 대해서는 아는 것이 많지 않다. 최고 경영자가 이사회에서 보고한 내용은 자사의 막대한 이익 증대에 관한 것일 수도 있고 아니면 경쟁자들의 실패에 관한 것일 수도 있다. 교수가 강의한 내용은 추가 학점을 얻을 수 있는 기회에 관한 것일 수도 있고 아니면 콩깍지의 건강 정보에 관한 것일 수도 있다. 감독이 격려한 내용은 팀이 1위로 올라갔다는 소식일 수도 있고 아니면 다른 팀 주전 선수의 부상에 관한 것일 수도 있다. 소식을 듣게 될 청중이 누구인지 아는 것만으로는 그 소식의 내용까지 알 수는 없는 일이다.

"가난한 자에게 복음을"이라는 문구에는 그 기쁜 소식이 무엇인지에 대해서는 정확히 나타나 있지 않다. 우리는 "가난한 자에게 복음을"이라는 예수님의 말씀을 마치 로르샤흐 잉크 반점(Rorschach inkblot)처럼 우리 자신의 의미를 투영하기 위해 사용하지 않도록 조심해야 한다. 그러나 앞서 언급했던 TV 전도자들에게 있어서 가난한 자에게 복음이란 굳건한 믿음으로 (그리고 그 믿음을 증명하기 위해 TV 전도자들의 사역에 많은 돈을 기부함으로써) 가난한 자들이 백 배의 재정적 축복을 경험하는 것을 뜻한다.

감사하게도 우리는 예수님의 기쁜 소식에 우리 자신의 정의를 뒤집어씌울 필요는 없다. 왜냐하면 예수님께서 가난한 자들에게 실제로 전파하신 내용이 신약 성경에 기록되어 있기 때문이다.

마가복음 1:14-15에 보면 "예수께서 갈릴리에 오셔서 하나님의 복음을 전파하여 이르시되 때가 찼고 하나님의 나라가 가까이 왔으니 회개하고 복음을 믿으라 하시더라"라고 되어 있다. 그리고 두 절 뒤에서는 예수님께서 그분의 첫 번째 제자들을 부르시면서 "나를 따라오라"라고 말씀하신다.

1세기 당시 유대주의 안에서 이런 말씀에는 엄청난 힘이 담겨 있다. 당시에는 오랜 시간 동안 몹시 힘든 과업을 거쳐야만 랍비의 제자가 되는 것이 가능했기 때문이다. 제자가 되고자 하는 사람들은 보통 수년 간 랍비를 따라다니며 자신들의 진가와 도덕적 적합성을 증명해야만 했다. 그렇게 자신의 가치를 증명해내고 난 뒤에야 어쩌면, 정말로 어쩌면, 그들은 "나를 따라오라"는 랍비의 말을 들을 수 있었을 것이다. 그런데 예수님께서는 그분의 사역을 시작하시면서 자신을 증명하기 위해 아무 것도 한 일이 없는 사람들에게 그토록 소중한 은혜의 말씀을 하심으로써 그런 시스템 전체를 뒤집어 엎으셨던 것이다.

마가복음 후반부에 가면, 예수님께서 부자가 하나님 나라에 들어가는 것보다 낙타가 바늘귀로 들어가는 것이 더 쉽다는 유명한 말씀을 하신다. 그러자 그분의 제자들은 놀라 이렇게 묻는다. "그런즉 누가 구원을 얻을 수 있는가 하니 예수께서 그들을 보시며 이르시되 사람으로는 할 수 없으되 하나님으로는 그렇지 아니하니 하나님으로서는 다 하실 수 있느니라"(10:26-27). 몇 절 뒤로 가보면 예수님께서 이 땅에서 감당하셔야 할 자신의 사명을 "자기 목숨을 많은 사람의 대속물로 주려 함이니라"(10:45)라고 정의하신다. 그리고 부활하신 후에 예수님께서는 그분의 제자들에게 이렇게 명하신다. "너희는 온 천하에 다니며 만민에게 복음을 전파하라 믿고 세례를 받는 사람은 구원을 얻을 것이요 믿지 않는 사람은 정죄를 받으리라"(16:15-16).

누가복음에는 그 유명한 탕자의 비유가 나오는데, 거기서 예수님께서는 하나님께서 우리에게 달려오시고 우리를 품에 안으시며 우리가 받을 수 없는 은혜의 선물들을 값없이 베풀어 주신다는 점을 분명히 말씀하신다. 그러고 나서 누가복음 18:13-14에 보면 스스로 자신의 의를 과시하며 가난한 이를 도왔던 바리새인이 아닌 자신의 가슴을 치며 "하나님이여 불쌍히 여기소서 나는 죄인이로소이다"라고 외쳤던 세리가 하나님 앞에 의롭다 함을 입고 집으로 돌아간 것이 나타나 있다.

최초의 성찬상에서 예수님께서는 그분의 죽으심에 대하여 "이 잔은 내 피로 세우는 새 언약이니 곧 너희를 위하여 붓는 것이라"(22:20)라고 말씀하셨다. 구약에서부터 신약 성경에 이르기까지 이 "새 언약"이라는 것을 찾아 읽어보면 그것은 바로 오직 은혜로만 얻는 구원의 기쁜 소식이라는 사실을 보게 될 것이다. 후에 예수님께서는 십자가 달린 가난한 도둑에게 "내가 진실로 네게 이르노니 오늘 네가 나와 함께 낙원에 있으리라"[6)]라고 말씀하셨다. 그 도둑은 마지막 숨을 거두기 전까지 아무런 선행도 행할 시간이 없었는데도 말이다.

요한복음에는 예수님께서 가버나움 해안에서 가난한 이들에게 말씀하시는 장면이 나온다. 예수님께서 영생에 관한 말씀을 꺼내시자 사람들은 "우리가 어떻게 하여야 하나님의 일을 하오리이까"(6:28)라고 묻는다. 이에 대해 예수님께서는 "가서 불의한 제도를 개혁하라."라고 말씀하지 않으셨다. 오히려 "예수께서 대답하여 이르시되 하나님께서 보내신 이를 믿는 것이 하나님의 일이니라"(6:29)라고 하셨다. 나사로의 무덤 앞에서 예수님께서는 "나는 부활이요 생명이니 나를 믿는 자는 죽어도 살겠고 무릇 살아서 나를 믿는 자는 영원히 죽지 아니하리니"(11:25-26)라고 선언하신다. 정리하자면, 예수님께서 가난한 자들에게 실제로 어떤 말씀을 전하셨는지 알 수 있게끔 해주는 내용은 성경에 결코 적지 않다는 것이다.

오직 하나님의 은혜로 그리스도를 통하여 구원을 얻는 것이 가난한 자들에게 기쁜 소식인 이유에는 몇 가지가 있다. 억압적인 정부와 사회에서 가난한 자들에게 전하는 우렁차고 분명한 메시지는 당신은 살 가치가 없다는 것이다.

나는 전 세계의 수많은 형제와 자매들로부터 그들의 억압받는 삶에 대한 이야기를 들었다. 그들은 복음을 통해 어떻게 자유를 얻게 되었는지, 세상은 비록 그들을 쓰레기 취급하지만 전능하신 온 우주의 창조주께서는 그들을 위해 친히 죽으실 만큼 그들을 귀하게 여기신다는 그 말씀이 얼마나 모든 것을 바꾸고 뒤엎을 만한 것이었는지를 나에게 이야기해주었다. 만약 사회가 당신을 인간 이하의 쓰레기처럼 취급하고 있다면, 하나님께서 당신을 사랑하신다는 선언만큼 근본적으로 기쁜 소식은 없을 것이다. 왜냐하면 하나님께서 보시는 시각이야말로 정치인들이나 그들의 졸개들보다 한없이 더욱 더 권위 있는 것이기 때문이다.

그러나 만약 그 "기쁜 소식"에 사회적 행동주의가 들어 있다고 한다면, 우리는 예수님께서 사복음서 그 어디에서 가난한 이들에게 그와 같은 소식을 전하셨는지 의문을 제기할 수 있을 것이다. 그 어디에도 그런 것은 없다. 이것은 정의를 위해 일하는 것이 중요하지 않다거나 성경적이지 않다는 말을 하려는 것이 아니다. 다만 그런 일은 누가복음 4장이나 신약 성경 그 어디에서도 예수님께서 정의하신 "기쁜 소식"과 동일한 것이 아님을 말하는 것이다.

5. 성경의 나머지 부분에서 복음은 어떻게 정의되는가? 예수님께서 가난한 이들에게 전하신 복음은 신약 성경의 다른 본문에서 우리를 위해 명시적으로 정의 내리고 있는 복음과 잘 들어맞는다. 예컨대 고린도전서 15장에서 바울은 이렇게 말하고 있다. "형제들아 내가 너희에게 전한 복음을 너희에게 알게 하노니…. 내가 받은 것을 먼저 너희에게 전하였노니 이는 성경대로 그리스도께서 우리 죄를 위하여 죽으시고 장사 지낸 바 되셨다가 성경대로 사흘 만에 다시 살아나사"[7]

여기서 "복음"을 "먼저" 전하였다고 한 것을 주목해보라. 그렇다면 그 복음은 무엇을 말하는가? 그것은 예수님께서 죄를 사하시기 위해 죽으신 것과 육신으로 부활하신 것을 믿음으로써 값없는 구원을 얻게 된다는 기쁜 소식이다. 바울이 복음을 이와 같이 이해하고 있는 것은 놀랄 일이 아니다. 왜냐하면 그는 예수님으로부터 직접 그것을 받기 때문이다.[8] 사회적 행동주의를 통해 사회, 경제적인 제도를 무너뜨리는 것과는 달리 은혜로 말미암아 그리스도를 믿는 믿음을 통해 구원을 얻는다는 이 기쁜 소식이 예수님께서 직접 가난한 자들에게 선포하신 내용이다.

교회의 초기 선교사들 역시 바로 이 복음을 전하여 놀라운 구원의 열매를 맺는 모습이 사도행전 전체에 걸쳐 기록되어 있으며, 신약 성경의 서신서들에서도 동일한 복음이 선포되어 있다. 이제 이 복음 안에 사회 정의가 포함된다고 스스로 정의하는 친구들에게 이렇게 물어보라. 오직 하나님의 은혜로만 구원을 얻는다고 말씀하는 신약 성경의 일관된 메시지는 당신이 정의하는 복음과 어떻게 부합하는가?

만약 사회 정의는 복음이 아니라고 한다면 어떤 이들은 "그렇다면 우리는 무엇 때문에 가난한 사람들을 신경 써야 하는가?"라고 질문할 수 있다. 하지만 이는 우리가 진실을 말해야 하는 것과 배우자에게 신실해야 하는 것, 그리고 도둑질을 해서는 안 되는 것과 같은 이유에서이다. 왜냐하면 하나님께서 우리에게 그렇게 하라고 명하셨기 때문이며, 그 명령에 순종하는 것은 우리가 참으로 은혜를 통해 구원받은 자들이라는 것의 증거가 되기 때문이다. 만약 하나님께서 성육신하시고 십자가에 달려 피 흘리기까지 하심으로써 가난한 이들을 향한 그분의 사랑을 증명하시고자 했다면, 마땅히 우리도 세상 문화가 무가치한 존재로 취급하는 그 사람들을 존엄하게 여기려고 해야 할 것이다. 그와 같이 가난한 자들을 사랑하는 일이 복음은 아니지만, 그럼에도 만약 하나님께서 그분의 주권 가운데 예수님의 죽으심과 부활을 통해 우리를 풍요롭게 하시기로 결정하셨던 그때 우리가 얼마나 영적으로 빈털털이인 자들이었는지 인정한다면, 그런 사랑은 우리의 마음에서부터 (그리고 지갑이나 주머니에서부터) 당연히 흘러나와야 마땅한 것이다.

6. "복음"을 재정의하여 그 안에 사회 정의에 대한 우리의 시각을 담는 일이 해가 될 수 있음을 증명하는 일이 가능한가? 누가복음 4장에서 사회 정의의 복음을 발견하는 나의 친구들과 동료들 대부분은 사회 정의에 대한 자신들의 이해를 특정한 정치, 경제적 제도와 연결시키는데, 바로 이 부분에서 특히 상황이 위태로워질 수 있다.

1970년대 초반의 칠레를 잊지 말자. 사회에 대해 우려하던 수많은 그리스도인들이 힘을 합쳐 살바도르 아옌데의 대통령 출마를 지지했다. 그들은 아옌데의 사회주의 정책이 불평등한 임금 문제를 해결하여 가난한 이들에게 기쁜 소식을 가져다줌으로써 하나님 나라가 확장되리라고 믿었다. 아옌데의 "사회주의는… 모든 사람, 특히 가장 소외된 사람들의 이익을 위해 국가적인 발전 가능성을 가져온다."고 믿었고, 또한 "사회주의는 더욱 굳건한 사회적 연대와 형제애를 가능케 하는 새로운 가치를 창출해낸다."고도 믿었다. 그러면서 그들은 "우리가 이토록 전념하는 근원적인 이유는 예수 그리스도에 대한 우리의 믿음 때문이다."[9]라고 말했다.

그리스도인들의 지지를 바탕으로 아옌데는 승리했다. 가난한 이들을 돕는다는 명목 하에 그는 사회주의 정책을 실시했다. 그는 토지와 농지를 공영화했다. 물가상승률은 600%로 치솟았다. 빈곤율은 50%로 급증한다. 오히려 더 많은 사람들이 소외된 계급이라는 서글픈 자리로 내몰리게 되었다. 역사를 통해 교훈을 얻자. 예수님의 복음을 사회 정의에 대한 정치적 시각과 뒤섞어 버리면 가난한 자들을 위한 기쁜 소식은 나쁜 소식으로 변해버린다. 누가복음 4장의 말씀을 우리의 지극히 불완전한 정치적 이념을 뒷받침하는 증거 본문으로 잘못 해석하기보다는 "성도에게 단번에 주신 믿음의 도를 위하여 힘써 싸우자."[10)]

Acknowledgments
감사의 말

가장 먼저 나의 부모님께 감사드린다. 그분들을 통해 나는 기독교는 성경 안에서만이 아니라 감자밭이나 오렌지 농장에서도, 지역의 식료품점에서도, 티화나(Tijuana)의 판잣집과 감옥에서도 정의를 불어넣어 준다는 사실을 배웠다. 어머니, 아버지, 가난한 이들을 위해 봉사하는 일로 나의 어린 시절이 기억되게 해 주셔서 고맙습니다. 그 외에도 아래에 있는 분들께 감사를 전하고자 한다.

··· 살아있는 전설이자 시민 권리 운동의 영웅이신 존 퍼킨스에게. 그는 우리의 긴 대화 속에서 끊임없이 복음과 정의, 존엄성에 대해, 또한 성령님의 도우심을 힘입어 사랑으로 증오에 답하는 법을 알게 해 주셨다.

··· 나의 친구이자 멘토이며 동료인 J. P. 모어랜드에게. 그의 한결 같은 (때로는 괴롭힘에 가까울 정도의) 격려는 이처럼 영혼을 고갈시키는 연구에 수건을 던지고 싶을 때마다 내게 큰 동기부여가 되었다.

··· 나의 가장 가까운 "직장 동료"인 우치 애니조어에게. 그는 이 책에 기록되어 있는 사실상 거의 모든 생각들에 대해 뛰어난 통찰을 보여주었고, 연구실과 교실에서 보내는 긴 시간 동안 웃음이 끊이지 않도록 해주었다.

··· 정말 좋은 친구들인 애런 맥케이, 조 멜리마, 폴 루지에로, 오스카

나바로, 조슈아 스콧, 션 맥도웰, 그리고 션 머로니에게. 이들은 테일러 랜드리와 함께 "조금도 꺼려하지 않고" 이 책을 편집하는 참으로 막중한 일을 해주었다.

… 날카로운 동료들인 레온 해리스, 브래드 크리스터슨, 릭 랭거, 팀 뮤얼호프, 켄트 더닝턴, 윌리엄 레인 크레이그, 스콧 월러, 대런 게라, 미셸 리-반월, 그렉 갠슬, 제임스 프티피스, 프레드 샌더스, 그리고 패트릭 소여에게. 이들 모두 방식대로 사회 정의에 대한 나의 생각을 넓혀주었다.

… 내가 근무하는 바이올라 대학교의 든든한 지도자들인 에릭 소네스, 더그 허프만, 스콧 레이, 클린트 아놀드, 그리고 배리 코리에게. 이들은 언제나 나를 후원해주고 배려해주는 꿈에 그리던 상사들이다.

… 세계적 수준의 존더반 출판사 직원들, 특히 라이언 패즈더, 스탠 건드리, 브룩 브릭코, 조슈아 케슬러, 그리고 킴 태너에게. 이들은 이 작품을 신뢰하며 그들의 모든 전문성을 여기에 쏟아 부어 주었다.

… 나의 뛰어난 조교들인 조사이어 솔리스, 애브너 아길라, 그리고 제이크 엑스트롬에게. 이들이 힘들고 지루한 일을 잘 감당해 주었기에 이 책이 가능할 수 있었다.

… 나의 사랑하는 바이올라 대학교의 학생들에게. 이들을 위해 봉사하는 것이 내 인생의 가장 커다란 기쁨이자 특권이었다.

… 나와 이 책을 저술한 사려 깊은 공동 저자들인 에디, 월트, 베켓, 에드윈, 써레쉬, 미셸, 새뮤얼, 모니크, 오조, 닐, 벨라, 그리고 프레디에게. 이들은 자신의 삶 속에서 복음의 능력을 경험한 특별한

이야기들을 나누어 주었다.

마지막으로 가장 중요한 내 인생의 반려자 조슬린에게, 그녀의 인내와 웃음과 사랑, 그리고 소중한 의견과 기도와 후원, 특히 하나님의 선하심에 대한 살아 있는 증거인 그레이슬린, 홀랜드, 할로우, 그리고 헨드릭이 네 아이의 어머니가 되어준 것에 깊은 감사를 돌린다.

나의 모든 사랑을 담아,
타데우스 윌리엄스

Notes
미주

"사회 정의"란 무엇인가?

1. Jeremiah 22:3.

2. Micah 6:8.

3. Isaiah 58:6.

4. Isaiah 58:8, 10. Psalm 41:1을 보라

5. Jeremiah 22:16.

6. Isaiah 1:15 – 17.

7. Isaiah 1:17.

8. Jeremiah 7:5

9. 1 Thessalonians 5:21; Romans 12:9.

10. Luke 4:18. Isaiah 61:1 인용

11. Isaiah 11:3 – 4.

12. John 7:24.

13. Philippians 1:9.

14. Romans 12:2.

15. 2 Corinthians 10:5.

16. Jonah Goldberg, "The Problem with 'Social Justice,'" *Columbia Daily Tribune*, February 6, 2019, https://www.columbiatribune.com/news/20190206/problem-with-social-justice. 구약 신학자 존 골딩게이(John Goldingay)는 다음과 같이 덧붙인다. 사회 정의의 개념은 모호하다. 그것은 공동체나 친밀감 등의 단어와 닮아 있다. 이런 단어들은 그 의미가 자명한 것처럼 보이고 성경적인 범주에 들어간다고 생각하기도 하지만, 실제로는 명확하게 정의되지 않고 문화적인 상대성을 띠고 있는 관계적이고 따뜻한 단어들이다.

사회 정의라는 말은 지난 몇 년간 유행처럼 쓰이는 표현이 되어버리면서 그 의미가 불분명해졌다. [*Old Testament Theology Vol. 3: Israel's Life* (Downers Grove, IL: IVP Academic, 2016), 500].

17. "What We Believe," Black Lives Matter, https://blacklivesmatter.com/what-we-believe/.

18. For a wide range of readings advancing Social Justice B, see *Race, Class, and Gender: An Anthology, 9th Edition*, eds. Margaret Anderson and Patricia Hill Collins (Boston, MA: Cengage Learning, 2015).

19. Jude 3 NIV

20. "Love is a Weapon of Choice," *Flight of the Conchords*, Season 2, Episode 6, Written by James Bobin, Jemaine Clement, and Bret McKenzie. Directed James Bobin. HBO, Febraury 22, 2009.

21. Martin Luther King Jr., "Letter from a Birmingham Jail," April 16, 1963, https://www.africa.upenn.edu/Articles_Gen/Letter_Birmingham.html

21. Martin Luther King Jr., "Letter from a Birmingham Jail," April 16, 1963, https://www.africa.upenn.edu/Articles_Gen/Letter_Birmingham.html

22. 저명한 소련 연구 학자인 해리 새퍼(Harry Schaffer)는 다음과 같이 정리한다. "사회주의자들과 공산주의자들은 그들의 다양한 배경과 학식을 불문하고 인류가 완전해질 수 있다고 믿는다. 사람은 근본적으로 선하며 자신의 운명을 지배할 수 있는 능력이 있다는 것이다. 오직 경제적, 사회적, 그리고 정치적 환경 (특히 "경제"를 강조) 때문에 사람은 생산적이고 사회적인 존재로서 자신이 가진 최대한의 능력치를 깨닫지 못할 뿐이다." [*The Soviet System on Theory and Practice* (New York: Appleton-Century-Crofts, 1965), 30].

  이처럼 인간의 본성에 대한 공산주의적 관점은 기독교적 인간관과는 사뭇 다른 결과를 낳게 된다. 성경적 세계관 위에서는 소외되고 버려진 사람들을 위해 고아원과 병원을 짓지만, 공산주의에서는 크메르 루주(Khmer Rouge)의 대량 학살을 만들어낸다. 복음을 통해서는 로마 제국의 집단 암매장을 철폐하고 사회의 쓸모없는 사람들을 사랑의 공동체로 이끌었지만, 공산주의 하에서는 사회의 쓸모없는 사람들을 조직적으로 말살하는 일이 자행되었다. 성경적 기독교는 노예를 해방했지만 공산주의는 수백만 명의 사람들을 강제 수용소로 보냈다. 기독교 정신 가운데서는 하나님의 영광을 위해 지식을 추구하는 옥스포드와 케임브리지가 태어났지만, 공산주의 정신은 사상 경찰의 태동이 되었다. 예수님께서는 뿌리 깊은 인종적 갈등을 아름다운 화평을 이룬 새로운 공동체로 변화시키셨지만, 공산주의는 정체성 정치와 그에 수반하는 일체의 불화와 분열의 모체가 되었다.

23. Cathy Newman, "Jordan Peterson Debate on the Gender Pay Gap, Campus Protests and Postmodernism," Channel 4 News, January 6, 2018, YouTube video, 29:55, https://www.youtube.com/watch?v=aMcjxSThD54.

24. Aaron Lynch, *Thought Contagion: How Belief Spreads Through Society* (New York: BasicBooks, 1996), 208. 린치가 중점적으로 분석한 것은 짤방이나 "사상의 전염"에 담겨 있는 생각들 그 자체였다. 예를 들어, "사회주의는 선하다/악하다." "우리는 우리의 마음을 따라야 한다/따르지 말아야 한다." 또는 "부유함은 가치 있는 인생의 목표이다/가 아니다." 등의 생각들이 세대 간에 어떻게 퍼져 나가는지에 관한 것이다. 나는 조금 더 깊이 들어가 보고자 한다. 즉 생각 자체도 짤방이나 "사상의 전염"이 될 수는 있지만, 생각을 형성하는 우리의 태도나 우리의 인식론적 경향, 그리고 삶 자체를 대하고 해석하는 우리의 방법론 등도 마찬가지다. 그것이 바로 뉴먼 효과의 실체다. 페미니즘이니 임금 격차니 하는 이런저런 구체적인 생각들뿐만이 아니라, 우리의 신념을 형성하는 더욱 뿌리 깊은 습관, 즉 우리와 의견을 달리 하는 사람을 최악의 모습으로 전제하여 우리 자신의 관점과 현실적인 이야기를 스스로 합리화하는 자기 의가 바로 그것이다. 소셜 미디어 시대를 살아가고 있는 우리에게는 그런 습관 자체가 정치적으로 어떤 노선에 서는가 하는 것과 상관없이 짤방이 되는 것이다.

25. Francis Schaeffer, *The God Who is There* (Chicago: Inter-Varsity Press, 1968), 127.

26. Philippians 3:18.

27. Matthew 9:36; Luke 19:41 – 44

제1부 여호와인가 아니면 이세벨인가?

1. Katherine Timpf, "University Policy Allows for Expulsion for 'Mean' Facial Expressions," *National Review*, December 10, 2018, https://www.nationalreview.com/2018/12/university-policy-allows-expulsion-for-mean-expressions.

2. Cited in Daron Acemoglu and James A. Robinson's *Why Nations Fail: The Origins of Power, Prosperity, and Poverty* (New York: Crown, 2012), 7-44.

3. 엔코미엔다(Encomendia)는 니카라과에까지 퍼져 나가 스페인 "영주들"은 "자기들의 이익을 위해 전체 원주민들에게 … 밤낮 없이 노동을 강요했으며 조금의 휴식도 주지 않았다." 스페인 사람들은 콜롬비아와 페루에까지 엔코미엔다를 가지고 들어갔으며, 피사로라는 이름의 정복자는 그곳의 거주민들을 노예로 삼았다. 엔코미엔다에 관한 과거의 역사와 그로 인해 현재까지 남아 있는 결과들에 대해 잘 정리된 글을 보려면, 다음 글을 보라. chapter 1 of Acemoglu and Robinson, *Why Nations Fail*, 7-44.

제1장 하나님에 관한 질문

1. Romans 1:28-29.

2. Jacques Maritain, "Chapter 15: A Faith to Live By," *The Range of Reason*, The Jacques Maritain Center, https://maritain.nd.edu/jmc/etext/range15.htm, accessed July 12, 2020.

3. Romans 3:10. See Psalm 14:1-3 for Paul's source.

4. Romans 1:20.

5. 이에 대해 마이클 호튼(Michael Horton)은 다음과 같이 명확히 밝힌다. "그러므로 이와 같은 부인(로마서 1:20-21)은 단순히 지적인 문제가 아니라 뿌리 뽑히지 않는 아집에서 비롯하는 도덕적 반역에 근거해 있는 것이다. 바울이 이 본문에서 계속해서 관련짓고 있는 것처럼, 이와 같이 자발적으로 어떤 형이상학적 개념을 좇는 것을 성경에서는 우상숭배라고 부른다." [*The Christian Faith: A Systematic Theology for Pilgrims on the Way* (Grand Rapids: Zondervan, 2011), 57, emphasis in original].

6. Romans 1:21.

7. Romans 1:25.

8. Romans 1:29.

9. Romans 1:23.

제2장 형상에 관한 질문

1. 제임스 스미스(James K. A. Smith)는 테일러의 생각을 정리한 자신의 책에서 다음과 같이 이 내재적 틀에 대한 정의를 내린다. 즉 그것은 "우리 삶의 뼈대가 전적으로 (초자연적이지 않은) 자연적인 질서 안에서 세워지도록 만든 사회적 공간이다." [*How (Not) to be Secular:Reading Charles Taylor* (Grand Rapids: Eerdmans, 2014), 141].

2. 다른 말로 하자면, 우리는 위대한 사회학자 피터 버거(Peter Berger)가 "개연적 구조(plausibility structure)"라고 부르고자 했던 것 안에서 살아가고 있다는 말이다. 그 안에서는 당신이 만약 정의의 경제적 혹은 정치적 뿌리에 관해 이야기한다면 그것은 "개연성"이 있다고 여겨질 것이다(즉, 교실에서 웃음거리가 되거나 군중이 당신을 해고하라고 시위를 벌이지는 않을 것이다). 오히려 TED 강연에 초대될 지도 모른다. 그러나 우리의 "내재적 틀" 너머에 있는 어떤 사물이나 사람에게 호소하면 당신은 얼굴을 들고 다니기 어렵게 될 것이다.

3. 요한서신 강해(In epistulam Ioannis ad Parthos, Tractatus VII, 8)라는 논문에서 발견된 단락은 다음과 같다. "그리고나서 단번에 짧은 율례 하나가 당신에게 주어진다. '하나님을 사랑하라. 그리고 당신이 하고자 하는 것을 하라. 화평을 얻고자 한다면 사랑을 통해 화평을 얻으라. 크게 외치고자 한다면 사랑을 통해 크게 외치라. 바로잡고자 한다면 사랑을 통해 바로잡으라. 관용을 베풀기 원한다면 사랑을 통해 관용을 베풀라. 무슨 일을 하든지 그 안에 사랑이 뿌리내리게 하라. 왜냐하면 이 뿌리에서는 선하지 않은 것이 자라날 수 없기 때문이다.'"

4. See Jean-Paul Sartre, *Existentialism and Human Emotions* (Secaucus, NJ: Citadel, 1957), 21 – 23; Arthur Allen Leff, "Unspeakable Ethics, Unnatural Law," *Duke Law Journal 6* (December 1979): 1229 – 49; and Alex Rosenberg, *The Atheist's Guide to Reality: Enjoying Life without Illusions* (New York: W. W.

Norton, 2012).

5. 찰스 다윈을 말을 보면, 그리 멀지 않은 세기의 미래에는 문명화된 인종의 사람들이 전 세계의 야만적인 인종을 멸절하고 대체하게 될 것이 거의 확실하다. 동시에 인간의 형태를 띤 유인원들도… 분명히 멸절될 것이다. 그러면 바라건대 지금의 백인들보다 더욱 문명화된 상태의 사람과 개코원숭이 정도의 유인원 사이의 간극은 현재의 흑인이나 호주인과 고릴라 사이의 간극보다도 더욱 넓어질 것이다. [The Descent of Man (New York: D. Appleton and Company, 1871), 193].

6. David Garcia, *Strategies of Segregation: Race, Residence, and the Struggle for Educational Equality* (Oakland, CA: University of California Press, 2018), 35.

7. 나는 2020년 9월 토니 할머니와 함께 햄버거와 루트비어(root beer: 생강과 다른 식물 뿌리로 만든 탄산음료)를 먹으며 이와 같이 속이 뒤집히는 끔찍한 이야기를 확인한 바 있다.

8. 1 Thessalonians 3:12.

제3장 우상에 관한 질문

1. 또한 우리의 마음은 하나의 신만 모셔 두고 섬기는 우상의 신전이 아니라 계속해서 돌아가는 컨베이어 벨트 위에서 수없이 많은 경배의 대상을 찍어내는 우상의 공장이라는 것을 생각해본다면, 실상 서방 세계에는 그 곳에 사는 사람들의 수보다 훨씬 더 많은 수의 신들이 있음을 강력하게 주장할 수 있을 것이다.

2. 이런 통찰은 러셀 무어(Russell Moore)에게서 얻었다.

3. 이런 통찰은 매튜 스메서스트(Matthew Smethurst)에게서 얻었다.

4. Camille Paglia, "Feminism: In Conversation with Camille Paglia," interview with Claire Fox, Institute for Ideas, November 4, 2016, YouTube video, 47:50 - 48:30, https://www.youtube.com/watch?v=4y3-KIesYRE.

5. Andrew Sullivan, "America Wasn't Built for Humans," *New York Magazine*, September 18, 2017, https://nymag.com/intelligencer/2017/09/can-democracy-survive-tribalism.html.

6. Elizabeth Corey, "First Church of Intersectionality," *First Things*, August 2017, https://www.firstthings.com/article/2017/08/first-church-of-intersectionality

7. Francis Schaeffer, *A Christian Manifesto* (Wheaton, IL: Crossway, 2005), 17.

8. Schaeffer, *A Christian Manifesto*, 17.

9. Alexander Solzhenitsyn, "A World Split Apart," Commencement Speech at Harvard (1978).

10. Abraham Kuyper, *Lectures on Calvinism* (Grand Rapids: Eerdmans, 1999), 11, emphasis in original.

11. David Kinnaman and Gabe Lyons, *Good Faith: Being Christian When Society Thinks You're Irrelevant and Extreme* (Ada, MI: Baker, 2016).

12. Paul Hiebert, *Transforming Worldviews: An Anthropological Understanding of How People Change* (Ada, MI: Baker Academic, 2008), 170.

13. Cady Lang, "Ru Paul on Why Identity Shouldn't Be Taken Seriously, But Loving Yourself Should," *Time*, April 20, 2017, https://time.com/4746895/rupaul-time-100-video/ Retrieved July 13, 2020.

14. Thaddeus J. Williams, *Reflect: Becoming Yourself by Mirroring the Greatest Person in History* (Bellingham, WA: Lexham, 2017), 73. 이처럼 참담한 사실에 대한 보다 꼼꼼한 자료는 ekidma의 자료를 보라. David G. Myers, *The American Paradox* (New Haven, CT: Yale University Press, 2000). 나는 자기 형성의 짐을 창조주에게서 피조물에게 옮겨 지우는 것만이 이런 참담한 통계의 유일한 원인이라고 주장하는 것은 아니다. 하지만 바울이 로마서 1장에서 주장한 바와 같이 피조물을 경배함으로써 혼란이 야기된다는 사실을 우리가 진지하게 받아들인다면, 우리 시대의 병폐에 대해 (영적인 설명은 배제한 채) 단지 사회학적인 이유만으로 설명하는 것은 보다 더 심오한 원인을 놓치고 있는 일임을 알아야 한다.

15. G. K. Chesterton, *Christendom in Dublin, in G. K. Chesterton: Collected Works*, vol. 20 (San Francisco: Ignatius, 2001), 57.

16. 1 John 2:1–2.

17. See Williams, *Reflect*, 77–78.

18. I discuss this further in 2.1 of *Love, Freedom, and Evil* (Leiden: Brill, 2011).

19. David French, "When Christians Are Too Afraid to Hear Ben Shapiro Speak" *National Review*, February 4, 2019, https://www.nationalreview.com/2019/02/ben-shapiro-speaking-ban-when-christians-are-too-afraid/.

20. See "How to Meet Your Future Self," in *Reflect*.

21. Fulton Sheen, "Ways of Killing Freedom," *The Daily Standard*, March 12, 1966, 3.

22. See Matthew 10:22.

23. See James 4:4.

24. Quoted in Ewald Plass, ed., *What Luther Says* (St. Louis: Concordia, 1959), 1107–08.

25. Quoted in Roland Bainton, *Here I Stand: A Life of Martin Luther* (Nashville: Abingdon, 1950), 144.

26. Cited in Bainton, *Here I Stand*, 144.

제2부 연합인가 아니면 소란인가?

1. Melissa August et al., "The Hundred Worst Ideas of the Century," *Time*, June 14, 1999, http://content.time.com/time/magazine/article/0,9171,991230,00.html.

2. Conor Barnes, "Sad Radicals," *Quillette*, December 11, 2018, https://quillette.com /2018/12/11/sad-radicals/.

3. Robert Putnam, *Bowling Alone: The Collapse and Revival of American Community* (New York: Simon & Schuster, 2000), 331.

4. Lisa Berkman and Leonard Syme, "Social Networks, Host Resistance, and Mortality: A Nine-Year Follow-up Study of Alameda County Residents," *American Journal of Epidemiology*, Vol. 109 (1979): 186–204.

5. Genesis 2:18.

6. See Williams, "Love," chap. 4 in *Reflect*.

제4장 집단에 관한 질문

1. "A Reformed White Nationalist Speaks Out on Charlottesville," August 13, 2017, https://www.npr.org/2017/08/13/543259499/a-reformed-white-nationalist-speaks-out-on-charlottesville.

2. "A Reformed White Nationalist Speaks Out on Charlottesville."

3. Barnes, "Sad Radicals."

4. Romans 3:23.

5. 물론 성인이 되기까지 서로 다른 가족이나 공동체, 혹은 문화 안에서 양육을 받음으로써 어떻게 하면 거짓말을 더 잘 하거나 더 못하게 되는지, 어떤 종류의 거짓 신을 경배해야 하는지, 그리고 다른 사람을 깎아 내리기 위해 어떤 방법을 더 선호하는지 등에 대해서는 서로 다른 것들을 배울 수 있다. 어떤 문화권에서는 다른 문화에 비해 게을러지기에 더욱 편리한 곳이 있고, 그 외에도 욕심을 품고 사는 일이나 자기 의를 고취시키는 일, 혹은 성적인 방종을 고취시키는데 더욱 효과적인 곳도 있다. 그러나 진실은 우리 바깥에 있는 그 모든 유혹과 타락의 힘 저변에는 이미 우리 안에 뒤틀리고 잘못된 것을 향해 구부러진 무언가가 자리하고 있다는 사실이다. 우리는 백지 상태로 태어나지 않는다. 우리 모두는 자신에게 주어진 그 문화 속에서 발생하는 유혹에 대단히 예민하게 반응할 수밖에 없는 무언가를 지니고 태어난다. 만일 우리가 태어난 문화를 거대한 자석의 한쪽 극이라고 한다면, 우리의 마음은 그저 가슴팍 안에 들어 있는 돌덩이가 아니라 우리가 살아가고 있는 그 문화 안에서 우리를 둘러싼 특정한 죄의 유혹에 쉽게 이끌리는 반대쪽 극을 지닌 자석과 같은 것이다.

6. 공동기도서 혹은 성공회 기도서에서 가져온 이 구절은 때로는 약간의 변형을 가해 매주 온 세상에서 되풀이된다.

7. Jean-Jacques Rousseau, *il n'y a point de perversite originelle dans le coeur humain Emile ou De l'education/Edition 1852/Livre II*; Letters to Malesherbes, in *The Collected Writings of Rousseau*, vol. 5, eds. Christopher Kelly, Roger D. Masters, and Peter G. Stillman, trans. Christopher Kelly (Hanover, NH: University Press of New England, 1995), 575; Oeuvres Completes, vol. I, eds. Bernard Gagnebin and Marcel Raymond (Paris: Gallimard, Bibliotheque de la

Pleiade, 1959 – 1995), 1136.

8. 이 점에 대해 나는 *Reflect*, 75–82에 보다 자세한 주장을 담아두었다.

9. Romans 3:9.

10. Romans 3:10 – 12.

11. Romans 3:22 – 23.

12. Galatians 3:26 – 28.

13. Ephesians 2:13 – 14.

14. Romans 3:26.

15. Romans 8:1.

16. Romans 8:33 – 34.

17. James Cone, *God of the Oppressed* (Maryknoll, NY: Orbis, 1997), 222.

18. On Cone's view of oppression as a white phenomenon, see *God of the Oppressed* and *A Black Theology of Liberation* (Maryknoll, NY: Orbis, 2010).

19. Cone, *Black Theology of Liberation*, 61.

20. Philippians 3:7 – 9.

21. Colossians 3:11.

22. Philippians 3:8.

23. Colossians 3:11.

제5장 분열에 관한 질문

1. Tom Segev, *Soldiers of Evil: The Commandments of Nazi Concentration Camps*, trans. Haim Watzman (New York: McGraw–Hill, 1987), 80.

2. RTLM은 Radio Télévision Libre des Mille Collines의 머리글자이다. 르완다 집단 학살 당시 이웃과 이웃이 서로 반목하게 하는 인간성 말살적인 선전을 방송했던 방송국이다.

3. Thomas Sowell, *Black Rednecks and White Liberals* (New York: Encounter, 2006), 112.

4. Sowell, *Black Rednecks and White Liberals*, 112.

5. Sowell, *Black Rednecks and White Liberals*, 113, 116.

6. Sowell, *Black Rednecks and White Liberals*, 117 – 123, 132.

7. Sowell, *Black Rednecks and White Liberals*, 117.

8. Sowell, *Black Rednecks and White Liberals*, 116, 126.

9. Sowell, *Black Rednecks and White Liberals*, 116.

10. Suzanna Danuta Walters, "Why Can't We Hate Men?" *Washington Post*, June 8, 2018, https://www.washingtonpost.com/opinions/why-cant-we-hate-men/2018/06/08/f1a3a8e0-6451-11e8-a69c-b944de66d9e7_story.html.

11. Ekow Yankah, "Can My Children Be Friends with White People?" *New York Times*, November 11, 2017, https://www.nytimes.com/2017/11/11/opinion/sunday/interracial-friendship-donald-trump.html.

12. Michael Harriot, "White People Are Cowards," The Root, June 19, 2018, https://www.theroot.com/white-people-are-cowards-1826958780. 해리엇은 다음과 같이 주장한다. "어떤 물고기는 날기도 하고 또 어떤 곰들은 자전거를 탈 줄 알듯이 어떤 백인들은 이따금씩 목소리를 내기도 할 것이다. 하지만 만약 어떤 생물학자가 수중 생물이나 회색곰의 운동 능력에 대해 강의를 하고 있는데, 느닷없이 날 수 있는 물고기나 자전거를 타는 곰과 같이 보기 드문 사안을 가지고 그 강의의 흐름을 끊는다면 그것처럼 어처구니없는 일도 없을 것이다. 물고기는 헤엄을 친다. 곰은 걸어 다닌다. 마찬가지로 백인들은 겁쟁이다."

13. Barnes, "Sad Radicals."

14. 이 책의 수정증보판이 2021년에 Lexham Press에서 《하나님의 마음 개혁: 사랑을 낳는 하나님의 능력에 비추어 악의 문제를 재고함》(*God Reforms Hearts: Rethinking the Problem of Evil in Light of God's Love-Generating Power*)이라는 제목으로 다시 출판되고 있다.

제6장 열매에 관한 질문

1. 1 Corinthians 1:10.

2. Corrie ten Boom, "Corrie ten Boom on Forgiveness," *Guideposts*, November 1972, https://www.guideposts.org/better-living/positive-living/guideposts-classics-corrie-ten-boom-on-forgiveness.

3. Elahe Izadi, "The Powerful Words of Forgiveness Delivered to Dylann

Roof by Victims' Relatives," *Washington Post*, June 19, 2015, https://www
.washingtonpost.com/news/post-nation/wp/2015/06/19/hate-wont-win-
the-powerful-words-delivered-to-dylann-roof-by-victims-relatives/.

4. Izadi, "The Powerful Words of Forgiveness."

5. Izadi, "The Powerful Words of Forgiveness."

6. Izadi, "The Powerful Words of Forgiveness."

7. Bell hooks, "A Killing Rage," https://sjugenderstudies.files.wordpress.com
/2013/09 /killingrage-bell-hooks.pdf, 2, retrieved August 29, 2019.

8. See Matthew 5:43 – 48.

9. Ephesians 4:31 – 32.

10. Romans 12:17 – 21.

11. hooks, "A Killing Rage," 3, 4.

12. hooks, "A Killing Rage," 2 – 3.

13. See Galatians 5:22 – 23.

14. 닐 셴비(Neil Shenvi)와 패트릭 소여(Patrick Sawyer)는 '사회 정의 B'에 관해 다음과 같이 중요한 논평을 한다. "현대의 진보적 담론 가운데서 해방의 의무를 가장 우선시함으로 인해 그 외의 다른 도덕적 당위에 대한 강조가 상대적으로 약화되는 것(혹은 전적으로 부재하는 것)을 볼 수 있다. 예를 들면, 비판 이론을 옹호하는 사람들에게 있어 순결이나 정절, 정직, 인내, 혹은 자기 절제와 같은 도덕적 규범을 긍정하거나 증진하는 것은 매우 보기 드문 일이다. 실제로 그들은 이런 용어들 중에 어떤 것은 억압과 가부장제를 실현해주는 권력에 대한 함의가 가득한 것으로 치부하기도 한다. 이런 견해는 우리 시대의 도덕적 우려의 중심에 "하위 집단에 대한 억압"이 있다고 보는 이념에서 흘러나오는 것이다. 하지만 그렇다고 해서 비판 이론을 옹호하는 사람들 중에는 이런 용어들에 대한 규범적인 의미에 합당하게 정직히 행하고, 인내하며, 정절을 고취하고, 자신을 연단하는 사람이 없다는 의미는 아니다. 그런 사람들도 물론 있다. 다만 이런 속성들은 비판 이론의 핵심 관심사 바깥에 있는 신념으로부터 생겨나는 것이라는 뜻이다." (Neil Shenvi and Patrick Sawyer, "Understanding Critical Theory and Christian Apologetics" The Aquila Report, March 12, 2019, https://

www.theaquilareport.com/understanding-critical-theory-and-christian-apologetics/).

15. 나는 분개함 역시 그리스도를 닮은 감정일 수 있다고 주장한다. See *Reflect: Becoming Yourself by Mirroring the Greatest Person in History* (Bellingham, WA: Lexham, 2017), 54-6.

제3부 죄인인가 아니면 제도인가?

1. Psalm 94:20.

제7장 불균형에 관한 질문

1. Felix Richter, "Women Vastly Underrepresented In Silicon Valley Tech Jobs," Statista, August 14, 2014, https://www.statista.com/chart/2582/female-employent-in-tech-companies/.

2. David Kocieniewski, "Study Suggests Racial Gap in Speeding in New Jersey," *The New York Times*, March 21, 2002, https://www.nytimes.com/2002/03/21/nyregion/study-suggests-racial-gap-in-speeding-in-new-jersey.html.

3. Cited in Thomas Sowell, *Discrimination and Disparities* (New York: Basic, 2019), 88-89.

4. See, for example, Acts 6:1-7; Galatians 3:27-28; and James 2:1-13.

5. Ibram X. Kendi, *Stamped from the Beginning: The Definitive History of Racist Ideas in America* (New York: Nation, 2016), 11.

6. "'나는 인종 간 불균형을 볼 때마다 그 안에서 인종 차별주의를 본다.' 인종, 성별, 그리고 유동성에 관한 논의," *New York Times*, March 27, 2018, https://www.nytimes.com /interactive/2018/03/27/upshot/reader-questions-about-race-gender-and-mobility.html.

7. Kocieniewski, "Study Suggests Racial Gap in Speeding in New Jersey."

8. Sowell echoes, "Younger people are more prone to speeding, and groups with a younger median age tend to have a higher proportion of their population in age brackets where speeding is more common" [*Discrimination and Disparities* (New

York: Basic, 2019), 96].

9. Sowell, *Discrimination and Disparities*, 88 – 89.

10. Sowell, *Discrimination and Disparities*, 89.

11. 소웰(Sowell)은 이것을 다음과 같이 더욱 발전시킨다.

그와 같은 자료는 대부분의 신문이나 TV 뉴스 프로그램에서 거의 공개
된 적이 없었다. 왜냐하면 언론인들은 흑인과 백인 사이의 차이점만으로도
인종 간의 편견이 그 이유라는 확신을 갖기에 충분했기 때문이다…. 흑인
과 백인 사이의 통계적 차이를 설명하기 위한 새로운 시도를 고려라도 해
본 몇 안 되는 매체들 중에는 애틀란타 저널 컨스티튜션(Atlanta Journal-
Constitution)이 있다. 거기에 보면 흑인들의 52%는 신용 점수가 너무 낮아
선호도가 낮은 비우량 주택 담보 대출에만 신청 자격이 되었는데, 이에 비
해 백인은 그와 같은 경우가 16% 정도였다…. 하지만 그런 통계는 집단 간
의 결과물 차이는 인종 간 편견을 보여준다는 지배적인 선입견에 손상을
가할 수 있다는 이유로 대부분의 대중 매체에서는 거의 언급조차 되지 않
았다 (*Discrimination and Disparities*, 89).

12. 지리적 상황과 같이 비난의 여지없는 것들이 불평등을 만들어내는 힘에 관
하여는 다음 자료를 보라. Sowell, *Discrimination and Disparities*, 18 – 23.

13. Sowell, *Discrimination and Disparities*, 24.

14. Michael Rand, "The Intersection of Malcolm Gladwell, the Wild and
the NHL Draft," *StarTribune*, July 13, 2017, https://www.startribune.
com/the-intersection-of-malcolm-gladwell-the-wild-and-the-nhl-
draft/434329063/.

15. Sowell, *Discrimination and Disparities*, 11.

16. Sowell concludes, "The idea that the world would be a level playing field, if it
were not for . . . discrimination, is a preconception in defiance of both facts
and logic"(*Discrimination and Disparities*, 18).

17. Proverbs 10:4.

18. Proverbs 14:23.

19. Proverbs 20:4.

20. 2 Thessalonians 3:10.

21. Proverbs 24:3 – 4.

22. Proverbs 24:30 – 34.

23. Neil Shenvi, "A Long Review of Kendi's Stamped from the Beginning: Part 3," https://shenviapologetics.com/a-long-review-of-kendis-stamped-from-the-beginning-part-3/, accessed August 2, 2019.

24. See Lisa Keister, "Religion and Wealth: The Role of Religious Affiliation and Participation in Early Adult Asset Accumulation," *Social Forces* 82:1 (2003): 175 – 207, and "Conservative Protestants and Wealth: How Religion Perpetuates Asset Poverty," *American Journal of Sociology* 113:5 (2008): 1237 – 71.

25. C. S. Lewis, "Forgiveness," chap. 7 in *Mere Christianity*.

26. Lewis, "Forgiveness," chap. 7 in *Mere Christianity*.

27. Sowell, *Discrimination and Disparities*, 218.

28. See Ephesians 6:11 – 12.

제8장 피부색에 관한 질문

1. Hank Johnson, "Rep Johnson Rips Congress Over Inaction to Police Shootings," RepHankJohnson, April 13, 2015, 2:10, YouTube video. https://www.youtube.com/watch?v=hlQNW5LFN1g&feature=emb_logo.

2. *Washington Post*, Fatal Force database, www.washingtonpost.com, accessed May 13,

2019.

3. John McWhorter, "Police Kill Too Many People—hite and Black," *Time*, July 4, 2016, https://time.com/4404987/police-violence/.

4. McWhorter, "Police Kill Too Many People—hite and Black."

5. *Washington Post*, Fatal Force database, www.washingtonpost.com, accessed July 16, 2020.

6. Peter Kirsanow, "Dissenting Statement of Commissioner Peter Kirsanow," in *Police Use of Force: An Examination of Modern Policing Practices*, U.S., Commission on Civil Rights, Briefing Report, November 2018, 197 – 216,

https://www.usccr.gov/pubs/2018/11-15-Police-Force.pdf

7. Roland Fryer, "An Empirical Analysis of Racial Differences in Police Use of Force," revised January 2018, https://www.nber.org/papers/w22399.

8. Lois James, Stephen James, and Bryan Vila, "The Reverse Racism Effect: Are Cops More Hesitant to Shoot Black than White Suspects?" *Criminology and Public Policy*, January 14, 2016, https://onlinelibrary.wiley.com/doi/full/10.1111/1745-9133.12187.

9. See Heather MacDonald, *The War on Cops: How the New Attack on Law and Order Makes Everyone Less Safe*; Thomas Sowell, *Black Rednecks and White Liberals*, 53-54, 284-285; Walter Williams, *Race and Economics: How Much Can Be Blamed on Discrimination?*; Shelby Steele, *White Guilt: How Blacks and Whites Together Destroyed the Promise of the Civil Rights Era and A Dream Deferred: The Second Betrayal of Black Freedom in America*; and John McWhorter, *Winning the Race: Beyond the Crisis in Black America*.

10. See Devah Pager, Bruce Western, and Bart Bonikowski, "Discrimination in a Low-Wage Labor Market: A Field Experiment," *American Sociological Review* 74(October 2009): 777-99.

11. See Michael Emerson, George Yancey, and Karen Chai, "Does Race Matter in Residential Segregation? Exploring the Preferences of White Americans," *American Sociological Review* 66 (December 2001): 922-35; George Galster and Erin Godfrey, "By Words and Deeds: Racial Steering By Real Estate Agents in the U.S. in 2000," *Journal of American Planning Association* 71:3 (Summer 2005):251-68. For discrimination in criminal justice systems, see Allen Beck and Alfred Blumstein's "Racial Disproportionality in U.S. State Prison," *J Quant Criminol* 34 (June 9, 2017): 854-83; and "Demographic Differences in Sentencing," United States Sentencing Commission, November 14, 2017, https://www.ussc.gov/research/research-reports/demographic-differences-sentencing.

12. Jessica L. Semega, Kayla R. Fontenot, and Melissa A. Kollar, "Income and Poverty in the United States: 2016," US Department of Commerce, United

States Census Bureau, Issued September 2017, https://www.census.gov/content/dam/Census /library/publications/2017/demo/P60−259.pdf. See also Lisa J. Dettling et al., "Recent Trends in Wealth−Holding by Race and Ethnicity: Evidence from the Survey of Consumer Finances," Federal Reserve, September 27, 2017, https://www.federalreserve.gov/econres/notes/feds−notes/recent−trends−in−wealth−holding−by−race−and−ethnicity−evidence−from−the−survey−of−consumer−finances−20170927.htm.

13. See Mehrsa Baradaran, *The Color of Money: Black Blanks and the Racial Wealth Gap*, Richard Rothstein's *The Color of Law: A Forgotten History of How Our Government Segregated America*; Ta−Nehisi Coates, "The Case for Reparations," *The Atlantic* (June 2014), https://www.theatlantic.com/magazine/archive/2014/06/the−case−for−reparations/361631/; and Jemar Tisby, *The Color of Compromise: The Truth about the American Church's Complicity in Racism* (Grand Rapids: Zondervan, 2019), 198. Sociologist William Julius Wilson places the blame for economic disparities on "the enduring effects of slavery, Jim Crow segregation, public school segregation, legalized discrimination, residential segregation, the FHA's redlining of black neighborhoods in the 1940s and '50s, the construction of public housing projects in poor black neighborhoods, employer discrimination, and other racial acts and processes" [*More Than Just Race: Being Poor and Black in the Inner City* (New York: W.W. Norton, 2009), 152−53].

14. "2018 Median Household Income in the United States," United States Census Bureau, September 26, 2019, https://www.census.gov/library/visualizations/interactive/2018−median−household−income.html.

15. "Births: Final Data for 2017," Joyce A. Martin et. al., Centers for Disease Control and Prevention, *National Vital Statistics Reports* 67:8, (November 7, 2018): 12, 25, https://www.cdc.gov/nchs/data/nvsr/nvsr67/nvsr67_08−508.pdf.

16. "Births: Final Data for 2017," 12, 25.

17. 미국 인구 조사국 자료에 의거하여 제린타 프린스(Zerintha Prince)는 다음

과 같이 첨언한다. "While 74.3 percent of all White children below the age of 18 live with both parents, only 38.7 percent of African American minors can say the same" "Census Bureau: Higher Percentage of Black Children Live with Single Mothers," *Afro News*, December 31, 2016, https://afro.com/census-bureau-higher-percentage-black-children-live-single-mothers/.

18. "Barriers to Black Progress: Structural, Cultural, or Both?" Manhattan Institute, February 11, 2019, https://www.manhattan-institute.org/html/barriers-black-progress-structural-cultural-or-both-11751.html.

19. Ron Haskins, "Three Simple Rules Poor Teens Should Follow to Join the Middle Class," The Brookings Institute, March 13, 2013, https://www.brookings.edu/opinions/three-simple-rules-poor-teens-should-follow-to-join-the-middle-class/.

20. Sowell, *Discrimination and Disparities*, 116. 이런 사실에 비추어 소웰(Sowell)은 만약 노예 제도와 같은 과거의 사회악에서 비롯된 영향력이 지금도 계속되고 있고 그것이 오늘날에도 주요한 원인으로 작용하고 있다면, 오늘날 가정을 이루어 살고 있는 흑인 부부들의 조상은 그런 노예 제도나 그 밖의 불의로부터 면제되었던 것인지 의문을 제기한다.

21. "Barriers to Black Progress: Structural, Cultural, or Both?"

22. "On Views of Race and Inequality, Blacks and Whites are Worlds Apart," Pew Research Center, June 27, 2016, http://www.pewsocialtrends.org/2016/06/27/on-views-of-race-and-inequality-blacks-and-whites-are-worlds-apart/. 퓨 리서치에서 행한 이 동일한 연구에서는 열심히 일하려는 동기가 부족하기 때문에 뒤처지는 것 같다는 말을 백인에 비해 흑인들이 더 많이 한다는 사실을 보여준다. 흑인 성인들의 43%와 백인의 30%가 흑인들이 백인들보다 앞서 나가지 못하는 주요한 이유로 바로 이 점을 꼽는 것이다. 이 연구는 또한 다수의 흑인들(71%)이 자신의 인종이나 민족 때문에 차별을 경험하거나 불공정한 대우를 받은 적이 있다고 하는 서글픈 사실을 보여주고 있다. 대략 열 명 중에 한 명(11%)은 이런 일을 일상적으로 겪는다고 말하며, 60%는 드물게 혹은 가끔가다 이런 일을 경험한다고 답했다.

23. Robert Jones and Daniel Cox, "Attitudes on Child and Family Wellbeing: National and Southeast/Southwest Perspectives," PRRI Kid's Wellbeing Survey, September 18, 2017, https://www.prri.org/research/poll-child-welfare-poverty-race-relations-government-trust-policy/.

24. "Talking About Race," The National Museum of African American History and Culture, Smithsonian, https://nmaahc.si.edu/learn/talking-about-race/topics/whiteness, retrieved July 23, 2020.

25. Judith Katz, "Some Aspects and Assumptions of White Culture in the United States," 1990, http://www.cascadia.edu/discover/about/diversity/documents/Some%20Aspects%20and%20Assumptions%20of%20White%20Culture%20in%20the%20United%20States.pdf

26. Peggy McIntosh, "White Privilege: Unpacking the Invisible Knapsack," in Understanding Prejudice and Discrimination, ed. S. Plous (New York: McGraw-Hill, 2003), 191–196.

27. See Robin DiAngelo, *White Fragility* (Boston, MA: Beacon, 2018).

28. 인종 차별의 정의에 힘이라는 부분을 첨가한 것은 1970년 패트리샤 비돌-패드바가 쓴 "편견 더하기 제도적 권력"이라는 글에 처음 등장했다. A. Sivanandan, *Communities of Resistance: Writings on Black Struggles for Socialism* (London: Verso, 1990), 99.

29. Musa al-Gharbi, "Who Gets to Define What's 'Racist'?" Contexts: Sociology for the Public, May 15, 2020, https://contexts.org/blog/who-gets-to-define-whats-racist/, emphasis in original.

30. "Barriers to Black Progress."

31. Proverbs 18:15, 17.

32. By Thomas Sowell, I recommend *Discrimination and Disparities, Black Rednecks and White Liberals, The Quest for Cosmic Justice, and Race and Intellectuals*. See also Walter Williams, *Race and Economics: How Much Can Be Blamed on Discrimination?*; Shelby Steele, *White Guilt: How Blacks and Whites Together Destroyed the Promise of the Civil Rights Era*; Shelby Steele, *A Dream Deferred: The Second Betrayal of Black Freedom in America*; John McWhorter,

Winning the Race: Beyond the Crisis in Black America; and Heather MacDonald, The Diversity Delusion: How Race and Gender Pandering Corrupt the University and Undermine Our Culture.

33. 월터 윌리엄스(Walter Williams)가 쓴 "…"라는 유익한 기사를 읽어보라. "Disparities Do Not Prove Discrimination," *Times News*, November 7, 2019, https://www.thetimesnews.com/opinion/20191107/walter-williams-disparities-do-not-prove-discrimination; Glenn Loury, "Why Do Racial Disparities Persist? Culture, Causation, and Responsibility," The Manhattan Institute, May 7, 2019, https://www.manhattan-institute.org/racial -inequality-in-america-post-jim-crow-segregation; and Coleman Hughes, "The Racism Treadmill," *Quillette*, May 14, 2018, https://quillette.com /2018/05/14/the-racism-treadmill/.

34. See Jean Halley, Amy Eshelman, and Ramya Mahadevan, *Seeing White: An Introduction to White Privilege and Race*; Dalton Conley, *Being Black, Living in the Red: Race, Wealth, and Social Policy in America*; Michelle Alexander, *The New Jim Crow: Mass Incarceration in the Age of Colorblindness*; Beverly Tatum, *Why Are All the Black Kids Sitting Together in the Cafeteria? And Other Conversations about Race*; and Robin DiAngelo, *White Fragility: Why It's So Hard for White People to Talk about Racism.*

35. See John 17.

36. "Dallas Conference On-Stage Interview with Ekimini Uwan," sistamatictheology, April 7, 2019, 33:15, YouTube video, https://www.youtube.com/watch?v=G9J Qntpn 71I. In the book *Can White People Be Saved?* (Downers Grove, IL: IVP Academic, 2018), 예일대학교 신학대학원의 윌리 제임스 제닝스(Willie James Jennings)는 우완(Uwan)보다는 덜 공격적인 용어로 백인 됨에 대하여 설명하지만, 다음과 같이 악한 우월 의식에 빠져 피부색을 구별하는 것은 여전하다. 백인 됨은 세상이 당신 주변을 돌고 있는 것으로, 즉 당신이 그 중심에 있고 세상이 당신의 몸 주위를 흐르고 있다고 상상하는 것이다. 백인 됨은 참되고 선하고 아름다운 것들이 백인의 몸 주변을 에워싸고 있다고 상상하는 것이다. 백인 됨은 자기 자신을

중심에 가져다 놓고 그런 자신이 세상의 현실, 즉 세상을 설명하고, 세상을 해석, 조직, 및 서술하는 그런 현실이 더 잘 돌아가게끔 한다고 상상하는 것이며, 또한 백인 됨에는 그런 상상을 실현하고 유지할 수 있는 힘이 생겨나고 있다 ["풀러의 차이점: 기독 지성인 되기(The Fuller Difference: To Be a Christian Intellectual)"]. See also Richard Delgado and Jean Stefancic, *Critical Race Theory: An Introduction* (New York: Critical America/NYU Press, 2017), 85.

37. 우리는 백인 됨에 대한 우완의 이해가 어떤 사상가들을 통해 영감을 받은 것인지 추측할 필요는 없다. 스패로우 컨퍼런스(Sparrow Conference)에서 전한 메시지 끝 부분에서 그녀는 넬 어빙 페인터(Nell Irving Painter)를 추천했기 때문이다. *The History of White People* (New York: W. W. Norton & Company, 2011); David R. Roediger, *Working Toward Whiteness: How America's Immigrants Became White: The Strange Journey from Ellis Island to the Suburbs* (New York, NY: Basic Books, 2006); Robin DiAngelo, *White Fragility (Boston, MA: Beacon, 2018)*; and Noel Ignatiev, *How the Irish Became White* (New York: Routledge, 1995). "Dallas Conference On-Stage Interview with Ekimini Uwan," April 7, 2019,

38. "Dallas Conference On-Stage Interview with Ekimini Uwan," April 7, 2019,

39. Jean-Jacques Rousseau, *il n'y a point de perversite originelle dans le coeur humain* Emile ou De l'education/Edition 1852/Livre II; *Letters to Malesherbes,* in *The Collected Writings of Rousseau*, vol. 5, eds. Christopher Kelly, Roger D. Masters, and Peter G. Stillman, trans. Christopher Kelly (Hanover, NH: University Press of New England, 1995), 575; *Oeuvres Completes*, vol. 1, eds. Bernard Gagnebin and Marcel Raymond (Paris: Gallimard, Bibliotheque de la Pleiade, 1959 – 1995), 1136.

40. Nancy Mathews, *Paul Gauguin: An Erotic Life* (New Haven, CT: Yale University Press, 2001), 157 – 67.

41. "Noble Savage," https://www.britannica.com/art/noble-savage, accessed August 1, 2019.

42. Thomas Sowell, *Black Rednecks and White Liberals* (New York: Encounter,

2005), 112. Sowell is referring to the historical scholarship of Robert Davis, *Christian Slaves, Muslim Masters: White Slavery in the Mediteranean, the Barbary, and Italy, 1500–1800* (New York: Palgrave Macmillan, 2003), 23.

43. Sowell, *Black Rednecks and White Liberals*, 113. Sowell is referring to Davis's research again in *Christian Slaves*, Muslim Masters, 59.

44. Sowell, *Black Rednecks and White Liberals*, 113.

45. Sowell, *Black Rednecks and White Liberals*, 120.

46. Sowell, *Black Rednecks and White Liberals*, 136.

47. Sowell, *Black Rednecks and White Liberals*, 121.

48. Sowell, *Black Rednecks and White Liberals*, 112.

49. Sowell, *Black Rednecks and White Liberals*, 112.

50. Sowell, *Black Rednecks and White Liberals*, 112.

51. Sowell, *Black Rednecks and White Liberals*, 166.

52. Sowell, *Black Rednecks and White Liberals*, 169.

53. "Executive Summary," Global Slavery Index, Menderoo Foundation, https://www.globalslaveryindex.org/2018/findings/executive-summary/, retrieved July 12, 2020. 현대의 노예 제도에 관한 사실과 그에 맞서 싸우기 위한 전략은 케빈 베일스(Kevin Bales)의 자료를 보라. see Kevin Bales, *Disposable People: New Slavery in the Global Economy*, 3rd ed. (Berkeley, CA: University of California Press, 2012).

54. "2018 Global Findings," Global Slavery Index, Menderoo Foundation, https://www.globalslaveryindex.org/2018/findings/global-findings/retrieved July 12, 2020.

55. "2018 Global Findings," Global Slavery Index, Menderoo Foundation, https://www.globalslaveryindex.org/2018/findings/global-findings/retrieved July 12, 2020.

56. Romans 3:23.

57. Sowell, *Black Rednecks and White Liberals*, 168.

58. Sowell, *Black Rednecks and White Liberals*, 138–39.

59. Sowell, *Black Rednecks and White Liberals*, 131.

60. Sowell, *Black Rednecks and White Liberals*, 129.

61. Sowell, *Black Rednecks and White Liberals*, 116.

62. Neil Shenvi, "An Anti-Racism Glossary: Whiteness," https:// shenviapologetics.com/an-antiracism-glossary-Whiteness/, accessed August 1, 2019.

63. Jeremiah 31:30.

64. 2 Corinthians 5:10.

65. Deuteronomy 24:16.

66. Ezekiel 18:20.

67. Ephesians 4:3.

68. Zechariah 8:16.

제9장 복음에 관한 질문

1. C. S. Lewis, "First and Second Things," in *God in the Dock: Essays on Theology and Ethics* (Grand Rapids: Eerdmans, 1994), 280.

2. 1 Corinthians 15:1, 3-4, emphasis added.

3. Jeremiah 22:3.

4. Luke 4:18, quoting Isaiah 61:1.

5. Isaiah 1:17.

6. 사회 정의는 복음에 관한 사안이라는 주장에 대한 분석은 다음 자료를 보라. D. A. Carson, "What Are Gospel Issues?" *Themelios* 39:2 (July 2014). See also Kevin DeYoung's helpful articles "A Modest Proposal," Gospel Coalition, January 12, 2010, https://www.thegospelcoalition.org/blogs/kevin-deyoung/a-modest-proposal/ and "Is Social Justice a Gospel Issue?" Gospel Coalition, September 11, 2018, https://www.thegospelcoalition.org/blogs/kevin-deyoung/social-justice-gospel-issue/.

7. 앞에서 내가 제시한 주장의 원동력은 변증학자인 닐 셴비의 글 "사회 정의에 관한 핵심 질문(A Crucial Question about Social Justice)"에서 얻은 것이다. https://shenviapologetics.wordpress.com/a-crucial-question-about-social-justice/, accessed November 6, 2018.

8. Galatians 1:9.

9. 이것은 '사회 정의 B'를 복음과 동일시하거나 혹은 복음에 포함시키려고 하는 사람들에 있어서는 훨씬 더 심각한 문제가 된다. 불평등은 곧 불의라고 하는 이론에 따르면 할리우드에 아시아인의 수가 적은 것, STEM(과학(Science)·기술(Technology)·공학(Engineering)·수학(Mathmatics)) 분야에 여성의 수가 적은 것, 정치계에 동성애자의 수가 적은 것, 기타 (괄호를 채워보라)의 수가 적은 것 등 우리가 힘써 저항해야 할 "불의"의 양이 말 그대로 무한대가 되기 때문이다. 이처럼 어떠한 불평등이든 그것을 곧 불의로 보려 하는 관점에서 사회 정의를 바라보면 사회 정의에 대한 정의는 이내 모든 사람이 감당할 수 없는 것이 되고 만다. 이것을 기독교적 상황으로 가져와보면 복음에 할례나 음식 규례 등이 더해지는 대신 그리스도인의 어깨에 "사회 정의"를 이루기 위해 요구되는 행위들이 말 그대로 무한대로 지워지는 것이다.

10. *The Good Place*, season 3, episode 11, "Chidi Sees the Time-Knife," originally aired January 17, 2019, on NBC.

11. *The Good Place*, season 3, episode 10, "The Book of Dougs," originally aired January 10, 2019, on NBC.

12. Quoted in Conor Barnes, "Sad Radicals," *Quillette*, December 11, 2018, https://quillette.com/2018/12/11/sad-radicals/.

13. Ozlem Sensoy and Robin DiAngelo, *Is Everyone Really Equal: An Introduction to Key Concepts in Social Justice Education* (New York: Teachers College Press, 2017), 203.

14. Conor Barnes, "Sad Radicals," *Quillette*, December 11, 2018, https://quillette.com/2018/12/11/sad-radicals/.

15. See Williams, *Reflect*, 75-79.

16. Elizabeth Nolan Brown, "Moral Outrage Is Self-Serving, Say Psychologists," Reason, March 1, 2017, https://reason.com/2017/03/01/moral-outrage-is-self-serving/.

17. Roland Bainton, *Here I Stand: A Life of Martin Luther* (Nashville: Abingdon, 1950), 50.

18. Cited in Bainton, *Here I Stand*, 30.

19. Romans 1:16 – 17.

20. Cited in Bainton, *Here I Stand*, 49.

21. Psalm 103:8 – 10.

22. Luther, *The Bondage of the Will*, tr. J. I. Packer and O. R. Johnston (Westwood, NJ: Revell, 1957), 153.

23. Cited by John Calvin, *Institutes of the Christian Religion*, vol. 20, ed. John T. McNeill (Louisville, KY: Westminster John Knox Press, 1960), 357.

24. Romans 8:1.

25. Margaret Killingray, "The Bible, Slavery, and Onesimus," *ANVIL* 24:2 (2007):85 – 96, 89.

26. Acts 2:45.

27. 복음은 예수님께서 죽으셨다가 부활하신 기쁜 소식이다. 예수님의 죽으심 과 부활 안에서 우리는 새로운 정체성, 곧 하나님의 아들과 딸이라는 가장 심오한 정체성을 발견하게 되는데, 이것은 우리 자신의 미덕이나 행위를 통해 얻는 것이 아니다. 그것은 선물이며 값없이 주시는 선물, 곧 은혜일 뿐이다. 지금까지 은혜란 말은 받을 자격이 없는 호의를 뜻해왔다. 하지만 은혜를 더욱 정확하게 정의하자면 그것은 받아서는 안 되는 호의라고 할 수 있다. 만약 내가 길거리를 걸어가고 있는데 모르는 사람이 내 옆을 지나 가다가 내게 돈 백만 원을 건네주고 간다면 그것은 받을 자격이 없는 호의 이다. 그런데 내가 모르는 사람의 자동차 타이어에 칼을 찔러 넣고 있는데 그 사람이 내게 백만 원을 준다면 그것은 받아서는 안 되는 호의이다. 앞의 경우에서 나는 그 돈을 받을 자격이 없는 것이고, 두 번째 경우에서는 오히 려 그 돈과 반대되는 것을 받아야 마땅한 것이다.

구원이 의미하는 것은 이처럼 받아서는 안 되는 호의이고 그것은 참으로 명확한데, 나는 그 사실을 깨닫는데 너무도 오랜 시간이 걸렸다. 이는 내 자신이 다른 어떤 사람들보다 더 낫다고 생각할 만한 근거가 전혀 없음을 뜻한다.

인종 차별주의를 그저 잘못된 것이라는 말 한 마디에 다 담을 수 없는 이 유가 바로 이것이다. 물론 그것이 잘못된 것이라는 데는 의문의 여지가 없지만 더 나아가 인종 차별주의는 근본적으로 복음에 반대되는 것이라는 점은 부정할 수 없는 명백한 사실이다. 왜냐하면 그것은 자신이 다른 사람들보다 더 우월하다고 느끼는 것이기 때문이다. 인종 차별주의자는 예수님의 죽으심과 부활을 통해 의롭다 함을 얻고 싶어하지 않는다. 그들은 자기들의 피부 세포 안에 있는 멜라닌 색소를 통해 의롭다 함을 얻고 싶어한다. 그러나 그것은 예수님께서 이루신 구원의 사역과는 무관하고 오히려 그와는 정 반대되는 방식으로 "선한" 자격을 얻고자 하는 길이다. "그리스도 안에" 있는 우리의 영적인 정체성이 아닌 우리가 속한 민족적 정체성을 통해 구원을 얻으려 하는 것이다. 그리고 바로 그런 것이야말로 저주 받을 거짓 복음이다.

28. 정의를 행하는 것은 복음을 실존적으로 적용하여 나타나는 결과라고 할 수 있다. 하지만 이렇게 말하면 그것은 마치 복음에 부수적으로 따라오는 어떤 것처럼만 들릴 수 있는데, 사실 또 다른 의미에서 정의를 행하는 것은 복음에 수반되는 것만이 아니고 복음 이전에 오는 것, 즉 기쁜 소식의 결과물만이 아닌 그에 선행하는 조건이 되기도 하다. 그 예로서 진실된 말을 하는 것을 생각해 보자. 만약 사람들이 나를 병적인 거짓말쟁이로 알고 있다면 내가 예수님의 죽으심과 부활에 대한 진실을 이야기한다 하더라도 그들은 내 이야기를 진지하게 받아들이지 않을 것이다. 나에 대한 신뢰가 바닥에 떨어졌기 때문이다. 그런데 그렇다고 해서 진실을 말하는 일, 즉 제9계명을 지키는 일이 내가 구원을 얻는데 필수적이라는 의미는 아니다. 그렇게 되면 "나는 과연 구원을 얻을 수 있을 만큼 충분히 정직했는지 여부를 어떻게 알 수 있는가?"라는 질문을 묻는 거짓된 복음으로 다시 되돌아가는 것이다. 따라서 복음의 내용과 복음의 신뢰성 사이에는 차이가 있다. 만약 우리가 정의를 "복음에 관한 사안"으로 설명한다면 이런 구분을 잃어버리게 된다. 복음의 신뢰성은 성경적인 영역에 해당된다. 요한복음 17장에서 예수님께서는 세상이 그리스도인의 깊고 진정성 있는 사랑을 통해 그분이 어떤 분이신지를 알게 해달라고 기도하셨다. 그럼에도 그리스도인들의 참된 사랑이 곧 복음이라는 의미는 아니다. 복음은 예수님이시다. 단지 예수님께서 이루신 이 기쁜 소식이 진지하게 받아들여지려면 교회가 사랑이라는 표지를 드러내 보여야 한다는 뜻이다.

29. See Acts 8:26 – 40.

30. 우리가 복음을 잃어버리지 않으면서 사회 정의를 추구하는 데 도움을 얻을 수 있는 훌륭한 다음의 책들이 있다. Ronald Nash, *Social Justice and the Christian Church* (2002) and Cal Beisner, *Social Justice: How Good Intentions Undermine Justice and the Gospel* (rev. ed. 2018).

제10장 터널 시야에 관한 질문

1. Abraham Kuyper, *Lectures on Calvinism* (Grand Rapids: Eerdmans, 1999), 113.

2. Jacob Bogage, "Dodgeball is a Tool of 'Oppression' Used to 'Dehumanize' Others, Researchers Argue," June 7, 2019, *Washington Post*, https://www.washingtonpost.com/sports/2019/06/07/dodgeball-is-tool-oppression-used-dehumanize-others-researchers-argue/.

3. 개념 크리프에 대한 보다 깊은 통찰을 얻고자 한다면 다음의 책을 보라. Nick Haslam, "Concept Creep: Psychology's Expanding Concepts of Harm and Pathology," *Psychological Inquiry* 27:1 (2016): 1 – 17.

4. 브라이언 브룩스(Brian Brooks)는 다음과 같이 지적한다. "독일에서 나치와 연계된 출판사가 그의 작품을 출판하려고 했을 때 그는 저자가 '아리아인'의 자손인지 여부를 묻는 질문을 받았다. 저명한 문화 인류학자인 톨킨은 먼저 '아리아인'이라는 허구적인 이름표를 낱낱이 분해한 후에 다음과 같은 멋진 대답을 했다. '하지만 만일 당신의 이 질문이 내가 유대인 출신인지를 묻는 것이라고 이해해야 한다면 나는 나의 조상들은 그처럼 천부적인 재능을 가진 사람들이 아닌 점이 참 아쉽다는 대답밖에는 할 말이 없습니다…. 그렇지만 이런 종류의 무례하고 부적절한 질문을 하는 것이 문학계의 규범이 되어야 한다면 나는 이제 독일어 이름["톨킨(Tolkien)"은 독일계 이름이었음]이 더 이상 자부심을 가질 만한 것이 되지 않을 날이 머지않았다는 말을 하지 않을 수 없군요.'" "Give Stories the Benefit of the Doubt: The 'Lord of the Rings' Orc Controversy Reveals a Disturbing Trend in Our Attitudes Toward Stories," *Chimes*, December 14, 2018, https://chimesnewspaper.com/43275/opinions/give-stories-the-benefit-of-the-doubt/. See Katherine Timpf,

"Lord of the Rings Slammed for Perpetuating Racism through Depiction of Orcs," *National Review*, November 27, 2018, https://www.nationalreview. com/2018/11/lord-of-the-rings-slammed-for-perpetuating-racism-through-depiction-of-orcs/.

5. E. Melanie Dupuis, *Nature's Perfect Food: How Milk Became America's Drink* (New York: New York University Press, 2002), 11.

6. 가족계획연맹의 낙태 시술을 폭로한 영상의 진위 여부를 조사한 제3의 디지털 포렌식 회사는 그 영상이 조작된 흔적이 없는 진본임을 확인해 주었는데, 이는 예상대로 가족계획연맹에서 직접 고용한 회사가 그 영상을 허위라고 판단한 것과는 반대되는 결과이다. 가족계획연맹이 주장한 3%의 수치가 허위 사실이었음이 증명되었을 뿐만 아니라, 가족계획연맹은 그 이사장이 직접 인정한 것처럼 유방암 검사도 제공하지 않고 있다. 그뿐 아니라 유방암 검사를 포함하여 여성의 건강을 위한 포괄적 검진 서비스를 제공한다고 하는 클리닉은 가족계획연맹이 운영하고 있는 센터 숫자보다 스무 배나 많으며, 이는 가족계획연맹을 이용하는 사람들보다도 훨씬 더 많은 수이다. 이와 관련하여 가족계획연맹에 대한 재정 지원을 끊거나 아니면 여성의 건강을 생각해야 한다고 양자택일을 강요하는 사람들이 많이 있다. 하지만 이는 이것 아니면 저것의 단순한 선택의 문제가 아니다. 이것과 저것을 아우르는 아름다운 포용의 문제가 되어야 하는 것이다. 정책 분석가인 사라 토리(Sarah Torre)의 말처럼 우리는 낙태나 신생아 신체 부위의 의심스러운 취급 등에 얽혀있지 않는 전국의 수천 개의 건강 센터로 자금을 돌려서 기금을 보다 효과적으로 사용할 수 있습니다. 의회는 가족계획에 대한 연방 자금 지원을 종료하고 다른 건강관리 쪽으로 방향을 전환했어야 했습니다. *The Heritage Foundation*, September 22, 2016, https://www.heritage.org/health-care-reform/report/congress-should-end-federal-funding-planned-parenthood-and-redirect-it.

7. Vincent Rue et al., "Induced Abortions and Traumatic Stress: A Comparison of Russian and American Women," *Medical Science Monitor* 10:10 (2004): 5-16.

8. Priscilla Coleman, "Abortion and Mental Health: A Quantitative Synthesis and Analysis of Research Published, 1995-2009," *British Journal of Psychiatry* 99:3

(September 2011): 180 - 86.

9. See, for example, Sarah Owens, "I Went to Planned Parenthood for Birth Control, but They Pushed Abortion," *Federalist*, September 28, 2015, https://thefederalist.com/2015/09/28/i-went-to-planned-parenthood-for-birth-control-but-they-pushed-abortion/.

10. See Micaiah Bilger, "Abortion Was the Leading Cause of Death Worldwide in 2018, Killing 42 Million People," Life News, December 31, 2018, https://www.lifenews.com/2018/12/31/abortion-was-the-leading-cause-of-death-worldwide-in-2018 -killing -42 -million-people/.

11. 하나님의 형상을 지닌 어린 생명체들의 시신을 훼손하는데 사용된 방법에 관해서는 사용된 방법에 관해서는 다음의 책을 보라. Francis Beckwith, *Defending Life: A Moral and Legal Case Against Abortion Choice* (Cambridge: Cambridge University Press, 2007), 83 - 92.

12. Clarence Thomas, "Box v. Planned Parenthood of Indiana and Kentucky, Inc." Justice Thomas cites George Will, "The Down Syndrome Genocide," *Washington Post*, March 15, 2018, A23, col. 1.

13. Caroline Mansfield, Suellen Hopfer, and Theresa Marteau, "Termination Rates after Prenatal Diagnosis of Down Syndrome, Spina Bifida, Anencephaly, and Turner and Klinefelter Syndromes: A Systematic Literature Review," *Prenatal Diagnosis* 19:9 (1999): 808 - 12.

14. Clarence Thomas, "Box v. Planned Parenthood of Indiana and Kentucky, Inc." Justice Thomas cites Mara Hvistendahl, *Unnatural Selection: Choosing Boys Over Girls, and the Consequences of a World Full of Men* (Philadelphia: Perseus, 2011).

15. 2013년 뉴욕 시에서 발표한 자료를 가지고 로렌 카루바(Lauren Caruba)는 다음과 같은 기사를 썼다. "29,007명에 달하는 흑인 여성들이 임신 중절을 경험했는데, 이는 대략 뉴욕 시 전체 낙태 건수 중의 42%에 이른다. 같은 해에 같은 도시에서 흑인 여성들이 낳은 아기는 24,108명이었다. 출산을 통해 생명을 얻는 아기의 수보다 낙태되는 수가 거의 5,000명 정도 더 많은 현실을 통해 분명히 알 수 있는 것은 뉴욕 시에 거주하는 아프리카계

미국 여성들은 임신 주기를 다 채우는 경우보다 중절을 택하는 비율이 더 많다는 사실이다." "신시아 마이어(Cynthia Meyer)는 뉴욕 시에서는 흑인 아기들이 낙태되는 비율이 출생하는 비율보다 더 높다고 한다." Politifact, November 25, 2015, https://www.politifact.com/factchecks/2015/nov/25/cynthia-meyer/cynthia-meyer-says-more-black-babies-are-aborted-n/.

16. "What We Believe," Black Lives Matter, https://blacklivesmatter.com/what-we-believe/, accessed July 10, 2019.

17. "Births: Final Data for 2017," Joyce A. Martin et al., Centers for Disease Control and Prevention, *National Vital Statistics Reports* 67:8 (November 7, 2018): 12, 25, https://www.cdc.gov/nchs/data/nvsr/nvsr67/nvsr67_08-508.pdf.

18. "Things Are Looking Up in America's Porn Industry," NBC News, January 20, 2015, https://www.nbcnews.com/business/business-news/things-are-looking-americas-porn-industry-n289431.

19. "Can You Guess 2018's Most Viewed Categories On the Largest Porn Site?," July 9, 2019, https://fightthenewdrug.org/pornhub-visitors-in-2018-and-review-of-top-searches/?_ga=2.91985818.183373559.1595796982-473482071.1595796982.

20. "Pornography & Public Health: Research Summary," National Center on Sexual Exploitation, August 2, 2017, https://endsexualexploitation.org/publichealth/.

21. Cristina Maza, "Christian Persecution and Genocide Is Worse Now Than 'Any Time in History,' Report Says," *Newsweek*, January 4, 2018, https://www.newsweek.com/christian-persecution-genocide-worse-ever-770462.

22. "What Is Christian Persecution," Open Door USA, https://www.opendoorsusa.org/what-is-persecution/, accessed July 9, 2019.

23. Jean-Louis Panne et al., *The Black Book of Communism: Crimes, Terror, Repression* (Cambridge, MA: Harvard University Press, 1999).

24. "Generation Perceptions: Victims of Communism Memorial Foundation Report on U.S. Perceptions Toward Socialism," October 2016, 3-, http://

arielsheen.com/wp-content/uploads/2017/11/VOC-Report-101316.pdf

25. 어떤 집단이 목표에 부합하는지를 선별함으로써 우리는 우리가 어떤 특권을 누리고 있는지를 마주해야 할 필요가 없어진다. 왜냐하면 그렇게 함으로써 우리는 악덕 가해자의 위치가 아닌 선량한 피해자의 자리를 확보할 수 있기 때문이다.

26. "Almost Half of Practicing Christian Millennials Say Evangelism Is Wrong," Barna, February 5, 2019, https://www.barna.com/research/millennials-oppose-evangelism/.

제11장 고난에 관한 질문

1. James 1:19.

2. Galatians 6:2.

3. Romans 12:15.

4. For Shai Linne's full story, see "George Floyd and Me," Gospel Coalition, June 8, 2020, https://www.thegospelcoalition.org/article/george-floyd-and-me/.

5. Exodus 3:7.

6. Exodus 22:23, 27.

7. Jeffrey Schwartz and Rebecca Gladding, *You Are Not Your Brain* (New York: Avery, 2011), 124.

8. Conor Barnes, "Sad Radicals," *Quillette*, December 11, 2018, https://quillette.com/2018/12/11/sad-radicals/.

9. Barnes, "Sad Radicals."

10. 신경과학자들은 헵의 법칙(Hebb's Lsw)에 관해 이야기한다. 동시에 자극을 받은 뉴런들은 서로 연결된다. 이에 대해 슈워츠(Schwartz)는 다음과 같이 설명한다. "신경 세포 다발(혹은 뇌의 영역)이 동시에 반복적으로 활성화되면 그로 인해 회로가 형성이 되고 근본적으로 그 세포들은 서로 '단단히 결속된다.'" Schwartz and Gladding, *You Are Not Your Brain*, 96. 그렇다면 집단적 사고를 통해 말그대로 인간의 뇌가 어떻게 재구성될 수 있는지 생각해보라.

11. Musa al-Gharbi, "Who Gets to Define What's 'Racist'?" Contexts, May

15, 2020, https://contexts.org/blog/who-gets-to-define-whats-racist/, emphasis in original.

12. Ozlem Sensoy and Robin DiAngelo, *Is Everyone Really Equal: An Introduction to Key Concepts in Social Justice Education* (New York: Teachers College Press, 2017), 203.

13. Shay-Akil McLean, "The People's Science: A Call for Justice Based Ethics for the March for Science & Beyond," Decolonize All the Science, March 2, 2017, https://decolonizeallthescience.com/2017/03/02/the-peoples-science-a-call-for-justice-based-ethics-for-the-march-for-science-beyond/# more-54.

14. Judith Katz, "Some Aspects and Assumptions of White Culture in the United States," 1990, http://www.cascadia.edu/discover/about/diversity/documents/Some%20Aspects%20and%20Assumptions%20of%20White%20Culture%20in%20the%20United%20States.pdf. One could point out that it wasn't science but pseudoscience that was used to justify racism throughout history.

15. Nora Berenstain, "Epistemic Exploitation," *Ergo* 3:22 (2016), http://dx.doi.org/10.3998/ergo.12405314.0003.022.

16. Charles R. Lawrence III, "The Word and the River: Pedagogy as Scholarship as Struggle," *CRT*, 338. See also the standpoint feminism of Patricia Hill Collins.

17. Jonathan Haidt, "Two Incompatible Sacred Values in American Universities: Hayek Lecture Series," Duke University Department of Political Science, October 15, 2016, 1:06:55, YouTube video, https://www.youtube.com/watch?v=Gatn5ame Rr8&feature=emb_logo.

18. Quoted in Gustavo Gutierrez, *A Theology of Liberation* (Maryknoll, NY: Orbis, 1986), 112.

19. Quoted in Gutierrez, *A Theology of Liberation*, 113.

20. Quoted in Gutierrez, *A Theology of Liberation*, 113.

21. 다행히도 칠레는 1970년대의 암흑기에서 성장하여 남미에서 가장 부유한 국가들 중에 하나가 되었다. 이것이 가능했던 이유는 무엇일까? 그것은 그들이 아옌데(Allende)의 사회주의 정책에서 돌아섰기 때문이다. 한 때 라틴 아메리카에서 가장 부국이었던 베네수엘라와 칠레를 비교해보자. 아옌데의 통치는 70년대 초반에 막을 내린 반면 베네수엘라는 불의한 경제적 불평등에 맞서 싸우는 사회주의의 꿈을 향해 계속해서 걸어간 결과 흥미로운 일들이 많이 일어났다. 칠레의 1인당 연간 평균 국내총생산(GDP)은 230% 증가한 반면 베네수엘라에서는 20%가 하락했다. 1974년에는 베네수엘라 사람들의 평균 수명이 칠레 사람들보다 1년 더 많았다. 그런데 2015년에는 칠레 사람들이 베네수엘라 사람들보다 평균적으로 8년 정도 더 오래 산 것으로 나타났다. 지금은 칠레 사람들이 베네수엘라 사람들보다 51% 정도 더 부유하다. 칠레의 실업률은 6% 대이지만, 베네수엘라에서는 17% 대이다. 물가상승율 역시 칠레에서는 3% 대인데 반해, 베네수엘라에서는 487%에 이르고 있다. 2016년 칠레의 경제 성장율은 2.7%였는데, 베네수엘라는 오히려 10% 감소했다. 칠레의 국가 부채는 GDP 대비 17%인데, 베네수엘라는 50%이다.

22. Romans 12:15.

제12장 관점에 관한 질문

1. Robin DiAngelo, *White Fragility* (Boston, MA: Beacon Press, 2018), 117.

2. Thaddeus Williams, "Post-Postmodernism," *The Journal of Christian Legal Thought* 6:1 (Fall 2016): 1-4.

3. Margaret L. Andersen and Patricia Hill Collins, "Reconstructing Knowledge," in *Race, Class, and Gender: An Anthology* (Belmont, CA: Wadsworth, 2012), 4-5.

4. Cited in Tyler Tsay, "What Happens Behind Closed Doors: Calling on Faculty and Administration to Dismantle Violent Structures," Williams Record, February 20, 2019, https://williamsrecord.com/2019/02/what-happens-behind-closed-doors-calling-on-faculty-and-administration-to-dismantle-violent-structures/, emphasis added.

5. 이것은 에버그린 주립대학교(Evergreen State College)의 미디어 학과 교수인 나이마 로우(Naima Lowe)가 브렛 와인슈타인(Bret Weinstein) 교수에게 한 말이다. See "The Evergreen State College: Part Two: Teaching to Transgress," Mike Nayna, published March 6, 2019, YouTube video, beginning at 2:45, https://www.youtube.com/watch ?v=A 0 W 9 QbkX8Cs.

6. John 18:37. See Williams, "Reason," chap. 1 in *Reflect*, for a deeper look at Jesus's use of logic and evidence.

7. Sowell, *Discrimination and Disparities*, 25 - 26.

8. James Cone, *Black Theology of Liberation* (Maryknoll, NY: Orbis, 2010), 61. 다른 곳에서 콘(Cone)은 "현실에 대한 백인들의 시각은 너무도 왜곡되어 있어서 그 때문에 백인들은 억압받는 이들에게 그들의 단점에 대해 말할 수 없다"(51)라고 덧붙인다. 콘에게 있어서는 사람이 진리에 다가갈 수 있는지 여부를 결정하는 것은 피부색이라는 점을 주목하라.

9. 앞서 제시한 목록에서 유일한 예외는 1973년 로 대 웨이드(Roe vs. Wade) 판결 시 대법관으로 재직 중이던 서굿 마셜(Thurgood Marshall) 뿐이다.

10. 찰스 캐머시(Charles Camosy)는 다음과 같이 덧붙인다. "우리는 논쟁을 할 때 어떠한 경우에도 단순히 개인적인 경험이 부족하다는 이유로 특정한 입장을 묵살해버리는 방향으로 나아가지 않도록 해야 한다. 사람이 무언가에 대해 합당한 주장을 하기 위해서는 반드시 그것을 경험해 보아야만 하는 것은 아니다. 예를 들어 나는 패스트푸드 회사들이 직원들 모두에게 적어도 최저 시급 이상의 임금을 지불해야 한다고 믿는다. 이런 나의 생각에 그 회사의 재무 담당자들이 '당신은 회사를 경영해본 적이 없어서 사업을 한다는 것이 어떤 것인지도 모르니 최저 시급 논쟁에서는 빠져 있으시오. 오직 사업을 해 본 경험이 있는 사람들만 합당한 임금에 대해 논의할 자격이 있소'라고 답한다면, 나는 당연히 그런 주장을 거부할 것이다. 그렇다면 아동 성 매매 조직에 대해서도 마찬가지일 것이다." *Beyond the Abortion Wars: A Way Forward for a New Generation* (Grand Rapids: Eerdmans, 2015), 111.

11. Ron Sider, "An Evangelical Theology of Liberation," in *Perspectives on Evangelical Theology*, eds. Kenneth Kantzer and Stanley Gundry (Grand Rapids: Baker, 1980), 117.

12. Proverbs 14:31 and 19:17.

13. See Psalm 140:12 and Hosea 12:7.

14. See Exodus 22:22 – 23 and James 1:27.

15. Nicolas Wolterstorff, "Why Care About Justice?" *The Reformed Journal* 36:8 (August 1986): 9.

16. 해방주의자들은 다음과 같이 주장한다. "성경을 읽는 사람은 읽기 전에 반드시 의도적으로 자신의 안경을 선택해서 착용해야만 한다. '가난한 자들에게 우호적인 선택'을 하는 것, 즉 의도적인 편견이나 시각을 가져야 한다는 말이다. 이것이 아니고서는 참된 의미는 알 수 없다. 사람들은 우리가 북대서양적인 렌즈를 버리고 제3세계의 렌즈를 착용해야 한다고 말한다. 즉 부유한 자들의 안경을 포기하고 가난한 자들의 안경을 사용해야 한다는 말이다." W. Dayton Roberts, "Liberation Theologies," *Christianity Today* (May 17, 1985): 15.

17. Romans 3:23.

18. Luke 5:20.

19. 2 Peter 3:9.

20. Exodus 23:3.

21. Deuteronomy 19:1 – 2 and 1 Timothy 5:19.

22. Anthony T. Evans, *Biblical Theology and the Black Experience* (Dallas: Black Evangelistic Enterprise, 1977), 19.

23. Tom Skinner, *If Christ Is the Answer, What Are the Questions?* (Grand Rapids: Zondervan, 1975), 112 – 13.

24. See Luke 5:32; 7:22; 10:1 – 9.

25. Isaiah 11:3 – 4.

26. John 7:24.

에필로그: 사회정의 A와 B 사이의 12가지 차이점

1. Exodus 20:3.

2. Galatians 3:28.

3. Ephesians 2:14.

4. Romans 12:18. See also Hebrews 12:14 and 1 Peter 3:11.

5. 2 Timothy 2:24.

6. Ephesians 4:1 - 6.

7. Romans 3:23 - 24.

8. Acts 3:19.

9. 1 John 1:9.

10. Matthew 22:37.

11. Exodus 23:3.

12. James 2:1.

13. John 7:24.

14. Jude 3.

15. T. S. Eliot, "Thoughts After Lambeth" in *Selected Essays* (London: Faber, 1972), 342. 어쩌면 솔제니친이 하버드 대학교에서 했던 다음과 같은 연설에서 그 내용이 더 잘 드러났다고 볼 수 있다. "이 땅의 그 누구도 위를 향하지 않고서는 다른 길은 없다…. 우리는 도덕적이고 그리스도를 사랑하는 사람이 되던지, 아니면 사람이기를 그만두던지 둘 중의 하나일 뿐이다." "갈라진 세상," 하버드 대학교 졸업식, 1978.

부록 A: 낙태와 태아의 생존권

1. 이 부록의 상당 부분은 나의 친구이자 동료인 프랜시스 벡위드(Francis Beckwith) 박사의 글을 참조했다. 나는 그가 전 세계적으로 낙태 문제를 선도하는 윤리학자라고 생각한다. 이 부록의 주된 논지와 예들은 그의 다음과 같은 글에 많은 빚을 지고 있다. "Abortion Rights (Part 1): The Appeal to Pity," *Christian Research Journal* (Fall 1990), March 26, 2009, http://www.equip.org/PDF/DA020 - 1.pdf and "Abortion Rights (Part 2): Arguments from Pity, Tolerance, and Ad Hominem," *Christian Research Journal* (Winter 1991), March 26, 2009, http://www.equip.org/PDF/DA020-2.pdf. 가장 최근에 더욱 발전시킨 그의 주장을 보려면 다음의 책을 보라. *Defending Life: A Moral and Legal Case Against Abortion Choice* (Cambridge: Cambridge University Press, 2007).

2. See Micaiah Bilger, "Abortion Was the Leading Cause of Death Worldwide in 2018, Killing 42 Million People," Life News, December 31, 2018, https://www.life news.com/2018/12/31/abortion−was−the−leading−cause−of−death−worldwide−in−2018 −killing −42 −million−people/.

3. Clarence Thomas, "Box v. Planned Parenthood of Indiana and Kentucky, Inc." Justice Thomas cites George Will, "The Down Syndrome Genocide," *Washington Post*, March 15, 2018, p. A23, col. 1.

4. Caroline Mansfield, Suellen Hopfer, and Theresa Marteau, "Termination Rates after Prenatal Diagnosis of Down Syndrome, Spina Bifida, Anencephaly, and Turner and Klinefelter Syndromes: A Systematic Literature Review," *Prenatal Diagnosis* 19:9 (1999): 808 – 12.

5. Tessa Longbons, "Abortion Reporting: New York City (2016)," Charlotte Lozier Institute, December 19, 2018, https://lozierinstitute.org/abortion−reporting−new−york−city−2016/.

6. Clarence Thomas, "Box v. Planned Parenthood of Indiana and Kentucky, Inc." Justice Thomas cites Mara Hvistendahl, *Unnatural Selection: Choosing Boys Over Girls, and the Consequences of a World Full of Men* (Philadelphia: Perseus, 2011).

7. Mary Calderone, "Illegal Abortion as a Public Health Problem," *American Journal of Health* 50 (July 1960): 949.

8. U.S. Bureau of Vital Statistics Center for Disease Control, cited in J. C. Wilke, *Abortion: Questions and Answers* (Cincinnati, OH: Hayes, 1988), 101 – 2.

9. Bernard Nathanson, MD, *Aborting America* (New York: Doubleday, 1979), 193.

10. Mary Anne Warren, "On the Moral and Legal Status of Abortion," in *The Problem of Abortion*, 2nd ed., ed. Joel Feinberg (Belmont, CA: Wadsworth, 1984), 103.

11. Elaine Duckett, Glynn Verdon, and Caryl Hodges, "Letter to the Editor," *London Daily Telegraph*, December 8, 1962.

12. C. Everett Koop, The Right to Live: *The Right to Die* (Wheaton, IL: Tyndale,

1976), 51 – 52.

13. Stephen Krason, *Abortion: Politics, Morality, and the Constitution* (Lanham, MD: University Press of America, 1984), 301 – 10.

14. George Will, "The Killing Will Not Stop," *Washington Post*, April 22, 1982.

15. Francis Beckwith, "Answering Arguments for Abortion Rights (Part One): The Appeal to Pity," 6.

16. Scott Rae, *Moral Choices: An Introduction to Ethics* (Grand Rapids: Zondervan, 2000), 135.

17. Baruch Brody, *Abortion and the Sanctity of Human Life: A Philosophical View* (Cambridge, MA: M.I.T. Press, 1975), 36 – 37.

18. Lawrence B. Finer et al., "Reasons U.S. Women Have Abortions: Quantitative and Qualitative Perspectives," Guttmacher Institute (September 2005), https://www.guttmacher.org/journals/psrh/2005/reasons–us–women–have–abortions–quantitative–and–qualitative–perspectives.

19. Rae, *Moral Choices*, 136.

20. Charles Camosy, *Beyond the Abortion Wars: A Way Forward for a New Generation* (Grand Rapids: Eerdmans, 2015), 44.

21. Vincent Rue et al., "Induced Abortions and Traumatic Stress: A Comparison of Russian and American Women," *Medical Science Monitor* 10:10 (2004): 5 – 16.

22. Priscilla Coleman, "Abortion and Mental Health: A Quantitative Synthesis and Analysis of Research Published, 1995 – 2009," *British Journal of Psychiatry* 99:3 (September 2011): 180 – 86.

23. Peter Singer and Helen Kuhse, "On Letting Handicapped Infants Die," in *The Right Thing to Do: Basic Readings in Moral Philosophy*, ed. James Rachels (New York: Random House, 1989), 146.

24. Cardinal Roger Mahoney, "Creating a Culture of Life," November 12, 1998, https://www.priestsforlife.org/magisterium/mahonyelectionltr.htm.

25. Jerome LeJeune, "Subcommittee on Separation of Powers, Report to Senate Judiciary Committee S–158," 97th Congress, 1st session, 1981.

부록 B: 흑인과 백인

1. Proverbs 30:5; John 4:24.
2. John 14:6; 18:37 – 38.
3. John 8:32.
4. John 14:17.
5. Psalm 86:11; Ephesians 4:15; 1 Corinthians 13:6; 3 John 3 – 4.
6. 1 Timothy 3:15.
7. "Bigot," Merriam—Webster, https://www.merriam-webster.com/dictionary/bigot, retrieved July 20, 2020.
8. Thomas Sowell, *Discrimination and Disparities* (New York: Basic, 2019), 148.
9. The addition of power to the definition of racism was first put in print in 1970 by Patricia Bidol—Padva, as "prejudice plus institutional power." A. Sivanandan, *Communities of Resistance: Writings on Black Struggles for Socialism* (London: Verso, 1990), 99.
10. *Dear White People*, written and directed by Justin Simien, independent, released 2014.
11. Franchesca Ramsey, "5 Things You Should Know About Racism | Decoded | MTV News," MTV Impact, August 12, 2015, 6:17, YouTube video, https://www.youtube.com/watch?v=8eTWZ80z9EE.
12. Michael Eric Dyson, "Michael Eric Dyson Shares Why 'Black People Can't Be Racist' Backstage at Don't Sleep!" BETNetworks, October 4, 2012, YouTube video, https://www.youtube.com/watch?v=bZ0QfLkjujY&feature=youtu.be.
13. 제마르 티스비(Jemar Tisby)는 다음과 같이 말했다.

   우리가 인종 차별주의라는 말을 할 때 그것은 무엇을 뜻하는 것인가? 비벌리 다니엘 테이텀은 인종 차별주의란 인종에 바탕을 둔 제도적 억압이라고 간략하게 정의 내린다. 테이텀이 제도적 억압이라는 부분을 강조하고 있음을 주목해보라. 인종 차별은 단순히 개인의 악의적인 말이나 행동을 통해서만 나타나는 것이 아니라 비인격적인 제도를 통해서 작용할 수도 있다. 그 외에 인종 차별을 편견 더하기 힘으로 설명하는 또 다른 정의도 있다. 그에 따르면 인종 차별에는 인종이 다른 사람을 향한 개인적인 편협함만이 아니라 특정 집단의 사람들 위에 편협한 생각을 강요하는 일도 포함된다. 이런 정의에 비추어 보면 그간 수많은 백인들이 인종 차별에 가담해왔다는 말은 정확한 것이다…. 백인들이 인종 차별에 가담하고 있다는 말은 멜라닌 색소의 문제가 아니고 힘의 문제이다…. 미국에서는 피부색에 따라 권력의 크기가 달라지며, 그 중에서도 백인들은 가장 큰 영향력을 지니고 있다. [Jemar Tisby, *The Color of Compromise: The Truth about the American Church's Complicity in Racism* (Grand Rapids: Zondervan, 2019), 16]. See also *Can White People Be Saved? Triangulating Race, Theology, and Mission*, eds. Love L. Sechrest, Johnny Ramirez-Johnson, and Amos Young, eds., (Downers Grove, IL: IVP Academic, 2018)].

이와 같이 재정의된 인종 차별의 개념은 증언자: 흑인들의 그리스도인 공동체(The Witness: A Black Christian Collective)가 운영하는 '마이크를 넘기다'(Pass the Mic)나 미셸 히긴스(Michelle Hggins), 크리스티나 에드먼슨(Christian Edmondson), 그리고 이케미니 우완(Ikemini Uwan)이 함께 운영하는 '진실의 테이블'(Truth's Table) 같은 유명 팟캐스트에서 인종에 관한 논의를 할 때도 그 출발점으로 삼고 있다.

14. 파라칸(Farrakhan)은 2018년 2월 25일 시카고에서 했던 연설에서 이와 같은 인종 차별적 발언을 했다. See Sophie Tatum, "Nation of Islam Leader Farrakhan Delivers anti-Semitic Speech" CNN, February 28, 2018, https://www.cnn.com/2018/02/28/politics/louis -farrakhan-speech/index.html.

15. Lisa Feldman Barrett, "When Is Speech Violence?" New York Times, July 14, 2017, https://www.nytimes.com/2017/07/14/opinion/sunday/when -is-speech-violence.html.

16. Romans 8:1.

17. See Thomas Sowell, *Black Rednecks and White Liberals* (New York: Encounter, 2005), chapters 1 - 3.

18. Sowell, *Black Rednecks and White Liberals*, 111.

19. Romans 2:11.

20. 이것은 백인 우월주의에서 나온 말이 아니다. 회개하고 죄에서 돌이켜 당

신의 창조주를 알고 그분 안에서 기쁨을 누리라는 보편적 부르심은 성경에서 반복적으로 제시되는 것이며, 서양의 백인 남성들이 만들어낸 것이 아니다.

부록 C: 자본주의와 사회주의

1. Mary Meehan, "The Next Generation: What Matters to Gen We," *Forbes*, August 11, 2016, https://www.forbes.com/sites/marymeehan/2016/08/11/the-next-generation-what-matters-to-gen-we/#34531f1d7350

2. Meehan, "The Next Generation: What Matters to Gen We."

3. 하지만 이처럼 자기 스스로 이타적인 답변을 하는 것에서 밀레니얼 세대 안에 자아 도취적인 사고방식이 크게 부상하고 있음을 알 수 있다. 이에 대해 조엘 스타인(Joel Stein)은 다음과 같이 말한다. "국립보건원(the National Institute of Health) 조사에 따르면 자기애성격장애(Narcissistic Personality Disorder)를 겪는 비율이 현재 65세 이상의 세대들에 비해 20대의 젊은이들에게서 거의 세 배에 가깝게 나타나고 있으며, 대학생들의 자기 애착 지수는 1982년에 비해 2009년도에는 58% 이상 증가했다고 한다." "Millennials: The Me Me Me Generation," *Time*, May 20, 2013, https://time.com/247/millennials-the-me-me-me-generation/.

4. Meehan, "The Next Generation: What Matters to Gen We."

5. John Stuart Mill, *On Liberty and Other Writings*, ed. Stefan Collini (Cambridge: Cambridge University Press, 1989), 38.

6. "Generation Perceptions: Victims of Communism Memorial Foundation Report on U.S. Perceptions Toward Socialism," October 2016, 5, http://arielsheen.com/wp-content/uploads/2017/11/VOC-Report-101316.pdf

7. "Generation Perceptions: Victims of Communism Memorial Foundation Report on U.S. Perceptions Toward Socialism," 3.

8. "The Holocaust Knowledge and Awareness Study," The Conference on Jewish Material Claims Against Germany, Schoen Consulting, 2018, 3-4, http://www.claimscon.org/wp-content/uploads/2018/04/Holocaust-Knowledge-Awareness-Study_Executive-Summary-2018.pdf.

9. "The Holocaust Knowledge and Awareness Study," 2.

10. Cited in Joel Stein, "Millennials: The Me Me Me Generation," *Time*, May 20, 2013, https://time.com/247/millennials-the-me-me-me-generation/.

11. Proverbs 19:2.

12. *BLUE*, directed by Jeffrey D. King (Broken Hints Media, 2014), 24 – 29:30. 나는 여기서 벌목 산업이 생태계에 미치는 영향이나 점박이 올빼미에 관한 환경 입법에 대해 논쟁을 벌이고자 하는 것이 아니다. 단지 인류학적으로 좀 더 깊이 있는 측면을 다루고자 예를 든 것뿐인데, 즉 어떤 생물을 돕고자 하는 의도를 가졌더라도 그 생물의 본성을 충분히 이해하지 못한 채 이루어지는 입법은 오히려 역설적인 결과를 낳게 된다는 점을 보이고자 하는 것이다.

13. 자본주의는 비성경적인가? 성경에서는 다음과 같은 이유로 부의 축적을 금하고 있다는 주장을 한다. (1) 구약 성경의 희년, 안식년, 이삭 줍기, 그리고 기업 무름 등은 사람들이 부를 과도하게 쌓아 두는 것을 막기 위해 제정되었다. (2) 가난은 미덕이고 부는 죄악이다(눅 6:20; 마 19:16-26). 그리고 (3) 초대 교회에서는 사람들이 자기의 소유를 함께 나누었다(행 2:42-47).

    이와 같은 구약의 관습들은 부의 재분배를 통해 불평등 그 자체를 막기 위한 것은 아니었으며, 그보다는 부를 얻을 수 있는 기회를 재분배하는 것이었다. 게다가 사도 행전 2장에서 나타나는 초대 교회의 모습은 자발적인 자선 행위였기에 사회주의나 정부의 강압적인 부의 재분배와는 전혀 다른 것이다.

14. 자본주의는 억압적인가? 자본주의는 부당하게 소수의 사람들에게 부를 집중시키고, 자원의 활용에 있어서 전 세계적인 불평등을 초래하며, 또한 제3세계의 빈곤을 대가로 하여 제1세계를 부유하게 만든다는 주장을 한다.

    이와 같은 주장은 전 세계적인 재화의 공급은 제로섬 게임(a zero-sum game)이라는 잘못된 전제 위에 있다(즉, 파이의 양은 정해져 있다. 만약 미국이 큰 조각을 가져가면 나머지 국가들은 자투리 조각에 굶주리게 된다). 자본주의는 새로운 부를 창출하여 분배함으로써 그 파이를 더 크게 만들어

낼 수 있는 유일한 경제 제도이다. 뿐만 아니라 빈곤을 완화하는 일에 있어서도 자본주의는 우리가 상상할 수 있는 최고의 경제 제도이다. "아시아의 네 마리 용(Asian Tigers)"인 싱가포르, 대한민국, 타이완, 그리고 일본은 천연 자원이 부족함에도 큰 번영을 이룬 반면, 자원이 풍부한 러시아와 브라질은 창의성과 도전 정신을 말살하는 비자본주의적 제도로 인해 가난을 면치 못하고 있다(예컨대 북한의 빈곤과 남한의 번영을 비교해보라). 제3세계 국가들이 빈곤을 면치 못하는 것은 자본주의가 아닌 정부의 잘못된 정책에 그 책임이 있다.

그렇다면 교회의 역할은 무엇인가? 제3세계의 필요를 충족시키기 위해 의도적으로 사치를 희생하는 것이다(예컨대 월드 비전(World Vision)에서 하고 있는 아동 후원). 즉 우리는 가난한 이들을 돌보라고 하신 성경의 명령에 순종하기 위해 의식적으로 우리에게 있는 부를 사용해야 한다(사 58:6-7; 61:1-2; 눅 4:18-19; 렘 22:1-6; 잠 19:7).

15. 자본주의는 탐욕적인가? 이와 같은 주장의 반대 측면, 즉 자유 시장 안에서도 사랑과 공동체를 위한 섬김이 얼마나 커다란 동기 부여가 될 수 있고 또 실제로도 그런지를 보고자 한다면 경제학자이자 신학자인 디어드리 맥클로스키(Deirdre McCloskey)의 글을 강력하게 추천한다. See especially "Avarice, Prudence, and the Bourgeois Virtues," in *Having: Property and Possession in Religious and Social Life*, eds. Williams Schweiker and Charles Matthewes (Grand Rapids: Eerdmans, 2004). 우리의 자본주의 사회에서는 실제로 탐욕이 문제가 되고 있기 때문에 교회는 이에 맞서는 적극적인 역할을 감당해야만 한다. 어떻게 할 수 있을까? 탐욕은 공동체성의 약화와 밀접하게 관련되어 있다. 우리는 뼛속 깊이 개인주의 문화 속에서 살아가고 있다. 따라서 사람들은 자기 것을 쌓는 데만 정신이 팔려 급기야 지극히 사치스러운 삶을 살면서도 동시에 지극히 외로운 삶을 살고 있다. 요한복음 17장에 있는 예수님의 기도에 보면 그리스도인들이 외로운 개인주의를 통해서가 아니라 사랑이 넘치고 하나 된 삼위일체적인 공동체를 통해 세상을 변화시키게 해달라고 기도하신다. 그러므로 교회는 사람들이 나, 나, 나의 사고방식을 버리고 보다 타인 중심적인 삶의 방식을 배워 나감으로써 자본주의의 지나친 탐욕에 맞서는 보다 광범위한 문화—경제적인 영향력을

미칠 수 있는 곳이 되어야 할 것이다.

16. 자본주의는 영혼을 갉아먹는가? 이것은 자본주의로 인하여 소비지상주의와 같은 영적으로 공허한 문화, 즉 터무니 없을 정도의 과잉 공급(예컨대 800개가 넘는 스포츠화 브랜드)과 또 사회적으로 파괴적인 상품들(예컨대 포르노)이 넘쳐나는 문화가 양산된다는 비난이다. 이런 비난에 대해 우리는 어떠한 대답을 할 수 있겠는가? 첫째, 거기에는 어느 정도의 진실은 담겨 있다. 그렇지만 경제적 자유라는 가치와 비교했을 때 그와 같은 상품이 유입되는 것은 아주 적은 대가에 불과하다. 과잉 소비는 자본주의의 단점이라기보다는 오히려 인간의 성품(혹은 그 성품의 부족한 점)에 관한 것을 보여준다. 부를 책임 있게 사용하는 것은 마음의 문제이지 경제 제도에 관한 것이 아니다. 물질주의는 어떤 제도에서도 다 나타날 수 있다.

이 모든 것을 감안했을 때 교회의 역할은 어떠해야 하겠는가? 우리는 소비지상주의 문화에 순응하고자 하는 욕구에 저항해야 한다. 즉 안락함과 자기 중심적인 만족을 우선시함으로써 우리의 교회를 영혼을 메마르게 하는 문화의 축소판으로 만들고자 하는 욕구를 거슬러야만 한다. 소비지상주의에 물든 사람들은 피상적인 것에 몰두하게 된다. 하지만 교회는 사람들 안에 보다 심오한 것에 대한 사랑을 다시 일깨워야 한다. 소비지상주의에 물든 사람들은 자신들이 느끼는 필요를 채우는 일에 집착하게 된다. 하지만 교회는 사람들에게 타인 중심적이고 그리스도를 닮아가는 섬김의 예를 비춰주어야 한다. 소비지상주의에 빠진 사람들은 관계의 깊이가 낮다. 하지만 교회는 삼위일체적 관계의 깊이를 드러내 보여야 한다.

17. 2 Corinthians 9:7.

18. Deuteronomy 15:10, 11.

19. Hebrews 13:16; Galatians 2:10; and Romans 12:13.

20. "Competing Worldviews Influence Today's Christians," Barna Research Group, May 9, 2017, https://www.barna.com/research/competing-worldviews-influence-todays-christians/.

21. "Three Reasons to Have Hope about Global Poverty," Barna Research Group, April 26, 2018, https://www.barna.com/research/3-reasons-hope-global-poverty/.

22. David O'Reilly, "A Study Asks: What's the Churches Economic Worth?" *Philadelphia Inquirer*, February 1, 2011, https://www.inquirer.com/philly/news/religion/20110201_A_study_asks__What_s_a_church_s_economic_worth_.html.

23. Alexander Hamilton, "The World's Poorest Are Getting Richer Faster Than Anyone Else," *Foundation for Economic Education*, October 27, 2017, https://fee.org/articles/the-worlds-poorest-people-are-getting-richer-faster-than-anyone-else/.

24. McCloskey, "Avarice, Prudence, and Bourgeois Virtue," in *Having*, 330.

25. This scenario comes from Ronald Nash's *Social Justice and the Christian Church* (Lima, OH: Academic Renewal Press, 2002), 104-105.

26. 기독교적 세계관의 관점에서 가난한 이들을 올바로 사랑하는 방법에 관해 보다 깊은 통찰을 얻고자 한다면, I highly recommend Ronald Nash's *Social Justice and the Christian Church*, Steve Corbett and Brian Fikkert, *When Helping Hurts: How to Alleviate Poverty without Hurting the Poor . . . and Yourself* (Chicago: Moody, 2012); Brian Fikkert and Russell Mask, *From Dependence to Dignity: How to Alleviate Poverty Through Church-Centered Microfinance* (Grand Rapids: Zondervan, 2015); and *Poverty Cure*, a six-part DVD series hosted by Michael Matheson Miller, produced by Acton Media, 2012.

27. 스티브 코벳(Steve Corbett)과 브라이언 피커트(Brian Fikkert)가 쓴 《도움이 상처가 될 때》(*When Helping Hurts*)라는 책에서는 악한 경제적 이념 뒤에 가려진 인간 본성에 관한 또 하나의 잘못된 가정을 잘 드러내 보여준다.

전형적인 사회주의적 이야기에서는 사람은 주로 물질적 존재로, 그리고 빈곤은 주로 물질적 결핍의 문제로 본다. 그러므로 그에 대한 해결책 역시 주로 물질적일 수밖에 없다. 즉 물질적 부를 재분배하는 것이다. 코벳과 피커트는 이런 견해는 빈곤 자체를 바라보는 심각하게 빈곤한 이해라고 주장한다. 성경적인 세계관 안에서 우리는 물질이자 경제적 존재이기도 하지만, 그러나 하나님의 형상을 지닌 우리에게는 그보다 훨씬 더 많은 것이 담겨 있다. 우리를 창조하신 목적은 하나님과 우리 자신은 물론 타인과 그 밖

의 다른 피조물들과도 관계를 맺게 하시기 위함이다. 빈곤은 이런 관계의
영역 전반에 걸쳐 확대될 수 있다. 코벳과 피커트는 "빈곤은 관계가 올바
로 기능하지 않을 때, 정의롭지 않을 때, 생명을 위한 것이 아닐 때, 그리고
조화롭거나 즐겁지 않을 때 나타나는 결과"라고 주장한다.(*When Helping
Hurts*, 59.)

　다시 말해서, 인간의 본성에 관한 보다 확고하고 성경적인 관점이 있어야
만 우리는 빈곤에 대한 보다 확고한 정의를 내릴 수 있고, 거기서 다시 빈
곤의 완화를 위한 보다 전체적인 접근법을 모색할 수 있다. 성경에서 명하
신(제안이 아님) 대로 가난한 이들을 돕고자 할 때 우리는 역사적으로 사회
주의에서 행해온 것처럼 그저 물질적 빈곤에만 국한해서 초점을 맞추지 않
을 것이다. 사회주의 하에서는 물질적 필요를 채우는 데만 급급하다 보니
오히려 사람들의 영적인 빈곤과 관계적인 빈곤은 더욱 증거하게 된다(코벳
과 피커트는 이를 우리에게 있는 "존재의 빈곤"이라 부름). 인간에 대한 우
리의 관점을 받아들이면 이는 곧 빈곤과 빈곤의 완화에 대한 우리의 관점
도 받아들이는 것이며, 이로써 현대적 세계관의 결박(거기서 사회주의가
나옴)에서 풀려나 자유를 얻어 비로소 인간의 참된 번영을 향해 힘쓸 수 있
게 된다. 그렇게 되면 우리는 성경에서 명하신 대로 참으로 우리의 이웃을
사랑할 수 있게 된다. 인간의 본성에 대한 성경의 관점을 보다 진지하게 받
아들임으로써 우리는 자기도 모르게 경제적 평등이라는 이름의 거짓 복음
이나 샬롬을 약속하지만 그저 더 많은 억압만 가져다 줄 뿐인 그리스도의
나라에 대한 어설픈 모조품에 휩쓸리지 않게 될 것이다.

28. G. K. Chesterton, *Christendom in Dublin* in *G. K. Chesterton: Collected
Works*, vol. 20 (San Francisco: Ignatius, 2001), 57.

29. Roger Trigg, *Equality, Freedom, and Religion* (Oxford: Oxford University
Press, 2012), 29.

30. Harry G. Shaffer, *The Soviet System in Theory and Practice* (New York:
Appleton-Century-Crofts, 1965), 30). 이 점을 다음의 책에서 신학적으로
분석했다. Thaddeus Williams, *Love, Freedom, and Evil: Does Authentic Love
Require Free Will?* (Amsterdam: Rodopi, 2011), 77–81.

31. Darrell Cosden, *The Heavenly Good of Earthly Work* (Grand Rapids: Baker

Academic, 2006), 108.

부록 D: 성에 대한 정의

1. Marshall Kirk and Erastes Pill (a pseudonym for Hunter Madsen, "The Overhauling of Straight America," November 1987, http://library.gayhomeland.org /0018 /EN/EN_Overhauling_Straight.htm.
2. Kirk and Madsen, "The Overhauling of Straight America."
3. Kirk and Madsen, "The Overhauling of Straight America."
4. Kirk and Madsen, "The Overhauling of Straight America."
5. Kirk and Madsen, "The Overhauling of Straight America."
6. Kirk and Madsen, "The Overhauling of Straight America."
7. Kirk and Madsen, "The Overhauling of Straight America."
8. Kirk and Madsen, "The Overhauling of Straight America."
9. See Romans 1:18 – 2. For theological insight on this passage, see Peter Jones, *God of Sex: How Spirituality Defines Your Sexuality* (Escondido, CA: Main Entry Editions, 2006).
10. Phillip Yancey, *Rumors of Another World: What on Earth Are We Missing* (Grand Rapids: Zondervan, 2003), 88.
11. Chris Hinkle, "More than a Matter of Conscience: Homosexuality and Religious Freedom," *American Academy of Religion* (2000), 112.
12. Quoted in William B. Rubenstein, "Since When is Marriage a Path to Liberation?" in *Lesbians, Gay Men, and the Law* (New York: New Press, 1993), 398, 400.
13. See Romans 1:18 – 32.
14. Yancey, *Rumors of Another World*, 77.
15. Abraham Kuyper, *Lectures in Calvinism* (Grand Rapids: Eerdmans, 2009), 132.
16. Kuyper, *Lectures in Calvinism*, 54.
17. Jeremiah 17:9; Ecclesiastes 9:3; and Ephesians 2:1.
18. Kuyper, *Lectures in Calvinism*, 132.

19. Kuyper, *Lectures in Calvinism*, 132.

20. Morris Dickstein, *Gates of Eden: American Culture in the Sixties* (New York: Liveright, 1977), 81.

21. C. S. 루이스 역시 "하나님을 믿는 사람이라면 누구나 그분께서 나와 당신이 내일 무슨 일을 할 것인지 아신다는 사실을 믿는 것이다."라고 함으로써 비슷한 점을 언급한 바 있다. Mere Christianity (New York: HarperOne, 2001), 170.

22. 물론 하나님께서는 너무도 광대하고 초월적인 분이시기에 그분에 대해서는 우리가 깨달을 수 없고 또 결코 깨닫지 못할 진리가 많이 있다. 하지만 하나님께서 그분 자신에 대한 어떤 진리를 드러내 보여 주시는데도 우리가 뻔뻔하게 그 진리를 거부하면, 바로 그 순간이 우리가 하나님께서 실재하심을 거부하는 순간이다.

23. 이것은 온전히 하나님의 단일성이라는 신학적 개념에 관한 것이다. 하나님께서 단일하시다(simplicity)는 것은 마치 2 더하기 2가 4인 것처럼 우리가 이해하기 쉽다는 의미에서 단순함을 말하는 것은 아니다. 그보다는 하나님께서는 여러 부분이 하나로 모여서 이루어진 분이 아니라는 의미에서 단일하시다. 즉 신학적으로 "단일성"의 반대 개념은 "이해하기 어려움"이 아니라 오히려 "여러 부분이 하나로 모임"이다. 따라서 우리가 사랑을 취하여 거기에 은혜를 더하고, 그것을 다시 전지하심에 더하듯 그렇게 신학적 연산을 몇 번 하고 나면 그것이 다 더해져서 하나님을 이루게 되는 것이 아니라는 말이다. 그렇다. 하나님은 과거에나 지금이나, 그리고 앞으로 언제까지라도 만유 안에 만유로서 실재하시는 완전한 존재 그 자체이시다. 보다 근본적인 속성들을 적절한 곳에 대고 망치로 두드리고 못으로 박아서 하나의 신적 존재로 완성해낸 합성물이 아니다. 다른 말로 하자면 하나님께서는 만들어진 분이 아니시다. 그와는 반대로 우리는 만들어진 존재들이다. 우리는 하나님처럼 단일하지 않으며, 또한 하나님과 같은 권위를 갖고 있지도 않다. 우리 자신에 대해 옳다고 믿는 어떤 부분을 누군가가 부정한다고 해도 우리의 존재 자체가 무효화되지는 않는다.

24. Colin Campbell quoted by Craig M. Gay in "Sensualists Without Heart: Contemporary Consumerism in Light of the Modern Project," in *The*

Consuming Passion, ed. Rodney Clapp (Downers Grove, IL: InterVarsity, 1998), 28.

25. See Thaddeus Williams, *Revere* (Bellingham, WA: Lexham, forthcoming 2021), chap. 1 and 4.

26. C. S. Lewis, *The Abolition of Man in The Complete Lewis Signature Classics* (New York: HarperCollins, 2007), 710.

27. 새로운 천년의 시대로 접어들던 시기에 아이들의 오락 거리에 새로운 가치가 스며들었다. 디즈니에서 방영한 '한나 몬타나'(Hannah Montana) 같은 시트콤에는 어른들이 전해줄 만한 지혜라고는 찾아볼 수 없는 줄거리들만 계속해서 이어졌다. 대부분이 속이기 쉬운 멍청이들이나 심술쟁이 구두쇠, 혹은 기껏해야, 또래 아이들의 선망의 대상이 되는 치어리더들에 관한 것들뿐이다.

28. Matthew 18:6.

29. J. I. Packer, *Evangelism and the Sovereignty of God* (Downers Grove, IL: InterVarsity, 2008), 61.

Appendix E: 문화 전쟁의 종식

1. Ephesians 6:10 - 20.

2. John Calvin, *John Calvin's Bible Commentaries on St. Paul's First Epistle to the Corinthians, Vol. 2*, tr. William Pringle (North Charleston, SC: CreateSpace, 2017), 194.

3. 1 Peter 2:11. See also James 4:1.

4. Romans 7:23.

5. Romans 13:12, 14.

6. Romans 8:13 and Galatians 5:16 - 24.

7. Matthew 28:19.

8. Romans 12:2; James 1:27; and Philippians 2:15.

9. See Galatians 4:9; 6:14; James 4:2 - 4; and 1 John 2:16 - 17.

10. See John 15:18 - 19 and Matthew 10:22, 25.

11. Luke 6:27, 35.

12. Romans 12:14 – 21.

13. John 14:30.

14. 2 Timothy 2:24 – 26.

15. See Luke 4:5 – 6 and Ephesians 2:2.

16. Acts 10:38.

17. Romans 12:18. See also Hebrews 12:14 and 1 Peter 3:11.

18. Philippians 3:18.

19. Romans 9:2.

20. Romans 9:3.

21. Acts 26:18.

Appendix F: 취약성과 반취약성

1. James 1:2 – 4.

2. Romans 5:3 – 5.

3. Hebrews 12:1 – 2.

4. 2 Corinthians 4:16 – 17.

5. Philippians 1:29.

6. 1 Peter 1:6 – 7.

Appendix G: "가난한 자에게 복음을"

1. Luke 4:18 – 19.

2. 알랭 드 릴(Alain of Lille)은 12세기에 성경의 오남용을 설명하기 위해 이 표현을 사용하였고, 15세기에는 요한 가일러 폰 카이저스베르크(Johann Geiler von Kaisersberg)가, 그리고 16세기에는 알버트 피기우스(Albert Pighius)도 그와 같이 했다.

3. See Galatians 1:6 – 10.

4. Sam Chan, *Evangelism in a Skeptical World: How to Make the Unbelievable News about Jesus More Believable* (Grand Rapids: Zondervan, 2018), 18.

5. Luke 4:21.

6. 누가복음 24:43. 누가복음 18:9–14에서 예수님께서는 "자기를 의롭다고 믿

고" 있는 자들에게 정면으로 맞서셨다. 그분께서는 "나는 다른 사람들 곧 토색, 불의, 간음을 하는 자들과 같지 아니하고 이 세리와도 같지 아니함을 감사하나이다"라며 자기 의에 빠진 기도를 한 바리새인에 관한 이야기를 들려주셨다. 그러고 나서 가난한 자들에게 사회적 불의와 억압을 행했던 세리는 "가슴을 치며 이르되 '하나님이여 불쌍히 여기소서 나는 죄인이로소이다'라고 했고, 이 사람이 의롭다 하심을 받고 그의 집으로 내려갔느니라." (여기서 그가 의롭다 하심을 받은 것은 믿음을 통하여 은혜로 가능한 것이었음을 주목하라. 그것은 자신이 잘못했던 일을 바로잡았기 때문에 일어난 결과가 아니다. 물론 삭개오의 예에서 볼 수 있는 것처럼 의롭다 하심을 받은 사람은 그 후에 그와 같이 의로운 행위를 하게 되리라고 기대할 수 있는 것은 사실이다.)

7. 1 Corinthians 15:1, 3-4.

8. See Galatians 1:11-18. 바울이 이해한 복음과 마태, 마가, 누가, 요한 복음에 나타나는 예수님의 복음 사이의 통일성에 관한 내용은 사이먼 개더콜(Simon Gathercole)을 보라. Simon Gathercole, "The Gospel of Paul and the Gospel of the Kingdom," in *God's Power to Save, ed. Chris Green* (Nottingham, England: Inter-Varsity Press, 2006), 138-54, https://media.thegospelcoalition.org/static-blogs/justin-taylor/files/2012/05/Gathercole-GODS-POWER-TO-SAVE-p138-154.pdf.

9. Quoted in Gustavo Gutierrez, *A Theology of Liberation* (Maryknoll, NY: Orbis, 1986), 112-13.

10. Jude 3.